ENM

CONCOURS 2020

Épreuves d'admissibilité

1, Parvis de La Défense
92044 Paris La Défense Cedex
ISBN 978-2-297-07483-4

Suivez-nous sur www.gualino.fr

Contactez-nous gualino@lextenso.fr

ENM
CONCOURS 2020

Épreuves d'admissibilité

- **CULTURE GÉNÉRALE** (dissertation)
- **DROIT CIVIL ET PROCÉDURE CIVILE** (dissertation et cas pratique)
- **DROIT PÉNAL ET PROCÉDURE PÉNALE** (dissertation et cas pratique)
- **DROIT PUBLIC** (Question dissertative)
- **NOTE DE SYNTHÈSE**

Ouvrage conforme à la réforme du concours pour les épreuves de 2020

GROUPE ISP
Gualino
une marque de Lextenso

ENM
INTRODUCTION

Présentation

La publication de cet ouvrage est toujours un événement pour les candidats aux concours de l'ENM, d'autant plus cette année que les concours de l'ENM ont été réformés pour 2020. Il est le fruit d'un partenariat éditorial entre le Groupe ISP et Lextenso/Gualino, deux signatures de référence pour les étudiants en droit.

L'ouvrage présenté part d'un constat réalisé par les enseignants de l'ISP depuis plus de trente-cinq ans. Année après année, d'excellents étudiants de l'Université échouent aux concours de la magistrature alors que d'autres, *a priori* moins bons élèves, sont brillamment reçus. Plus surprenant encore, ceux qui fournissent la plus grande quantité de travail n'obtiennent pas toujours le résultat qu'ils escomptaient, faute de disposer d'une méthode efficace.

En effet, **il n'y a pas de continuité entre le cursus juridique universitaire et l'admission aux concours de l'ENM.** Dans la réalité, le candidat admis à l'ENM est celui qui sait **décoder le logiciel des concours de l'ENM**, celui qui en détient les clés, c'est-à-dire les exigences spécifiques de chacune des épreuves d'admissibilité.

1. Comprendre les exigences des concours ENM

Ces clés sont au nombre de deux :

La première clé consiste à intégrer l'idée que les concours de l'ENM ne sont pas un examen universitaire mais un concours administratif.

Autrement dit, il s'agit de concours destinés à recruter des professionnels qui appartiennent à un corps particulier.

Cette dimension majeure du concours apparaît, de manière très affirmée, dès le choix des sujets par le jury. En particulier dans les épreuves de composition (dissertations de droit civil, de droit pénal et de culture générale), ces sujets sont souvent des thèmes transversaux (par exemple, la dissertation de droit civil en 2012 s'intitulait « *Le juge au cœur du procès civil* », sujet qui appelait un traitement au-delà de la seule procédure civile). **Dans toutes les épreuves, il s'agit de dégager des lignes de problématiques et de raisonnement globales, exigeant d'articuler des éléments cohérents issus de pans de cours parfois très éloignés les uns des autres.**

En matière de **notation**, le primat est donné aux candidats qui démontrent leur capacité à **construire une démarche cohérente** et à **l'exprimer d'une façon qui semble évidente et fluide** au lecteur/correcteur de la copie. Cette capacité pèse davantage que la précision et le degré de technicité des connaissances. Une telle dominante peut surprendre au sortir de l'Université, mais elle est **une constante des concours administratifs**, et ce pour au moins deux raisons :

– d'une part, ce type de concours vise à recruter des professionnels qui joueront un rôle dans les institutions, et, en l'espèce, un rôle de représentation et d'incarnation de l'autorité judiciaire. On attend donc d'eux qu'ils sachent exprimer la cohérence du système juridique, de ses règles et de ses pratiques. Pour illustration, en culture générale, ils devront exposer une certaine vision de l'état général de la France contemporaine ainsi qu'une compréhension d'ensemble du modèle de la société démocratique et de la justice ;

– d'autre part, les concours de la fonction publique visent à recruter des professionnels qui auront une carrière longue, pouvant parfois durer plus de quarante ans. Au-delà des connaissances très pointues et immédiatement opérationnelles, l'enjeu est donc de s'assurer que les candidats ont des repères suffisamment larges ainsi que des capacités de raisonnement personnel très solides. Ils doivent pouvoir s'adapter à des fonctions extrêmement diverses (du civil au pénal, du siège au parquet, voire pourront être appelés à des fonctions institutionnelles). Ils doivent être capables de faire face aux évolutions tant du droit que de l'organisation judiciaire qui ne manqueront pas d'intervenir au cours des prochaines années et décennies.

Ces considérations, propres aux concours administratifs, ne s'arrêtent pas au stade de la confection des sujets ; elles s'étendent aussi à **la façon dont ils sont corrigés**. Le caractère professionnel de ces concours est particulièrement affirmé puisque **les copies ne sont pas corrigées par des enseignants universitaires mais par des magistrats en fonction**. De la première à la dernière ligne de votre copie, des questions vont revenir sans cesse à l'esprit du correcteur :

– *ce candidat est-il un magistrat en puissance ?*

– *son analyse, son expression, sa capacité de démonstration sont-elles ceux d'un magistrat ?*

– *sa vision de la société est-elle compatible avec celle de la Justice ?*

– *sa maîtrise de la langue (orthographe, vocabulaire, syntaxe, grammaire) est-elle correcte ?*

– *son style est-il suffisamment sobre, susceptible d'être celui de l'autorité judiciaire qui s'exprime ?*

La seconde clé réside dans la compréhension de ce qui fait la spécificité du concours de l'ENM, par rapport aux autres concours administratifs.

L'expérience de l'ISP est ici particulièrement bienvenue dans la mesure où nous préparons à un grand nombre de concours, ce qui nous a permis, par exemple, de relever **qu'un même sujet de droit pénal ne se traite pas de la même façon si on veut réussir le concours de l'ENM, le concours de commissaire de police ou celui de directeur des services de greffe judiciaires**. Chaque concours présente ses particularités propres. Plus encore, au sein d'un concours déterminé, chacune des épreuves présente elle aussi des exigences spécifiques. Ignorer l'ensemble des attentes propres à chaque concours et à chaque épreuve revient à prendre le risque d'être disqualifié dès l'introduction, l'exposé de la problématique ou l'annonce du plan.

Il est, en revanche, une conviction à laquelle l'équipe de l'ISP a abouti : **le candidat qui maîtrise les spécificités d'une épreuve de l'ENM dispose effectivement des codes pour affronter cette épreuve, quel que soit le sujet proposé le jour J**. Autrement dit, on sait ou on ne sait pas rédiger une dissertation ou un cas pratique de droit civil pour l'ENM, et si on sait le faire, on a toutes les chances de réussir quel que soit le sujet proposé dans cette matière. La méthode pédagogique utilisée par l'ISP consiste donc à comprendre et surtout à bien mettre en œuvre les exigences propres à chacune des matières. Le contenu de cet ouvrage en donne l'illustration puisqu'au-delà de la diversité des sujets corrigés, le lecteur attentif saura retrouver **des constantes méthodologiques incontournables.**

Ces impératifs méthodologiques s'imposent d'ailleurs au candidat dès la lecture du sujet. **Se préparer au concours de l'ENM, c'est être capable de comprendre derrière le sujet apparent quel est en fait le sujet caché. Ainsi, en culture**

générale, le candidat ne doit jamais perdre de vue que l'interrogation réelle posée par le jury porte toujours sur « ***la société française contemporaine*** » et le thème proposé. La société française est comme un « *terme fantôme* » ; même lorsque l'on ne le voit pas, il est là. À titre d'illustration, le sujet de 2015 « *La fin de la violence ?* » devait immédiatement être interprété comme posant l'interrogation suivante : « *Comment la question / l'utopie / l'objectif de la fin de la violence se traduit concrètement dans notre société contemporaine ?* ». Le sujet réel est donc souvent un sujet plus précis que le sujet apparent. L'affirmation ne vaut pas que pour l'épreuve de culture générale, mais bien pour l'ensemble des épreuves d'admissibilité, notamment dans le cadre de la réforme des concours en 2020.

2. Comprendre la réforme des trois concours de l'ENM

La réforme de 2020 impose désormais de distinguer au titre des épreuves entre le premier concours, d'un côté, et le deuxième et le troisième concours de l'autre.

Pour le **premier concours**, les candidats seront soumis à **5 épreuves** : une **composition de culture générale** d'une durée de 5h (coefficient 4), une **composition en droit civil/procédure civile ou en droit pénal/procédure pénale** (au choix du jury) d'une durée de 5h (coefficient 4), un **cas pratique en droit civil/procédure civile ou en droit pénal/procédure pénale** (sur la matière non retenue par le jury au titre de l'épreuve de composition) d'une durée de 3h (coefficient 4), une **note de synthèse** d'une durée de 5h (coefficient 3) et, enfin, une **épreuve composée de deux questions en droit public** d'une durée de 3h (coefficient 2).

Pour les **deuxième et troisième concours**, les candidats ne sont soumis qu'à **4 épreuves** (oui, le concours est facilité pour ces candidats) : une **composition de culture générale** d'une durée de 5h (coefficient 4), un **cas pratique en droit civil/procédure civile** d'une durée de 3h (coefficient 4), un **cas pratique en droit pénal/procédure pénale** d'une durée de 3h (coefficient 4), et, enfin, une **note de synthèse** d'une durée de 5h (coefficient 3).

Disons un mot de chacune des épreuves des nouveaux concours de l'ENM :

– **concernant l'épreuve de culture générale**, elle porte sur une composition de connaissance et compréhension du monde contemporain. L'épreuve est plus technique qu'il n'y paraît comme cela a déjà été mentionné.

Il ne s'agit pas de partir dans toutes les directions, mais bien d'expliquer comment la société française contemporaine (celle issue de 1789) pose, envisage, accueille ou traite le problème considéré. Reste que si ce rapport à la société française doit être le cadre de compréhension des sujets de culture générale à l'ENM, il n'est pas non plus interdit de faire preuve de souplesse. Ainsi, les comparaisons ou les similitudes avec d'autres sociétés comparables (les sociétés occidentales, démocratiques) sont les bienvenues, surtout lorsque la dimension européenne est incontournable comme prolongement de la question posée à la société française ;

– **en droit civil**, l'épreuve de composition (uniquement pour les premiers concours et encore si le jury en décide ainsi) se distingue d'une dissertation universitaire ou même d'une dissertation donnée dans le cadre d'un autre concours administratif en ce que tous les sujets de dissertation de droit civil ENM comprennent également un « *terme-fantôme* ». Ce « *terme-fantôme* » est « ***le juge en droit civil*** », comme « *la société française contemporaine* » l'est en culture générale. Autrement dit, lorsque le sujet est « *L'exécution du jugement civil* » en 2016 ou « *La loyauté de la preuve dans le procès civil* » en 2017, il convient de les lire respectivement ainsi : « *Le juge et l'exécution du jugement civil* » et « *Le juge et la loyauté de la preuve en droit civil* ». Encore, en 2018, le sujet « *La contractualisation du droit des couples et ses limites* » imposait au candidat d'apprécier la position du juge à l'égard de ce mouvement, notamment dans ses conséquences, par exemple, la déjudiciarisation du divorce.

Parfois, le jury, en peine de voir les étudiants se rappeler qu'ils passent un concours professionnel et qu'ils se destinent à devenir magistrat, prend le soin de le souligner avec force comme cela a été le cas en 2014 avec le sujet « *Le juge et l'intangibilité contractuelle* ».

Autrement dit, **le prisme du juge commande tant à la problématique qu'au plan de la dissertation en cause.** Il est nécessaire ainsi pour le candidat de réaliser une démonstration mais aussi un tri dans ses connaissances pour cibler les difficultés qui se posent au quotidien pour le magistrat, pour dérouler un raisonnement qui serait celui du juge. Pour le cas pratique de droit civil, la technique judiciaire est au cœur de l'épreuve. Il faut s'attendre à des questions ouvertes comme à des questions fermées, à des questions de droit substantiel comme à des développements procéduraux. Particulièrement sur ces derniers, le candidat ne devra pas se comporter comme un étudiant d'Université, même très bon, puisqu'il devra singer la rédaction employée par le juge sur les questions de compétence ;

– **en droit pénal**, eu égard à la technicité de la matière, la principale difficulté, qu'il s'agisse de la composition ou du cas pratique se trouve dans la compréhension précise du sujet. Le droit pénal et la procédure pénale ne laissent aucune place aux hésitations et incertitudes terminologiques et juridiques. Concernant plus précisément la dissertation de droit pénal (seulement pour les candidats du premier concours si le jury en décide ainsi), là aussi, le sujet réel doit être recherché derrière le sujet apparent. Le « *terme-fantôme* » de l'épreuve de pénal est « ***les libertés fondamentales*** ». Le libellé du sujet doit toujours être entendu comme s'il était précédé des mots « *Les libertés fondamentales et…* ». L'enjeu est de savoir en quoi ces libertés sont affectées par le sujet considéré ou l'affecte. Par exemple, en 2018, lorsque le sujet proposé est « *L'intention dans les infractions d'atteintes à l'honneur* », doit être envisagée la conciliation judiciaire des libertés, et notamment de la liberté d'expression, avec l'ordre public et le respect d'autrui. Concernant le cas pratique, l'épreuve de droit pénal et de procédure pénale se révèle difficile à deux égards : d'une part, elle est particulièrement exigeante du point de vue de la rigueur qui commande à la matière et à l'œuvre magistrale ; d'autre part, et surtout, le candidat sera confronté à de véritables cas, lesquels posent des difficultés concrètes, exposant celui qui doit trancher à des incertitudes, des discussions dans l'analyse des faits et des preuves ;

– **concernant la note de synthèse**, elle était jusqu'à présent une épreuve d'admission. Elle devient plus logiquement une épreuve d'admissibilité. Deux observations doivent immédiatement être réalisées : d'un côté, l'on n'apprend pas à l'université au cours du cursus à réaliser des notes de synthèse, sinon de manière incertaine dans les IEJ ; de l'autre, la note de synthèse pour les concours de l'ENM ne saurait se confondre avec, par exemple, la note de synthèse pour le CRFPA. Si l'on retient pour modèle, les notes de synthèse jusque là proposées dans le cadre des épreuves d'admission, la note de synthèse de l'ENM est particulière, dans son format, dans sa structure et même dans le choix des sujets ;

– **enfin, concernant l'épreuve de droit public**, laquelle ne concerne au titre de l'admissibilité que les candidats au premier concours, elle propose deux questions (cumulatives). Assurément, l'épreuve se voudra plus complexe et exigeante que l'ancienne épreuve présentée sous la forme de trois ou quatre QRC (questions à réponses courtes). Autrement dit, la nouvelle épreuve de droit public invite les candidats à réaliser deux « mini-dissertations » en 3h. Dans le présent ouvrage sera proposé la relecture des questions d'annales sous l'angle du nouveau concours pour permettre un entraînement optimal. Depuis la réforme du concours en 2009, **deux, souvent trois questions sont posées au candidat (trois questions depuis 2014 et ce, encore dans le concours 2018)**. Certes, les thèmes évoqués ne recèlent pas de difficultés de compréhension et de définition en apparence, mais l'exercice n'en est pas moins rude et ardu à décrypter dans ses exigences. Il ne suffit pas de connaître son « *cours* », il faut encore être capable de **construire un propos logique**, qui nécessite tout particulièrement la maîtrise des **fondements** et de **l'actualité** des thèmes de l'interrogation. C'est au candidat de faire preuve de synthèse et de clarté pour exposer ces deux pans majeurs de la réponse.

Rappelons enfin que les QRC de droit public n'échappent pas à l'obligation de recherche du « *terme-fantôme* ». Il s'agira plutôt ici de comprendre que, derrière la question apparente, se cachent deux sous-questions : « *Quels sont les principes, les fondements du sujet ?* » et « *Quelle est son actualité ?* ». Le traitement de ces deux aspects ne constitue pas nécessairement le plan des développements, mais le jury doit impérativement trouver une réponse à chacun d'eux dans le contenu de la copie.

3. S'entraîner avec des annales corrigées et des sujets originaux

Le présent ouvrage révèle **comment utiliser les deux clés d'analyse à l'aune de sujets proposés dans chacune des épreuves d'admissibilité des concours de l'ENM** des dernières années et de **sujets originaux** (dissertations, cas pratiques). Ces sujets sont actualisés à la fois au regard de l'évolution des concours (réforme 2020) et de l'évolution du droit.

La correction de ces trente sujets montre l'importance de la méthodologie, propre au concours et à chacun de ses exercices, que l'étudiant doit mettre en œuvre.

La maîtrise de cette méthodologie particulière est essentielle et ne peut naître que d'un entraînement constant et répété. **Le candidat à l'ENM doit s'entraîner, s'entraîner et encore s'entraîner.** Pour ce faire, les corrigés de cet ouvrage vous offrent le résultat idéal de la mise en œuvre de cette méthode. N'hésitez pas à vous confronter à la difficulté : vous devez vous tester sur les exercices proposés. Une fois que vous vous y êtes essayé, lisez les corrigés et comparez !

Julie HABERMAN

Présidente du Groupe ISP

Présentation de la réforme du concours 2020
par Jacob Berrebi, Directeur pédagogique de l'ISP

ENM
SOMMAIRE

Partie 1 CULTURE GÉNÉRALE

Partie 2 DROIT CIVIL ET PROCÉDURE CIVILE

ENM

SOMMAIRE

suite

Partie 3 DROIT PÉNAL ET PROCÉDURE PÉNALE

Partie 4 DROIT PUBLIC

Partie 5 NOTE DE SYNTHÈSE

CULTURE GÉNÉRALE

Sujet 1

DISSERTATION : LA DÉMOCRATIE (ANNALES CONCOURS ENM 2019)

Après une année de manifestations, de débat national et d'élections, rien ne semble plus habituel à notre quotidien que les débats sur la démocratie. Pourtant, cette banalité apparente ne doit pas faire oublier que la démocratie contemporaine est le fruit d'un paradoxe. Rien ne semblait en effet prédisposer l'exemple athénien à devenir la référence universelle qu'elle est aujourd'hui.

La démocratie apparue à Athènes était même traditionnellement considérée comme une exception sui generis, n'ayant concerné qu'une seule cité pendant à peine plus d'un siècle et de surcroît, il y a plus de vingt-cinq siècles. La philosophie politique classique de Platon à Montesquieu considérait d'ailleurs la démocratie comme un régime impossible voire dangereux. Il faudra attendre le siècle des Lumières et la Révolution française pour qu'elle redevienne d'actualité même si, nos démocraties contemporaines diffèrent sur certains points essentiels de la démocratie antique.

À la faveur des révolutions politiques intervenues depuis la fin du XVIIIe siècle et jusqu'aux drames du XXe siècle, la démocratie s'est pourtant imposée comme une forme d'horizon indépassable de l'idéal politique. Il semble même exister un consensus universel en faveur de la démocratie, à telle enseigne que même les régimes autoritaires se revendiquent tout ou partie du modèle démocratique. La démocratie n'aurait donc plus d'ennemis de principe. Dans le même temps toutefois, les démocraties les plus avancées connaissent une crise désormais visible de l'Amérique du Nord à l'Europe en passant par l'Inde et le Brésil. Travaillée par ses paradoxes et ses mouvements contradictoires, la démocratie refait donc question quant au point de savoir si elle est toujours conforme à son idéal : « le gouvernement du peuple, par le peuple, pour le peuple (Abraham Lincoln) ».

Notre démocratie est-elle toujours ce qu'elle devrait, pourrait ou voudrait être ?

En fait, si notre démocratie demeure conforme à sa définition issue du siècle des Lumières, cette dernière n'a jamais été exempte de tensions et d'ambiguïtés (I). Quant à la crise actuelle, elle ne pourra sans doute être surmontée que par un approfondissement du fonctionnement de notre démocratie (II).

I - Conforme à sa définition, la démocratie contemporaine n'en est pas moins exempte de tensions

A - LE MODÈLE DÉMOCRATIQUE CONTEMPORAIN TOUJOURS VIVANT

Nos démocraties correspondent encore largement aux critères de la démocratie contemporaine issus du siècle des Lumières. Ce dernier a actualisé et complété l'exemple traditionnel d'Athènes.

Ainsi, les éléments de définition traditionnels de la démocratie restent bien visibles. En premier lieu, et de manière évidente, la participation du peuple au pouvoir (du latin demos kratei), bien que tiraillée constitue toujours une réalité et continue d'incarner le modèle de la souveraineté (« le gouvernement du peuple par le peuple »). En second lieu, l'idée d'engagement civique reste très présente, de telle sorte que dans la démocratie contemporaine demeure la pensée athénienne selon laquelle les citoyens ne sont pas seulement bénéficiaires du droit de participation au pouvoir, mais ont également le devoir de servir et de considérer l'intérêt général de la société (« le gouvernement pour le peuple »).

Critère plus récent, mais tout aussi essentiel à la définition du modèle démocratique, la poursuite d'une protection toujours plus effective des droits fondamentaux ne désenchante pas. Aussi, les démocraties contemporaines se définissent-elles par la protection des droits de l'homme ainsi que par la séparation des pouvoirs, ce que la Constitution française affirme à travers les mots de l'article 16 de la DDHC (« Toute société dans laquelle la garantie des droits n'est pas assurée, ni la séparation des pouvoirs déterminée, n'a point de Constitution »). D'ailleurs, cette exigence de protection de l'individu, constitue selon Hannah Arendt la principale différence entre la démocratie contemporaine et la démocratie antique. En outre, marquée par l'Histoire, cette protection s'est fortement renforcée après 1945 (CEDH, Cours constitutionnelles, etc.) et constitue désormais, au plan international, l'un des critères essentiels de définition du caractère démocratique d'un régime.

Nos démocraties satisfont encore aux trois éléments de cette définition et ne cessent même d'en renforcer certains aspects. En ce sens la révision constitutionnelle de 2008 a solidifié les pouvoirs du parlement, introduit le mécanisme de la QPC renforçant par la même occasion la protection des droits et libertés fondamentaux, créée un Défenseur des droits, ou encore instauré le référendum d'initiative partagé. La même dynamique anime l'Europe et, plus largement, la société internationale : l'année 1998 est marquée par la création de la Cour pénale internationale, deux ans plus tard c'est l'Union européenne qui adopte une Charte des droits fondamentaux et cherche à renforcer les pouvoirs du Parlement européen.

B - NOS DÉMOCRATIES REPOSENT NÉANMOINS DEPUIS LEUR ORIGINE SUR UNE FORME D'AMBIGUÏTÉ

La démocratie contemporaine se distingue sur deux points essentiels de la démocratie antique ce qui peut faire apparaître cette dernière comme plus authentiquement démocratique.

D'une part, nos démocraties sont essentiellement des régimes représentatifs, ainsi la démocratie française est en théorie à la fois représentative et directe (Const., art. 3). D'autre part et surtout, nos démocraties impliquent une représentation élective à l'inverse du système athénien dans le cadre duquel les représentants politiques résultaient d'un tirage au sort. La démocratie moderne est donc fondée sur la distinction des citoyens considérés ou choisis comme aptes à exercer des fonctions politiques alors que précisément la démocratie athénienne était basée sur un principe d'égalité stricte entre tous les citoyens au regard des fonctions politiques (principe d'isonomie). Or, dans la philosophie politique classique, l'élection est considérée comme un principe aristocratique (gouvernement par les meilleurs) et non démocratique.

L'élection peut d'autant plus faire débat que rien ne garantit qu'elle soit forcément à même de sélectionner les meilleurs gouvernants pour la cité, ce que certains auteurs, tels que P. Manin ou J.-J. Rousseau, n'ont pas manqué de souligner. C'est finalement de cette ambivalence, tendant à s'inspirer de deux sources contradictoires, que naît un certain malaise.

Ces débats ou ces interrogations sont toujours vivants comme l'ont montré les revendications relatives à l'instauration d'un référendum d'initiative citoyenne (RIC) dans le cadre du mouvement dit des « Gilets jaunes ». À ceci s'ajoute encore la crise de la représentation ou crise des élites qui dépasse la sphère des seuls dirigeants politiques pour se porter sur les élites économiques, scientifiques, intellectuelles ou journalistiques. Au-delà des questions relatives à la légitimité d'un groupe identifié comme étant supérieur, est décriée la compétence même de ces élites.

II - Face à la profondeur de la crise actuelle, un approfondissement de la démocratie semble aujourd'hui s'imposer

A - LES NOUVELLES FORMES DE LA CRISE DÉMOCRATIQUE

Si les tensions traditionnelles qui caractérisent la démocratie sont aujourd'hui plus vives, elles sont aussi complétées par des formes de défis inédits.

Les dangers pour le système démocratique semblent d'abord venir de la démocratie elle-même. En effet, les discours de type populiste critiquant frontalement le système politique mis en place, sont faits au nom même de la démocratie. Les leaders populistes ne se présentent pas comme des adversaires de la démocratie mais plutôt comme des défenseurs d'une démocratie plus intégrale, directement porte-parole des aspirations du peuple souverain. Finalement, au nom de la démocratie c'est le système démocratique contemporain qui est remis en question. Ainsi, sont souvent questionnés plusieurs aspects de notre définition actuelle de la démocratie. C'est d'abord l'exigence de considérer l'intérêt général rationnellement qui semble laisser place à l'émotion. C'est ensuite la nécessité d'accepter une délibération respectueuse et tolérante qui apparaît fragilisée par un certain « dégagisme ». Enfin, c'est la reconnaissance des droits et libertés fondamentaux à tous les individus, qu'ils soient citoyens ou étrangers, qui est interrogée.

Si ce n'est pas la première fois que la démocratie représentative et libérale connaît une critique faite au nom même de la démocratie puisque ce fut notamment le cas jusqu'au début des années 1990 avec l'opposition provenant des « démocraties populaires » d'inspiration communiste, sa base sociale en ressort nécessairement affaiblie.

Notre démocratie se caractérise également par le fait qu'elle est une démocratie dite libérale, c'est-à-dire faisant coexister une égalité juridique entre les citoyens avec une inégalité économique et sociale (ce modèle a d'ailleurs été très critiqué par Marx pour lequel une telle démocratie ne serait qu'une démocratie « formelle »). Concrètement, le développement de cette démocratie s'est appuyé sur le développement de la classe moyenne, en particulier depuis la deuxième partie du XXe siècle. Or, on constate aujourd'hui un affaiblissement de la classe moyenne caractérisé par la montée des inégalités principalement du fait de la mondialisation et de la libéralisation de l'économie, des multiples crises économiques, etc. Cet affaiblissement de la classe moyenne, à la fois objectif et subjectif (peur du déclassement et pessimisme des classes moyennes qui doutent du système économique et politique), nourrit le populisme.

La société apparaît alors de plus en plus fracturée, tant d'un point de vue social, territorial que communautaire, comme l'a peut-être mis en lumière la crise des Gilets jaunes depuis la fin de l'année 2018.

B - LE NÉCESSAIRE APPROFONDISSEMENT DE NOTRE MODÈLE DÉMOCRATIQUE

Les démocraties représentatives, électives, dites libérales, sont aujourd'hui de plus en plus mises en cause, et semblent au milieu du gué. Le maintien des systèmes politiques dans leurs formes actuelles ne semble pas répondre aux aspirations démocratiques contemporaines tandis que les mouvements de types nationaux populistes prospèrent au nom précisément d'une démocratie soi-disant plus authentique.

Dans cette situation l'important réside sûrement dans l'approfondissement de notre démocratie : il s'agit de la faire évoluer pour répondre aux nouvelles exigences sans pour autant remettre en cause ses fondamentaux. Cela passe alors par une restauration de la confiance, ce qui a été initié par exemple avec la mise en place d'une autorité de la transparence, mais il s'agit également de réduire la distance existante entre le peuple et l'exercice du pouvoir, entre le peuple et ses représentants (décentralisation, limitation du cumul des mandats). Il peut être souhaitable de développer des procédures de démocratie directes (référendums) et de démocratie participative à l'image du grand débat national ou des conférences citoyennes. Au-delà, la démocratie contemporaine ne trouvera son salut qu'en s'attaquant aux causes sociales et sociétales qui l'effritent. Autrement dit, il semble nécessaire de renforcer la cohésion nationale en limitant le communautarisme et en rappelant les valeurs partagées par l'ensemble de la communauté nationale, de lutter contre les fractures territoriales et de promouvoir davantage l'égalité des chances.

Le renouvellement du modèle démocratique doit encore être pensé à l'échelle transnationale, alors même qu'il fut pensé pour l'État nation en 1789. Comme l'établissait Emmanuel Kant, la paix ne pourra être établie qu'en se fondant sur le lien unissant les démocraties nationales et le dialogue entre les nations que celui-ci implique. C'est d'ailleurs sa pensée qui a inspiré les organisations internationales post-1945, désormais remises en cause par le discours nationaliste/populiste. Aussi faut-il s'atteler à renforcer le versant externe de la démocratie, ce qui se traduit par la poursuite des sommets internationaux tels que le G20 ou par une prise en compte croissante des représentants de la société civile internationale au travers les ONG. Encore apparaît la nécessité de réduire le déficit démocratique ressenti entre l'Union européenne et ses citoyens ; volonté qui se manifeste d'ores et déjà via certaines propositions telles celle d'établir des listes transnationales pour les élections des parlementaires européens ou encore par la mise en place d'une armée européenne.

La puissance publique doit également s'assurer que l'échelon politique soit bien celui où se prennent les décisions organisant la vie de la société, impératif qui se fait d'autant plus urgent que se révèle la puissance des marchés financiers, des multinationales, des GAFA, voire de la technocratie.

Enfin il semble essentiel de garder à l'esprit que la démocratie ne sera jamais parfaite et même toujours décevante, compte tenu de la hauteur de son idéal. Elle est donc à la fois vulnérable et en permanence à réinventer ou renforcer comme le soulignait Alain Etchegoyen.

En définitive, la démocratie est un régime tout à fait particulier qui n'est pas exempt de paradoxes. Longtemps rejetée comme un régime irréaliste, la démocratie est devenue une référence universelle qui aujourd'hui fait encore rêver nombre de peuples. Néanmoins, dans les pays où elle est la plus avancée, elle connaît désormais une crise particulièrement grave. Cette crise n'est pas la première puisqu'alors qu'elle semblait triompher, elle a rencontré au XXe siècle de nombreux adversaires y compris au nom de la démocratie elle-même. Les critiques de la démocratie sont telles, qu'aujourd'hui la France n'est pas la seule à devoir sans doute refonder, réinventer son modèle face à la montée des mouvements de type national-populiste.

Au-delà de ce défi immédiat, la crise de la démocratie participe vraisemblablement plus généralement d'une crise d'adaptation de notre modèle de société pensé en 1945, lequel est remis progressivement en cause à partir du milieu des années 1970 et de la fin des Trente glorieuses. En quarante ans, c'est à la fois le contexte économique, social mais aussi technologique et international (mondialisation, construction européenne) qui ont été complètement remis en cause. Cela vaut pour notre modèle politique (la démocratie) mais aussi pour l'ensemble de notre modèle de société. À ceci s'ajoute peut-être pour l'avenir un autre défi, une nouvelle menace à relever : celle du défi écologique (la crise des gilets jaunes est d'ailleurs née d'une question de fiscalité écologique). Pour certains auteurs comme Hans Jonas, l'urgence environnementale risquerait d'être précisément fatale au régime démocratique, incapable de prendre les décisions difficiles imposées par l'état de l'environnement. La démocratie contemporaine semble donc appelée à être en permanence confrontée à des défis, la clef de son avenir tient sans doute dans la conviction des citoyens qui ont un rôle irremplaçable à jouer pour la protéger. En effet « *La Cité est fondamentalement périssable. Sa survie dépend de nous* » (Hannah Arendt).

Sujet 2

DISSERTATION : COMMENT S'EXPRIMENT, SELON VOUS, LES BESOINS ET LES RÉALITÉS DE LA SOLIDARITÉ DANS LA SOCIÉTÉ FRANÇAISE CONTEMPORAINE ?

DES EXEMPLES CONCRETS VIENDRONT ÉTAYER VOTRE RÉFLEXION

(ANNALES CONCOURS ENM 2018)

«Une société ne saurait vivre dans la sécurité et dans la paix si les hommes qui la composent ne sont pas unis et comme volontairement disciplinés par une même conception de la vie, de son but et de ses devoirs»: c'est ainsi que Léon Bourgeois, dans sa Doctrine de la solidarité publiée en 1896, définissait l'impératif de solidarité. De ce fait, la solidarité, comme source de cohésion de la vie sociale dans nos sociétés modernes, apparaît bel et bien comme duale : elle désigne à la fois un rapport d'interdépendance entre les êtres et le facteur prévenant la dissolution d'un corps organique.

La solidarité répond, d'une part, au besoin de la cohésion sociale, au point d'être perçue comme sa condition obligée dans nos sociétés complexes. Elle se veut, d'autre part, générale, sinon universelle, en impliquant l'accompagnement de tous par tous, tel un principe de totalité, susceptible de l'élever à la hauteur d'une valeur morale et d'en faire une obligation juridique, laquelle désigne également, en droit civil, une forme de caution spécifique. Dès lors, il n'est pas étonnant que dans nos sociétés démocratiques, construites sur le principe d'égalité, elle désigne tout particulièrement cette interdépendance des individus par rapport au groupe et s'avère, en cela, fondamentalement distincte de la charité, qui repose sur une relation de certains vers d'autres. En ce sens, dans notre société française, dont les fondements ont été confirmés au lendemain de la Seconde Guerre mondiale avec l'application du programme du Conseil national de la Résistance, la solidarité apparaît bel et bien comme la traduction contemporaine de la fraternité, c'est-à-dire le troisième élément de notre devise nationale.

La solidarité a vocation à occuper une place majeure dans les sociétés contemporaines, et tout particulièrement dans notre société française. Mais qu'en est-il dans les faits ? Les mesures et pratiques se réclamant de la solidarité répondent-elles aux besoins de la société française d'aujourd'hui ? Le récent mouvement dit des « Gilets jaunes » exprime-t-il un déclin de la solidarité dans notre pays ou plutôt un attachement à cette valeur constituant une forme d'exception française ?

En fait, notre pays se distingue par un haut niveau d'exigence en matière de solidarité qui subit la pression de nouveaux besoins (I). En outre, de nouvelles réalités, y compris d'ordre international, appellent à une réactualisation de notre modèle (II).

I - Notre pays se distingue par un haut niveau d'exigence en matière de solidarité qui subit la pression de nouveaux besoins

A - LA SOLIDARITÉ DEMEURE UNE RÉALITÉ AU CŒUR DE NOTRE MODÈLE DE SOCIÉTÉ

1. La solidarité participe de notre projet politique

La solidarité, comme projet social, est issue du projet révolutionnaire. Les lendemains de la Révolution française sont taraudés par l'énigme de ce qui peut relier des individus désormais déclarés libres et égaux. Comment penser le lien entre ces individus « abstraits », indépendants et détachés de leurs appartenances traditionnelles, suite à l'abolition des corporations par la loi *Le Chapelier* de 1791 ? Devant les révoltes ouvrières et le risque d'éclatement de la société, des Lamennais, Pecqueur, Michelet et bien d'autres en appellent à « l'unité perdue du genre humain » et à l'harmonie universelle. Ils insistent sur la réalité de l'interdépendance entre tous les membres de l'espèce humaine, interdépendance devenue plus flagrante avec la révolution industrielle et ces nouveaux « rails de fer » qui multiplient les échanges entre les hommes. Pierre Leroux, imprimeur et futur député à l'Assemblée constituante de 1848, donne le nom de « solidarité » à cette loi d'interdépendance mutuelle dans son ouvrage *De l'humanité*, paru en 1840. Il dit l'avoir emprunté au vocabulaire juridique ; en droit romain, l'obligation *in solidum* désigne « l'engagement par lequel les personnes s'obligent les unes pour les autres et chacune pour tous » dans le but de remplacer la charité, peu en phase avec les idées laïques et surtout impossible à « organiser ». Le philosophe Charles Renouvier prédit, quant à lui, une immense fortune à cette magnifique idée « à la fois humaine et divine ». Les chrétiens, d'ailleurs, ne tardent pas à revendiquer ce mot dans lequel ils reconnaissent le dogme de la rédemption collective, si bien résumé par la phrase de Saint Paul : « Nous sommes tous membres d'un même corps. » La force de la notion est qu'elle récupère la tradition chrétienne en lui donnant des couleurs laïques. Providentielle ou naturelle, cette loi d'interdépendance nous indique la direction à suivre : nous devons être solidaires. La notion est d'autant plus puissante qu'elle est attestée par les sciences. Les naturalistes insistent sur la coopération entre les organes de tout être vivant. Saint-Simon, le précurseur du socialisme, avait proposé d'étudier le corps social comme « un corps organisé », un corps dont aucun des organes ne peut vivre indépendamment des autres.

« Laissons faire la solidarité naturelle », diront des libéraux comme Frédéric Bastiat, qui refusent toute intervention autoritaire sur le mécanisme des échanges. Il y a une solidarité dans le mal, celle des associations de malfaiteurs, celle de la propagation des injustices et des maladies. La solidarité qu'il s'agit de développer est une solidarité visant la justice, et destinée à rectifier les effets nocifs de la solidarité naturelle. Cette nouvelle solidarité, inspirée par l'expérience des sociétés de secours mutuels qui se sont développées depuis les années 1830, est à la recherche d'une organisation coopérative et mutualiste. Or les premiers sociologues, Alfred Fouillée, dans *La Science sociale contemporaine* (1880), et Émile Durkheim, dans *De la division du travail social* (1893), soulignent que, dans des sociétés passées sous le régime du contrat, les individus sont de plus en plus autonomes, mais deviennent également plus étroitement dépendants les uns des autres. Cette solidarité « organique », contractuelle et coopérative nécessite l'intervention de la puissance publique pour faire respecter la juste exécution des contrats.

Cette notion fut également lancée dans la sphère politique à la fin du XIXe siècle par Léon Bourgeois, éphémère président du Conseil – de novembre 1895 à avril 1896 – et futur Prix Nobel de la paix. Dans son livre publié en 1896, *Solidarité*, le militant radical propose une voie médiane entre les deux grandes causes qui divisent les sociétés, le libéralisme et le socialisme. Il entend concilier deux exigences apparemment contradictoires, la liberté individuelle et la justice sociale : puisque chaque être qui arrive au monde retire des bienfaits de la vie sociale, il a de ce simple fait des obligations envers ses contemporains et ses successeurs. Dès lors qu'il accepte la vie collective et profite du patrimoine commun, chacun doit s'engager à concourir au paiement de la dette commune, à la mesure de ce qu'il a reçu. La doctrine vise à justifier l'impôt progressif sur le revenu, la législation sur les assurances sociales et sur les retraites et la mise en place de services d'intérêt général destinés à «accroître l'interdépendance mutuelle» selon l'expression du juriste Léon Duguit. Elle cherche surtout à donner un contenu à cette république radicale qui se veut anti-collectiviste tout autant qu'antilibérale. Ce «socialisme libéral», selon les mots de son promoteur, refuse la résolution des conflits par la lutte des classes et opte pour la voie parlementaire. Elle participe du même courant d'idées que celles de la sociologie naissante et de la « solidarité organique » thématisée par Émile Durkheim.

Certes, si l'idée de solidarité perd de son aura au sortir de la Première Guerre mondiale et à la suite de la Révolution d'octobre, elle incarne la réforme sociale au lendemain de la Seconde Guerre mondiale. De manière pittoresque, la « solidarité française » désigne dans les années 1930 une ligue fasciste que dissoudra le Front populaire en 1936. En revanche, la solidarité, comme manifestation privilégiée de l'État-Providence, apparaît dès lors au niveau national, avec l'application du Programme national la Résistance en France et du Plan Beveridge en 1942, et, au niveau international, avec le Plan Marshall qui intervient pour la reconstruction de l'Europe, selon des considérations d'ordre géopolitique il est vrai. Réapparue progressivement dans la Constitution de 1946 – «la Nation proclame la solidarité et l'égalité de tous les Français devant les charges qui résultent des calamités nationales» –, elle constitue le substrat du plan de Sécurité sociale élaboré par Pierre Laroque qui écrit, dans le premier numéro de la Revue française du travail : «la Sécurité sociale suppose une solidarité nationale: tout le monde est solidaire devant les facteurs d'insécurité, et il importe que cette solidarité s'inscrive dans les faits et dans la loi ».

Enfin, c'est dans les années 1980 qu'elle connaît son véritable renouveau: luttes de Solidarnosc en Pologne en 1980; premier ministère de la Solidarité en France en 1981; en 1987, une encyclique du pape Jean-Paul II, *Sollicitudo Rei Socialis*, fait de la solidarité «la vertu chrétienne par excellence» ce qui témoigne de la portée de cette notion initialement laïque et forgée par le radicalisme français.

2. Une relative primauté de la solidarité publique sur les solidarités privées

Ni assurance ni assistance, la solidarité ne conçoit ni les contributions proportionnellement aux risques auxquels chacun est soumis, ni ne divise le monde entre payeurs et receveurs. Elle se définit comme la contribution de chacun selon ses capacités et le droit d'en bénéficier selon ses besoins. Dominique Schnapper, dans *Qu'est-ce que la citoyenneté ?*, démontre comment on traverse des solidarités privées vers l'appel à la solidarité publique, en s'appuyant sur l'exemple des personnes âgées, dont la dépendance est prise en charge par l'Aide aux personnes âgées. On pourrait ajouter le droit opposable au logement, en vertu de la loi du 31 mai 1990 et de la décision du Conseil constitutionnel du 19 janvier 1995, ou encore l'indemnisation des accidents médicaux non fautifs ou des aléas thérapeutiques.

Avec la complexification des relations sociales et l'affirmation du rôle quasi-omniprésent, sinon omniscient de l'État, la solidarité nationale en France est censée innerver l'ensemble des soutiens aux difficultés que peuvent éprouver ses habitants. La solidarité est alors une lutte active contre l'exclusion ; le traitement du handicap est révélateur de l'ampleur progressive prise par les politiques publiques à partir des années 1960 jusqu'à aujourd'hui, dans la continuité de l'affirmation de l'État-Providence. La lutte contre l'exclusion des personnes handicapées implique de la sorte une forme de discrimination positive, notamment à l'embauche. Cette discrimination positive se caractérise aussi par des obligations de résultat pour les employeurs du secteur privé, depuis 1987, et du secteur public depuis la loi du 11 février 2005: tous les établissements de vingt salariés et plus doivent compter 6% de salariés en situation de handicap. Cette obligation d'emploi peut se traduire, sous quelques réserves, par des modalités de substitution, comme la passation de contrats de sous-traitance avec des établissements accueillant des personnes en situation de handicap, ou la réalisation d'accords d'entreprise.

Mais la grande novation des vingt dernières années a été la possibilité offerte aux employeurs assujettis de transformer légalement leur obligation d'emploi en contribution financière versée à des fonds collecteurs créés à cette occasion : l'Association pour la gestion du fonds pour l'insertion professionnelle des personnes handicapées (AGEFIPH) en 1987 pour le secteur privé, ou le Fonds pour l'insertion des personnes handicapées dans la fonction publique (FIPHFP), en 2005, pour les trois fonctions publiques. Leurs actions, qui s'ajoutent à celles de l'État, sont exclusivement dédiées à faciliter l'insertion professionnelle des personnes handicapées grâce à des mesures spécifiques : l'attribution de primes favorisant le recrutement ; le financement de dispositifs de médiations : le placement avec le réseau Cap-Emploi ; la formation professionnelle et l'accompagnement ; la gestion de l'accessibilité au travail (l'aménagement des postes et l'organisation du travail).

Enfin, la France se distingue aussi parmi les pays comparables par un haut niveau de son effort de solidarité publique. Les dépenses qui y sont relatives représentent près de 55 % du produit intérieur brut, dont plus de la moitié est consacrée aux interventions sociales. En outre, c'est l'ensemble des domaines de l'action publique qui est irrigués par d'autres principes qui s'avèrent corrélatifs de celui de la solidarité : le principe d'égalité, d'une part, devant le service public qui légitime notamment la solidarité envers les différents territoires, notamment ruraux et très ruraux, de la République et au nom duquel sont maintenus les services publics postaux, ou encore les lignes ferroviaires, ainsi que les différents mécanismes de péréquation entre les collectivités territoriales destinés à assurer le mécanisme de financement des services publics locaux ; d''autre part, le principe d'égalité des chances, dont bénéficient les individus, avec le financement de l'école et de la politique de la ville par l'État. La valeur sociale de l'Ecole républicaine est encore rappelée par le débat actuel sur les grandes écoles – l'ENA en tête – auxquelles est fait le procès de réserver injustement les meilleures conditions d'enseignements aux étudiants issus des classes sociales les plus aisées.

B - LA DIFFICILE CONFRONTATION À DE NOUVEAUX BESOINS DE SOLIDARITÉ

1. La fin des Trente Glorieuses ou la remise en cause d'un modèle de solidarité

Si le principe de solidarité demeure l'une des pierres angulaires de notre édifice social, il connaît de nombreuses difficultés, en raison de l'émergence de nouveaux besoins depuis son instauration. La solidarité nationale relève d'un système élaboré lors de la reconstruction de la France à la suite de la Seconde Guerre mondiale et réalisant, dans un pays connaissant une croissance inouïe durant les Trente Glorieuses, les systèmes d'accompagnement précisés par le Conseil national de la Résistance. Or, la fin de cette croissance soutenue – que d'aucuns, comme Nicolas Baverez, définiront comme le prélude à trente années difficiles qualifiées, par contraste, de « trente piteuses » – a entraîné des pressions contradictoires sur les mécanismes de solidarité : l'augmentation des prélèvements obligatoires pour remédier à la faiblesse de la croissance économique au risque de représenter, désormais, près de 45 % du PIB, tout en finançant de nouveaux besoins, comme le chômage de masse, qui atteint, dès la décennie 1980, près de deux millions de personnes, dont les chômeurs en fin de droits pour lesquels une allocation dite de solidarité a été créée.

Davantage, l'existence d'un système extensible de solidarité – avec la création notamment du revenu minimum d'insertion en 1988 puis du revenu de solidarité active en 2007 – peut induire un effet contraire à l'objectif de résorption des inégalités. Le système de protection sociale français n'est plus à un paradoxe près. Alors que, depuis plus d'une vingtaine d'années maintenant, les politiques publiques ne cessent d'accumuler les mesures d'assistance et de promouvoir l'intégration (par le RMI, puis par le RSA au premier chef), la pauvreté s'est banalisée. Comme l'indique d'entrée de jeu Nicolas Duvoux, dans son ouvrage *Le nouvel âge de la solidarité* : pauvreté, précarité et politiques publiques, à l'heure actuelle, les minima sociaux couvrent nominalement 3,5 millions de personnes, et plus de 6 millions en comptant les ayants droit. Plus de 13 % de la population française est donc concernée par la pauvreté. Les années 1980 ont été marquées par la création des Restos du cœur, à côté des organismes caritatifs déjà existants, et par la décision de l'ONG Médecins sans frontières d'intervenir aussi en France.

Autre paradoxe : tandis que certains ont beau jeu de dénigrer cette population bénéficiant de l'assistance, les études montrent qu'en réalité le vrai problème est le non-recours. Près des deux tiers des allocataires potentiels du RSA « activité » ne font pas les démarches nécessaires pour recevoir les aides auxquelles ils ont pourtant droit. Aux yeux de l'auteur, les politiques de lutte contre la pauvreté demeurent inefficaces. Pire, elles produisent parfois la précarité, plutôt que de la combattre.

Enfin, le travail ne protège plus contre les difficultés sociales. Alors que c'est au sein même du monde du travail qu'avaient émergé, à la fin du XIXe siècle, les formes de la solidarité moderne, apparaît aujourd'hui le phénomène des « travailleurs pauvres ». Le mouvement des Gilets jaunes s'en fait l'écho.

2. La mondialisation menace la solidarité nationale en induisant un creusement des inégalités

Au-delà de la crise, les conséquences de la mondialisation renforcent les besoins existants en matière de solidarité. Comme l'a souligné le Prix Nobel d'économie Joseph Stiglitz, dans son ouvrage, la mondialisation n'est pas coupable, ce phénomène semble accroître les disparités entre les individus, les différentes catégories sociales, entre les territoires qui bénéficient de la mondialisation et ceux qui en subissent les effets. En effet, la mondialisation peut devenir un facteur d'accroissement des inégalités, du fait qu'elle profite aux individus les mieux intégrés. La France serait dès lors coupée en deux. Tel est le diagnostic posé par le géographe Christophe Guilluy, auteur de *La France périphérique. Comment on a sacrifié les classes populaires* (2014). D'un côté, une France des grandes métropoles, riche, active, mondialisée. De l'autre, une France des campagnes et des villes moyennes, « abandonnée », fragile, en déshérence. Paris contre la Creuse, Lyon contre Laon, Lille contre Lens. Dans la première France se trouveraient les « manipulateurs de symboles » – qui valorisent leurs propres compétences créatives – pour reprendre l'expression de Robert Reich, aux revenus élevés, et dans l'autre, en repli, les « perdants » de la mondialisation et du progrès technique, qui exprimeraient massivement leur dépit par le vote Front national. Sur les trente dernières années, la réduction des inégalités des revenus interterritoriaux est intégralement due au fait que les dépenses publiques et sociales ont vu leur poids augmenter de 20 % dans le PIB. Mais face aux déficits publics actuels et à une concurrence sociale et fiscale élevée, il est probable qu'un retour en arrière ait lieu, et que les inégalités de revenu repartent donc bel et bien à la hausse, comme l'a souligné un rapport du Think Tank Terra Nova de 2011. Ce constat d'une disparité grandissante vaut également au sein d'un même territoire : dans le Loiret, Orléans, aimant économique de la région, est devenu un véritable pôle de croissance, tandis que sa voisine, Montargis, a subi, de plein fouet, les effets de la crise.

Un tel creusement des inégalités induit une contrainte supplémentaire sur la solidarité. Comme l'a souligné Pierre Rosanvallon, dans son ouvrage *La crise de l'État-Providence*, à la crise de solvabilité qui frappe l'État vient désormais s'ajouter une crise de légitimité : les individus, gagnants de la mondialisation économique et de la nouvelle donne qu'elle induit, ont de moins en moins envie de payer pour les perdants, et font preuve d'incivisme fiscal, voire quittent la France afin d'échapper à l'impôt. Cette crise est d'autant plus sensible que notre système de solidarité connaît, lui aussi, une crise d'efficacité. En effet, devant la multiplication du chômage et de l'exclusion, le système peut donner le sentiment de ne plus fonctionner.

En outre, indépendamment de la conjoncture économique, de nouveaux appels à la solidarité proviennent d'évolutions de la société. C'est en premier lieu le vieillissement de la population, lequel sollicite, non seulement, les mécanismes traditionnels (assurance maladie, système de retraites) et suscite des besoins nouveaux : comme la dépendance qui est à l'origine de l'APA ou encore, au niveau des territoires, souvent très ruraux, des mécanismes de péréquation spécifiques, comme la Caisse nationale de solidarité pour l'autonomie (CNSA), pour assurer le financement d'une telle prestation sur l'ensemble du territoire national.

En second lieu, le dérèglement climatique implique, lui aussi, de nouveaux besoins de solidarité, tant à l'échelle nationale, qu'internationale. En France, cette nouvelle solidarité climatique se manifeste, de manière ponctuelle, par la déclaration, faite par l'État, de « catastrophe naturelle » suite à des intempéries particulièrement violentes. Cependant, cette dimension nationale est bien limitée, lorsque l'ampleur des conséquences du dérèglement climatique souligne l'urgence d'une solidarité internationale pour réparer, sinon prévenir, les catastrophes. Comme le souligne Jean-Pierre Dupuy, dans son ouvrage *Pour un catastrophisme éclairé*. Quand l'impossible est certain, la « fracture écologique » aggrave la situation des plus démunis. De la sorte, c'est parce que nous sommes devenus capables de produire et de détruire, avec une puissance inouïe qui dépasse notre capacité d'imagination et de pensée, que nous devons concevoir de nouvelles formes de prudence et de prévention. Ce n'est pas le manque de savoir qui est la situation inédite, mais l'incapacité de penser et d'imaginer les conséquences et les implications de nos actions. En effet le risque existe que les modes de transports, d'habitat ou d'alimentation vertueux ne sont pas accessibles à toute traduction concrète : seule une politique volontariste, comme pour le haut débit en France durant les années 2000 ou l'instauration d'une taxe sur la valeur ajoutée flottante pour atténuer les problèmes sociaux provoqués par la hausse des carburants, est de nature à adapter les mécanismes de solidarité existants aux nouveaux défis qui se présentent.

C'est pourquoi, comme le souligne Jean-Pierre Dupuy, dans son ouvrage *La panique*, la réussite de la transition écologique apparaît donc d'ores et déjà comme un enjeu de solidarité, appelé à devenir de plus en plus manifeste.

II - Remis en question par de nouvelles réalités, notre modèle de la solidarité doit être préservé

A - LES DÉFIS À NOTRE CONCEPTION DE LA SOLIDARITÉ

1. Une solidarité désormais à l'horizon international

Notre conception de la solidarité a évolué vis-à-vis notamment des États ou des territoires étrangers. Longtemps assimilée à une forme d'aumône internationale – débutée lors des grandes campagnes de charité internationale organisées, durant la décennie 1980, en réponse à la crise sanitaire du Sahel –, l'aide au développement s'est progressivement muée en solidarité. Ainsi, la crise migratoire a amené en Europe à une prise de conscience nouvelle de l'impératif de développement, comme en témoignent les décisions prises lors du Sommet de l'Union européenne de la Valette, en 2015. Cette forme n'est pas indemne de considérations géopolitiques – tout comme l'était le Plan Marshall au sortir de la Seconde Guerre mondiale, dans la partie de l'Europe qui n'était pas sous la férule socialiste. La solidarité est la conséquence de la recherche d'un équilibre, d'une stabilité entre les pays du Sud et ceux du Nord. Elle se fonde sur une communauté de destins et d'intérêts et illustre le caractère juridique, en droit civil, de la solidarité, entendue comme une forme de « caution solidaire » qu'exige la réponse aux défis communs, « *in solidum* », comme la lutte contre les pandémies et la réponse aux réfugiés environnementaux. À cet égard, le fonds de solidarité, abondé à hauteur de 100 milliards d'euros et destiné à aider les pays en développement à relever le défi climatique, augure de cette nouvelle forme de solidarité qui responsabilise les États qui en sont bénéficiaires.

Cette dimension de la solidarité dépasse les simples frontières nationales pour concerner les habitants de la planète, venant suppléer à l'absence de contenu juridique, reposant sur l'égalité entre droits et obligations, qui caractérise cette notion de « citoyen du monde ». En outre, la notion de solidarité n'est pas propre à l'Occident. C'est ainsi qu'en Chine, il existe une forme de solidarité écologique : l'homme est inscrit dans son milieu vital, conçu comme dépendant du monde physique et social. En Afrique, la solidarité est plutôt rituelle, avec une obligation sociale d'entraide basée sur la réciprocité. Enfin, dans les pays musulmans, il existe, en plus de la solidarité communautaire, une solidarité institutionnelle à travers la futuwwa, mouvement populaire qui prône l'altruisme et la dhimma, contrat qui offre une protection aux membres d'autres religions même si cette réglementation a souvent été lue comme discriminante envers les non-musulmans. Preuve est donc que la solidarité connaît des variantes dans toutes les civilisations, ce qui en fait une idée universelle.

2. Une dimension européenne qui demeure le prolongement de la solidarité nationale

Par contraste, la solidarité qui a émergé à l'échelle européenne s'incruste quant à elle davantage en continuité de la solidarité nationale ; la Communauté européenne était ouvertement fondée sur la solidarité face à la menace soviétique et s'ancrait dans le désir de bâtir la paix entre les ennemis d'hier. À cet égard, l'insertion d'une clause de solidarité, à l'article 42 du Traité de Lisbonne, s'inscrit dans cette perspective de défense mutuelle, en cas d'agression : « Les engagements et la coopération dans ce domaine demeurent conformes aux engagements souscrits au sein de l'Organisation du traité de l'Atlantique Nord, qui reste, pour les États qui en sont membres, le fondement de leur défense collective et l'instance de sa mise en œuvre. » Dans une même veine, la citoyenneté européenne, définie par le Traité de Maastricht, induit nécessairement une forme de solidarité consulaire, entre États membres et l'établissement d'une monnaie unique, dont la gestion incombe, au premier chef, à la Banque centrale européenne, implique une forme de gestion solidaire, au même sens que celui du droit commercial : les contribuables de la zone ayant financé le plan d'aide à la Grèce. Enfin, le principe de solidarité entre les différents États membres a été rappelé lors de la crise migratoire, lors de l'attribution de quotas, en matière de relocalisation de demandeurs d'asile.

Cependant, notre modèle de solidarité pâtit, dans nos sociétés, de l'affirmation de l'individualisme comme la primauté du bonheur et de l'intérêt personnel sur le bien commun, dans un contexte de crise économique. En cette période de mondialisation sous le signe de l'universalisme des droits de l'homme, elle présente l'inestimable avantage d'être compatible avec un individualisme radical qui entend ignorer les limites des États nations. Ce même individualisme valorise les choix personnels, le don et la participation volontaire à des actions altruistes. Voilà une autre force de l'idée de solidarité : en tant que sentiment d'empathie et désir d'entraide, elle ne s'oppose pas aux solidarités électives, celles qui se déclinent au pluriel et qui sont bâties sur les affinités ou la compassion, le lien familial ou le voisinage. Pourtant, si nous voulons éviter que la solidarité devienne un facteur d'exclusion, il nous reste à élaborer l'articulation entre les liens de cœur et les liens de raison, entre la solidarité qui relève du libre choix des personnes et celle qui relève de la contrainte publique. La question n'est plus aujourd'hui de se demander s'il faut revenir à la fraternité ou à la charité, ni même s'il faut privilégier l'entraide ou l'action publique. L'idée de solidarité retrouve toute sa pertinence quand elle permet de mettre en avant la dimension consciente et volontaire de toute association humaine, et non lorsqu'elle devient repli sur soi et engagement en fonction des affinités électives des individus.

Le risque de primauté de la solidarité « choisie » volontaire ou affinitaire pourrait ainsi augmenter avec le développement des réseaux sociaux ou des communautés virtuelles, à l'instar de ce qui se déroule déjà avec le CrowdFunding. D'une façon générale, le numérique remet en cause le caractère évident d'un lien de solidarité reposant sur le seul fait de vivre sur le même territoire, à l'intérieur de mêmes frontières. Internet crée en effet des appartenances sans lien avec une proximité physique. Le développement de cette nouvelle dimension pourrait constituer à terme un réel défi à la solidarité, d'abord pensée comme nationale.

B - UN MODÈLE DE SOLIDARITÉ À RÉAFFIRMER ET À RÉACTUALISER

1. Une réaffirmation nécessaire grâce à l'adaptation aux nouveaux besoins et aux nouvelles réalités

C'est sans doute la première raison du regain de faveur actuel dont bénéficie la solidarité. Il faut en ajouter une deuxième : comme lien d'interdépendance, la solidarité n'ayant pas de limites, ni temporelles ni spatiales, elle permet de souligner notre responsabilité vis-à-vis des générations futures, mais aussi de faire l'impasse sur le support national de la solidarité volontaire. Dès lors, dans ce nouveau contexte, il importe de réaffirmer la place de la solidarité dans l'édifice républicain. Elle doit demeurer un principe d'organisation sociale à caractère obligatoire et non une option laissée à la bonne volonté de chacun. Certes, on ne peut que se réjouir du rôle joué par solidarité familiale (en particulier des parents retraités au profit de leurs enfants et petits-enfants) et il est tout à fait légitime que l'État encourage les organismes caritatifs. Mais notre modèle de société consiste à garantir un certain niveau de solidarité sans s'en remettre à ces formes privées. À ce titre, revenir aux dispositions du programme du Conseil national de la Résistance du 15 mars 1944 qui sont à l'origine des grandes réformes économiques et sociales de 1946, impliquant, le cas échéant, le recours aux nationalisations au nom de l'intérêt commun, peut redevenir une source d'inspiration. En outre, face à la tentation de laisser la charité privée prendre le relais, rappelons que, dans d'autres modèles de société, la solidarité n'a précisément pas de caractère optionnel mais s'avère, pour des motifs sociaux, *de facto* obligatoire, car elle est considérée comme une nécessité pour le bon fonctionnement de la société et la contrepartie de l'indépendance entre ses membres. C'est là toute la philosophie du *give back* des personnes qui ont réussi aux États-Unis d'Amérique, à l'instar des nombreux philanthropes. Le philosophe américain Peter Singer a ainsi analysé les motifs de la philanthropie. La première raison souvent invoquée est que les donateurs veulent soulager leur conscience ou soigner leur publicité. C'est l'accusation qui a été faite notamment à Bill Gates, qui a construit sa fortune sur le système informatique le plus vendu dans le monde et fut accusé de monopoliser ce marché. Mais, explique Peter Singer, dans ses *Questions d'éthique pratique*, si les riches ne donnent leur argent que pour améliorer leur image, ou se racheter de fautes passées (des types de fautes très différents de ce que le commun des mortels peut commettre), alors ce qu'ils font n'a pas de raison d'interpeller notre propre conduite, et cela nous arrange.

En d'autres termes, la société américaine, par l'action philanthropique, parvient à une sorte d'accommodement social qui rend possible la coexistence de fortunes immenses avec une population en précarité croissante. En outre, ces fondations, issues de la solidarité des plus riches, peuvent également jouer un rôle d'ordre géopolitique. L'historien Ludovic Tournès, auteur d'un ouvrage intitulé *L'argent de l'influence. Les fondations américaines et leurs réseaux européens*, relève quatre autres points : les fondations soutiennent toutes la libre entreprise et la démocratie, elles s'appuient sur les « élites du savoir considérées comme principal vecteur du changement », elles ont une vision mondiale des enjeux, et elles agissent en complémentarité avec la diplomatie des États-Unis. Il rappelle qu'au moment où Théodore Roosevelt s'impliquait pour la paix et la résolution des conflits par le droit, la fondation Carnegie a fortement appuyé les mouvements pacifistes en Europe. Quoi qu'il en soit, l'apport des fondations a été essentiel. En Belgique, la situation alimentaire préoccupante suite à l'occupation de 1914 oblige un collectif de secours à se tourner vers des mécènes. Le richissime industriel Herbert Hoover, futur président américain, décrète une mobilisation en faveur de la « Poor Little Belgique ». À l'armistice, les sommes non dépensées en vivres vont être investies dans l'enseignement supérieur, public et privé. En outre, durant la seconde partie du siècle, l'engagement des fondations en Europe de l'Est aura également contribué à l'ouverture et à la formation de nouvelles élites sensibles à la culture nord-américaine. Tout en servant les intérêts de leur pays d'origine, ces philanthropes ont contribué à préparer le rôle des ONG dans le jeu diplomatique international.

En France, cette réaffirmation de notre modèle n'est pas seulement un appel à la primauté du financement public, mais aussi à la définition par la société elle-même, c'est-à-dire par le jeu démocratique, des modalités et des priorités de la subsidiarité entre solidarité publique et solidarité privée. Il existe en effet déjà des dispositifs qui ont dissocié les deux : le système de déduction fiscale des dons à des œuvres caritatives, laissés au bon vouloir des contribuables. De même le domaine de la protection sociale illustre de façon assez sophistiquée la façon dont les différentes formes de solidarités peuvent s'articuler. En matière de retraite s'articulent ainsi le régime de base, les régimes complémentaires – obligatoires ou facultatifs –, les plans d'épargne retraite – individuelle ou d'entreprise – et éventuellement la solidarité familiale. Depuis 2017, les mutuelles de santé sont devenues obligatoires venant ajouter une forme de solidarité assurantielle au régime de base de l'assurance-maladie.

Enfin, la décision du Conseil constitutionnel du 6 juillet 2018 conférant une valeur constitutionnelle au principe de fraternité pose la question du point de savoir comment la norme politique peut, non plus obliger mais permettre à la solidarité privée de s'exprimer. Illégale jusqu'alors, l'aide apportée par des particuliers à des étrangers en situation irrégulière ne l'est désormais plus. Une interdiction collective a ainsi été retirée pour qu'il puisse être laissé davantage libre cours à des actes de solidarité privée ; c'est un signe supplémentaire de la reconnaissance croissante de cette dernière.

2. Il importe aussi d'atténuer les doutes quant à la légitimité de notre modèle de solidarité

La crise multiforme, ces dernières décennies, de l'État-providence et les réformes engagées dans les différents pays européens pour y faire face, ont conduit à une transformation de l'idée même de solidarité. Et si cette transformation n'est pas directement liée à l'UE, elle n'en constitue pas moins un contexte d'ensemble dans lequel il faut penser aujourd'hui le principe de solidarité au niveau européen. Soit que l'on y voit une solution aux difficultés nationales, soit que l'on y voit plutôt une cause d'aggravation de la crise de la solidarité sociale qui traverse les sociétés européennes contemporaines. Cette transformation de l'État-providence étant désormais concomitante de celle de la construction politique de l'UE, il est légitime de s'interroger, comme ce fût d'ailleurs le cas au cours des débats sur le TCE dans les différents pays, pour savoir si la résolution de l'une et de l'autre de ces crises ne pourrait pas précisément se faire à travers la redéfinition du périmètre institutionnel et de la portée du principe de solidarité en Europe. C'est la raison pour laquelle, suite à la reconnaissance de la solidarité comme un principe fondamental de l'Union européenne, par la Cour européenne de justice, il importe, plus que jamais, de faire œuvre de pédagogie, afin de démontrer l'inanité d'une conception libérale extrême qui tend à considérer la solidarité comme un frein à l'expansion économique.

En conséquence, la solidarité doit être exposée dans sa conception post-nationale, comme l'apanage de l'État de droit et l'affirmation de la liberté des États qui adhèrent à la construction européenne et ce, contre le populisme qui lui nie toute pertinence. Dans ce cadre, la question se pose de l'organisation des « souverainetés » entre niveau national et niveau européen, voire au niveau régional dans chaque pays. La solidarité qui a été jusqu'ici du ressort quasi-exclusif de la souveraineté étatique, voire infra-étatique dans les États régionaux ou fédéraux, n'échappe donc pas à un débat sur son avenir dans le cadre national. Surtout si on croise cette donnée à celle évoquée plus haut de la crise des finances sociales et de l'État-providence qui se manifestent désormais dans pratiquement tous les pays européens. Pourtant l'inscription du principe de solidarité sociale au niveau européen ne va pas de soi. En effet, si la « communauté légale » – c'est-à-dire une construction juridique protectrice autour de quelques valeurs communes aisément acceptables : garantie juridique dans les traités et les chartes, voire dans une « constitution » des droits sociaux, syndicaux, etc. – ne pose pas de problèmes de compréhension et d'adhésion ; en revanche, l'idée d'une « communauté morale » – c'est-à-dire d'une volonté concrète de partage et de redistribution des transferts sociaux entre Européens et non plus seulement entre nationaux – n'est pas aussi aisément réalisable.

On a pu constater comment opère le discours populiste au sujet de la relocalisation des migrants en Europe, des plans d'aide à la Grèce ou encore, plus largement, des autres dispositifs d'aides structurelles à destination des autres États européens.

En outre, garantir la légitimité de notre modèle implique de veiller au partage équitable de l'effort : au niveau national, c'est la raison pour laquelle le mode de financement de la solidarité évolue, en reposant de moins en moins exclusivement sur des cotisations assises sur les seuls salaires. De même, la question de l'évasion fiscale, notamment des GAFAM, devient une question majeure, en ce qu'elle souligne, aux yeux de l'opinion publique et plus largement dans une perspective morale, qu'on ne saurait bénéficier des richesses créées dans un pays sans contribuer, à son tour, à la solidarité qui le sous-tend.

La solidarité n'est donc pas seulement économique, mais participe d'un système dont la performance doit être sans cesse améliorée. En ce sens, le projet de service civique obligatoire est une illustration de la solidarité, en ce que sa dimension citoyenne – donc politique – s'avère différente de l'engagement social ou humanitaire purement personnel. Au niveau global, l'urgence des questions climatiques rend impératrice une solidarité fondée sur le droit, comme le souligne Alain Supiot, dans son ouvrage Grandeur et misère de l'État social. L'articulation des différents cercles de solidarité sera aussi nécessaire entre solidarités locales, nationales et continentales, afin d'éviter par exemple les conflits entre les pays payeurs et ceux en crise qui nécessitent leur aide. Enfin, le renforcement de la responsabilité solidaire permettra de rendre les entreprises plus responsables des conséquences de leurs décisions comme le recours au travail illégal, les infractions aux règles de santé et de sécurité, la corruption, la fraude fiscale ou encore la pollution.

Finalement, la solidarité semble affectée par un mouvement général d'interrogation voire de remise en cause sur des éléments qui constituent le socle des valeurs de la société française depuis 1945. La solidarité innervait le programme de reconstruction du Conseil national de la Résistance dont la mise en œuvre l'a inscrite au cœur même des nouvelles institutions de la France d'après-guerre. En fait, la question de la réalité de la solidarité en France, en phase ou non avec les besoins de son corps social, porte essentiellement sur ses éventuelles réponses aux nouvelles exigences de partage des générations qui ont suivi la reconstruction de l'Après-1945 et les Trente Glorieuses. Mais, plus fondamentalement, ce questionnement sur la solidarité pourrait aussi s'entendre au regard d'un autre besoin : celui exprimé par le citoyen de vivre effectivement dans une société où la solidarité de tous contre tous les protège et qui éprouvent le besoin, autant politique que moral, de se reconnaître dans un même projet de vivre ensemble. En outre, la force de ce désir est aujourd'hui remise en cause par une mutation sociologique profonde qui affecte toutes les sociétés occidentales, à savoir le creusement des inégalités avec pour corollaire l'affaiblissement du primat de la classe moyenne, qui tend à se paupériser, alors qu'émerge une nouvelle minorité de possédants qui considèrent la solidarité comme une charge indue et non comme une chance de consolidation et de cohésion du corps social. Cette dimension sociétale constitue un risque, tandis que l'horizon de la solidarité dépasse désormais le registre national au profit d'un horizon planétaire. En effet, il existe entre les membres de la classe moyenne, ce que les économistes appellent un voile d'ignorance, par lequel il est quasiment impossible de savoir avec certitude si l'on sera plus « gagnant » ou « perdant » à la solidarité. Le consensus est menacé lorsque la société se polarise et notamment lorsqu'une partie croissante de la population dépend des transferts sociaux pour vivre et se considère comme abandonnée ou trahie pas ses élites

Ces mutations avivent le risque du populisme, qui menace directement les fondements mêmes de la démocratie française, dont la solidarité demeure, l'expression privilégiée.

Sujet 3

DISSERTATION : LA VÉRITÉ EST-ELLE UN IMPÉRATIF DANS LA SOCIÉTÉ FRANÇAISE CONTEMPORAINE ?

(ANNALES CONCOURS ENM 2017)

Par la formule « *Vérité en deçà des Pyrénées, erreur au-delà* », Blaise Pascal soulignait l'aspect relatif de la vérité. Ce qui est une vérité pour quelqu'un à un moment ou un lieu donné (en deçà, donc du côté français des Pyrénées, par exemple) ne l'est peut-être pas pour une autre personne d'une autre époque ou d'une autre région. Pourtant, dans sa définition donnée par le dictionnaire Littré qui la décrit comme la « qualité par laquelle les choses apparaissent telles qu'elles sont », la vérité prétend être univoque.

La vérité est un des concepts philosophiques les plus étudiés et les plus débattus. Elle a donné naissance à des approches et définitions très diverses qui soulignent l'ambiguïté du terme. Le concept est l'origine d'interminables controverses chez les philosophes pour savoir s'il y a correspondance entre telle ou telle représentation et ce qui est. La vérité est au cœur des quêtes philosophiques et religieuses de nombreuses civilisations, en particulier la civilisation occidentale.

Sous l'antiquité grecque, Socrate et les autres philosophes avaient défini l'idée d'une vérité ultime et intangible au-delà des apparences changeantes du monde incarnée par le triptyque du vrai, du beau, et du bien. L'Occident chrétien, héritier de cette idée de vérité absolue, identifiait quant à lui la source de la vérité à la parole du Dieu unique, exprimée par le Christ dans l'Évangile selon Saint Jean : « Je suis le chemin, la vérité, et la vie. Nul ne vient au Père que par moi. » Sous l'influence de la philosophie des Lumières, la France a joué un rôle essentiel dans l'évolution de l'approche de la vérité, qui caractérise aujourd'hui la société contemporaine. Peu à peu, la source de vérité et la confiance se sont déplacées de Dieu vers l'homme. La modernité estime ce dernier capable de percer les lois de la nature aussi bien dans le domaine scientifique que politique, afin de parvenir au bonheur de l'humanité. La croyance dans le « progrès de l'esprit humain » selon la formule de Condorcet trouve son expression politique dans la Déclaration des droits de l'homme et du citoyen de 1789, fondée sur « des principes simples et incontestables ». La France se voulait alors le héraut de la vérité politique consistant au respect des droits et libertés de chacun.

Cependant, le projet révolutionnaire, en accordant la primauté à l'individu et à ses droits et libertés, a, dans le même mouvement, fragilisé l'existence d'une vérité collective immuable qui transcendait les perceptions individuelles. L'avènement de la modernité semble donc avoir atténué la place de la vérité dans nos sociétés. Celle-ci serait alors multiple, et du ressort de chacun, comme l'indique le titre de la pièce de Luigi Pirandello « À chacun sa vérité » (1917). La vérité perdrait alors de son intérêt au profit de discours multiples, voire d'une post-vérité qui accorderait davantage de place aux émotions qu'à la raison. Dans le même temps la volonté de transparence semble n'avoir jamais été aussi forte au sein de la société française. Dans une société démocratique comme la France, que reste-t-il alors de la recherche de la vérité ? La vérité est-elle toujours un impératif ou n'est-elle qu'une exigence secondaire ?

Alors que les principes fondateurs de la société française contemporaine font de l'exigence de vérité un impératif, elles en redessinent dans le même temps ses contours (I). La notion de vérité est aujourd'hui au cœur des interrogations de la société française et sa place doit être défendue (II).

I - Les principes de la société française contemporaine font de l'exigence de vérité un impératif tout en redéfinissant les contours traditionnels

A - L'IMPÉRATIF DE VÉRITÉ EST UN DES FONDEMENTS DE LA SOCIÉTÉ FRANÇAISE

Le passage d'une société théocentrée à une société sécularisée n'a pas conduit à l'abandon de la recherche de la vérité comme vertu cardinale. Elle demeure au fondement de notre projet de société. La vérité est tout d'abord une valeur centrale des régimes démocratiques. En tant que mandataires du peuple souverain, les élus de la nation lui doivent la vérité. Ils doivent rendre compte de leur action et les citoyens ont le droit de leur demander des comptes en vertu de l'article 15 de la Déclaration des droits de l'homme et du citoyen qui dispose que « La Société a le droit de demander compte à tout Agent public de son administration. »

Le Parlement « contrôle l'action du gouvernement » (Constitution, 4 octobre 1958, art. 24) pour s'assurer que celle-ci soit conforme à l'intérêt général. En matière de finances publiques, l'indépendance institutionnelle et statutaire de la Cour des comptes est garante de la production d'une information exacte et sincère à destination des citoyens. L'indépendance de la justice est constitutionnellement garantie par l'article 64 de la Constitution. Elle permet d'éviter tout obstacle politique à l'établissement de la vérité lors des affaires judiciaires.

Cette exigence de vérité a trouvé une nouvelle application dans les mesures visant à assurer davantage de transparence de l'action administrative. Ce mouvement a abouti à l'adoption de la loi du 12 avril 2000 relative aux droits des citoyens dans leurs relations avec l'administration puis d'un Code des relations entre le public et l'administration en 2016. Celui-ci régit les règles liées à la transparence de l'action publique, à la diffusion des informations aux administrés, ou encore à la motivation des actes administratifs. Ces obligations de vérité imposées à l'administration ont pour objectif de renforcer la confiance entre décideurs et citoyens, lien nécessaire au bon fonctionnement des institutions.

Cette exigence de transparence vis-à-vis du peuple exclut donc a priori le mensonge du champ politique et administratif. Le mensonge, déjà par ailleurs condamné par la morale, semble en effet incompatible avec l'idéal démocratique. Si cette condamnation du mensonge est unanime au sein de démocraties modernes, elle se fait à des degrés divers. Il en va ainsi de la société française même si certaines démocraties semblent adopter une attitude plus stricte face au mensonge politique, à l'image de la société américaine qui a poussé Richard Nixon à la démission à la suite de la découverte de l'affaire du Watergate.

En outre, la société française est, en tant que société démocratique, fondée sur une promotion d'une vérité objective par la diffusion d'informations et les progrès de la connaissance.

L'existence d'une presse libre et pluraliste est un élément essentiel d'un régime démocratique. Elle assure la diffusion d'une information objective et doit agir indépendamment du pouvoir. En cela, elle pose les conditions du débat et permet la confrontation des idées. En France, une autorité administrative indépendante, le Conseil supérieur de l'audiovisuel (CSA) a pour mission de « garantir l'exercice de la liberté de communication audiovisuelle en France ». La liberté de la presse est d'ailleurs l'un des instruments de mesure de l'indice de démocratie, créé en 2006 par le groupe de presse *The Economist*. Le durcissement d'un régime et son basculement vers l'autoritarisme comme observé récemment en Turquie provoquent toujours la mise sous tutelle de la presse afin de promouvoir une vérité qui serve les intérêts du pouvoir.

L'impératif de vérité trouve également un fondement dans la recherche du progrès de la connaissance et l'élargissement de son accès par l'éducation. Condorcet avait mis en lumière le rôle essentiel de l'éducation pour la liberté de l'homme et pour la pérennité du régime démocratique dans son ouvrage « Sur la nécessité de l'instruction publique » (1793). Il promeut l'établissement d'une instruction minimale commune à tous les citoyens, telle qu'aucun d'eux ne puisse devenir victime de mystifications (religieuse, économique, juridique, politique). L'éducation est aussi une condition de l'égalité et de l'exercice des libertés. Pour rendre réelle l'égalité des droits, il faut que « chacun soit assez instruit pour exercer par lui-même, et sans se soumettre aveuglément à la raison d'autrui, ceux dont la loi lui a garanti la jouissance ». L'école républicaine, portée par les « hussards noirs de la République » chers à Charles Péguy, se place dans ce même horizon de conquête de la liberté et de l'égalité par la connaissance.

Les progrès de la connaissance reposent aussi sur la liberté et l'indépendance de la recherche scientifique. Alors que les régimes totalitaires ont cherché à interdire ou à contrôler à leur profit les travaux scientifiques, les démocraties s'efforcent de promouvoir l'établissement d'un savoir objectif. En France, les enseignants-chercheurs jouissent de libertés particulières, notamment l'indépendance. L'article L. 952-2 du Code de l'éducation dispose ainsi que « Les enseignants-chercheurs, les enseignants et les chercheurs jouissent d'une pleine indépendance et d'une entière liberté d'expression dans l'exercice de leurs fonctions d'enseignement et de leurs activités de recherche (...) ». La recherche scientifique apparaît comme une recherche progressive de la vérité à l'exemple de la méthode expérimentale qui consiste à tester par des expériences la validité des hypothèses. Elle est au fondement d'une société qui recherche des améliorations, qui s'ouvre à l'innovation, qui a la capacité de se remettre en cause, d'apprendre de ses erreurs et d'évoluer pour un mieux. L'idée même du progrès suppose une recherche permanente de nouvelles vérités.

Enfin, il convient de préciser que l'exigence de vérité dans la France contemporaine n'est pas seulement un héritage des principes fondateurs de la société démocratique. Elle demeure en construction permanente et connaît de nouvelles avancées notables dans les domaines les plus divers. Par exemple, le droit des enfants à connaître leurs origines a été reconnu avec la création du Conseil national pour l'accès aux origines personnelles (CNAOP) en 2002. Sur un sujet très différent, notons qu'un effort a aussi été engagé afin d'intégrer davantage de vérités historiques dans la mémoire nationale. En 1995, Jacques Chirac reconnaissait ainsi la responsabilité de l'État français dans la rafle du Vel d'Hiv. Plus récemment, en 2012, François Hollande a effectué une démarche similaire en reconnaissant le massacre d'Algériens lors de la manifestation du 17 octobre 1961. La loi dite Taubira du 10 mai 2001 traitant du passé esclavagiste s'inscrit dans la même démarche. Si l'histoire – ensemble de faits objectifs – et la mémoire – construction subjective – ne sauraient être confondues, ces évolutions sont néanmoins motivées par un désir de vérité et de justice par rapport au passé, exprimé par la société française.

B - LA SOCIÉTÉ FRANÇAISE REDÉFINIT L'IMPÉRATIF DE VÉRITÉ

S'il est ainsi placé au fondement de notre société, l'impératif de vérité n'en recouvre pas moins une acceptation moderne très différente de ce que recouvrait traditionnellement cette notion, parfois même affublée d'un « v » majuscule. En effet, la vérité immuable et unique a laissé la place à l'expression plurielle des opinions et cette vérité doit parfois céder devant d'autres impératifs. En premier lieu, les vérités modernes sont des vérités relatives qui reposent sur l'idée de liberté. La société contemporaine accorde une place prééminente à la liberté d'opinion, la liberté de conscience, empêchant d'imposer une vérité supérieure.

Dans le champ politique, le débat démocratique suppose bien entendu que chacun puisse défendre sa conviction de ce qu'est l'intérêt général. Le droit de vote érige même le fait d'avoir une opinion personnelle en exigence démocratique. Les élections permettent alors de trancher parmi les multiples discours des membres du corps social. Les partis dits « populistes » sont dès lors problématiques dans la mesure où ils s'arrogent l'exclusivité de la représentation et de la défense des intérêts du peuple, privant ainsi de légitimité le pluralisme des opinions pourtant nécessaire au jeu démocratique. Dans « La Crise de la culture » (1968), Hannah Arendt alertait déjà sur les dangers de tout discours qui prétend détenir le monopole de la vérité.

En matière religieuse domaine de la « vérité immuable » par excellence, l'abandon de toute religion officielle tend à relativiser la valeur accordée aux différentes doctrines. Elles peuvent certes toujours être regardées comme des vérités par le croyant mais non au point de les faire prévaloir sur toute autre considération. Cette évolution pour la société prise dans son ensemble n'est pas sans conséquence au niveau de l'individu. Tel est le constat dressé par Jean-Louis Schlegel dans « Religions à la carte » (1995) qui évoque un phénomène de « désinstitutionnalisation du croire » au profit d'une recomposition des croyances. Les fidèles reconstituent ainsi leur croyance par l'emprunt d'éléments à toutes sortes de sources religieuses mais aussi philosophiques. L'exigence de respect des autres croyances et du principe de laïcité impose quant à lui au croyant de respecter les autres vérités et de se soumettre aux lois séculières de la République.

Le caractère relatif de la vérité proposée par la société moderne affecte également le champ de la recherche scientifique dont l'objet est pourtant d'identifier des vérités solides. La notion de progrès scientifique suppose en effet une évolution qui conduit certaines théories à être modifiées ou réfutées. Le philosophe Karl Popper a d'ailleurs fait du critère de réfutabilité l'élément central de la définition de ce qui est scientifique.

En second lieu, non seulement la vérité revêt désormais une valeur plus relative dans la société contemporaine, mais l'exigence de transparence qui lui est souvent associée se trouve limitée au nom des droits fondamentaux. Cette exigence est tout d'abord tempérée par le principe de protection de la vie privée et de multiples secrets protégés par la loi (secret bancaire, secret médical). Comme l'indiquait le vice-président du Conseil d'État, Jean-Marc Sauvé, lors du colloque « Transparence, valeurs de l'action publique et intérêt général » (2011), la transparence doit aussi être conciliée avec le respect des secrets nécessaires à la protection des intérêts fondamentaux légitimes de l'État ou à la sérénité du processus de décision publique. Tel est le sens, par exemple, du secret des délibérations du Gouvernement, en tant qu'il protège en particulier l'élaboration des décisions gouvernementales, ou encore des secrets en matière de monnaie et de crédit, de sécurité et de défense nationales ou de relations internationales.

Ainsi s'impose l'exigence de vérité, telle que redéfinie par la société démocratique est sécularisée. Cet impératif est même d'autant plus actuel que la notion de vérité est aujourd'hui confrontée à de nombreux défis et fait l'objet d'une crise.

II - Un impératif de vérité renforcé au service du projet démocratique

A - LA NOTION DE VÉRITÉ EST AU CŒUR DES INTERROGATIONS DE LA SOCIÉTÉ CONTEMPORAINE FRANÇAISE

La notion de vérité est aujourd'hui traversée par des tensions et des exigences parfois contradictoires. Tout d'abord, la société française traverse une crise de défiance vis-à-vis des élites qui fragilise son rapport à la vérité. Les citoyens sont de plus en plus méfiants envers les cadres de la société, parfois accusés de dissimuler ou de falsifier la vérité. Or, au sein d'une société, c'est le rôle des élites d'éclairer, d'orienter et d'organiser la vie sociale. Ils servent de médiateurs entre des connaissances complexes et le grand public et sont un des pivots de « l'alliance du progrès scientifique et de la justice sociale » selon l'expression de Jacques Julliard (« La faute aux élites », 1997). La distension du lien entre les élites et le peuple trouble donc profondément le rapport à la vérité de la société. Le syndrome de la suspicion fait désormais partie du fonctionnement habituel de nos sociétés. Il s'est récemment appliqué à l'incendie de la cathédrale Notre-Dame ou à celui de l'usine chimique Lubrizol de Rouen.

Cette défiance existe à l'encontre des décideurs politiques dont la parole est de plus en plus systématiquement mise en doute. C'est un des éléments de la crise de la représentation. Les élus ne relaieraient plus les attentes de leurs mandants, les élites seraient « coupées du peuple » (Daniel Bougnoux, « La crise de la représentation », 2006). Au-delà de la parole politique, la défiance s'étend aussi au travail des journalistes dont l'indépendance et l'impartialité voire la bonne foi sont de plus en plus souvent remises en cause. Plus inédit, la parole scientifique est également interrogée et reçue avec beaucoup plus de scepticisme qu'autrefois.

Les causes de cette défiance sont multiples. Pour la parole politique, la fin des « Trente Glorieuses » et l'incapacité à répondre efficacement aux crises successives ont entamé la confiance placée dans les hommes politiques. Au cours des années 1990, était ainsi apparue dans le débat public français la célèbre expression de « pensée unique », synonyme d'un dogme libéral que les principaux partis politiques, médias et décideurs économiques auraient décidé ensemble d'imposer comme vérité incontestable. Les tenants de cette thèse signifiaient ainsi que son but était de cacher la possibilité de politiques alternatives et d'empêcher tout réel débat.

Plusieurs scandales et mensonges ont également joué un rôle important dans l'affaiblissement du lien de confiance entre les citoyens et leurs représentants. Déjà La Bruyère dans « Les Caractères » (1688) alertait sur les mensonges des puissants : « Ce sont des hommes polis comme du marbre, qui pratiquent l'art de dissimuler. » Des cas récents illustrent un recours au mensonge d'État non pour servir la cause du peuple, mais celle d'une personne ou d'un groupe particulier. Cela s'est produit avec George W. Bush et le mensonge sur les armes de destruction massive afin de justifier la guerre d'Irak et du même coup sa position de pouvoir, et avec José María Aznar lors de l'attentat de Madrid en accusant l'ETA et maquillant la piste d'Al-Qaïda afin de favoriser la réélection du Parti populaire. C'est, plus récemment, le cas de Jérôme Cahuzac qui a longtemps nié avoir des comptes en Suisse et en Asie avant de le reconnaître. D'autres scandales ont contribué à décrédibiliser la parole politique. C'est, par exemple, le cas de l'affaire du sang contaminé, ou encore de l'accident de Tchernobyl. Les scientifiques et journalistes n'échappent pas non plus aux accusations de partialité et de défense d'intérêts particuliers, souvent financiers.

Cette défiance prend une forme paroxystique à travers la diffusion actuelle des théories du complot. Les institutions politiques, économiques et judiciaires mais aussi les médias sont accusés d'être au service d'un plan dissimulé aux citoyens. Le mensonge ne serait plus l'exception mais le principe de fonctionnement de nos sociétés. Un des exemples les plus emblématiques sont les attaques terroristes du 11 septembre 2001, qui selon ces théories auraient été fomentées par l'administration américaine. Ce retour en grâce des théories du complot, auquel la société française n'échappe pas, peut inquiéter dans la mesure où elle rappelle les thèses de l'extrême droite européenne au début du XXe siècle fondée sur un faux document, « Les Protocoles des Sages de Sion ». Ce dernier visait à faire croire à un plan de conquête du monde établi par les juifs et les francs-maçons (« Histoire d'un mythe, La «conspiration» juive et les protocoles des sages de Sion », Norman Cohn, 1967). À l'heure de la mondialisation, ces thèses se répandent de nouveau sous couvert de complot des « Illuminati » popularisé notamment auprès des jeunes au sein de la société française.

Plus inédit peut-être, il existe aussi un doute sur la vérité scientifique reléguée parfois au rang d'une opinion parmi d'autres. En matière de réchauffement climatique, l'administration américaine actuelle se propose d'établir sa fameuse « vérité alternative » pour contrebalancer les conclusions du Groupe d'experts intergouvernemental sur l'évolution du climat (GIEC). La France n'échappe pas non plus à la montée du scepticisme face aux connaissances scientifiques notamment lorsqu'elles concernent la santé.

Parallèlement à la fragilisation de la place de la vérité dans la société, on assiste donc à une soif de vérité qui peut être en proie à des manipulations.

Ensuite, en réponse à la crise de confiance en la vérité institutionnelle, de nouvelles quêtes de la vérité apparaissent qui sont elles-mêmes problématiques.

La première forme prise par cette quête est celle du retour à une vérité simple, plus intuitive et plus absolue en opposition à la complexité du débat démocratique qui confronte une pluralité d'opinions et peut être sujette aux manipulations et dissimulations. Le régime de Vichy a par exemple proposé une conception très primitive de la vérité contenue dans la formule du maréchal Pétain « La terre ne ment pas », qui sous-entendait un mensonge systématique de la part des institutions élues. Aujourd'hui, les mouvements dits « populistes » remplacent la complexité du monde par une approche simple voire simpliste en discréditant les discours institutionnels qui tentent de transcrire la complexité du monde.

Ce besoin d'une vérité simple et forte est aussi illustré par le phénomène de retour du religieux, décrit par Gilles Kepel dans son ouvrage « La Revanche de Dieu » (1991). Ce retour du religieux a essaimé depuis 1975, à la faveur des crises économiques et de l'effondrement des idéologies. Le dogme religieux, donné aux hommes, exclut le doute et le débat. Il concurrence l'offre de vérité en apportant une explication complète du monde qui s'oppose parfois frontalement au discours scientifique et à la loi.

La soif de vérité simple apparaît également dans le rapport du public au temps. Le temps de la recherche de la vérité est mis sous pression par le besoin de l'opinion de trouver des explications et des coupables. Dans le domaine judiciaire, le respect des procédures et des principes comme la présomption d'innocence est souvent bafoué. Plusieurs affaires politico-judiciaires illustrent cette soif de vérité immédiate. À la fin des années 1960, l'affaire Markovic a conduit certains milieux parisiens à porter de fausses accusations à l'encontre de la femme du Premier ministre Pompidou. Plus récemment, aux débuts des années 2000, l'affaire Patrice Allègre a impliqué des personnalités toulousaines dans des affaires très graves mais mensongères. On exige une vérité immédiate et il est attendu des médias qu'ils la fournissent.

Enfin, Internet joue un rôle essentiel dans le bouleversement de l'approche de la vérité. Le Web, parce qu'il permet une massification exponentielle de la diffusion de l'information et une accessibilité sans coût à cette information a semblé pouvoir donner corps au programme de la « société de la connaissance ». Cette notion a été définie par Peter Drucker (Drucker, 1969) et le rapport de l'UNESCO « Vers les sociétés du savoir » (2005) peut être considéré comme son manifeste. Internet devait permettre un accès égal et universel à la connaissance qui donnerait naissance à des sociétés du savoir fondées sur un développement humain et durable. Mais l'expérience a montré qu'Internet était aussi le lieu privilégié de diffusion des mensonges et de fausses rumeurs à qui le web offre un écho sans précédent par le partage sur les réseaux sociaux, les blogs, les sites. Internet aggrave les tensions en troublant encore davantage le rapport à la vérité. Gérald Bronner a montré dans « La démocratie des crédules » (2013) que le web avait permis à une petite minorité motivée de donner une audience sans précédent à leurs fausses théories. Ces théories sont appuyées par un nombre tellement important d'arguments qu'il est presque impossible de les réfuter tous un par un.

Le foisonnement d'informations fausses au détriment de la réalité des faits conduirait selon certains auteurs à l'avènement d'une ère de « post-vérité ». Cette expression, élue « mot de l'année » par le très sérieux dictionnaire d'Oxford, désigne un contexte dans lequel les faits objectifs auraient désormais moins d'influence pour former l'opinion publique que l'appel à l'émotion et aux croyances personnelles (Harry G. Frankfurt, « De la vérité », 2008). Ralph Keyes dans « L'ère de la post-vérité » (2004) souligne quant à lui que les réseaux sociaux deviennent la première source d'information, au détriment des médias traditionnels, décrédibilisés. Le web 2.0 devient alors le support principal de cette post-vérité, constituée d'informations erronées et de sources peu vérifiables. Le progrès espéré vers une plus grande vérité promise par Internet a donc connu une grande désillusion. Le récent mouvement dit des « Gilets jaunes » a ainsi été ponctué d'informations contradictoires selon les sources, dont notamment l'agence de presse russe Russia Today.

L'émergence d'un monde virtuel fait de pseudos et d'avatars du fait des nouvelles technologies informatiques pose également la question de la frontière entre le réel et le virtuel et complexifie ainsi le rapport à la réalité.

Le rapport à la vérité est profondément troublé au sein de la société française contemporaine et aggrave ses fractures. Il convient d'apporter une réponse à cette crise de la vérité en luttant contre les écueils du foisonnement d'informations.

B - DÉFENDRE LA PLACE DE LA VÉRITÉ AU SEIN DE LA SOCIÉTÉ FRANÇAISE CONTEMPORAINE

Plusieurs pistes peuvent être suivies pour lutter contre la crise actuelle que traverse la notion de vérité. Tout d'abord, le développement de la transparence doit contribuer à rétablir la confiance qu'ont les citoyens dans les institutions et dans l'organisation de la société elle-même. Un des aspects emblématiques de cette transparence est la moralisation de la vie publique. Des textes récents ont renforcé cette exigence telle la loi du 11 octobre 2013 relative à la transparence de la vie publique et la loi du 20 avril 2016 relative à la déontologie et aux droits et obligations des fonctionnaires. Désormais, certains responsables politiques et fonctionnaires doivent ainsi fournir des déclarations de patrimoine et d'intérêts sous le contrôle d'une Haute autorité pour la transparence de la vie publique (HATVP) créée en 2014. Ces démarches doivent être poursuivies.

Ensuite, pour répondre à la tentation des discours simples voire simplistes qui s'érigent en vérités absolues, il convient de promouvoir toujours et encore une culture de la tolérance, du débat rationnel et du compromis, ce qui est en principe le propre d'une société démocratique. Dans le champ politique, le renforcement de la participation des citoyens doit permettre le respect des opinions adverses et une plus grande acceptation du processus de décision ; la décentralisation, la création des métropoles (qui rapprochent le niveau de décision des enjeux et du vécu des citoyens) ainsi que les diverses initiatives de démocratie participative peuvent y contribuer. Cette exigence doit aussi irriguer les relations entre l'administration et ses usagers. En 2011, le Conseil d'État avait ainsi consacré son rapport annuel de l'année 2011 à ce sujet (« Consulter autrement, participer effectivement ») ; il proposait un renouvellement des procédures de participation des citoyens à l'élaboration des décisions dans le cadre d'une « administration délibérative ».

Les évolutions vers davantage de transparence présentent néanmoins plusieurs limites. Un excès de transparence peut poser des questions quant au respect de la vie privée. Le culte de la transparence peut aussi conduire à une paralysie de la décision publique à cause de la multiplication des consultations et des outils de participation du public. Finalement, le risque majeur est d'assimiler transparence et vérité. La transparence a la vertu d'effacer de nombreux doutes mais elle n'est jamais garante d'une vérité absolue.

Contre la diffusion de discours religieux extrêmes revendiquant le primat de leur vérité particulière sur la volonté générale, la conception française de la laïcité doit être défendue. Il convient de rappeler et de promouvoir l'idée selon laquelle la liberté de croyance et de culte est d'autant mieux assurée que l'espace public n'est pas préempté par telle ou telle confession. L'enseignement du fait religieux à l'école pourrait peut-être permettre une meilleure connaissance mutuelle entre les différentes confessions propres à faire reculer les fantasmes qui affectent souvent la religion de l'autre. La conception scientifique de la recherche de la vérité doit aussi être défendue. Au-delà de l'enseignement et de la recherche, la vulgarisation et la plus large compréhension de la démarche seront propres à éviter le développement de nouvelles formes d'obscurantismes.

Enfin, la lutte contre la diffusion de mensonges, de contre-vérités, et de fausses informations sur internet doit devenir une priorité dans le respect de cet espace de liberté. La loi du 29 juillet 1881 sur la liberté de la presse punit d'une amende de 45 000 euros « la publication, la diffusion ou la reproduction, par quelque moyen que ce soit, de nouvelles fausses, de pièces fabriquées, falsifiées ou mensongèrement attribuées à des tiers lorsque, faite de mauvaise foi, elle aura troublé la paix publique, ou aura été susceptible de la troubler ». Gérald Bronner (« La démocratie des crédules », 2013) propose de créer pour les journalistes une commission de sanctions par les pairs à l'image de celles qui existent chez les médecins par exemple. Dans le même esprit, il faut élargir la lutte contre la diffusion de fausses informations sur internet, au besoin par des politiques de coopération internationale pour surmonter le caractère transnational de ce réseau. En France, des évolutions ont montré qu'il était possible d'agir sur internet par le biais d'une plus grande responsabilisation des fournisseurs d'accès à internet (FAI). Par exemple, depuis la loi sur la confiance dans l'économie numérique de 2004, les hébergeurs peuvent être responsables du contenu hébergé si, ayant été alertés, ils n'ont pas agi « *promptement* » pour retirer ces données ou en rendre l'accès impossible.

L'exigence de vérité n'est pas seulement un impératif traditionnel de la société française en tant que démocratie contemporaine. Elle ressurgit aujourd'hui avec une acuité particulière. Le doute et le scepticisme se développent quant au mode d'administration de la vérité et ses canaux habituels sont remis en cause. Les médias sont accusés de diffuser des informations partiales au service d'intérêts particulier et, plus inédit, les travaux scientifiques sont relégués au rang d'opinions. Dans le même temps, le besoin d'une meilleure compréhension du monde et d'une vérité absolue se fait ressentir et peut conduire la société à s'abandonner à des discours simplistes qui fournissent une explication complète mais souvent fausse ou mensongère. On y retrouve les théories du complot ou les discours populistes.

Les critiques actuelles de la recherche de la vérité et ses excès sont liés à la difficulté de faire partager la vérité dans une société en quête d'identité où chacun est invité à rechercher et à exprimer sa propre vérité, tant au plan individuel que de groupes ou de communautés. Qui plus est, notre société considère en principe l'esprit critique et le doute comme des vertus car facteurs de progrès au risque de détruire toute confiance. Cette ambivalence est rappelée par Paul Ricoeur s'agissant de l'effet sur nos sociétés des œuvres de ceux qu'il nomme « les maîtres du soupçon », Karl Marx, Friedrich Nietzsche et Sigmund Freud.

L'impératif est donc que les nouvelles quêtes de vérité qui s'expriment au sein de notre société soient employées pour en réaliser encore davantage les idéaux et non à en saper les fondements. Mais à faire d'excès, d'empressements et de manipulations, le risque existe.

Sujet 4 DISSERTATION : LA SOCIÉTÉ NUMÉRIQUE (SUJET COMPLÉMENTAIRE 1)

Le président de la première puissance mondiale gouverne et communique par « tweets » interposés tandis que les différents secteurs économiques sont, les uns après les autres, hantés par le spectre de l'ubérisation. Le « numérique », terme quasi inconnu il y a quinze ans, n'est plus synonyme de gadget ou d'un lointain avenir. Il s'est bien installé au cœur de nos sociétés.

Créé en 1967, dans le giron de l'appareil de recherche militaire américain, Internet ne s'est pourtant internationalisé et ouvert aux utilisateurs privés qu'au début des années 1990. Investissements privés et rythme soutenu d'innovation ont provoqué la croissance fulgurante du réseau, devenu le siège de nombreuses activités informationnelles, au point d'apparaître comme la fondation d'une nouvelle forme de société. Pour les États, les entreprises et les particuliers, les enjeux de sa régulation concernent l'ensemble des activités humaines, qu'elles soient économiques, politiques, culturelles, ou encore sécuritaires. Ainsi, certains auteurs, comme Paul Mathias, voient dans cet essor l'accomplissement du fameux « village global » de Marshall McLuhan où la communication tend à se propager, par-delà les frontières en bousculant les repères sociétaux traditionnels. Mais si ces nouvelles technologies de l'information, dans la continuité de l'Internet, comme le livre numérique ou la multiplication des réseaux sociaux, ont d'ores et déjà bouleversé nos sociétés, peut-on légitimement parler de nouvelle société numérique ? Cette dernière conduit-elle à l'instauration d'un ordre virtuel susceptible d'entrer, sinon en opposition, du moins en concurrence avec les cadres de nos vies tant individuelles que collectives ?

L'internet n'est plus seulement une innovation technologique mais le numérique affecte en profondeur nombre d'activités humaines (I). Proclamer l'établissement d'une société numérique supposerait toutefois que celle-ci dispose de règles. Or, le besoin le plus urgent est précisément celui d'une régulation (II).

I - Le numérique : une innovation technologique supplantée par une révolution de la société

Il s'est fallu de peu de temps pour que les innovations technologiques liées au numérique (A) révolutionnent nombre de domaines de nos vies, de l'intime à la politique (B).

A - D'UNE INNOVATION TECHNIQUE À LA RÉVOLUTION NUMÉRIQUE

Dès ses origines, l'informatique a consisté en la décomposition des informations en une combinaison de nombre (de 1 et de 0). Ce n'est qu'à partir des années 1990 que nombre d'activités vont véritablement s'engager dans un processus de numérisation. Il en sera ainsi des sons et des images, permettant en quelques années aux CD et autres DVD de remplacer l'ensemble des supports analogiques et magnétiques. Outre une profonde mutation de l'ensemble des industries culturelles, on assistera, aussi à travers le concept de « multimédia », à une entrée définitive des ordinateurs dans nos vies quotidiennes, du travail aux loisirs. L'autre innovation majeure a concerné le développement des télécommunications mobiles et le développement au milieu des années 2000 de terminaux plus proches de micro-ordinateurs que de téléphones portables, les smartphones.

Mais surtout, l'élément central de cette révolution permettant la diffusion quasiment sans limites de ces informations numérisées fut l'avènement d'Internet. C'est en 1989 que Tim Berners-Lee, informaticien du Cern, a défini les contours du World Wide Web, dont la base technologique était militaire et datait de 1967, afin de répondre au besoin de partage automatique d'informations entre des scientifiques travaillant dans différentes universités et instituts aux quatre coins du monde.

La participation au réseau Internet relève d'une forme de dialogue entre l'homme et la machine. De ce point de vue, Internet représente un ensemble de normes, d'interfaçage et d'interopérabilité et il relève d'un système d'administration décentralisé qui repose sur un protocole de communication permettant à chacune des machines connectées d'être à la fois un client et un serveur. Le protocole est associé à un système d'adressage qui permet à chacune des machines connectées d'être identifiée avec précision. Cette décentralisation de l'administration constitue l'innovation majeure d'Internet. Elle assure une connectivité continue : une fois une machine intégrée dans Internet, elle peut interagir avec toutes les autres machines du réseau, sans aucun intermédiaire. Cela permet une décentralisation de la production de services en réseau, car chaque machine connectée peut piloter les autres de manière à gérer l'information ou les communications de telle ou telle façon. Ce principe est à l'origine du dynamisme d'Internet. Pour augmenter la palette des services disponibles sur le réseau, il suffit d'y connecter des systèmes offrant de nouvelles fonctionnalités.

Il convient toutefois de rappeler que si Internet est bien un réseau décentralisé au sein duquel les interventions étatiques se voient remises en cause dans leur efficacité et leur légitimité, il n'en reste pas moins un espace où existent des éléments de centralisation et où l'État, en particulier l'État américain, joue un rôle clé. Le réseau a un cœur : son système normatif et son système d'adressage. Il est le produit des efforts de recherche et de défense de l'État fédéral américain. À la fin des années 1980, ce dernier décida d'ouvrir Internet aux applications commerciales afin d'inciter le secteur privé à contribuer à son développement, et de transférer au système productif américain cet outil de développement. Un processus de transfert du public au privé s'ensuivit et n'a eu de cesse de se poursuivre jusqu'à présent.

L'essor de cette technologie s'apparente ainsi à une révolution épistémologique, analogue à la Révolution copernicienne qui a provoqué un « changement de paradigme », au sens qu'en définit Thomas Samuel Kuhn, c'est-à-dire comme un bouleversement radical de la méthode d'acquisition et d'exploitation de l'ensemble des connaissances possibles. Ainsi, le pouvoir normatif du monde virtuel issu du réseau Internet déborde sur le monde réel. Les règles, dont la mise en œuvre peut être garantie par le contrôle d'espaces virtuels, peuvent concerner des éléments tout à fait tangibles du monde réel. Ainsi, des marchés de biens – que ce soient des marchés de l'occasion entre particuliers comme ceux qu'on observe sur eBay, ou des marchés de fournitures professionnelles comme les places de marché qui se développent dans l'industrie – peuvent être organisés sur les réseaux numériques.

Les applications de ces innovations vont se multiplier en quelques années et vont bouleverser les activités les plus diverses.

B - LA DIVERSITÉ DES EFFETS DE LA RÉVOLUTION NUMÉRIQUE : DE LA SPHÈRE PUBLIQUE À L'INTIME

Élément central de la révolution numérique, le réseau Internet a très vite suscité toute sorte de réflexions prospectives, dont les plus remarquées relevaient, dans les années 1990, de l'utopie collective positive pour

Pierre Levy qui y voyait l'annonce d'une sorte d'immense cerveau dématérialisé à venir, une «intelligence collective» capable d'introduire une rupture de la civilisation par l'accès de tous au savoir ainsi qu'à une expression politique directe.

Indignés, Anonymous, militants du Printemps arabe, dissidents chinois, russes ou cubains… Il est difficile d'énumérer tous les mouvements politiques nés ou développés grâce au réseau Internet au cours des dernières années. Selon le sociologue Dominique Cardon, le cyberespace est un formidable «laboratoire, à l'échelle planétaire, des alternatives à la démocratie représentative». En instaurant une égalité de principe entre tous les internautes, le Web permet à tous ceux qui n'avaient pas accès à la parole publique de s'adresser potentiellement à des millions de personnes et de mobiliser les foules. Dans les sociétés autoritaires, le masque numérique permet d'échapper à la censure et aux pouvoirs de coercition des gouvernements.

Internet a bouleversé l'économie du savoir en permettant son accès à l'échelle planétaire. Ainsi, les philosophes des Lumières, notamment Condorcet et son ami Thomas Jefferson, envisageaient une République des lettres ouverte à tout le monde. Il est ainsi possible de réaliser ce grand rêve du XVIIIe siècle grâce à Internet. L'idée est de transformer une bibliothèque réservée à une élite d'étudiants et de professeurs en une bibliothèque ouverte à tous, à l'instar de la « Digital Public Library of America » créée au début des années 2010. Cette bibliothèque virtuelle totalise déjà près de 7 millions d'objets mis à la disposition du public américain et international. Comme le souligne l'historien Robert Darnton, dans un avenir proche, tout le monde aura accès à cette bibliothèque, gratuitement, et de chez soi.

Enfin, cette mutation technologique va bien au-delà des modes de communication en favorisant l'émergence de nouveaux comportements. Ainsi, en quelques années, les technologies numériques ont bouleversé notre vie publique, nos habitudes familiales et même notre intimité. Les très jeunes enfants acquièrent rapidement avec les tablettes tactiles une habileté qui étonne les adultes, les plus grands sont scotchés à des jeux auxquels les adultes ne comprennent rien et les adolescents semblent gérer leur vie entière depuis leur smartphone. Un tel mouvement ne fait que commencer, plus rien ne sera comme avant. Les technologies numériques ne sont pourtant que des outils, et il y a loin de leur utilisation à la modification de notre fonctionnement cérébral que certains appréhendent.

Ces outils ont changé les habitudes. L'essor du virtuel, comme nouvelle catégorie rectrice de l'agir, est ainsi mis en avant par le sociologue Serge Tisseron, qui met au jour la diversité des expériences nouvelles, comme l'accompagnement constant à distance, que le réseau Internet permet d'assurer. Rêveries, imagination, représentations personnelles sont redevenues essentielles dans la construction des mondes intérieurs d'une nouvelle classe d'âge. Avec les écrans, notre pouvoir de virtualisation, assisté par ordinateur, se retrouve amplifié et facilité.

Mais, à côté de ces sources de progrès et d'opportunités, les changements introduits par la révolution numérique justifient aussi nombre d'inquiétudes nouvelles. N'ont-ils pas davantage remis en cause l'existant qu'ils n'ont construit une société nouvelle ?

II - L'émergence d'une véritable société numérique appelle la mise en place de nouvelles régulations

Concurrençant le « monde réel », le numérique apparaît comme une source de menaces pour la société, tant au plan individuel que collectif (A). Ces dernières sont d'autant plus inquiétantes en l'absence d'une gouvernance, qui devra nécessairement dépasser les frontières (B).

A - LE NUMÉRIQUE CONSTITUE AUSSI UN RISQUE POUR L'ÉQUILIBRE DE NOS SOCIÉTÉS

Le recours au réseau Internet et à ses diverses applications permet à ceux et celles qui s'y adonnent de fuir le quotidien et son lot de responsabilités. Ainsi, au Japon où le développement des nouvelles technologies de l'information et de la communication est l'un des plus poussés, on constate l'émergence d'une sorte de « cyberautisme ». Désignés comme des «pasokon otaku», c'est-à-dire les «murés de l'ordinateur personnel», certains individus, dont le comportement a été analysé par le sociologue Antonio Casilli, se coupent du monde extérieur pour se consacrer entièrement à leur passion » en l'occurrence les jeux vidéo et la communication en ligne. On parle ainsi d'une « génération Otaku », tant de telles situations individuelles s'avèrent fréquentes. Ce phénomène n'est nullement limité au Japon, mais concerne tous les pays où le rapport au réel tend à être supplanté par la prévalence du virtuel. Des personnalités blessées ont ainsi toujours tenté de trouver refuge dans des sortes de rêveries éveillées qui satisfont un désir de toute-puissance irréaliste pour faire écran à une réalité amère qu'elles cherchent à fuir. C'est ce que le psychanalyste Donald Winnicott appelait, dans Jeu et Réalité (1971), la «fantasmatisation compulsive». En 2018, l'hôpital Cochin à Paris a créé une unité spécialisée pour les adolescents adeptes du jeu vidéo Fornite.

Alors que l'évolution, sur ces trente dernières années, met à jour un processus de concentration des industries de la communication entre les mains de quelques conglomérats, les NTIC font peser de réelles menaces sur la vie privée des individus et de nouvelles possibilités de contrôle des moindres faits et gestes des consommateurs. Facebook n'est nullement un réseau de relations et d'amitiés s'apparentant à un service public, mais, à l'aune de son cours boursier, une puissante société de métadonnées aux implications commerciales réelles.

Cette dualité des effets du réseau Internet se retrouve également dans la sphère politique. Ainsi, Internet est souvent présenté comme une arme. En permettant aux dissidents politiques de se rencontrer, d'échanger des informations et d'organiser la lutte, Internet a donné naissance aux révolutions arabes, aux manifestations en Iran, aux Indignés et au mouvement Occupy. Une telle affirmation relève, cependant, d'après Evgeni Morozov (« Facebook et Twitter ne font pas les révolutions », 2011), d'une sorte d'aveuglement. En effet, dans son livre de 2011, « The Net Delusion », ce chercheur américain d'origine biélorusse critique sévèrement l'optimisme aveugle que nous avons placé dans ce réseau et ses applications.

Ainsi, le rôle de Twitter et du réseau Facebook dans les révolutions arabes relève, tout au plus, de l'anecdote. Toutes les révolutions ont utilisé les outils technologiques mis à leur disposition pour s'organiser. Comme la révolution bolchevique de 1917 utilisa le télégraphe, l'occupation en 2011 de la place Tahrir nécessita l'aide de Twitter. Mais ce que la dissidence a gagné en utilisant le Web, elle l'a perdu en fournissant à ses adversaires de précieuses informations. Les activistes ne sont pas les seuls à avoir appris à se servir d'Internet, les régimes autoritaires y ont également recours.

Loin de devenir un facteur de libération, les médias sociaux ont permis de créer un panoptique numérique qui contrecarrait la révolution : ses réseaux, qui relayaient la peur publique, ont été infiltrés et complètement écrasés par l'État, comme en Syrie. De ce fait, les gouvernements ont, avec Internet, à la fois «gagné et perdu du pouvoir». Ils en ont certes perdu parce que des médias tels que WikiLeaks leur imposaient une transparence dans leurs actions, ou parce que les photos qui pouvaient témoigner de la répression policière font le tour du monde en quelques secondes. Mais ils en ont gagné par la surveillance qu'ils peuvent exercer sur les citoyens. Plusieurs campagnes électorales récentes ont aussi révélé que loin d'enrichir les débats sur l'agora démocratique, les réseaux sociaux aboutissaient à ne faire dialoguer entre eux que des citoyens partageant les mêmes idées. Ceci aboutit à une radicalisation de la pensée et encourage même la propagation de rumeurs et des fausses informations, faute de débat contradictoire. Face à ce discours essentiellement pessimiste diffusé depuis l'élection présidentielle américaine de 2016, la crise des « Gilets jaunes » a toutefois constitué une nouveauté. Des premières mobilisations sur les ronds-points, jusqu'aux manifestations des samedis, les réseaux sociaux ont joué un rôle essentiel qui ne sera sans doute pas sans suite, comme l'ont démontré les événements de Hong-Kong. Pour nombre d'observateurs, il s'est même agi du premier mouvement 2.0, supplantant les « « nouveaux mouvements sociaux », expression forgée par le philosophe Gilles Deleuze pour Mai 68.

Le même constat prévaut en matière d'effets sur le débat démocratique lui-même. Le cyber-espace ne saurait fournir la solution pour « réenchanter la démocratie ». Il ne faut certes pas limiter l'apport d'Internet à des outils. Les structures politiques traditionnelles, les partis, ont tous leur vitrine sur Internet, plus ou moins sophistiquée, plus ou moins interactive. Mais cet investissement sur Internet ne renouvelle pas en lui-même la démocratie comme le constate Olivier Blondeau et Laurence Allard (« Devenir Media, l'activisme sur Internet, entre défection et expérimentation », 2007). Le concept « approche-outil » de la politique manque l'essentiel : l'enjeu est plutôt d'élaborer à travers la technique des manières et des formes d'agir ensemble, de produire du commun en tenant compte de la singularité de chacun.

Qui plus est, l'usage du réseau Internet peut être dévoyé et peut servir les intérêts des groupes qui visent à abattre la démocratie représentative. Selon l'Organisation des Nations unies, les mouvements terroristes utilisent eux aussi le Web pour recruter, diffuser des supports d'endoctrinement, appeler à la sédition et aux armes. Cette stratégie est d'autant plus efficace qu'elle leur permet de tisser des liens transfrontaliers, notamment dans des pays cibles, et d'échapper aux législations locales au besoin. Le constat vaut plus généralement pour toute activité déviante ou criminelle – appel à la haine, trafic d'armes, blanchiment d'argent, partage de contenus pédopornographiques. Ces dérives trouvent sur la Toile un terreau favorable à l'impunité, surtout si les auteurs savent masquer leur identité et leur mode opératoire.

La révolution numérique se présente donc surtout comme une remise en cause de la société actuelle pour laquelle elle constitue tant de nouvelles opportunités que des menaces inédites. Jeter les bases d'une société numérique exigerait l'adoption d'un cadre lui garantissant, comme à toute société, des limites et des mécanismes de préservation de son équilibre. Or, ceci est rendu particulièrement difficile s'agissant d'un phénomène qui échappe aux frontières nationales.

B - DÉPASSER L'INCAPACITÉ STRUCTURELLE DES ÉTATS À METTRE EN PLACE UNE RÉGULATION EFFICACE

Alors que l'utopie du village planétaire de McLuhan s'inscrit d'emblée dans un cadre mondial, la question demeure sur le point de savoir si la société numérique sera d'emblée globale, à l'image de l'Internet, ou s'il s'agira pour chaque société nationale de se redéfinir à l'heure numérique.

Dans tous les cas, force est de constater que les États sont aujourd'hui confrontés à une question nouvelle, celle de leur souveraineté numérique. Pour y répondre, ils mettent en place, selon des degrés divers, des outils de contrôle, de filtrage ou encore d'identification des internautes, au risque de porter atteinte à des principes fondamentaux. Dans chaque pays et à l'échelle mondiale, les débats font rage sur la légitimité, l'opportunité et l'efficacité de ces mesures, au regard de préoccupations essentielles sur la garantie de la liberté d'expression, la protection des données personnelles ou le respect de l'État de droit. En France, la loi n° 2014-1353 du 13 novembre 2014 renforçant les dispositions relatives à la lutte contre le terrorisme a permis un contrôle accru du Web, au point d'avoir été dénoncée comme liberticide par la Commission consultative des droits de l'homme.

Cette question renvoie ainsi à la difficulté de dresser une distinction autre que formelle entre terrorisme et résistance : d'une part, les outils servant à traquer les criminels pourraient aussi aider des dictatures à débusquer les dissidents ; d'autre part, les sociétés démocratiques sont loin d'être protégées contre les dérives de l'utilisation de l'Internet : espionnage hors du cadre juridique, ingérence de puissances étrangères, manipulation de l'opinion en ligne, censure arbitraire. Les scandales se sont multipliés, en France, en Angleterre ou aux États-Unis, nourrissant la méfiance d'une partie des internautes à l'égard d'une régulation d'État. Chaque fois qu'une plateforme commence à être modérée ou bridée, une autre est aussitôt créée pour échapper à tout contrôle, et basée au besoin dans un pays doté d'une législation plus souple.

En outre, le caractère global de ces activités en ligne génère des conflits de juridiction, entravant la capacité d'influence des États et rendant difficile l'application des lois. La question de la gouvernance du réseau Internet est bel et bien géopolitique. Au niveau technique, une régulation se fait jour cependant. Elle est le fait de trois organismes mandatés par le Gouvernement des États-Unis, à savoir : l'Internet Corporation for Assigned Names and Numbers (ICann) qui a pour mission de gérer le système d'adressage, l'Internet Engineering Task Force (IETF) qui assure la normalisation des protocoles de communication et enfin le World Wide Web Consortium (W3C) qui assure la normalisation des langages multimédia. Un tel dispositif n'est ni totalement légitime – il n'a été validé ni par l'ensemble des utilisateurs, ni par les citoyens, ni par la communauté internationale – ni complet puisque, même s'il influence les usages, il n'assure pas leur régulation. Les États se sont donc progressivement immiscés dans la régulation technique, économique et sociale du réseau. Ce mouvement s'est heurté à deux difficultés majeures : le débordement, déjà signalé, des États par les capacités d'autorégulation des communautés globalisées ainsi que la prééminence de l'État américain. C'est pourquoi, la régulation de l'Internet – épine dorsale de la société numérique –, pose problème. L'ensemble des autorités administratives indépendantes dans ce domaine a souligné la nécessité d'agir au niveau européen pour avoir une chance de peser dans l'environnement concurrentiel mondialisé. Il importe de prendre en compte le caractère horizontal et la dimension internationale d'Internet tout en reconnaissant que l'objectif d'édicter des règles a priori demeure utopique. La difficulté réside ainsi dans la territorialisation du droit qui rend impossible toute régulation efficace d'un phénomène, par essence, transfrontalier. De ce fait, la problématique de la régulation de l'Internet restera sans issue si l'on s'en tient à deux conceptions générales antagoniques : l'Internet nouvel espace de liberté ou nouvel instrument de contrôle. Il s'agit plutôt de trouver des modes de gestion appropriés pour accompagner le développement du monde numérique dont la régulation demeure utopique.

La régulation des activités numérique s'impose aussi pour la pérennité de nos modèles économiques et sociaux. Il s'agit en particulier d'obtenir que les GAFA s'acquittent de leurs impôts dans des conditions plus satisfaisantes et que nos modèles de protection sociale ne soient pas minés par une ubérisation généralisée. Les avancées marquées par l'Union européenne en matière de lutte contre cette évasion fiscale au cours de l'année 2018 sont encourageantes, puisque Apple a effectivement réglé, en septembre, les 13 milliards d'arriérés d'impôts en application de la décision de la Commission européenne. De même, un règlement communautaire devrait être adopté avant la fin de cette même année pour rééquilibrer les rapports entre les grandes plateformes internet (telles que Booking) et les entreprises dont elles commercialisent les services.

Finalement, la numérisation des informations et leurs diffusions se présentent comme un phénomène technique aux conséquences sans précédent qui, tel un nouveau paradigme, implique de repenser non seulement le rapport des citoyens aux institutions, mais aussi celui des individus à leur quotidien modifié par l'irruption triomphante de la virtualité. Comme tout changement de paradigme, celui-ci demande du temps pour être compris, dans la totalité de ses conséquences. Si le numérique a d'ores et déjà changé nos vies, l'émergence d'une société numérique n'est pas stabilisée. D'ailleurs, le sera-t-elle un jour, tant les innovations numériques se diffusent à une vitesse difficilement compatible avec les modes actuels de régulation de notre vie collective ? La coexistence persistante d'une société organisée et d'un monde virtuel, insaisissable, le complétant ou le concurrençant, constituerait alors un défi de taille lancé à notre vivre-ensemble.

Sujet 5 DISSERTATION : OÙ EST LE POUVOIR ?

(SUJET COMPLÉMENTAIRE 2)

Le pouvoir est traditionnellement désigné comme la capacité de décider et ainsi de faire. Par extension, ce terme renvoie également à la capacité de déléguer, c'est-à-dire de faire réaliser, par d'autres, ce qui est décidé. Cette définition générale peut ainsi être considérée comme générique : chaque groupe humain, voire chaque individu, se trouve ainsi dans une situation complexe par rapport au pouvoir lui-même qui est aussi protéiforme, puisque son exercice dépend du contexte dans lequel on se trouve.

Qu'il s'agisse du pouvoir politique, économique, judiciaire, familial, administratif voire religieux ou encore culturel, sa perception comme puissance de contraindre peut différer ; l'exemple de la situation du citoyen dans une démocratie le démontre. En effet, bien que le pouvoir procède de l'assentiment du citoyen – qui se donne à lire à travers son suffrage –, ce dernier est soumis au pouvoir des autorités politiques reconnues légitimes par le truchement de l'élection.

La question du pouvoir – entendue comme légitimité et soumission – a donc toujours été complexe. Ainsi, Marcel Gauchet, dans la *Condition politique*, remarquait que le passage de la société traditionnelle à la société politique impliquait la localisation d'un « foyer de pouvoir » depuis l'extérieur vers le sein même de la société en devenir. De ce fait, le pouvoir implique une capacité de commandement, au sein de la société dont il est l'émanation historique et dont il assure le gouvernement, et conditionne une relation d'obéissance avec les membres de cette société qui deviennent les gouvernés.

Dès lors, la localisation du pouvoir pose problème et ce, tout particulièrement, dans nos sociétés contemporaines, suite à deux phénomènes historiques cumulatifs de notre modernité : d'une part, le transfert du pouvoir religieux vers le pouvoir politique que Georges Dumézil, dans son ouvrage *Jupiter Mars Quirinus*, évoque comme initialement distincts l'un de l'autre – avec la primauté du pouvoir religieux sur les pouvoirs politiques et guerriers - et que la Révolution française va, en quelques années, avec la nouvelle constitution civile du Clergé, puis l'instauration de la République, fusionner au profit du pouvoir politique qui en retire une légitimité renforcée. D'autre part, le primat du pouvoir politique est, du moins dans nos sociétés, exercé grâce à une organisation démocratique selon lequel les États souverains sont contrôlés par les peuples souverains auprès desquels ils tirent leur légitimité.

Aujourd'hui, un tel paradigme est-il encore d'actualité ? Les événements de l'hiver et du printemps dernier – le mouvement de contestation dit des « gilets jaunes » – ne démontrent-ils pas la difficulté de situer le pouvoir dans nos sociétés contemporaines ?

Dès lors, la localisation de la souveraineté politique semble toujours primer (I.A), mais sans doute davantage comme principe que réalité (I.B). Cependant, face aux menaces déjà perceptibles (II.A), il est nécessaire de mieux localiser les pouvoirs (II.B).

I - La localisation de la souveraineté politique semble toujours primer (A), mais sans doute davantage comme principe que réalité (B)

A - LA LOCALISATION DU POUVOIR DANS L'ÉTAT : UN HÉRITAGE QUI SEMBLE PERDURER

Si le paradigme de la localisation du pouvoir dans l'État souverain, lui-même émanation de l'État souverain, semble toujours d'actualité, cette existence semble davantage de l'ordre du principe que de celui de la réalité factuelle.

En effet, cette primauté est un legs de l'histoire moderne : cette consécration de l'État comme lieu d'exercice et de légitimation du pouvoir se retrouve tout d'abord au niveau international. Les relations qui s'y déploient sont ainsi héritières de la conception de l'État définie lors du Traité de Westphalie de 1648, dont Henry Kissinger, dans son ouvrage *Diplomatie*, a souligné la remarquable résilience dans le monde de l'après-45 marqué par l'émergence de l'Organisation des Nations unies. La « communauté internationale », thématisée notamment par Raymond Aron, dans *Paix et Guerre entre les Nations*, comme élaboration d'un système de sécurité collectif destiné à remédier aux errements de la Société des Nations créée au sortir du premier conflit mondial, accorde également une place essentielle aux États, comme en témoigne notamment l'application du droit international public aux espaces, qu'il s'agisse des mers ou des espaces.

En outre, les États – suite à la définition de leurs conditions de possibilité par les penseurs de l'âge classique, comme Thomas Hobbes dans son *Léviathan* – se sont vu reconnaître le monopole de la violence légitime, grâce auxquels ils ont comme fonction d'assurer la sécurité de leurs administrés. Ce « *monopole de la violence légitime* », également évoqué par le sociologue Max Weber, dans son ouvrage *Économie* et société, désigne l'attribut essentiel de l'État entendu comme puissance nécessairement coercitive.

Cependant, pour que la coercition étatique soit légitime, il importe qu'elle soit exercée au profit – par et pour – le peuple souverain. Cette légitimité résulte de l'histoire : la souveraineté appartient au peuple, comme le rappelle l'article 3 de la constitution du 4 octobre 1958 selon lequel : « *La souveraineté nationale appartient au peuple qui l'exerce par ses représentants et par la voie du référendum. Aucune section du peuple ni aucun individu ne peuvent s'en attribuer l'exercice* ».

D'ailleurs, ce principe, posé dès le début de la Révolution française dans la Déclaration des droits de l'homme et du citoyen du 26 août 1789, a entraîné la diffusion de l'idée démocratique dans nos sociétés ; cette affirmation bénéficiant de la protection des droits du peuple des éventuelles atteintes de l'État suite à la création d'institutions spécifiques, comme les juridictions administratives en France, mais aussi, à l'échelle européenne, de juridictions spécialisées comme la Cour européenne des droits de l'homme ; ces dernières permettant, à la fois, de constitutionnaliser les droits fondamentaux et de protéger ces droits des atteintes de l'État, fût-il démocratique. Le renforcement de l'État de droit – destiné, finalement, à protéger les droits des citoyens, trouve encore à s'appliquer avec la création de cours constitutionnelles dont les prérogatives – comme en témoigne la création en France de la question prioritaire de constitutionnalité – participent de cette reconnaissance du peuple comme souverain.

B - LA CONCURRENCE PAR DE NOUVEAUX LIEUX DE POUVOIR

Si l'État souverain demeure, en principe, l'incarnation reconnue du pouvoir, il n'en demeure pas moins que la souveraineté des États, ou du moins sa compréhension traditionnelle, apparaît comme relativisée, sinon mise à mal, par l'émergence de nouveaux lieux de pouvoir.

L'État se voit concurrencé à deux niveaux : d'une part, le pouvoir politique qui s'y exerce est remis en cause par d'autres pouvoirs émergents, notamment ceux de la société civile et de ses organes – comme les organisations non gouvernementales – et des instances économiques, à savoir les marchés financiers et les entreprises, notamment de dimensions multinationales ; ces derniers étant de plus en plus perçus comme titulaires d'un pouvoir réel s'exerçant au détriment de celui de l'État, considéré davantage comme formel et ainsi comme illusoire.

Cette critique n'est pas nouvelle : si les partisans du Front populaire dénonçaient déjà « *le Mur de l'argent* » ou les « *Deux cent familles* », l'internationalisation des flux financiers – déjà amorcée au sortir de la Seconde Guerre mondiale avant que la fin de la Guerre froide n'en accentue l'impact – suite à la mondialisation a consacré le modèle du libre-échange et l'ouverture des marchés nationaux dans les marchés et des services.

Dès lors, la prévalence des grands acteurs financiers et des investisseurs internationaux est perçue par les populations comme s'exerçant au détriment du pouvoir étatique. Pour preuve, la capitalisation boursière des GAFAM (Google, Amazon, Facebook, Apple et Microsoft) – qui échappent globalement aux normes notamment fiscales auxquelles doivent se plier les entreprises domestiques – s'avère, en 2019, supérieure à celle d'un État comme la France, pourtant sixième puissance économique mondiale.

De telles sociétés internationales peuvent également exercer une pression vis-à-vis des États, appuyées par les marchés financiers qui détiennent la dette publique et maintiennent sous leur influence les gouvernements légitimement désignés par leur peuple. En outre, les entreprises industrielles et de services sont en mesure de mettre les différents États en concurrence, pour l'accueil des investissements et la création de nouveaux emplois.

Ainsi, la mondialisation a accentué un travers inhérent au capitalisme : loin que les entreprises obéissent à la loi des États, ce sont ces derniers qui ont progressivement été tenus de respecter la loi du marché, c'est-à-dire les décisions des acteurs économiques. Ce changement de paradigme avait d'ailleurs été anticipé par Karl Marx, dans *le Capital*, où il prévoyait que l'influence du marché capitaliste, faute d'une révolution permettant aux peuples de reprendre leur destin en main, viendrait contrecarrer, au point de l'annihiler, l'influence des États eux-mêmes considérés comme des émanations de la sphère des échanges et de la classe bourgeoise, bénéficiaire des transferts du pouvoir issu de la féodalité.

D'autre part, le pouvoir de l'État est également remis en cause par rapport à celui d'autres acteurs également politiques à plusieurs niveaux. Ainsi, à l'échelle internationale, le caractère essentiel de l'État semble relativisé, qu'il s'agisse de l'Organisation des Nations unies, dont le conseil de sécurité est l'institution essentielle, ou d'instances plus informelles, comme le G-7 ou le G-20, ou encore d'instances régionales, à l'instar de l'Union européenne aux pouvoirs grandissants dont celui de seigneuriage défini, par Jean Bodin au XVIe siècle, comme l'attribut essentiel des États.

Par ailleurs, à l'intérieur des États eux-mêmes, l'affirmation du processus dit de décentralisation en Europe – fût-ce dans des États traditionnellement centralisés comme la France à partir de 1981, ou encore en Italie avec la régionalisation une décennie plus tôt, ou encore l'autonomisation de l'Écosse en 1996 et la fédéralisation de la Belgique en 1993 – démontre que le pouvoir politique peut être concurrencé à l'échelon infranational.

Enfin, une troisième forme de remise en cause du pouvoir de l'État résulte du peuple souverain lui-même. Celle-ci puise son origine dans la critique récurrente du pouvoir représentatif lui-même que rappelle notamment Bernard Manin dans sa *théorie du gouvernement représentatif* : toute représentation politique implique la désignation d'une minorité – assimilée par cet auteur à une forme d'aristocratie – qui se voit investie du pouvoir, en lieu et place du peuple lui-même.

D'ailleurs, le modèle inclusif de la démocratie athénienne ne résiste pas à l'analyse historique elle-même : Claude Mossé, dans son ouvrage la Démocratie athénienne, démontrant que seule une minorité d'habitants détenait le pouvoir politique dans cette cité considérée comme l'origine de la démocratie directe et de l'appropriation, par les citoyens eux-mêmes, du pouvoir de décision sur les affaires de la communauté. La question est donc celle de l'effectivité de l'exercice de la souveraineté du peuple dès lors qu'elle implique nécessairement la désignation de représentants, comme le rappelle d'ailleurs l'article 3 de la constitution du 4 octobre 1958 précité.

Cependant, à cette tension rémanente entre le peuple entre ses représentants vient s'ajouter l'interposition de forces nouvelles qui peuvent parfois aller jusqu'à capter l'ensemble du pouvoir, à l'instar des experts qui peuvent d'ailleurs être officiellement placés sous la supervision du pouvoir politique. Les élites technocratiques – que ce soit à Paris, pour la France, ou à Bruxelles, pour l'Europe – constituent ce gouvernement d'experts qui viennent nécessairement en concurrence avec le pouvoir du peuple, comme l'avait anticipé, dès les Années 1920-1930, par Walter Lippmann dans la *Fabrique du consentement*.

II - Face aux menaces déjà perceptibles (A), il est nécessaire de mieux localiser les pouvoirs (B)

A - DES RISQUES OPPOSÉS LIÉS AU SPECTRE DE L'IMPUISSANCE

Le pouvoir est aujourd'hui confronté à trois types d'écueil.

Premier écueil : Une forme de dissolution perceptible du pouvoir affecte sa légitimité. Loin de sombrer dans une forme d'anarchie refusant en bloc toute forme de règle sociétale, elle se caractérise plutôt par une contestation de l'organisation sociale, telle qu'elle est, sur fond de rappel des droits de l'individu. En d'autres termes, c'est sur le fondement de la déclaration des droits de l'homme, interprétée de manière libérale, en faisant prévaloir « *l'utilité commune* », que la primauté des individus est rappelée, au détriment du pouvoir étatique.

A cette première forme de critique correspond une remise en cause de la société telle qu'elle est, s'inscrivant dans la continuité de la remise en cause des institutions durant les années 1960, en phase avec les écrits d'Herbert Marcuse. Une telle remise en cause du pouvoir a ainsi conduit à la création d'une sorte d'« *ère du vide* » que décrit Gilles Lipovetsky comme « *la fin des grands idéaux collectifs* ».

Davantage, cette remise en cause du pouvoir conduit à une sorte d'entre-deux entre sécurité et liberté qui ne bénéficie nullement aux individus, comme l'a démontré Zygmunt Bauman à travers son concept de « *modernité liquide* » désignant notre mode d'existence insaisissable et atomisé, au sein duquel la logique consumériste constitue le seul horizon de nos propres existences.

En effet, la perte de sens liée à l'effritement des repères sociaux pousse les individus à se réfugier dans une consommation généralisée afin de « s'acheter une vie », donnant ainsi une dimension volatile et éphémère à tous les domaines de la vie en société. L'identité devient aussi fluctuante que le profil Facebook, les relations sentimentales ne sont nouées que «jusqu'à nouvel ordre» et le monde du travail se plie à l'impératif de flexibilité. Ainsi, pour Bauman, nous vivons dans une société qui exige de ses membres de s'adapter au monde contemporain – d'où le caractère incertain de leur liberté - sans jamais leur en fournir les moyens, via une sécurité rassurante.

Deuxième écueil : l'émergence des nouvelles technologies issues de l'internet tend à faire prévaloir – faussement, du fait des exigences économiques que l'évolution de ce modèle d'abord libertarien a fait émerger – l'idée d'une société sans hiérarchie ni censure. Comme le déclarait, en 1992, le scientifique David Clark, considéré comme le père du protocole IP sur lequel repose le réseau internet : « *Nous refusons les rois, les présidents et les votations. Nous croyons au consensus approximatif et au code qui fonctionne.* »

Ainsi, l'extension du réseau internet devait conduire à l'émergence d'une société sans pouvoir et reposant sur des réseaux horizontaux. Cette vision devait également conduire à l'élévation générale du niveau éducatif des populations, grâce au libre accès aux connaissances que la technologie de l'internet rendait possible, comme le soulignait à son tour Bill Gates, le fondateur de Microsoft, au moment de la création de sa fondation pour l'éducation. En ce sens, Michel Serres, dans son essai *Petite poucette*, rappelle que le numérique était à l'origine d'une mutation anthropologique majeure, s'agissant de l'organisation des savoirs.

Dès lors, notre postmodernité connaît une crise de l'autorité sans précédent, si l'on entend cette dernière comme la « subordination consentie » qu'identifiait Hannah Arendt dans son essai *Qu'est-ce que l'autorité* de 1958.

C'est sans doute la raison pour laquelle les peuples succombent à la tentation de se donner des pouvoirs forts, suivant en cela la pente du populisme. Face à la peur de pertes de repères, il peut apparaître tentant de promouvoir – tel un renversement des valeurs, suite à la « liquéfaction des sociétés » thématisée par Bauman – des hiérarchies protectrices. Le retour de l'autorité dans certains pays peut d'ailleurs impliquer la remise en cause de l'organisation des pouvoirs lesquels constituaient la source d'un équilibre nécessaire au bon fonctionnement des démocraties.

L'émergence de gouvernement à visée populiste et remettant en cause l'équilibre des pouvoirs, comme en Hongrie, en Pologne, voire en Grande-Bretagne – où le premier ministre Boris Johnson, en suspendant le Parlement afin d'assurer le « *Brexit* » au plus tôt, s'est inscrit dans les pas d'Oliver Cromwell et de sa dictature républicaine du milieu du XVIIe siècle – illustre également cette montée du souverainisme qui désigne un nationalisme assumé comme rempart contre un multilatéralisme dépossédant les peuples de leur pouvoir originel. Une telle tendance ne touche pas seulement les États de taille moyenne, mais aussi les hyperpuissances, comme les États-Unis dont le président, Donald Trump, se revendiquant de la politique de James Monroe du XIXe siècle, privilégie l'unilatéralisme, au nom d'une réaffirmation du pouvoir américain.

Enfin, troisième écueil que l'on peut qualifier de plus paroxystique : la difficulté à localiser le pouvoir a ainsi suscité un sentiment de défiance qui alimente la théorie du complot. En effet, faute d'être localisé, le véritable pouvoir serait alors occulte et caché, alimentant la crainte des populations d'être intégralement spoliées de la souveraineté dont elles sont pourtant les dépositaires officielles. L'idée que des groupes d'influence – comme les Bidelberg – régissent les affaires mondiales participe de cette théorie du complot à laquelle 40 % des Français, d'après un sondage, adhéraient en 2018.

Dès lors, ce sentiment est renforcé par le doute sur la fiabilité des informations diffusées, comme le phénomène des fausses nouvelles (« *Fake News* »), tend à le propager. Cet ensemble de circonstances présente de réelles similitudes avec le contexte qui a favorisé la montée des extrémistes et des totalitarismes et l'éclatement, notamment, de la Seconde guerre mondiale, avec la mise en exergue du *Protocole des Sages de Sion* et l'affirmation, au cours des heures les plus sombres de notre histoire, d'un complot judéo-maçonnique. De tels phénomènes ont ainsi favorisé le populisme à l'origine de la Seconde guerre mondiale.

B - L'URGENCE DE MIEUX LOCALISER LE POUVOIR POLITIQUE

Si cette question de la localisation du pouvoir exprime la peur de la disparition de la forme traditionnelle du pouvoir, elle avive l'urgence d'une relocalisation du pouvoir redevenant tangible pour nos contemporains.

Adapter le principe de la primauté du pouvoir politique est une nécessité. Une telle démarche implique de renforcer la position de cette forme originelle de pouvoir face à ses concurrents en veillant à leur inscription, à l'échelle nationale, dans les lois et, au niveau global, dans la régulation internationale. À cet égard, les dernières prises de position, en matière environnementale et tout particulièrement sur la lutte contre la déforestation amazonienne, du G7 de Biarritz, en août 2019, illustrent cet impératif de relocalisation du pouvoir à l'échelle internationale qui permet de restaurer la confiance pour les citoyens en identifiant un centre de décision reconnu globalement.

La question demeure cependant quant non seulement à la légitimité, mais aussi à l'efficacité de telles instances nationales dans l'exercice d'un pouvoir s'imposant aux autres États ; l'exemple des différentes COP, dont celui de la COP 21 qui a eu lieu à Paris en et dont la portée du principal accord s'est avérée ruinée du fait du retrait des États-Unis sous la présidence de Donald Trump, est révélateur des difficultés d'inscrire dans la durée les décisions prises par de tels organes. Certes, l'ampleur globale des problèmes auxquels la communauté internationale est désormais confrontée implique la reconnaissance d'un pouvoir ad hoc, c'est-à-dire proportionnel aux problèmes qu'il s'agit de résoudre.

Cette restauration du pouvoir politique implique également de prévenir toute dérogation des grandes puissances économiques à la norme, notamment fiscale d'assujettir les plus grandes entreprises aux activités mondiales à l'impôt. Une telle démarche – que promeut une commission d'enquête en cours du Sénat sur la souveraineté numérique, marquerait ainsi l'assujettissement des GAFAM et autres NATU aux principes mêmes de la citoyenneté ainsi qu'au pouvoir politique, expression de la souveraineté des peuples.

La question de la légitimité et de l'efficacité du pouvoir politique est ainsi cruciale et ce, à l'échelle tant globale que nationale. À cet égard, la crise dite des gilets jaunes a avivé la confrontation entre la Représentation politique – censée exercer le pouvoir légitimement au nom du peuple souverain avec le pouvoir exécutif – et le sentiment de certains citoyens d'être laissés pour compte des politiques conduites. Face à des difficultés économiques et sociales, cette crise a permis d'identifier la défiance dont les Pouvoirs publics, accusés d'abandonner certaines populations, dont le quotidien est notamment décrit par Florence Aubenas dans son ouvrage *Le Quai de Ouistreham*.

Au-delà du pouvoir politique qui demeure le plus frappé, sous toutes ses formes, par la question de la localisation du pouvoir, d'autres pouvoirs pourraient bénéficier d'une meilleure identification, y compris dans le secteur privé. Ainsi, il conviendrait d'évaluer l'influence exacte de ces pouvoirs privés auprès des Pouvoirs publics, en assurant une meilleure transparence des méthodes des groupes de pression et d'influence (lobbying), afin d'infirmer les principes des différentes théories du complot.

Certes, des registres où sont consignés les représentants des groupes de pression existent notamment auprès des principales judicatures, comme les Parlements français ou européen. Cette régulation implique également de recourir à la législation, comme en France, par la loi n° 2013-907 du 11 octobre 2013 relative à la transparence de la vie publique régissant les conflits d'intérêts ou portant création de la Haute Autorité pour la transparence de la vie publique (HATVP). Une telle démarche permet ainsi de suivre la participation de ces groupes de pression à la prise de décision publique, quitte à identifier, au sein des grands groupes internationaux dont la gouvernance va en se complexifiant, des interlocuteurs spécifiques auprès des Pouvoirs publics. Ainsi, les grands groupes économiques – en particulier les GAFAM – et les producteurs, de taille plus modeste, présents dans l'économie circulaire – que vise notamment le projet de loi relatif à la lutte contre le gaspillage et à l'économie circulaire transmise au Parlement à l'été 2019 - seront en mesure d'exercer leur responsabilité, tant sociale qu'environnementale, vis-à-vis de la société.

En outre, afin de remédier à cet affaiblissement du pouvoir, y compris dans la sphère plus intime qu'est celle de la famille, il est essentiel de restaurer l'autorité parentale, qui fait souvent défaut et génère des problèmes éducatifs et sociaux. Afin d'éviter l'explosion de la délinquance, l'identification de figures tutélaires – avec, en premier lieu, le pouvoir parental – est une obligation et permet de répondre efficacement à la dilution décrite par Bauman.

La question de la localisation du pouvoir résulte de la difficulté du pouvoir politique, pourtant traditionnellement reconnu, comme le garant de la cohésion sociale, à imprimer sa marque face à d'autres pouvoirs émergents et concurrents.

Cette question recoupe celle de sa légitimité auprès de la population, dont il est l'émanation légitime, mais qui peut être remis en cause ouvertement, à l'instar de ce que la crise des « gilets jaunes » a illustré l'année dernière. Dès lors, la localisation du pouvoir implique ainsi de redéfinir les critères de sa reconnaissance au premier rang desquels se trouvent l'efficacité et la dimension politique. Dans cette relation s'impose ainsi une forme de « principe responsabilité », initialement thématisé par Hans Jonas, qui rend légitime tout exercice du pouvoir respectant l'intérêt général.

En ce sens, le renforcement de l'État de droit, qui implique la prévalence du politique, constitue une réponse ferme et adaptée laquelle, en circonscrivant le pouvoir pour mieux le contrôler, lui permet de s'exercer, tant dans le cadre national qu'à l'échelle internationale, tout en préservant les libertés fondamentales ; gage de la reconnaissance de la souveraineté populaire.

DROIT CIVIL ET PROCÉDURE CIVILE

Sujet 1

DISSERTATION : LE SEXE, LE NOM, LE CORPS : LA PLACE DE L'ORDRE PUBLIC EN DROIT DES PERSONNES

(ANNALES CONCOURS ENM 2019)

Le Doyen Carbonnier affirmait que le sexe c'est « le partage primordial » : « *le nom, le domicile, les actes de l'état civil demandent des recherches, des justifications, des papiers : chaque être humain, à l'opposé, porte sur lui, dans la vie quotidienne, qu'il est un homme ou une femme* » (J. Carbonnier, Les personnes, PUF, coll. Thémis). Aussi, l'identification des personnes est marquée par un ordre public, réel comme virtuel, des plus prégnant aux fins de protection des personnes.

La notion d'ordre public est consubstantielle à celles de droit et d'État de droit. S'il n'existe pas de définition définitive de l'ordre public, il est immédiatement possible de l'étayer de trois manières : d'abord, en révélant le lien intime que l'ordre public entretient avec la morale, puisque les bonnes mœurs sont une composante de l'ordre public ; ensuite, en relevant que l'ordre public est un ensemble de règles structurelles et de police, marqueur d'un ordre politique et social ; enfin – et il s'agit là d'une explication de l'absence de définition définitive attachée à la notion – les contours de l'ordre public sont mouvants, les principes qui sous-tendent à l'ordre public sont pour certains pérennes, pour d'autres, évolutifs. En témoigne le droit des personnes, à l'origine terrain de prédilection d'un ordre public puissant, aujourd'hui davantage concurrencé. Le droit des personnes appréhende les personnes physiques et morales, en tant que sujets de droit. Spécifiquement, la personne physique c'est l'individu, l'être humain tel qu'il est pris en considération par le droit et qui jouit de la personnalité juridique. D'ailleurs tout le Livre premier du Code civil est consacré aux personnes (C. civ., art. 7 à 515-3). De nombreux aspects y sont abordés ; au premier rang desquels l'identification des personnes. En effet, le droit civil est d'abord le droit des identités en ce qu'il institue et garantit l'état des personnes. Il porte les éléments d'individualisation de la personne physique dans la société ; comme le nom, l'âge, le sexe, la filiation, la situation matrimoniale, la nationalité ou le domicile. Sous l'angle du droit civil, l'identité vise donc l'ensemble des éléments qui, aux termes de la loi, concourent à l'identification d'une personne physique aussi bien dans la société, la famille qu'au regard de l'état civil. En effet, l'identité d'une personne physique, qui est un être humain considéré comme un sujet de droit, est ce qui fait qu'une personne est elle-même et non une autre. À un rang plus moderne, le Code civil s'attache également à la protection du corps humain. Quelque peu négligé jusque-là, le corps humain, substrat de la personne, est, depuis quelques décennies, l'objet d'une attention particulière et de plus en plus soutenue, non seulement en ce qui concerne sa protection, mais également en ce qui concerne ses liens avec la personnalité juridique. La matière est dominée par l'ordre public, c'est la loi, et non la volonté individuelle, qui règle impérativement les conditions d'acquisition et les conséquences juridiques d'un état. L'état des personnes est indisponible : est donc nul tout acte juridique portant cession, renonciation ou transaction, même à titre gratuit, sur un élément touchant à l'état. Les éléments de l'état ont aussi un caractère permanent, immuable. L'ordre public, notion évanescente et évolutive, éminemment judiciaire constitue un vecteur normatif et matériel de la protection des personnes et de leurs droits, particulièrement en matière de nom, de sexe et de corps.

Traditionnellement, le droit des personnes est présenté comme un statut d'ordre public dont certains éléments sont imprescriptibles et indisponibles, car le nom ou le sexe permettent d'identifier la personne au sein de la société. Pour cette raison, ils figurent au nombre des indications contenues dans l'état civil des personnes. Toutefois, ce statut est aujourd'hui en recul. Ainsi, de nombreux éléments de l'état des personnes peuvent aujourd'hui être choisis (le nom), d'autres modifiés (le corps). Plus largement, c'est une tendance générale à la contractualisation du droit extrapatrimonial des personnes, permettant à l'individu de revendiquer des droits subjectifs et de satisfaire des désirs reflétant sa propre identité. Aussi se pose la question de l'équilibre que doit trouver, en la matière, le juge, à la fois garant des libertés individuelles, et garant du respect de l'ordre public.

Aussi convient-il d'envisager la vigueur traditionnelle de l'ordre public en droit des personnes (I) et le recul avéré de l'ordre public en droit des personnes (II).

I – LA VIGUEUR TRADITIONNELLE DE L'ORDRE PUBLIC EN DROIT DES PERSONNES

Classiquement, le droit des personnes est empreint d'ordre public afin de protéger les attributs de la personne. Aussi les fondements de l'ordre public en droit des personnes sont solides (A), pour une matérialisation progressive de la protection des attributs de la personne (B).

A - LES FONDEMENTS SOLIDES DE L'ORDRE PUBLIC PROTECTEUR DES ATTRIBUTS DE LA PERSONNE

1. L'initiative jurisprudentielle

Traditionnellement, les éléments qui participent de l'état civil et contribuent à l'individualisation des personnes sont considérés comme étant indisponibles pour des raisons précisément d'ordre public. Toutefois, la matière de l'identification des personnes n'a pas fait l'objet d'une réglementation d'ensemble dans le Code civil. Jusque vers la fin du XIXe siècle, les seules dispositions en vigueur remontaient au droit intermédiaire : la loi du 6 fructidor an II posant le principe de l'interdiction des changements de nom et la loi du 11 germinal an XI relative aux prénoms et modifications du nom patronymique. L'élaboration d'un régime juridique du sexe des noms, prénoms et pseudonymes a donc été largement l'œuvre de la jurisprudence et de la coutume. À titre d'illustration, la Cour de cassation a dû concilier la coutume du nom d'usage et la loi du 6 fructidor an II, en considérant que viole cette loi le tribunal qui rejette la demande en nullité de l'avis à tiers détenteur délivré à une femme mariée désignée par les prénom et nom de son mari (Civ. 1re, 6 février 2001). Aussi a priori, le nom échappe à tout pouvoir de la volonté des personnes. Il en va également du sexe, puisqu'il n'y a pas de place pour un troisième sexe en droit français. En effet, la Cour de cassation a confirmé le rejet de la demande d'un requérant visant la rectification de son acte de naissance afin que soit substituée, à l'indication «sexe masculin», celle de «sexe neutre» ou, à défaut, «intersexe». Aux yeux de la Haute juridiction, la loi française ne permet pas de faire figurer sur les actes de l'état civil l'indication d'un sexe autre que masculin ou féminin. Si l'identité sexuelle relève de la sphère protégée par l'article 8 de la Convention européenne des droits de l'Homme, la dualité des énonciations relatives au sexe dans les actes de l'état civil poursuit un but légitime et nécessaire à l'organisation sociale et juridique (Civ. 1re, 4 mai 2017).

En 1804, l'absence de textes spécifiques relatifs au corps peut s'expliquer par deux justifications. D'une part, le corps et la personne forment un tout indissociable, de sorte qu'envisager l'une suffit à protéger l'autre. D'autre part, il s'agit d'une considération récente d'envisager le corps humain, ses éléments et ses produits pour eux-mêmes. Aussi en l'absence de disposition spécifique, c'est la jurisprudence qui a dû forger une protection du corps humain. Avant l'intervention du législateur, dans le cadre de la loi bioéthique du 29 juillet 1994, la Cour de cassation a retenu l'illicéité des conventions organisant une gestation pour autrui, au triple visa des anciens articles 6, 1128 ancien et 353 du Code civil. Elle a affirmé que «*toute convention portant sur la procréation ou la gestation pour le compte d'autrui est nulle*» (Ass. plén., 31 mai 1991). Également, le 3 juin 1969, le Tribunal de grande instance de Paris a eu l'occasion d'annuler un contrat par lequel une mineure s'était engagée à se faire tatouer les fesses, et qui précisait que «*le tatouage, une fois ôté de votre corps, restera notre propriété pleine et entière*». Ainsi, sur le fondement du droit commun des conventions, le juge protège le corps humain contre les atteintes que les tiers pourraient prétendre lui faire subir pour satisfaire des intérêts privés.

2. La consécration légale

Dans le cadre de l'individualisation de la personne, le nom est l'un des principaux moyens. Toutefois, le Code civil ne réglementait que peu la matière. C'est la loi n° 202-304 du 4 mars 2002, complétée par la loi n° 2003-516 du 18 juin 2003, qui a créé dans le Code civil une section intitulée «*Des règles de dévolution du nom de famille*» composée des articles 311-21 à 311-23 du Code civil, et a mis en place de nouvelles règles d'attribution du nom de famille. Également, le sexe ne faisait pas l'objet d'une appréhension spécifique par le Code civil, puisqu'en 1804, il s'agissait d'une évidence. Désormais, le sexe est un élément de l'état des personnes qui est spécifié dans l'acte de naissance de l'enfant (C. civ., art. 57, al. 1er) et se trouve corroboré par les prénoms donnés à l'enfant. Si le sexe n'est plus pris en compte dans le cadre de la célébration du mariage (C. civ., art. 143), la loi attache au sexe de nombreuses conséquences juridiques. Ainsi, la paternité et la maternité ne peuvent se prouver de manière similaire.

La personne est désormais directement affirmée dans les articles 16 et suivants du Code civil, depuis l'intervention des lois dites de bioéthique. Ainsi, en protégeant le corps humain, la loi protège aussi la personne et par extension son intégrité morale. La loi du 29 juillet 1994 a introduit dans le Code civil les articles 16 à 16-9 consacrés «au respect du corps humain». Si les articles 16 à 16-9 du Code civil sont consacrés «au respect du corps humain», l'article 16 met la personne au premier plan : «*la loi assure la primauté de la personne, interdit toute atteinte à la dignité de celle-ci et garantit le respect de l'être humain dès le commencement de sa vie*». Plus particulièrement ensuite, l'article 16-1 du Code civil affirme que «*chacun a droit au respect de son corps*». Le respect du corps humain c'est donc non seulement la protection du corps humain, mais aussi la protection de la vie et de l'espèce humaine et le respect de la dignité de la personne, principes qui se sont vu reconnaître valeur constitutionnelle par le Conseil constitutionnel lors du contrôle de la constitutionnalité de la loi de 1994 (DC du 27 juillet 1994).

B - LA MATÉRIALISATION PROGRESSIVE DE LA PROTECTION DES ATTRIBUTS DE LA PERSONNE AU NOM DE L'ORDRE PUBLIC

1. Les principes d'indisponibilité, immutabilité et d'imprescriptibilité

L'indisponibilité de l'état de la personne est le principe selon lequel les éléments qui composent l'état de la personne sont placés hors du commerce. Dès lors, est nul tout acte juridique portant cession, renonciation ou transaction, même à titre gratuit, sur un élément touchant à l'état. L'indisponibilité du corps humain doit être entendue, non pas au sens large, comme l'interdiction de disposer librement de son corps, mais dans un sens strict comme l'interdiction d'en faire un objet de commerce. La jurisprudence (Civ. 1re, 16 décembre 1975; Civ. 1re, 13 décembre 1989), en dégageant le principe d'indisponibilité du corps humain, l'avait d'ailleurs fondé sur l'ancien article 1128 du Code civil selon lequel «*il n'y a que les choses dans le commerce qui peuvent être l'objet de conventions*». Aussi, l'indisponibilité du corps humain interdit à la personne d'effectuer des actes juridiques de disposition par lesquels s'opère une transmission d'un droit ayant pour objet son corps humain, par la voie de la cession, à titre onéreux ou gratuit, ou d'un abandon.

Traditionnellement encore, l'état des personnes est imprescriptible. En effet, il ne peut ni se perdre ni s'acquérir par l'écoulement du temps. Étant indissolublement lié à la personne, l'état ne peut naître et disparaître qu'avec elle. Concrètement, cela implique que l'état des personnes ne donne prise à la prescription extinctive. Ainsi, la jurisprudence a retenu que le nom est imprescriptible (Req. 14 avril 1934). Néanmoins, le principe de l'immutabilité du nom ne fait pas obstacle à ce que la possession prolongée d'un nom puisse en permettre l'acquisition dès lors que cette possession n'a pas été déloyale (Civ. 1re, 31 janvier 1978). Enfin, par principe, les mentions figurant à l'état civil sont immuables, afin de faciliter l'identification des personnes. Toutefois, certains événements peuvent remettre en cause cette affirmation. En conséquence, l'immutabilité signifie qu'il est impossible de modifier son état en dehors des cas dans lesquels une telle modification est admise par la loi, car la matière est d'ordre public.

2. Les illustrations au travers de la dévolution du nom, de la protection du corps humain et du traitement juridique et judiciaire du transsexualisme

Le nom, le prénom, le sexe, la nationalité ou encore le domicile sont autant d'éléments traditionnels de la personne qui figurent comme des énonciations obligatoires dans les actes de l'état civil et qui permettent d'identifier la personne (C. civ., art. 34). Les articles 34 et 57 du Code civil énumèrent les énonciations substantielles que doivent contenir les actes de l'état civil. Cela n'exclut pas d'autres mentions complétives, telles que des titres nobiliaires (Req., 26 octobre 1897). En effet, ces éléments permettent de mieux constater l'identité de ceux qui y sont dénommés et donc de l'identifier au sein de la société. La question des règles de dévolution du nom est donc essentielle (C. civ., art. 311-21 et s.). Si la dévolution volontaire du nom de famille est privilégiée, la loi a néanmoins encore vocation à décider du nom qui sera porté par l'enfant en maintes occasions. Il en est tout d'abord ainsi lorsque les conditions de l'article 311-21 du Code civil ne sont pas remplies, de sorte que le choix initial du nom de l'enfant est fermé aux parents. Il en est ensuite ainsi lorsque la faculté de choix est ouverte aux parents sur le fondement de l'article 311-21, mais que ces derniers ne l'ont pas exercé. Enfin, le sexe est un élément de l'état des personnes qui est spécifié dans l'acte de naissance de l'enfant (C. civ., art. 57, al. 1er). C'est en raison du caractère indisponible de l'état des personnes que la jurisprudence a d'abord rejeté les demandes des personnes transsexuelles sollicitant une modification de la mention de leur sexe à l'état civil (Civ. 1re, 16 déc. 1975).

L'article 16-1 du Code civil déclare, dans une formule calquée sur celle de l'article 9 du même code consacrant le droit au respect de la vie privée, que «chacun a droit au respect de son corps». Selon l'article 16-1 du Code civil, le corps humain est inviolable et l'article 16-3 du Code civil précise «*qu'il ne peut être porté atteinte à l'intégrité du corps humain qu'en cas de nécessité médicale pour la personne ou, à titre exceptionnel, dans l'intérêt thérapeutique d'autrui*». Cela signifie qu'un individu est en droit d'exiger qu'aucune atteinte ne soit portée à son corps, à sa santé ou à sa vie, du moins tant que l'ordre public n'est pas en jeu. Ainsi, en principe, il n'est pas possible d'imposer à l'individu une opération, une expertise ou un prélèvement. D'ailleurs, la jurisprudence a eu l'occasion de préciser qu'il résulte de l'article 16-3 du Code civil que nul ne peut être contraint de subir une intervention chirurgicale (Civ. 2e, 19 mars 1997).

Le droit des personnes a été longtemps présenté comme un domaine privilégié de l'ordre public. Néanmoins, en raison des progrès scientifiques et de l'évolution des mœurs, l'ordre public en droit des personnes est en déclin.

II – LE RECUL AVÉRÉ DE L'ORDRE PUBLIC EN DROIT DES PERSONNES

L'ordre public en droit des personnes est aujourd'hui concurrencé d'une part par les libertés individuelles (A) et d'autre part par la volonté des personnes (B).

A - L'ORDRE PUBLIC CONCURRENCÉ PAR LES LIBERTÉS INDIVIDUELLES

1. La fondamentalisation du droit des personnes

La notion de droits fondamentaux est aujourd'hui en plein essor et trouve un terrain d'élection en droit civil. En effet, elle s'est développée à la faveur du contrôle de constitutionnalité et du contrôle de conventionnalité, suivant ainsi un mouvement de fondamentalisation. Concrètement, les droits de l'homme touchent, de façon majeure, au droit civil et notamment au droit des personnes et des relations entre les personnes. À titre d'exemple, la révélation de l'orientation sexuelle d'un homme politique, dans un ouvrage portant sur un sujet d'intérêt général se rapportant à l'évolution de la position d'un parti politique sur la question de l'union des personnes de même sexe, n'est pas contraire à l'article 9 du Code civil (Civ. 1re, 9 avril 2015). La fondamentalisation du droit au respect de la vie privée a profondément modifié la mise en œuvre, par le juge, de l'article 9 du Code civil, une telle influence se manifestant tout autant sur le contenu du droit au respect de la vie privée que sur la sanction de ce droit en cas de conflit avec d'autres droits d'égale valeur. En effet, les droits de la personnalité ne s'exercent plus de manière isolée dans l'ordre juridique, ils peuvent entrer en conflit avec des droits et libertés contraires, comme la liberté d'expression par ailleurs.

Le droit au respect de la vie privée, en tant qu'il englobe le droit à l'autodétermination, explique l'évolution de la jurisprudence en matière de transsexualisme. En effet, la France a été condamnée par la Cour européenne des droits de l'homme (CEDH, 25 mars 1992, B. c/France) qui a déclaré que la situation réservée en droit français aux transsexuels était globalement incompatible avec le respect dû à la vie privée. Peu après cette décision, la Cour de cassation a donc opéré un revirement de jurisprudence et a admis que pouvait obtenir le changement de son état le transsexuel auquel sa morphologie modifiée et son comportement social confèrent une apparence le rapprochant du sexe qu'il revendique (Ass. plén., 11 décembre 1992). La Haute juridiction se montrait cependant exigeante : pour autoriser le changement de sexe à l'état civil, elle imposait une réassignation sexuelle totale, c'est-à-dire une ablation des organes génitaux suivie d'une reconstruction des organes sexuels. Elle exigeait en outre que la réalité du syndrome soit établie par une expertise. Dès lors, l'État ne peut plus négliger le rôle joué par les individus. Ces deniers sont en effet dotés d'instruments juridiques leur permettant d'influer sur chacun des composants de leur état, la filiation, le nom, la nationalité, mais surtout désormais le sexe. L'identité n'est plus seulement imposée, elle peut en certaines circonstances et sous certaines conditions être choisie.

2. Les illustrations modernes de la fondamentalisation du droit des personnes

En raison du refus, par les juridictions judiciaires (Civ. 1re, 6 avril 2011), de transcrire sur les registres de l'état civil des actes de naissance, établis à l'étranger, d'enfants nés d'une gestation pour autrui, la Cour européenne des droits de l'homme a énoncé que «*le respect de la vie privée exige que chacun puisse établir les détails de son identité d'être humain, ce qui inclut sa filiation*» et considéré que le droit au respect de la vie privée des *enfants concernés avait été méconnu, ceux-ci se trouvant à cet égard dans une situation d'incertitude juridique* » (CEDH, 26 juin 2014, Mennesson c/ France ; CEDH, 26 juin 2014, Labassee c/ France). Par la suite, l'assemblée plénière, par une décision de principe, a précisé que les actes de naissance dont la transcription est demandée mentionnent comme père celui qui a effectué une reconnaissance de paternité et comme mère la femme ayant accouché. Ainsi, les règles de transcription sur les actes de l'état civil français (C. civ., art. 47), interprétées à la lumière de l'article 8 de la Convention européenne des droits de l'homme, doivent s'appliquer au cas d'espèce (Ass. Plén., 3 juillet 2015). Néanmoins, pour ce qui est de la transcription d'un acte de naissance en ce qu'il désigne la «mère d'intention», indépendamment de toute réalité biologique, la Cour de cassation a adressé à la Cour européenne des droits de l'homme une demande d'avis consultatif. La Cour européenne des droits de l'homme a retenu pour le cas d'un enfant né à l'étranger par gestation pour autrui et issu des gamètes du père d'intention et d'une tierce donneuse et alors que le lien de filiation entre l'enfant et le père d'intention a été reconnu en droit interne, le droit au respect de la vie privée de l'enfant, au sens de l'article 8 de la Convention européenne des droits de l'homme, requiert que le droit interne offre une possibilité de reconnaissance d'un lien de filiation entre l'enfant et la mère d'intention, désignée dans l'acte de naissance légalement établi à l'étranger comme étant la «mère légale» (CEDH, avis, 10 avril 2019).

Dans le cadre du corps humain, il résulte des termes de l'article L. 2141-2 du Code de la santé publique que le cadre juridique de l'assistance médicale à la procréation a pour enjeu de rapprocher celle-ci le plus possible du cadre d'une procréation naturelle. Ainsi le transfert d'embryon post-mortem reste interdit. Toutefois, le Conseil d'État a ouvert une brèche à l'insémination post-mortem (CE, 31 mai 2016). En effet, il a décidé que, dans le cadre d'un référé-liberté, il lui appartient de vérifier la compatibilité avec la Conv. EDH de la règle (contrôle *in abstracto*) et de son application dans le cas soumis (contrôle *in concreto*). Ce double contrôle le conduit à affirmer que l'interdiction de l'insémination post-mortem (CSP, art. L. 2141-2) et de l'exportation des gamètes conservés en France en vue d'une telle insémination (CSP, art. L. 2141-11-1) n'est pas contraire à l'art. 8 de la Conv. EDH. Toutefois, compte tenu de l'ensemble des circonstances de l'affaire, le refus constitue une atteinte manifestement excessive au droit au respect de la vie privée et familiale de la requérante. S'éloignant également de la procréation naturelle, au profit d'une place prépondérante à la volonté, il est envisagé d'ouvrir l'assistance médicale à la procréation aux couples homosexuels féminins et aux femmes célibataires (projet de loi relatif à la bioéthique).

B - L'ORDRE PUBLIC CONCURRENCÉ PAR LA VOLONTÉ

1. La place de la volonté en matière de changement de nom et de sexe

Par principe, les mentions figurant à l'état civil sont immuables, afin de faciliter l'identification des personnes. Toutefois, certains événements peuvent remettre en cause cette affirmation. Ainsi, il n'y a pas immutabilité du nom de famille. D'abord, dans le cas où la filiation de l'enfant n'est pas établie simultanément à l'égard de ses deux parents, il peut y avoir changement de son nom d'origine lors de l'établissement du second lien de filiation (C. civ., art. 311-23). Il en va de même en cas d'adoption (C. civ., art. 357 et 363) Ensuite, toute personne qui justifie d'un intérêt légitime peut demander à changer de nom. Le changement de nom est autorisé par décret (C. civ., art. 61). Ainsi, l'illustration du nom porté par les ancêtres des requérants est de nature à donner un intérêt légitime à la demande de changement de nom (CE, 28 juill. 2000). Une procédure identique est prévue pour changer de prénom, à ceci près que la demande est de la compétence des officiers d'état civil depuis la loi du 18 novembre 2016 (C. civ., art. 60). Ainsi, l'exercice d'une religion peut constituer un intérêt légitime à changer de prénom (CA Paris, 26 sept. 1996). Enfin, la loi du 18 novembre 2016 a également simplifié la procédure de changement de nom en mairie. Désormais, toute personne de nationalité française qui est née à l'étranger peut demander à changer de nom auprès de l'officier de l'état civil dépositaire de l'action de naissance, et ainsi faire transcrire sur l'état civil français le nom qui a été inscrit à l'état civil étranger. Ce n'est qu'en cas de difficultés que le procureur de la République pourra faire l'objet d'une saisine (C. civ., art. 61-3-1).

Pour le sexe, depuis l'entrée en vigueur de la loi du 18 novembre 2016, toute personne majeure ou mineure émancipée qui démontre, par une réunion suffisante de faits, que la mention relative à son sexe dans les actes de l'état civil ne correspond pas à celui dans lequel elle se présente et dans lequel elle est connue peut en obtenir la modification. Il peut en aller ainsi lorsque la personne est connue sous le sexe revendiqué de son entourage familial, amical ou professionnel ; lorsqu'elle se présente publiquement comme appartenant au sexe revendiqué, ou lorsqu'elle a obtenu le changement de son prénom afin qu'il corresponde au sexe revendiqué (C. civ., art. 61-5). La demande est présentée devant le tribunal de grande instance. Le fait de ne pas avoir subi des traitements médicaux, une opération chirurgicale ou une stérilisation ne peut motiver le refus de faire droit à la demande. Le tribunal constate que le demandeur satisfait aux conditions fixées à l'article 61-5 du Code civil et ordonne la modification de la mention relative au sexe ainsi que, le cas échéant, des prénoms, dans les actes de l'état civil (C. civ., art. 61-6). Les conditions d'un changement de sexe sont donc désormais démédicalisées, mais non déjudiciarisées.

2. La contractualisation émergente de l'état des personnes

Chacun peut vouloir protéger son nom contre les utilisations romanesques ou commerciales abusives. S'agissant des premières, le demandeur doit établir non seulement un risque de confusion, mais encore un risque de confusion préjudiciable. S'agissant des secondes, l'utilisation commerciale du nom d'autrui sans autorisation est illicite si elle crée un risque de confusion. Cela suppose qu'il s'agisse d'un nom illustre. En revanche, l'exigence d'un préjudice n'est pas requise. Il convient par ailleurs de noter que le porteur du nom peut fort bien en faire une utilisation commerciale et qu'il peut aussi céder le nom qui devient alors un élément incorporel du fonds de commerce. Cependant, pour assurer la stabilité du commerce, la jurisprudence Bordas précise que, sauf clause contraire, cette cession est définitive et irrévocable, même si le porteur du nom et les membres de sa famille cessent de diriger l'entreprise (Com., 12 mars 1985, Bordas). Le nom saisi en tant qu'objet d'un contrat révèle ainsi sa valeur pécuniaire : il identifie un fonds de commerce et sert à rallier la clientèle, au même titre qu'une enseigne ou une marque.

En matière de corps humain, aucune atteinte ne peut être infligée par contrainte, mais le principe de l'intégrité se trouve écarté par le consentement (C. civ., art. 16-3). Ainsi, le médecin ne peut, sans le consentement libre et éclairé de son malade, procéder à une intervention chirurgicale qui n'est pas imposée par une nécessité évidente ou un danger immédiat pour l'intéressé (Civ. 1re, 11 octobre 1988). Maître de son corps, la personne jouit d'une liberté physique lui conférant un pouvoir d'autodétermination quant à son corps humain. Toutefois, certaines personnes se trouvent dans l'incapacité d'exprimer un consentement, soit par suite d'une incapacité de fait (coma, état d'inconscience, etc.), soit par suite d'une incapacité juridique (mineur ou majeur incapable). S'agissant d'une incapacité de fait, l'article 16-3, alinéa 2, du Code civil précise qu'une atteinte peut être portée à l'intégrité corporelle d'une personne sans qu'elle ait donné son consentement lorsque «*son état rend nécessaire une intervention thérapeutique à laquelle elle n'est pas à même de consentir*». L'article 36 du code de déontologie médicale reprend cette exigence, sachant que, sauf urgence ou impossibilité, si le malade est hors d'état d'exprimer sa volonté, le médecin doit informer ses proches. L'article L. 1111-6, al. 1er du Code de la santé publique, affirme que toute personne peut désigner elle-même une sorte de représentant (une personne de confiance) qui serait l'interlocuteur des médecins dans l'hypothèse où elle se trouverait hors d'état de manifester sa volonté. S'agissant d'une incapacité juridique, si le patient est mineur ou majeur incapable, le consentement doit toujours être donné par les titulaires de l'autorité parentale ou le tuteur.

Pour les rédacteurs du Code civil, la notion d'ordre public trouvait son domaine d'élection qu'en ce qui concernait l'organisation de l'État et spécifiquement les droits de la personne. Toutefois, en faveur du mouvement volontariste et individualiste, la personne peut tolérer les atteintes aux droits de la personne. Le juge n'a donc plus qu'un rôle de contrôle au regard de l'ordre public et de la fondamentalisation du droit. La place centrale de la personne humaine et la conception plus humaniste du droit justifient une fondamentalisation plus générale du droit civil.

Sujet 2 — DISSERTATION : LA CONTRACTUALISATION DU DROIT DES COUPLES ET SES LIMITES (ANNALES CONCOURS ENM 2018)

La célèbre formule de Balzac selon laquelle « La famille sera toujours la base des sociétés » (*Le Curé de village*, 1841) apparaît aujourd'hui contrariée à de nombreux égards. La dimension institutionnelle de la famille semble particulièrement nuancée par l'évolution des mœurs et les réformes légales en droit de la famille. En matière de couples, une place toujours plus importante est faite à la volonté des individus.

Le couple n'est pas une notion juridiquement définie, sinon au travers de l'idée de l'union de deux personnes, de même sexe ou non, qui décident de partager une vie commune. À dépasser cette acception sibylline, la notion de couple se veut indéterminée, parce qu'évolutive. Le Code civil de 1804 est, en droit de la famille comme dans les autres domaines, un compromis entre les règles traditionnelles et les conceptions révolutionnaires. Il est marqué par les idées de Napoléon sur les rapports entre le mari et sa femme ; le Code civil n'appréhende alors que le mariage, postulé comme une évidence et la seule forme de couple reconnue par la loi. Cette posture demeurera longtemps en jurisprudence, davantage encore dans la loi. Ce n'est que sous l'impulsion des évolutions sociétales de la fin du XXe siècle et le phénomène alors naissant de fondamentalisation du droit de la famille, que la notion de couple va devenir plurielle. C'est au travers de la reconnaissance du couple homosexuel, que les formes de couples vont se multiplier dans la loi. La loi du 15 novembre 1999 relative au pacs constitue ainsi l'une des plus importantes réformes du droit de la famille depuis 1804. Partant, il n'existe alors pas une forme de couple, mais des formes de couples. Le concubinage désormais consacré dans la loi – après avoir été reconnu timidement par le juge –, et le pacs nouvellement créé, viennent désormais concurrencer le mariage, lequel n'est dès lors plus la seule union civile dans la loi. Consécutivement, le mariage perd progressivement sa place hégémonique. Désormais, la volonté des membres du couple leur permet, avec le pacs notamment, de déterminer les modalités de leur vie commune. Leur liberté est plus grande que dans le cadre d'un mariage, dont les effets sont toujours légaux. Reste que le mariage lui-même ne reste pas indifférent à ce phénomène grandissant de contractualisation du droit de la famille, des couples particulièrement. La loi du 26 mai 2004 relative au divorce, la loi du 17 mai 2013 ouvrant le mariage aux couples de personnes de même sexe et la loi dite « *Justice du XXIe siècle* » en témoignent avec force. Dès lors, la contractualisation, que l'on peut définir comme un recours à la technique du contrat de l'article 1101 du Code civil, pour déterminer le droit applicable à une situation donnée, apparaît, en droit de la famille, comme manifeste de la concrétisation d'une place toujours plus importante dévolue à la liberté, à l'égalité et à la volonté.

Ainsi, tandis que prend singulièrement de l'ampleur la contractualisation du droit des couples, les différentes formes de vie en couple se rapprochent et l'ordre public matrimonial traditionnel, construit à partir de la figure emblématique du couple marié, recule. Cependant, les mutations récentes du droit de la famille n'ont pas conduit à une totale et radicale désinstitutionnalisation du droit des couples. Le maintien d'une emblématique cérémonie de mariage comme l'inscription du pacs sur l'état civil des partenaires révèle les limites de la contractualisation du droit des couples et la pérennité d'une certaine idée institutionnelle. L'intervention de l'autorité publique et les fonctions de la loi demeurent des aspects essentiels et fondateurs du droit des couples. C'est au juge qu'est dévolu le rôle de concilier les aspects contractuels et institutionnels du droit des couples, de trouver un équilibre entre le respect de la loi et le respect de la volonté des membres du couple.

Aussi convient-il d'envisager successivement la contractualisation avérée du droit des couples fondée sur la liberté (I) et la contractualisation entravée du droit des couples fondée sur l'ordre public familial (II).

I - LA CONTRACTUALISATION AVÉRÉE DU DROIT DES COUPLES FONDÉE SUR LA LIBERTÉ

Le recours au contrat pour normer les relations des personnes vivant en couple est la conséquence directe de la place toujours plus importante de la volonté en droit de la famille. La liberté de vivre en couple non marié est désormais incontestable (A), tandis que la volonté et la liberté dominent désormais en matière de mariage, pourtant institution (B).

A - LA CONTRACTUALISATION CERTAINE DU DROIT DES COUPLES NON MARIÉS

Si l'aspect contractuel du pacte civil de solidarité est une évidence (2), la place du contrat en matière de concubinage, pourtant union de fait, n'en est pas moins réelle (1).

1. Le concubinage, une union *a priori* de fait

La liberté des couples dans le choix de la structure et de la forme de leur union ne s'est pas immédiatement exprimée au travers d'une dichotomie entre institution ou contrat, mais dans l'opposition entre la reconnaissance du droit et la clandestinité. L'union clandestine, le concubinage, est bien l'expression d'une volonté, mais ne produit pas d'effet de droit. Ignoré dans le Code civil de 1804, en raison du célèbre et sentencieux aphorisme de Napoléon – « Les concubins se passent de la loi, la loi se désintéresse d'eux. » – le concubinage trouve une reconnaissance juridique tardive dans la jurisprudence et dans la loi, en tant que situation de fait. Dans la jurisprudence, le concubinage n'a été réellement défini que pour souffrir la comparaison avec le mariage, du point de vue de sa caractérisation (Cass. soc., 11 juill. 1989, refus de reconnaître l'existence juridique du concubinage homosexuel en droit français) ou de ses effets (Req., 11 mars 1918, absence de devoir de secours et d'assistance en matière de concubinage, sauf obligation naturelle novée en obligation civile). Il a fallu attendre la loi du 15 novembre 1999, relative au pacs, pour que le concubinage trouve une définition dans le Code civil, à l'article 515-8 du Code civil selon lequel « Le concubinage est une union de fait, caractérisée par une vie commune présentant un caractère de stabilité et de continuité, entre deux personnes, de sexe différent ou de même sexe, qui vivent en couple ».

Ainsi s'agit-il d'une situation de fait, par opposition à une situation de droit, pas d'un contrat ; même si la volonté joue un rôle essentiel, le concubin n'est pas contractuellement lié à l'autre. Les concubins conservent donc *a priori* leur entière liberté, non obligés par convention (C. civ., art. 1101), non tenus par les règles de la force obligatoire et de l'intangibilité contractuelle (C. civ., art. 1103 et 1193). Il n'existe donc par principe aucun effet de droit d'origine légal ou conventionnel consécutif à l'existence d'un concubinage – l'article 515-8 du Code civil qui définit le concubinage est d'ailleurs le seul article spécifique au concubinage disposé dans le Code civil. Par conséquent, le concubinage ne crée pas *per se* d'effets entre les concubins ou à l'égard des tiers. Si le juge a pu imposer des obligations aux concubins, c'est au travers de mécanismes non dédiés. Au mieux s'agit-il de régler la question d'un point de vue patrimonial sous l'angle du contrat imparfait : le quasi-contrat d'enrichissement injustifié (Cass. 1re civ., 24 sept. 2008) ou encore la société créée de fait (Cass. 1re civ., 23 juin 2004), dépourvue de la personnalité morale, quand bien même les juges semblent aujourd'hui moins enclins à ouvrir ces voies de droit aux fins de suppléer l'absence de régime légal (Cass. 1re civ., 20 janv. 2010, 3 arrêts).

Dès lors, la juridicisation du concubinage ne résultant ni de la loi ni de la jurisprudence, elle peut naître de la convention des parties. Les concubins peuvent rechercher à normer leurs rapports à l'égard des tiers ou entre eux. Le contrat va permettre de sécuriser les rapports juridiques concernés, notamment sous un angle patrimonial. À l'égard des tiers, la stipulation d'une clause de solidarité peut permettre à un créancier de sécuriser sa créance et son paiement à l'égard de deux conjoints qui sont codébiteurs. Ainsi, par la convention et en vertu de l'article 1310 du Code civil, est instaurée, pour la créance en cause, une solidarité entre concubins qui s'apparente à la solidarité légale entre époux mariés (C. civ., art. 220, al. 1er). Par ailleurs, sur le fondement de la liberté contractuelle désormais consacrée par l'article 1102 du Code civil, les concubins peuvent soumettre tout ou partie de leurs rapports patrimoniaux, voire certains aspects de leurs relations personnelles, à l'obligatoriété de conventions de concubinage ou de déconcubinage. Réputées par principe licites (Cass. 1re civ., 6 oct. 1959), ces conventions innommées ont respectivement pour effet de régir les rapports entre concubins pendant la vie commune – par exemple, pour introduire une contribution aux charges du ménage à l'instar de la contribution aux charges du mariage de l'article 214 du Code civil – ou lors de la séparation, pour régler la question du partage des biens en l'absence de régime matrimonial. Bien que le pacs concurrence directement ce modèle contractuel, les conventions de concubinage demeurent l'objet d'un contentieux abondant (par ex., Cass. 1re civ., 29 juin 2011).

2. Le pacs, une union conventionnelle

Dans sa décision du 9 novembre 1999, relative à la loi sur le pacs, qui sera promulguée le 15 novembre 1999, le Conseil constitutionnel affirme, d'une part, que la création dans la loi d'un pacte civil de solidarité répond à un besoin sociétal, et, d'autre part, que le pacte ainsi instauré est au principal régi par le principe à valeur constitutionnelle de liberté contractuelle. D'un côté, le pacs apparaît comme un besoin sociétal afin de permettre d'instaurer une forme de couple égalitaire, hétérosexuel ou homosexuel, qui soit reconnu et régi par le Code civil. Dès lors, le pacs trouve sa place, en tant qu'union contractualisée, entre l'union de fait qu'est le concubinage et l'union solennelle et institutionnelle qu'est le mariage. Cette position moyenne vaut au pacs d'être tantôt considéré comme un « concubinage contractualisé » (au risque de la confusion avec les contrats de concubinage) et un « mariage désinstitutionnalisé » (au risque du non-sens). De l'autre, la convention de pacs est un acte sous seing privé, même s'il peut prendre la forme authentique ; l'unique formalité réside dans la déclaration à l'officier d'état civil (depuis la loi *Justice du XXIe siècle* ; auparavant, la déclaration conjointe était faite au greffe du tribunal d'instance du ressort de la résidence commune des partenaires).

L'article 515-1 du Code civil dispose que « Un pacte civil de solidarité est un contrat conclu par deux personnes physiques majeures, de sexe différent ou de mêmes sexes, pour organiser leur vie commune ». Ainsi, le pacs est une union de droit, certes un contrat spécial, mais bien un contrat. Depuis la loi du 23 juin 2006, le régime des biens du couple est, par défaut, celui de la séparation des biens (C. civ., art. 515-5 et s.). Mais ce dispositif est supplétif, de sorte que les partenaires peuvent convenir de soumettre leurs biens au régime de l'indivision (qui était d'ailleurs le régime légal par défaut sous l'empire de la loi du 15 novembre 1999 ; v. également, Cass. 1re civ., 4 mars 2015). Pour le reste, le contenu contractuel n'est pas défini par la loi, ce qui a conduit à certaines interrogations prétoriennes. On se rappelle l'évocation d'une obligation de fidélité entre partenaires (TGI Lille, ord., 5 juin 2002) au nom de l'exigence de bonne foi contractuelle (C. civ., art. 1104). En dehors de ce point particulier, la liberté contractuelle commande à la rédaction du pacte, lequel reste néanmoins le plus souvent limité du point de vue de son contenu au modèle CERFA disponible.

Enfin, sinon surtout, c'est au stade de la désunion des partenaires que se révèle avec le plus d'évidence le modèle contractuel. Le pacs est une convention à durée indéterminée ; l'article 515-7 du Code civil prévoit quatre modes de dissolution du pacte : d'abord, la mort de l'un des partenaires met naturellement fin à un contrat nécessairement conclu *intuitu personae* ; ensuite, le pacs peut être dissout par la volonté commune des partenaires, ce qui rappelle avec évidence le *mutuus dissensus* du droit commun des contrats

(C. civ., art. 1193), encore, la résiliation du pacs peut être unilatérale comme en droit commun (C. civ., art. 1226) sous couvert toutefois d'une signification à l'autre ; pour finir, la seule particularité de la désunion des partenaires réside dans la dissolution du pacs par la conclusion d'un mariage par l'un des partenaires, encore que cela s'apparente potentiellement à une novation lorsque les partenaires se marient entre eux.

La dimension conventionnelle du pacs est ainsi une évidence, et devrait logiquement permettre de distinguer voire d'opposer ce partenariat au mariage, qui est traditionnellement considéré comme une institution. Or, force est de constater que les couples mariés apparaissent de plus en plus régis par les conventions.

B - LA CONTRACTUALISATION PROGRESSIVE DU DROIT DES COUPLES MARIÉS

Institution normée par la loi, le mariage n'a longtemps laissé qu'une place résiduelle aux aspects conventionnels. Demeure que la fondamentalisation du droit civil a conduit à l'érection de la liberté matrimoniale comme principe régissant le droit du mariage (1). Partant, la contractualisation du mariage a aussi conduit à la conventionnalisation et à la déjudiciarisation de la désunion (2).

1. La liberté matrimoniale

L'érection et l'essor de la liberté matrimoniale constituent d'importantes manifestations de la fondamentalisation du droit civil, mouvement de rattachement des droits subjectifs aux droits et libertés fondamentaux. La liberté matrimoniale a été consacrée tant en droit interne qu'en droit européen. En droit interne, sa consécration s'est faite tant dans la jurisprudence de la Cour de cassation que dans celle du Conseil constitutionnel. Ainsi, d'un côté, dans l'arrêt *Cours Sainte-Marthe* (Cass. ass. plén., 19 mai 1978), la Cour de cassation a implicitement fondé sa décision sur le fondement de la liberté matrimoniale. Le Conseil constitutionnel a définitivement relevé la valeur constitutionnelle de la liberté matrimoniale dans ses décisions du 13 août 1993 et du 9 novembre 1999, cette dernière étant paradoxalement consacrée à la loi sur le pacs. De l'autre, en droit européen, la liberté matrimoniale est expressément visée aux articles 9 de la Charte des droits fondamentaux de l'Union européenne et à l'article 12 de la Convention européenne de sauvegarde des droits de l'Homme. Or, l'impact de la liberté matrimoniale est indéniable lorsqu'est mise en évidence sa parenté avec la liberté contractuelle.

En effet, la liberté matrimoniale s'exprime dans le droit de se marier, de ne pas se marier et de choisir son conjoint. Ce qui n'est pas sans rappeler les démembrements de la liberté contractuelle que sont les droits de contracter, de ne pas contracter et de choisir son cocontractant (lequel est particulièrement accentué depuis la loi du 17 mai 2013, qui permet la contractualisation d'un mariage entre personnes de même sexe). C'est donc dans la phase de formation du couple que la liberté matrimoniale s'exprime avec force : en premier lieu, c'est l'exercice de la liberté matrimoniale qui permet à deux personnes souhaitant vivre en couple de choisir entre le concubinage, le pacs et le mariage. En deuxième lieu, la liberté matrimoniale explique l'absence d'obligatoriété des fiançailles (Cass. civ., 30 mai 1838). En troisième lieu, la dimension contractuelle du mariage est idéalement illustrée par l'importance de la volonté dans la formation du couple marié, dès lors que l'article 144 du Code civil dispose que « Il n'y a pas de mariage lorsqu'il n'y a point de consentement ».

L'article 215 alinéa 1er du Code civil oblige les époux à la cohabitation, sans pour autant exclure toute portée à la volonté des parties qui peuvent d'un commun accord déterminer leur lieu de résidence (alinéa 2 du même article) ou encore déroger à l'obligation en raison de leurs professions. Encore, la convention des parties peut jouer un rôle essentiel dans la détermination du régime matrimonial : si, depuis la loi du 13 juillet 1965, la loi prévoit que le régime matrimonial par défaut est la communauté réduite aux acquêts (C. civ., art. 1400), les époux peuvent conclure, avant ou pendant le mariage, un contrat pour déterminer une autre organisation patrimoniale telle la séparation des biens ou la communauté universelle (sur la licéité d'un contrat de mariage même déséquilibré, Cass. 1re civ., 29 mai 2013). Ainsi, la volonté et le contrat vont déterminer certains aspects patrimoniaux de la dissolution du couple marié.

2. La déjudiciarisation du divorce

La contractualisation du droit du mariage s'est prolongée dans le mouvement d'une conventionnalisation accrue de la dissolution du mariage, du divorce, ce qui a eu pour effet de placer la volonté et le consensus au cœur du processus de divorce. Plus encore, la contractualisation a eu pour corollaire une déjudiciarisation continue du divorce.

Dans un premier temps, une telle déjudiciarisation était souhaitable et souhaitée. La conventionnalisation du divorce dans la loi du 11 juillet 1975 a été amorcée avec la création du divorce par consentement mutuel, sorte de rupture amiable du mariage. Mais la loi de 1975, aussi essentielle fût-elle pour construire le droit moderne du couple marié et l'égalité dans le couple, était encore l'occasion d'un contentieux complexe, abondant et belliqueux, faisant du divorce pour faute, la procédure de divorce la plus courante. Le processus de déjudiciarisation s'est accentué avec la loi du 26 mai 2004, grande loi de simplification et de pacification : d'un côté, le dispositif de 2004 a dissocié les cas de divorce des conséquences du divorce permettant non seulement davantage de célérité dans la procédure, mais encore et surtout en rendant quasi-inutile d'un point de vue patrimonial, la poursuite de motifs belliqueux entre les époux souhaitant divorcer ; de l'autre, la loi de 2004 invite largement à la contractualisation du divorce et particulièrement de ses conséquences, tant personnelles que patrimoniales. Il en est ainsi de l'accord d'un des membres du couple désuni pour que l'autre conserve l'usage de son nom de famille, usage acquis par le mariage (C. civ., art. 264). Il en est encore ainsi des conventions entre divorcés qui prévoient les conséquences patrimoniales du divorce pour l'avenir, notamment quant aux modalités de paiement de la prestation compensatoire (C. civ., art. 270 et s. ; par ex., Cass. 1re civ., 11 sept. 2013).

Dans un second temps, le mouvement de déjudiciarisation est devenu total. En effet, sous l'empire de la loi de 2004, le divorce par consentement mutuel est devenu le premier divorce en termes statistiques ; ce divorce amiable – et donc non-contentieux – imposait néanmoins aux époux souhaitant divorcer d'en manifester la volonté devant le juge, lequel était également chargé de contrôler l'équilibre de la convention des époux et le respect des droits de chacun des membres de la famille, y compris les enfants, avant de l'homologuer. Or, désormais, la loi du 18 novembre 2016 admet un divorce par consentement mutuel sans juge (C. civ., art. 229-1). Il est réalisé par un acte sous seing privé expression d'une volonté commune de désunion des époux. Il est à ce titre moins exigeant encore que ne l'est le mariage pour sa formation (le mariage est un acte cérémonieux et réalisé devant l'officier d'état civil). En effet, il est moins formel et solennel que celui-ci : l'acte sous seing privé est seulement contresigné par les avocats des époux avant d'être enregistré par un notaire. Le juge n'intervient donc plus par principe dans le cadre de ce divorce extra-judiciaire (v. néanmoins C. civ., art. 229-2). Ce divorce s'apparente désormais à un réel *mutuus dissensus* connu en droit commun des contrats et dans le pacs. Reste la question de la préservation des droits des membres du couple et des enfants, qui n'est plus assurée par le juge, la recherche d'un consensus conventionnel est heureuse, la déjudiciarisation totale ne peut qu'interpeller.

Le recours au contrat en droit des couples permet de donner un socle juridique à la liberté des membres du couple ; la convention apparaît également comme source de sécurité juridique au travers de la prévisibilité contractuelle. Ces constats justifient l'essor et le développement de la conventionnalisation du droit des couples. Demeure que si ce phénomène est avéré, il connaît des limites évidentes et impératives eu égard au nécessaire respect de l'ordre public familial.

II - LA CONTRACTUALISATION ENTRAVÉE DU DROIT DES COUPLES FONDÉE SUR L'ORDRE PUBLIC FAMILIAL

Par application des articles 6 et 1162 du Code civil, et de dispositions propres à garantir le respect de l'ordre public, la contractualisation du droit des couples demeure un phénomène encadré. La mesure de la conventionnalisation du droit des couples résulte aussi bien de l'imposition de limites légales traditionnelles (A) et de la nécessaire intervention du juge dans la vie du couple (B).

A - DES LIMITES LÉGALES TRADITIONNELLES À LA CONTRACTUALISATION

En matière de mariage particulièrement, mais aussi dans les autres formes de couple, la formation (1) et la vie commune (2) sont relativement encadrées par la loi.

1. Lors de la formation du couple

La formation des couples ne repose pas uniquement sur les principes de la liberté contractuelle et de la liberté matrimoniale. Le respect de l'ordre public familial est le fondement de conditions communes à la formation des différentes formes de couple et de limites propres à la formation d'un mariage.

Quant aux limites communes à la formation des couples, la liberté des individus est limitée notamment dans le choix de la personne avec qui l'on entend partager la vie commune. La prohibition du couple incestueux est ainsi une évidence tant en matière de mariage (C. civ., art. 161 et s.) que de pacs (C. civ., art. 515-2). Elle doit également l'être en matière de concubinage bien que l'interdiction ne soit pas inscrite dans la loi ; en effet, la notion de couple au sens de l'article 515-8 du Code civil implique une forme de communauté d'affection entre les membres du couple incompatible avec la prohibition générale de l'inceste. Encore, l'exigence d'un consentement des membres du couple sert de fondement à l'annulation d'un mariage alors que l'intention matrimoniale fait en réalité défaut (Cass. 1re civ., 20 nov. 1963, Appietto ; Cass. 1re civ., 28 oct. 2003) ou qu'il a été contracté par une personne incapable de donner un consentement réfléchi (Cass. 1re civ., 28 mai 1980). Il en va notamment de même en matière de pacs à l'égard des majeurs protégés, encore que le juge doit effectivement constater l'insanité d'esprit (Cass. 1re civ., 15 nov. 2017). De même, la théorie des vices du consentement prévue aux articles 1130 et suivants du Code civil est un instrument judiciaire de contrôle de la validité des pacs et mariage (C. civ., art. 180 : nullité du mariage en cas d'erreur sur l'identité, sur une qualité essentielle ou encore en cas de violence). C'est notamment sur ce fondement que le juge œuvre à la lutte contre les mariages forcés depuis la loi du 4 avril 2006.

À la différence du concubinage et du pacs, le mariage n'est pas seulement une convention ; il s'agit aussi d'une institution. Aussi existent-ils des limites propres à la formation du couple marié. La nécessaire publication des bans, la tenue d'une cérémonie menée par un officier d'état civil, les portes de la mairie ouvertes (lorsque le mariage a lieu à la mairie) et de manière plus générale, tous les aspects solennels témoignent que le mariage est davantage qu'un contrat. Ce constat est corroboré par l'impossibilité pour les parties de contrevenir par conventions non seulement à l'ordre public, mais aussi aux droits et libertés fondamentaux. C'est ainsi qu'est connue la critique judiciaire des clauses de célibat ou de non-convol (CA Paris, 30 avril 1963, époux Barbier c/ Air France), des clauses de jalousie posthume (Cass. 1re civ., 8 nov. 1965) ou encore des clauses de non-divorce dans les donations, stipulations prohibées en raison du caractère d'ordre public de l'article 265 alinéa 1er du Code civil (Cass. 1re civ., 14 mars 2012).

2. Dans la vie du couple

La principale différence entre les libertés matrimoniale et contractuelle réside dans la détermination des droits et obligations des parties. La liberté contractuelle postule la libre détermination du contenu contractuel par les parties à la convention. Cette libre détermination échappe dans une large mesure aux époux, sauf en ce qui concerne notamment la détermination du régime matrimonial. En effet, les devoirs personnels et patrimoniaux, qui constituent le régime primaire applicable aux conjoints tout au long de la vie maritale, sont déterminés et imposés par la loi, ce qui rappelle à nouveau que le mariage n'est pas seulement un contrat, mais aussi une institution. Par exemple, l'article 212 du Code civil impose les devoirs de secours et d'assistance ou encore l'obligation de fidélité. Encore, l'article 215 du Code civil impose une communauté de vie qui se décline en communauté de toit et en communauté de lit (bien que les parties puissent aménager l'effectivité de ces obligations légales). L'article 214 du Code civil oblige les époux à contribuer aux charges du mariage et l'article 220 du même code impose la solidarité matrimoniale.

En vertu de l'article 515-1 du Code civil, le pacs est une convention régie par le Code civil qui détermine précisément les modalités de sa formation et de sa dissolution (C. civ., art. 515-3 et 515-7). Le dispositif légal de l'article 515-4 impose au cours de la vie du couple, un régime primaire restreint à une solidarité des dettes à l'égard des tiers et une assistance matérielle entre partenaires. Demeure que ce socle est solide et résiste à la convention contraire, ce que le Conseil constitutionnel a affirmé, dans sa décision du 9 novembre 1999, en soulignant, d'abord, que l'analyse mutuelle et matérielle s'analyse comme un devoir des partenaires ; ensuite, le Conseil souligne qu'il en résulte, implicitement, mais nécessairement que, si la libre volonté des partenaires peut s'exprimer dans la détermination des modalités de cette aide, toute clause visant à méconnaître cette aide doit être annulée ; enfin, le Conseil confie au juge judiciaire la détermination des modalités de l'aide en cas de silence du pacte.

Par ailleurs et au surplus, il est remarquable que le pacs se rapproche du mariage, et acquiert progressivement une dimension institutionnelle, paradoxale eu égard au mouvement de contractualisation du droit des couples : l'illustration majeure de ce mouvement à rebours réside, depuis la loi du 23 juin 2006, dans la mention à l'acte de naissance de chaque partenaire de la déclaration du pacte.

Ainsi, la loi constitue la première et principale mesure du mouvement de conventionnalisation du droit des couples. C'est au juge d'assurer l'équilibre entre ces deux mouvements antagonistes.

B - UN ENCADREMENT JUDICIAIRE RENOUVELÉ DE LA CONTRACTUALISATION

L'article 16§3 de la Déclaration universelle des droits de l'Homme de 1948 dispose que la famille « est l'élément naturel et fondamental de la société et a droit à la protection de la société et de l'État ». L'intervention du juge est ponctuellement rendue nécessaire en cas de crises du couple (1). Elle est également évidente dès lors qu'il est le garant de la licéité des conventions tant sur le fondement du droit commun des contrats que sur le fondement du droit spécial de la famille (2).

1. La nécessaire intervention du juge aux affaires familiales en cas de crises

La liberté des membres du couple et la force de leur volonté cèdent devant l'intervention du juge rendue nécessaire par la survenance de situations de crise entre les membres du couple.

L'intervention du juge aux affaires familiales au cours de la vie du couple est paradoxale eu égard au droit au respect à la vie privée et à l'intimité familiale identiquement fondés en droit français et en droit européen. Pourtant, cette intervention est nécessaire dans des hypothèses clairement identifiées et qui vont conduire le juge à revenir sur la convention des parties. Ainsi, l'article 220-1 du Code civil, issu de la loi du 9 juillet 2010, dispose que « *Si l'un des époux manque gravement à ses devoirs et met ainsi en péril les intérêts de la famille, le juge aux affaires familiales peut prescrire toutes les mesures urgentes que requièrent ces intérêts* ». Il en est de même s'agissant des mesures de protection des victimes de violence des articles 515-9 et suivants, dont on soulignera qu'elles concernent toutes formes de couple, qui permettent au juge aux affaires familiales de délivrer des ordonnances de protection. Naturellement, les dispositions prises dans son ordonnance par le juge vont affecter la convention des parties relativement à la détermination de la résidence de la famille (C. civ., art. 215, al. 2).

En cas de séparation d'un couple non marié, le juge va notamment régler l'éventuel contentieux relatif à une rupture abusive d'un concubinage ou d'un pacs sur le fondement de la responsabilité civile délictuelle pour faute personnelle de l'article 1240 du Code civil. En cas de séparation d'un couple marié, l'intervention du juge est une évidence à l'exception du divorce par consentement mutuel extra-judiciaire (encore qu'il convient de souligner à nouveau que même dans cette hypothèse de divorce, le juge est susceptible d'intervenir dans les hypothèses de l'article 229-2 du Code civil). Son intervention est donc nécessaire en cas d'acceptation du principe de la rupture du mariage, pour établir les conséquences d'un divorce voulu par les parties, en cas d'altération définitive du lien conjugal pour constater que les conditions sont remplies et en régler les effets. Enfin, c'est une évidence, mais le rôle du juge est essentiel lorsque le divorce est pleinement contentieux, ce qui est le cas du divorce pour faute de l'article 242 du Code civil.

2. Le contrôle des conventions par le juge

Consécutivement à ce qui vient d'être mis en évidence, le juge joue un rôle dans le contrôle et la critique des conventions. Au premier chef, le juge contrôle la convention des parties dans le cadre d'un divorce. Ainsi, en charge de l'homologation de la convention des époux dans le cadre d'un divorce par consentement mutuel avant l'entrée en vigueur de la loi du 18 novembre 2016 ou dans le cadre d'un divorce par consentement mutuel judiciaire depuis l'entrée en vigueur de cette loi, le juge peut refuser cette homologation et ne pas prononcer le divorce s'il constate que la convention préserve insuffisamment les intérêts des enfants ou de l'un des époux (C. civ., art. 232, al. 2). Encore, il est constant que, dans tous les cas de divorce autre que le consentement mutuel, il appartient aux époux d'élaborer un projet de liquidation du régime matrimonial sous le contrôle du juge (C. civ., art. 267 et 268).

Le contrôle des conventions du couple va bien au-delà de la seule question du divorce, puisqu'elle concerne également la question classique des conventions de mère porteuse, et plus généralement de gestation pour autrui. Il s'agit là en jurisprudence et dans la loi de l'une des manifestations les plus probantes des limites de la contractualisation en droit de la famille. En effet, il faut rappeler que la Cour régulatrice a sanctionné par la nullité absolue la convention par laquelle une femme s'engage, à titre onéreux ou à titre gratuit, à concevoir et à porter un enfant pour l'abandonner à sa naissance (Cass. as. plén., 31 mai 1991). Les juges du droit ont justifié cette nullité en raison, d'une part, du principe d'indisponibilité du corps humain et, d'autre part, du principe d'indisponibilité de l'état des personnes. Ces principes ont ensuite été consacrés par le législateur à l'occasion des lois bioéthiques du 29 juillet 1994 ; désormais, la prohibition des conventions de mère porteuse résulte de la lettre de l'article 16-7 du Code civil selon lequel « *Toute convention portant sur la procréation ou la gestation pour le compte d'autrui est nulle* ».

Enfin, il faut rappeler qu'il est des domaines où la contractualisation est exclue par principe. C'est le cas de la dévolution de l'autorité parentale puisque l'article 376 du Code civil dispose que « *Aucune renonciation, aucune cession portant sur l'autorité parentale, ne peut avoir d'effet, si ce n'est en vertu d'un jugement dans les cas déterminés ci-dessous* ». Et s'il est possible pour les parents de déterminer par pacte les modalités d'exercice de l'autorité parentale, le juge en contrôle l'opportunité et les conditions eu égard à l'intérêt de l'enfant (art. 376-1). Enfin, quand bien même il est possible pour les père et mère de déléguer volontairement leur autorité parentale, une telle délégation ne procède pas de la seule volonté parentale, mais d'une délégation placée sous le contrôle du juge. Finalement, la question concerne davantage les parents que le couple, sachant que la notion de couple parental n'a plus de réalité juridique eu égard aux réformes pratiquées par les lois du 4 mars 2002 et du 16 janvier 2009, laquelle a ratifié l'ordonnance du 4 juillet 2005. Pour se convaincre de la disparition quasi-totale de la notion de couple parental, il suffit de rappeler que l'article 373-2 du Code civil dispose en ses deux premiers alinéas que, d'une part, la séparation des parents est sans incidence sur les règles de dévolution de l'exercice de l'autorité parentale, et, d'autre part, que chacun des parents doit maintenir des relations personnelles avec l'enfant.

Le droit des couples est un droit évolutif notamment eu égard aux mouvements de libéralisation et de fondamentalisation du droit civil et du droit de la famille. C'est un droit composite, normé par le contrat, mais aussi par la loi. Le juge intervient notamment en cas de crises du couple et aux fins de protection des membres de la famille et des tiers. Un même équilibre normatif et judiciaire doit être trouvé dans la seconde branche du droit de la famille : le droit de l'enfance.

Sujet
3

DISSERTATION : LA LOYAUTÉ DE LA PREUVE DANS LE PROCÈS CIVIL

(ANNALES CONCOURS ENM 2017)

Selon H. Motulsky, le principe de loyauté de la preuve provient du « droit naturel jurisprudentiel ». Ce principe, renforcé par la jurisprudence ces dernières années, trouve particulièrement à s'appliquer en matière probatoire. Même si le procès civil constitue un substitut de la vengeance privée, la fin ne justifie pas tous les moyens. La déloyauté du maniement de certaines armes est susceptible d'en ruiner l'efficacité, faisant ainsi obstacle à l'objectif pourtant premier de manifestation de la vérité.

La loyauté est le principe selon lequel le juge et les parties doivent, dans leurs comportements procéduraux, faire preuve de bonne foi et de probité. En d'autres termes, elle vise la droiture dans le cadre de la procédure suivie en matière civile, commerciale, prud'homale, rurale et sociale devant les juridictions de l'ordre judiciaire. S'exprimant essentiellement, dans le cadre de la preuve, qui est la démonstration d'un fait ou d'un acte, dans les formes admises ou requises par la loi, la loyauté n'est pas expressément consacrée, mais elle s'infère de diverses dispositions du Code de procédure civile. Pendant longtemps, le principe de la contradiction (ou du contradictoire) ne figura ni dans la loi ni dans les tables alphabétiques des ouvrages de doctrine. Quelques rares décisions de jurisprudence le rappelaient occasionnellement comme une règle de droit naturel (H. Motulsky, « Le droit naturel dans la pratique jurisprudentielle : le respect des droits de la défense en procédure civile », in Mélanges Roubier, t. 2, p. 175). Ces principes directeurs du procès civil figurent désormais au chapitre Ier des dispositions liminaires du titre Ier du Code de procédure civile, ouvrant le livre Ier consacré aux dispositions communes à toutes les juridictions. Véritable charte de la répartition des rôles entre juge et parties, les principes directeurs du procès apparaissent ainsi tout à la fois comme des principes d'inspiration et des règles de droit concourant au respect des garanties fondamentales d'une bonne justice. À côté des principes consacrés, il faut relever l'essor de nouveaux principes directeurs, comme la célérité ou la loyauté. H. Motulsky avait déjà noté que le principe de loyauté constituait à la fois, pour les parties, une composante importante du droit de la défense et, pour le juge, une obligation de stricte neutralité de motivation des jugements; s'agissant du législateur, il ajoutait que la loyauté exigeait de sa part qu'il organise un système rationnel de voie de recours. La loyauté de la preuve dans le procès civil constitue l'un de ces nouveaux mécanismes prétoriens de régulation du procès civil.

De l'obscurité, le principe de loyauté est passé à la lumière sous l'impulsion du juge civil en matière de preuve. Érigé par nécessité, employé au titre d'une bonne administration de la justice, le principe de loyauté constitue une norme comportementale pour les acteurs du procès civil, source d'équité. Toutefois, si le principe de la contradiction ou du contradictoire est incontestablement un principe consacré par le Code de procédure civile, la loyauté n'est pas explicitement visée au titre des principes directeurs. Aussi, dès lors que la recherche de la vérité absolue reste l'objectif majeur du procès civil, l'application du principe de loyauté est d'autant plus importante, car elle permet d'assurer la dignité du procès.

Aussi convient-il d'envisager, d'une part, l'érection du principe de loyauté de la preuve (I) et, d'autre part, la résistance d'une application générale du principe de loyauté de la preuve (II).

I - L'érection du principe de loyauté en matière de preuve

Si le principe de loyauté procédurale est implicitement mentionné par le Code de procédure civile au titre des principes directeurs du procès (A), du moins de *lege lata*, la jurisprudence contemporaine l'a consacré explicitement en plusieurs occurrences en tant qu'aspect des droits de la défense (B).

A - UNE EXIGENCE TEXTUELLE IMPLICITE

1. Une conduite s'imposant aux parties

Le principe de loyauté dans le procès civil n'est pas expressément visé par la Code de procédure civile ou le Code civil. Néanmoins, la loyauté est consacrée par le dispositif législatif et la pratique processuelle. Il est d'abord possible d'en déceler les traces dans les termes de l'article 24 du Code de procédure civile. En effet, selon ce dernier « *les parties sont tenues de garder en tout le respect dû à la justice* ». Cette affirmation est une manifestation du principe de loyauté. Concrètement, les plaideurs doivent avoir une attitude dans leurs écritures et postures pour que la justice fonctionne avec dignité. En d'autres termes, les parties doivent recourir à la justice de manière loyale. Ensuite, l'article 9 du Code de procédure civile dispose qu'« *il incombe à chaque partie de prouver conformément à la loi les faits nécessaires au succès de sa prétention* ». Il s'agit d'une référence implicite à la loyauté, conçue comme le respect de la légalité. En effet, si une preuve est obtenue contrairement à une disposition légale, elle est considérée comme déloyale. Cette obligation de loyauté n'est pas restreinte au seul domaine processuel. Elle est aussi connue du droit substantiel et trouve son fondement à l'article 1104 nouveau du Code civil (C. civ., art. 1134, al. 3 anc.), qui dispose que « *les contrats doivent être négociés, formés et exécutés de bonne foi* ».

En droit de l'arbitrage, l'estoppel a trouvé une consécration textuelle puisque, désormais, le nouvel article 1466 du Code de procédure civile issue du décret n° 2011-48 du 13 janvier 2011 dispose que « *la partie qui, en connaissance de cause et sans motif légitime, s'abstient d'invoquer en temps utile une irrégularité devant le tribunal arbitral est réputée avoir renoncé à s'en prévaloir* ». Cet article consacre le principe de l'estoppel, déjà reconnu par la jurisprudence. La jurisprudence définit l'estoppel comme un comportement procédural « *constitutif d'un changement de position, en droit, de nature à induire [l'adversaire] en erreur sur ses intentions* » (Cass. 1re civ., 3 févr. 2010) et veille à la juste application de ce principe (Cass. 1re civ., 24 sept. 2014). L'objectif est de mettre en place un instrument de police processuelle permettant de s'assurer de la loyauté des débats. La Cour de cassation a ainsi considéré qu'une partie ne saurait, après avoir expressément sollicité que l'affaire soit jugée au vu des écritures postérieures à l'ordonnance de clôture et après que celle-ci a été rapportée, critiquer la révocation de l'ordonnance de clôture (Cass. 2e civ., 20 oct. 2005). Toutefois, la Cour limite la portée de l'estoppel en contrôlant les conditions de sa mise en œuvre : « *la seule circonstance qu'une partie se contredise au détriment d'autrui n'emporte pas nécessairement une fin de non-recevoir* » (Cass. ass. plén., 27 févr. 2009). Enfin, récemment la Cour de cassation a précisé l'étendue de l'estoppel en considérant que cette dernière n'a pas vocation à s'appliquer aux moyens, mais seulement aux prétentions (Cass. com., 10 févr. 2015).

2. Une conduite s'imposant au juge

La loyauté n'est pas inconnue du Code de procédure civile. Au-delà de l'arbitrage (CPC, art. 1464), l'article 763 du Code de procédure civile définit clairement la mission première du juge de la mise en état : « *L'affaire est instruite sous le contrôle d'un magistrat de la chambre à laquelle elle a été distribuée. Celui-ci a mission de veiller au déroulement loyal de la procédure, spécialement à la ponctualité de l'échange des conclusions et de la communication des pièces* ». Le juge devra ainsi rechercher pourquoi un rapport d'expertise déposé au greffe du tribunal ne se retrouve pas en appel, dans le dossier transmis à la Cour et interroger les parties à cet égard (Cass. 2e civ., 11 janv. 2006). Cette référence à la loyauté entre les parties ne se retrouve exprimée devant aucune autre juridiction, mais elle semble se rattacher assez naturellement au principe de la contradiction que « *le juge doit, en toutes circonstances, faire observer* » (CPC, art. 16, al. 1er). Ainsi, pendant la phase d'instruction de l'affaire, ce qui est attendu du juge de la mise en état, c'est d'abord qu'il fasse respecter ce principe par les parties en veillant à ce qu'elles échangent leurs conclusions et se communiquent leurs pièces.

Le juge doit plus généralement veiller au bon déroulement de l'instance (CPC, art. 3), ce qui l'autorise à impartir les délais et ordonner les mesures nécessaires au respect par les parties de l'obligation qui leur est faite d'accomplir les actes de procédure qui leur incombent dans les formes et délais requis (CPC, art. 2). Dans cette perspective, il exerce « *tous les pouvoirs nécessaires à la communication, à l'obtention et à la production des pièces* » (CPC, art. 770) et dispose ainsi d'un large éventail d'interventions possibles : adresser des injonctions, avoir des échanges plus ou moins directifs ou incitatifs, voire adresser aux parties des admonestations et, ainsi, imprimer un certain rythme à la procédure. Il peut, en outre, prendre des décisions relatives au cours même de l'instance : ordonner le retrait du rôle (CPC, art. 382 et 383), lorsque toutes les parties en font la demande écrite et motivée (CPC, art. 763), prononcer la jonction et la disjonction des instances (CPC, art. 766), ou encore, constater l'extinction de l'instance (CPC, art. 769) lorsque ses constatations le conduisent à considérer que sont réunies les conditions mises au désistement ou à l'acquiescement par les articles 397 et 410 du Code de procédure civile.

B - UNE EXIGENCE JURISPRUDENTIELLE EXPLICITE

1. Dans l'obtention et l'élaboration des preuves

La preuve des faits est une charge pesant sur les parties, en vertu de l'article 9 du Code de procédure civile, selon lequel « *il incombe à chaque partie de prouver conformément à la loi les faits nécessaires au succès de sa prétention* ». Plaçant la preuve dans la sphère des parties, l'article 9 est le prolongement de l'article 6 du Code de procédure civile. Mais ce n'est pas tant un droit au profit des parties qu'une charge à leur détriment, puisque celui qui ne peut prouver son droit perd son procès. Lors de cette tentative de preuve, les plaideurs doivent respecter un principe de loyauté et s'abstenir de toute fraude ou violence (Cass. soc., 11 févr. 1981). La loyauté trouve à prospérer sur le terrain de l'administration judiciaire de la preuve. Les solutions jurisprudentielles sont justifiées par la nécessité d'un procès conforme aux valeurs qui soutiennent l'organisation sociale. Elles trouvent un écho dans l'article 24 du Code de procédure civile relatif à l'obligation de réserve des plaideurs. Aussi, une preuve n'est conforme à la loi que si elle a été obtenue loyalement, c'est-à-dire sans ruses ni stratagèmes.

La loyauté de la preuve n'est pas expressément énoncée par le Code de procédure civile ou par le Code civil, mais elle s'infère des dispositions de l'article 9 du Code de procédure civile. Aussi, la Cour de cassation a considéré au visa de « *l'article 9 du Code de procédure civile, ensemble l'article 6 § 1 de la Convention de sauvegarde des droits de l'homme et des libertés fondamentales et le principe de loyauté dans l'administration de la preuve [...] que l'enregistrement d'une communication téléphonique réalisé à l'insu de l'auteur des propos tenus constitue un procédé déloyal rendant irrecevable sa production à titre de preuve* » (Cass. ass. plén., 7 janv. 2011). Dès lors, il n'est pas permis de produire des preuves frauduleusement obtenues, comme une filature organisée par un employeur au préjudice du salarié (Cass. 2e civ., 17 mars 2016). En revanche, il est possible de produire un SMS envoyé par la partie adverse dès lors que cette dernière est censée savoir que ledit SMS est susceptible d'être conservé en mémoire dans le téléphone du destinataire (Cass. 1re civ., 17 juin 2009), ou d'un message vocal (Cass. soc., 26 févr. 2013).

2. Dans le cadre des débats

Les éléments de preuve sont soumis au principe du contradictoire, mais également à une exigence de loyauté. La contradiction suppose la mise en œuvre de certains moyens, à savoir la production et la communication complète des pièces de l'affaire. Elle combine de ce point de vue deux éléments de définition. Le premier, l'élément matériel vise la communication de tout document comportant un élément nouveau dont la connaissance est utile pour la partie concernée (CPC, art. 15). Aussi, selon l'article 132 du Code de procédure civile, « *la partie qui fait état d'une pièce s'oblige à la communiquer spontanément à toute autre partie à l'instance* ». Le second, l'élément temporel vise la communication des documents dans un délai suffisant, compte tenu de la nature de la pièce et du temps du procès, la production d'une pièce hors délai étant inutile et vue comme le signe d'un manquement au devoir de loyauté dans la procédure. La jurisprudence se montre particulièrement vigilante au respect de l'exigence de loyauté dans le cadre des débats. Il en est ainsi, lorsque le plaideur communique ses pièces ou ses conclusions très peu de temps avant l'ordonnance de clôture et met matériellement son adversaire dans l'impossibilité d'en prendre connaissance et donc d'y répondre utilement (Cass. ch. mixte, 3 févr. 2006). Toutefois, le juge ne peut pas écarter des pièces ou des conclusions sans préciser « *les circonstances particulières qui ont empêché de respecter le principe de la contradiction ou caractériser un comportement de leur part contraire à la loyauté des débats* » (Cass. 2e civ., 11 janv. 2006).

La Cour de cassation a solennellement proclamé le principe de loyauté comme principe directeur des débats, reprenant pour l'affirmer les termes de l'article 16 du Code de procédure civile relatif au principe du contradictoire. En effet, par une formule proche de ce dernier article, « *le juge est tenu de respecter et de faire respecter la loyauté des débats* » (Cass. 1re civ., 7 juin 2005). Elle a fondé le principe de loyauté des débats sur les dispositions combinées de l'article 3 du Code de procédure civile, « *le juge veille au bon déroulement de l'instance* » et de l'article 10 alinéa 1er du Code civil, selon lequel « *chacun est tenu d'apporter son concours à la justice en vue de la manifestation de la vérité* ». L'article 16 du Code de procédure civile a ainsi servi de modèle à la Cour de cassation. En effet, elle a repris la formulation de cet article afin de donner une visibilité, une reconnaissance, une juridicité au principe de loyauté, qu'il n'avait pas jusqu'alors. Cette proclamation solennelle, reprenant les termes mêmes de l'article 16 du Code de procédure civile relatif au principe de la contradiction, témoigne du fait que la loyauté apparaît comme une qualité d'honnêteté dans le contradictoire.

Le principe de loyauté procédurale tend à acquérir une importance autonome et au-delà du domaine de la preuve, en tant que fin de non-recevoir d'origine jurisprudentielle pour cause de déloyauté procédurale. Toutefois, sa qualification de nouveau principe directeur de l'instance, applicable à l'ensemble du procès civil, est discutée au regard des principes directeurs déjà consacrés par le Code de procédure civile.

II - La résistance d'une application générale du principe de loyauté de la preuve

La jurisprudence de la Cour de cassation a conduit la doctrine à s'interroger sur le point de savoir si la loyauté ne devient pas, d'un point de vue normatif, un principe directeur nouveau autonome. Demeure que, d'un point de vue matériel, le principe de loyauté apparaît comme une déclinaison, une mise en application des principes contenus dans le Code de procédure civile (A). Néanmoins, la loyauté ne s'applique pas à tous les procès civils (B).

A - L'ABSENCE DE CONSÉCRATION FORMELLE DE LA LOYAUTÉ COMME PRINCIPE DIRECTEUR

1. L'incertitude d'un principe autonome

En droit positif, les principes directeurs du procès ont la même valeur juridique que les autres dispositions du Code de procédure civile. Toutefois, ces principes ont un rayonnement naturel devant toutes les juridictions et en toute matière. De plus, ils ont une vertu directrice afin d'interpréter la loi. L'enjeu est donc important de déterminer si le principe de la loyauté est un principe directeur du procès. D'un côté, il y a des hésitations à donner une portée positive à une notion empreinte de morale. D'un autre côté, et le droit des contrats en est la meilleure preuve en ce qu'il intègre la notion de bonne foi, la référence à la loyauté peut utilement tempérer les excès auxquelles conduit parfois une application stricte de la règle. Surtout, le rapprochement entre les dispositions de l'article 16 du Code de procédure civile et l'arrêt du 7 juin 2005 « *affirmant que le juge est tenu de respecter et de faire respecter la loyauté des débats* » suggère une telle interrogation, sans qu'il soit toutefois possible de fournir une réponse tranchée. En reprenant la même formulation, la Cour de cassation a pu entendre élever le principe de loyauté au même niveau que le principe du contradictoire, ou à un degré inférieur en s'inspirant de l'article 16 du Code de procédure civile, comme canevas de la loyauté. Si certains auteurs ont affirmé l'existence d'un principe général de loyauté procédurale (S. Guinchard, « Le principe de loyauté », Justices 1999-115 et s.), c'est au prix de difficultés sérieuses, imputables notamment à d'autres principes directeurs du procès.

L'article 15 du Code de procédure civile met à la charge des parties l'obligation de se faire connaître les moyens de fait sur lesquels elles fondent leurs prétentions, les éléments de preuve et les moyens de droit qu'elles invoquent. La droiture procédurale est donc un comportement attendu des parties, dérivant selon H. Motulsky, des droits de la défense, et mettant à leur charge une « obligation d'observer un minimum de loyauté » (« Le droit naturel dans la pratique jurisprudentielle : le respect des droits de la défense en procédure civile », in Mélanges Roubier, Dalloz, n° 16, p. 187). Toutefois, il faut être prudent sur la vertu autonome de l'idée de loyauté. En effet, H. Motulsky y voyait plutôt un devoir sous-jacent, tout comme le doyen Carbonnier qui la décrivait comme « *latent[e] sous des textes fragmentaires* » (« Droit civil. Introduction », 27e éd., PUF, coll. Thémis, n° 188). Enfin, si G. Cornu et J. Foyer ont nommé la loyauté comme principe non expressément énoncé, ils la considèrent comme sous-jacente de la contradiction, des devoirs de la défense et de l'obligation de concourir à la manifestation de la vérité (Cornu et Foyer, « Procédure civile », Thémis).

2. La certitude d'un principe d'interprétation par le juge

La loyauté ne peut pas être fixée avec des repères objectifs. C'est une concurrence très importante au principe dispositif et au principe de la contradiction. Or, il est possible de délimiter objectivement les contours du principe de la contradiction. Toutefois, la loyauté échappe à tout repère objectif, plus encore peut-être que la bonne foi. En effet, la loyauté revêt assurément une connotation morale majeure, ce qui rajoute à la difficulté de précision de sa définition. Dès lors, faute d'une définition précise, permettant d'en cerner les contours, il apparaît délicat d'élever la loyauté au rang de principe directeur du procès en raison du risque d'insécurité juridique. De plus, les ambiguïtés de la loyauté procédurale résultent de la possibilité de mettre à l'écart des règles techniques de procédure civile et notamment le principe du contradictoire. En effet, dans l'arrêt du 7 juin 2005, c'est l'article 445 du Code de procédure civile qui a été mis à l'écart ; dans l'affaire de 2011, cela a conduit à écarter des moyens de preuve parce qu'ils avaient été obtenus de manière déloyale, ce qui fait penser à la fraude à la loi (*fraus omnia corrumpit*). La loyauté permet ainsi d'écarter l'application de règles qui normalement n'auraient pas dû l'être ; et inversement.

Toutefois, le principe de loyauté sert de principe d'interprétation permettant d'apprécier la mise en œuvre des autres principes directeurs et de surmonter d'éventuelles défaillances textuelles. Ainsi, le principe de loyauté permet au juge d'apprécier le comportement des parties au regard des principes directeurs du procès. Cette logique s'inscrit d'ailleurs dans la redéfinition des pouvoirs des parties au procès. En effet, sous l'impulsion de H. Motulsky, convaincu de la nécessité de « *prendre conscience de la part active qui revient au juge dans la recherche d'une solution qui certes consiste à trancher des conflits d'intérêts privés, mais à laquelle [...] l'idéal de justice ne saurait rester étranger* », les rédacteurs du nouveau Code de procédure civile, issu du décret du 5 décembre 1975, ont souhaité élaborer un compromis entre accusatoire et inquisitoire, tant en ce qui concerne le déroulement du procès qu'au regard de la matière du litige qui constitue la substance même de ce dernier. L'évolution jurisprudentielle a accru ce bouleversement. Manifestement soucieuse de la même exigence d'efficacité ou d'efficience, la Cour de cassation a imposé aux parties une nouvelle obligation de concentration des fondements juridiques ou moyens (Cass. ass. plén., 7 juill. 2006). En d'autres termes, le demandeur aurait dû, par loyauté, invoquer tous les fondements juridiques en même temps, dès la première demande. On retrouve ici encore l'argumentaire de H. Motulsky, lui qui a vu dans les droits de la défense (parmi lesquels, la loyauté procédurale) l'expression d'un droit naturel de la procédure civile. La transformation de l'office du juge, ajoutée à une analyse de la loyauté lui permettant de déroger aux principes directeurs du procès civil ou à toute autre règle, permet ainsi d'encadrer strictement les attitudes procédurales de chaque plaideur.

B - LE REFUS D'APPLICATION DE LA LOYAUTÉ À TOUS LES PROCÈS CIVILS

1. L'indifférence affirmée en matière de divorce

En matière de divorce pour faute les règles sont particulières, la loyauté ne semble pas trouver application dans le cadre de la recherche de la preuve. Comme tout fait juridique, la preuve de la faute se fait par tous moyens ; dès lors que le mode de preuve est licite et loyal (C. civ., art. 259). L'appréciation qu'en fait la Cour de cassation est assez libérale. En effet, sauf preuve de violence ou de fraude de la part d'un époux (C. civ., art. 259-1), elle admet certains modes de preuve qui pourraient être considérés comme des atteintes à la vie privée. Ainsi, après avoir retenu l'admission d'un journal intime pour prouver l'adultère, elle a retenu que des relations injurieuses pouvaient être établies par des courriels et un rapport d'enquête privé dont la valeur probante est appréciée souverainement par les juges du fond, en l'absence de violence ou de fraude (Cass. 1re civ., 18 mai 2005) ou par SMS (Cass. 1re civ., 17 juin 2009). Plus encore, la Cour de cassation a admis que la preuve de l'infidélité, cause de divorce, peut être faite par un examen des sangs (Cass. 1re civ., 28 févr. 2006). Dès lors, la loyauté ne trouve pas sa place dans le cadre de la preuve de la faute cause du divorce, pas plus d'ailleurs que l'atteinte à la vie privée. La fraude et la violence constituent deux procédés immoraux d'obtention de la preuve, mais dotés d'un certain degré de gravité dépassant même le principe de loyauté. Néanmoins, une forme de loyauté se rencontre dans la prohibition de l'audition des descendants.

Les règles posées par l'article 205 du Code de procédure civile, qui prohibe l'audition des descendants, et 259 du Code civil ont été interprétées avec la plus grande rigueur par la Cour de cassation. Elle a notamment considéré que la remise par un descendant d'une lettre d'un parent relative aux torts du divorce équivaut au témoignage prohibé par l'article 205 du Code de procédure civile (Cass. 1re civ., 5 juill. 2001). Plus récemment, elle a considéré que la prohibition de l'audition des descendants sur les griefs invoqués par les époux à l'appui d'une demande en divorce s'applique aux déclarations recueillies en dehors de l'instance en divorce. Dès lors, c'est à bon droit qu'une cour d'appel retient que les déclarations des enfants recueillies lors d'une enquête de police étrangère à l'instance en divorce ne peuvent être prises en considération (Cass. 1re civ., 1er févr. 2012). L'objectif est de ne pas placer les enfants dans une situation conflictuelle à l'égard des parents désirant divorcer, en d'autres termes les descendants doivent adopter une position loyale à l'égard de leur parent.

2. L'indifférence mesurée en matière de vie privée

En l'absence de fondement textuel spécifique, les juges ont eu recours à divers fondements pour parvenir à leur objectif. Ainsi, ils ont utilisé les articles 9 et 10 du Code de procédure civile ou l'article 10 du Code civil relatif au droit à la preuve et au rôle des parties. Les droits de la personnalité ont également servi de fondement, notamment la vie privée. Ainsi, au visa de l'article 9 du Code civil, qui dispose que « chacun a droit au respect de sa vie privée », les juges ont rejeté les preuves obtenues à l'insu d'une partie. Dès lors, la Haute cour doit concilier, d'une part, le droit à la preuve et, d'autre part, le droit au respect de la vie privée. Il ressort de la jurisprudence que le droit de la preuve ne peut prévaloir, que si les juges du fond ont caractérisé « *la nécessité de la production litigieuse aux besoins de la défense et sa proportionnalité au but recherché* » (Cass. 1re civ., 16 oct. 2008). Essentiellement, c'est en matière de vie privée du salarié que la jurisprudence s'est développée. Chacun ayant droit au respect de sa vie privée, selon l'article 9 du Code civil, un salarié peut être victime d'une atteinte à son droit au respect de la vie privée dans le contexte de la relation de travail. Il a ainsi déjà été jugé qu'une filature organisée par l'employeur pour contrôler et surveiller l'activité d'un salarié constitue un moyen de preuve illicite dès lors qu'elle implique nécessairement une atteinte à la vie privée de ce dernier, insusceptible d'être justifiée, eu égard à son caractère disproportionné, par les intérêts légitimes de l'employeur (Cass. soc., 26 nov. 2002).

Dans le cadre d'une preuve déloyale, le juge doit apprécier souverainement la hiérarchie des droits. Toutefois, la jurisprudence a pu considérer le droit à la vie privée comme un droit inférieur au droit à la preuve. Ainsi, un assureur peut recourir à un détective privé pour rapporter la preuve de la fraude de l'assuré, même si le rapport méconnaît gravement la vie privée (Cass. 1re civ., 31 oct. 2012). Également, le secret des correspondances peut être sacrifié au profit du droit à la preuve (Cass. 1re civ., 5 avr. 2012). Néanmoins, le contrôle ne se fait pas toujours en faveur du droit à la preuve. En effet, le moyen déloyal peut être considéré comme disproportionné et par extension irrecevable (Cass. 1re civ., 14 janv. 2010). Plus récemment, la Cour de cassation a affirmé qu'est illicite le moyen de preuve fondé sur un rapport d'enquête établi par un détective privé qui a, à la demande de l'employeur, procédé à la filature d'un salarié de la sortie de son domicile jusqu'à son retour à celui-ci (Cass. 2e civ., 17 mars 2016). Cette enquête devait être considérée comme un moyen de preuve illicite, comme portant atteinte à la vie privée, et est donc déloyale.

La loyauté en procédure civile a fréquemment été associée au principe de la contradiction. Au point, que la Cour de cassation a repris à l'identique la formulation de l'article 16 du Code de procédure civile sur le principe de la contradiction, pour consacrer la loyauté des débats. Ainsi, sous l'impulsion du juge, la loyauté fait désormais figure de principe incontournable. Si sa consécration est souhaitée par une partie de la doctrine, le rapport Delmas-Goyon sur le juge du XXIe siècle, de décembre 2013, préconise, dans sa 28e proposition, de faire de « *l'obligation de loyauté des parties [...] l'un des principes directeurs de la procédure civile* », suggérant d'ajouter à cet effet un second alinéa à l'article 15 du Code de procédure civile.

Sujet 4

DISSERTATION : LE JUGE ET L'INTANGIBILITÉ DU CONTRAT (ANNALES CONCOURS ENM 2014)

« Contre l'imprévisibilité, contre la chaotique incertitude de l'avenir, le remède se trouve dans la faculté de faire et de tenir des promesses » ! Tel serait, du point de vue de l'action, l'un des aspects de la condition de l'homme moderne pour Hannah Arendt. (H. Arendt, Condition de l'homme moderne, 1983, Calmann-Lévy, p. 302). Faire et tenir des promesses, donner sa parole, s'engager par contrat, exécuter ses obligations, sans retour en arrière, sans se dédire, ni fauter. Le contrat est intangible et oblige ; le juge est le garant du respect de la parole donnée.

Dans le Code civil de 1804 comme dans celui d'aujourd'hui, pourtant grandement réformé par l'ordonnance du 10 février 2016 et la loi de ratification du 20 avril 2018, le contrat est défini par l'article 1101 du Code civil par son objet et sa fonction : il oblige et pour ce faire, il sert d'instrumentum à la création, la transmission et l'extension des obligations des parties au contrat. L'obligatoriété contractuelle découle directement du nouvel article 1103 du Code civil, lequel rappelle que les obligations contractuelles ont l'intensité des obligations légales pour les contractants. Ce principe resterait pourtant lettre morte, sans son corollaire, son complément : l'intangibilité contractuelle. En effet, l'intangibilité du contrat renvoie alors à la constance, à la fixité et à l'irrévocabilité de la parole donnée. L'intangibilité du contrat est un principe immédiatement subséquent aux principes de l'autonomie de la volonté et de la force obligatoire des conventions qui dominent la matière contractuelle. Obliger n'est pas obliger, si l'on peut se dédire ou modifier le contrat unilatéralement. C'est en substance le sens de l'article 1193 du Code civil aux termes duquel : « Les contrats ne peuvent être modifiés ou révoqués que du consentement mutuel des parties, ou pour les causes que la loi autorise ». Ce texte constitue désormais le premier article du Code civil réformé relatif aux effets du contrat, ce qui souligne à la fois son importance et sa portée. Dès lors, au nom de la sécurité normative et contractuelle, la convention est intangible dans les termes stipulés et tout au long de l'exécution de la convention jusqu'à sa terminaison. Cette intangibilité contractuelle s'impose tant aux parties qu'au juge, qui se trouve le garant de l'exécution de la convention et, le cas échéant, en charge de son interprétation. Longtemps, ce principe a été mis en œuvre avec force par le juge.

Cependant, l'évolution de la vie des affaires et la multiplication des contrats perdurant dans le temps comme des contrats déséquilibrés ont conduit à une redéfinition de l'intensité de ce principe. Ainsi, et bien qu'il s'agisse d'un principe directeur du droit des contrats, l'intangibilité conventionnelle n'est pas absolue. Il appartient au juge de concilier ce principe avec des impératifs de justice contractuelle, issus de la loi comme d'une jurisprudence protectrice des intérêts des contractants, notamment des plus faibles. Cet équilibre est le fruit d'une longue évolution et d'une maturation du droit des contrats sous la plume du juge, et désormais sous l'égide de la loi, puisqu'il se situe au cœur de la réforme du droit des contrats de 2016 et de la loi de ratification de 2018.

Aussi convient-il de mettre en rapport le juge confronté à la vigueur traditionnelle de l'intangibilité conventionnelle (I) et la pondération contemporaine de l'intangibilité contractuelle (II).

I - La vigueur traditionnelle de l'intangibilité conventionnelle au nom de la sécurité contractuelle

Si le contrat oblige telle la loi entre les parties, c'est en raison non seulement du principe de l'autonomie de la volonté, mais aussi eu égard à la confiance que chaque contractant doit avoir dans l'idée que le contrat sera exécuté tel qu'il a été voulu et convenu. Partant, le principe de l'intangibilité contractuelle constitue une garantie au service de la sécurité juridique, s'imposant aux parties (A), mais également au juge (B).

A - L'INTANGIBILITÉ DU CONTRAT S'IMPOSANT AUX PARTIES

L'exécution du contrat doit se réaliser conformément à la volonté initiale des parties (1) ; seul leur accord et/ou leur pratique peut modifier le contenu du contrat (2).

1. Le respect de la volonté des parties

Le principe de la liberté contractuelle domine l'élaboration du contrat jusqu'à sa conclusion. Formé, le contrat devient obligatoire pour les parties ; tel est le principe de la force obligatoire des conventions, désormais principe directeur, intégré aux dispositions générales du droit des contrats, dans le Code civil, depuis la réforme de la matière en 2016 et en 2018. La phase d'exécution des conventions est ainsi dominée par l'obligatoriété du contenu contractuel. Demeure la nécessité de connaître précisément quel est ce contenu : les obligations qui lient les parties sont, par principe, de la conclusion du contrat jusqu'à son exécution et sa terminaison, les obligations qui ont été voulues par les parties. Autrement dit, au cours de la phase d'exécution, la volonté est immuable par principe, et les obligations contractuelles intangibles. Par la conclusion du contrat, les parties renoncent à leur liberté contractuelle. Ainsi et, *a priori*, le contrat n'oblige que dans la mesure de la volonté des contractants. Le contenu contractuel résulte d'abord de la convention elle-même : de ce qui figurait dans l'offre, et ce qui a été accepté. Naturellement, si le contrat est écrit, le contenu contractuel résulte de la lettre de la convention. Sauf contrat solennel, l'écrit vaut *ad probationem* et non *ad validitatem*. Lorsque le contrat n'est pas écrit, la preuve des obligations est plus difficile à rapporter.

En toutes hypothèses, l'intangibilité contractuelle implique l'exécution de ce qui a été convenu et tout ce qui a été convenu entre les parties et ce, jusqu'à la terminaison du contrat. À ce titre, il convient de faire une différence entre les contrats à durée indéterminée et les contrats à durée déterminée. Quant à ces derniers, le principe d'intangibilité contractuelle est quasi-absolu. Les parties ne peuvent remettre en cause la convention de manière unilatérale. Le contrat ne saurait prendre fin par la volonté d'un seul avant son terme (C. civ., art. 1212). Il existe néanmoins une exception, d'origine prétorienne (Cass. 1re civ., 13 oct. 1998 ; Cass. 1re civ., 28 oct. 2003), désormais légale : la résiliation unilatérale anticipée du nouvel article 1226 du Code civil, lequel prévoit, en son alinéa 1er, que « *Le créancier peut, à ses risques et périls, résoudre le contrat par voie de notification. Sauf urgence, il doit préalablement mettre en demeure le débiteur défaillant de satisfaire à son engagement dans un délai raisonnable ». Quant au contrat à durée indéterminée, dès lors que les engagements perpétuels sont prohibés (juris*prudence constante consacrée par la réforme du droit des contrats à l'article 1210 du Code civil), chaque partie peut y mettre fin à tout moment, sous réserve de respecter le délai de préavis contractuellement prévu ou, à défaut, un délai raisonnable (C. civ., art. 1211).

Dans certaines matières, cependant, il est fait exception au principe d'intangibilité contractuelle si fortement ancré en droit civil. Tel est le cas, en droit de la consommation, notamment dans le cadre de la conclusion de contrats conclus à distance, le consommateur bénéficie d'un droit de rétractation permettant la remise en cause unilatérale du contrat après sa conclusion. À l'opposé, dans d'autres matières, le principe d'intangibilité contractuelle est renforcé dans sa mise en œuvre. Ainsi, en droit du travail, matière dans laquelle le licenciement est fortement encadré, l'employeur ne peut mettre fin à un contrat de travail à durée indéterminée sans entrer dans l'un des cas de figure prévue par la loi spéciale.

En droit des obligations, l'intangibilité contractuelle implique que la volonté commune des parties soit respectée ; elle s'impose non seulement aux parties, mais encore se trouve garantie par le juge. La seule limite à cette obligation de respecter la volonté initiale des parties consiste dans la modification du contrat par les parties elles-mêmes.

2. La modification de la volonté des parties

Le nouvel article 1193 du Code civil dispose à l'instar de l'ancien article 1134 alinéa 2 du Code de 1804 que « Les contrats ne peuvent être modifiés ou révoqués que du consentement mutuel des parties, ou pour les causes que la loi autorise ». Ce texte n'exprime qu'indirectement le principe d'intangibilité contractuelle et son importance ; pourtant, il en révèle une signification évidente : seul l'accord de toutes les parties au contrat peut entraîner une modification des termes du contrat ou y mettre fin (exception faite de l'application de dispositions spéciales, comme en droit social, relativement au licenciement économique par exemple). Autrement dit, la volonté unilatérale d'un contractant ne peut modifier le contrat.

Le mutuus dissensus constitue une solution extrême, souvent utilisée par les contractants qui veulent modifier leur convention initiale, et ne souhaitent pas la moindre ambiguïté du point de vue de la sécurité juridique. Ils mettent alors fin au contrat, pour convenir d'une nouvelle convention. Demeure que les parties peuvent, en principe, librement en modifier les termes. Le plus souvent, dans cette hypothèse, elles procéderont par un avenant au contrat initial. Il s'agit d'un nouvel accord de volonté, mais accessoire au contrat de base. Cet acte modificatif doit suivre les conditions de fond et de forme du contrat initial. En principe, ces avenants ne concernent que l'avenir à moins que les parties lui confèrent un effet rétroactif. Le contrat modifié devient aussi intangible que le contrat initial l'était. Le juge est tenu non seulement par la volonté initiale des parties, mais encore par leur volonté modificative. Au titre de l'intensité de la modification de la convention, il faut distinguer la simple modification de la novation de contrat. Dans le cas où la modification des parties se voudrait très importante, notamment, si les parties entendent changer la qualification du contrat, il ne peut plus s'agir d'une simple modification, mais d'un nouveau contrat (Cass. soc., 7 juill. 1988 : transformation d'un contrat de travail en mandat social). Il s'agit alors d'une novation au sens des articles 1329 et suivants du Code civil.

Plus complexe et plus subtile est la question de la modification du contrat par la pratique des parties. Source d'un abondant contentieux, l'hypothèse oppose la lettre du contrat et les usages des parties contractantes au cours de l'exécution de la convention. Doit-on considérer que le principe d'intangibilité contractuelle n'est pas seulement matériel, mais également formel ? Faut-il considérer que la lettre de la convention, le contrat écrit, est intangible, ou faut-il, au contraire, considérer que le contrat même écrit est modifié par la pratique des contractants ? La jurisprudence de la Cour de cassation est sans ambages : le contenu du contrat peut être dicté par le comportement des parties et la pratique qui les unit. Ainsi, des contractants qui sont habituellement en relation peuvent développer certains usages qui leur sont propres. Leur répétition peut les faire entrer dans le champ contractuel et leur conférer un caractère obligatoire (Cass. com., 18 mai 2016, à propos des relations entre une banque et son client, la banque offrait davantage de services au client que ce que la convention des parties ne prévoyait. Par suite, la banque ne peut se retrancher derrière la lettre du contrat de banque pour refuser lesdits services à l'avenir).

La volonté des parties est intangible à moins que les contractants n'en décident autrement ; c'est le sens de l'intangibilité contractuelle, principe qui s'impose au premier chef aux parties. Cependant, l'intangibilité contractuelle ne limite pas seulement la liberté des parties, elle s'impose également au juge, limitant son action, son immixtion dans la relation contractuelle.

B - L'INTANGIBILITÉ DU CONTRAT LIMITANT L'ACTION DU JUGE

Garant de la force obligatoire des conventions, le juge se trouve, comme les parties, lié par le principe subséquent de l'intangibilité du contrat. Même invité par les parties à interpréter leur volonté et leur contrat, le juge ne saurait franchir la barrière érigée par le principe de l'intangibilité (1). Néanmoins, le juge a parfois dû alimenter le contrat, ajoutant à la volonté des parties (2).

1. L'interprétation contrôlée du contrat par le juge

Les hypothèses dans lesquelles le juge est appelé à interpréter le contrat des parties sont nombreuses, soit que les parties n'ont pas convenu de leurs obligations par écrit et qu'elles ne s'entendent pas lors de l'exécution sur ce qu'elles croyaient être clair, soit qu'elles ont rédigé un écrit, et ne s'entendent pas elles-mêmes sur l'interprétation d'une ou plusieurs stipulations. L'exemple le plus topique en matière contractuelle est relatif à la détermination de l'intensité des obligations stipulées : obligation de moyens ou de résultat. La Cour de cassation a dû, à ce titre, développer une jurisprudence pour éclairer et conduire l'analyse des juges du fond (Cass. 1re civ., 14 janv. 2016, à propos de l'obligation de ponctualité de résultat de la SNCF).

De manière plus générale, il est étonnant de constater que le Code civil, qui ne prévoit aucune disposition relative à l'interprétation de la loi par le juge, impose à ce dernier une véritable méthode d'interprétation des conventions. L'imposition par la loi d'une telle grille d'interprétation s'explique de la combinaison à la fois du principe de l'autonomie de la volonté et de la sécurité contractuelle ; plus précisément, c'est le principe d'intangibilité contractuelle qui justifie le respect et la précision des articles 1188 et suivants du Code civil. Si l'interprétation du juge est nécessaire, son immixtion demeure empêchée par ces dispositions. L'article 1188 alinéa 1er incline définitivement en ce sens en commandant au juge de prendre en compte comme premier critère d'interprétation et d'analyse judiciaire des contrats, la commune intention des parties. Encore, l'article 1189 alinéa 1er du Code civil interdit la subjectivité du juge pour rechercher la cohérence contractuelle.

Ce ne sont pas là les seuls commandements faits au juge quant au respect de l'intangibilité contractuelle puisque l'article 1192 du Code civil dispose, sous forme de sentence, que « On ne peut interpréter les clauses claires et précises à peine de dénaturation ». Est ainsi rappelé implicitement le rôle joué par la Cour de cassation : l'interprétation relève de l'appréciation souveraine des juges du fond, mais la Cour régulatrice exerce son contrôle de la dénaturation des clauses claires et précises.

S'il ne peut contredire la volonté des parties, contrevenir à la lettre et au sens du contrat, dénaturer son contenu, le juge peut imposer des obligations non écrites aux contractants, conformément à l'objectif initial d'une bonne exécution de la convention.

2. La découverte progressive d'obligations par le juge

Dans le célèbre arrêt Canal de Craponne (Cass. civ., 6 mars 1876), la Cour de cassation a révélé la plus importante des manifestations du principe d'intangibilité contractuelle à l'égard du juge : il ne saurait substituer des clauses nouvelles à celles qui ont été librement convenues, y compris même dans les hypothèses où l'équité commanderait une telle substitution. Le juge ne saurait censurer la volonté des contractants ; encore moins peut-il remplacer celle-ci par la sienne propre. Sans enfreindre cette limite posée tant par le principe légal d'intangibilité que par sa propre jurisprudence, le juge s'est néanmoins quelque peu émancipé de carcans trop rigide, lui interdisant toute immixtion dans la relation contractuelle. Le juge a fait preuve de ce l'on pourrait considérer être une interprétation créative : si le juge ne revient pas, sans fondement légal, sur le contenu du contrat voulu par les parties, il a parfois ajouté des obligations non stipulées à la charge des contractants.

La découverte par le juge d'obligations à la charge des contractants n'est pas chose nouvelle. Le mouvement a été initié par la Cour de cassation dès le début du XXe siècle. Sur le fondement de l'ancien article 1135 du Code civil, le nouvel article 1194, lequel dispose que « Les contrats obligent non seulement à ce qui y est exprimé, mais encore à toutes les suites que leur donnent l'équité, l'usage ou la loi », la Cour de cassation a créé une obligation de sécurité à la charge des transporteurs de personnes d'abord (Cass. civ., 21 nov. 1911), des exploitants d'activités sportives et/ou de loisirs ensuite (Cass. 1re civ., 15 déc. 2011), et même à la charge d'exploitant d'enceinte d'accueil de personnes (Cass. 1re civ., 18 juin 2014, à propos d'une association étudiante quant à l'organisation d'une soirée ; Cass. 1re civ., 17 févr. 2016, à propos d'un hôtelier). Au centre de cette création jurisprudentielle, par laquelle le juge ajoute au contrat, dont l'intangibilité devient relative, se trouve la volonté judiciaire d'offrir un mécanisme de réparation en cas de dommages corporels. Le même fondement a servi à la création d'autres obligations matérielles implicites dans des contrats particuliers aux fins de donner à la convention une cohérence quant à sa nature et son exécution. C'est le cas notamment des obligations de conseil et de renseignement à la charge de certains professionnels comme les banquiers et courtiers, obligations qui sont aujourd'hui le plus souvent consacrées par le droit spécial.

Encore, c'est sur le fondement de l'ancien article 1134 alinéa 3 du Code civil, le nouvel article 1104 du code réformé, c'est-à-dire sur le fondement de l'obligation générale de bonne foi, que l'œuvre créatrice du juge s'est pleinement exprimée. Sur ce fondement, le juge a édifié un quasi-code de conduite contractuel à la charge des parties, notamment dans les contrats déséquilibrés, visant à réguler et sanctionner les comportements des contractants. En ajoutant à la convention de telles obligations comportementales non déterminées par les parties, le juge s'est offert un moyen de critique nouveau de l'attitude des contractants. Il ne s'est pas contenté de sanctionner la mauvaise foi et la déloyauté, il a également porté l'idée de Demogue (R. Demogue, Traité des obligations en général, 1923-1933, particulièrement le tome VI, p. 17 et s.), que l'obligation de bonne foi pouvait avoir une dimension positive. Concrètement, le juge a dégagé un certain nombre d'obligations imposant aux parties des actes et comportements actifs, telles que l'obligation d'information (Cass. 1re civ., 23 janv. 1996 : les juges décident que l'abonné qui constate qu'il ne reçoit pas de factures du distributeur d'eaux doit avertir ce dernier), l'obligation de loyauté (Cass. com., 5 oct. 2004, Rover), l'obligation de tolérance (Cass. 3e civ., 15 déc. 1976), l'obligation de collaboration et l'obligation de coopération (Cass. com., 8 déc. 2002) ; de même, certains principes émergents en matière contractuelle, qui relèvent également de cette construction : il en est ainsi des principes de cohérence (Cass. com., 8 mars 2005) et de proportionnalité (Cass. 3e civ., 21 mars 2012). La question de l'atteinte au principe d'intangibilité s'est posée lorsque ce mouvement s'est orienté vers la thèse solidariste développée par certains auteurs (Ch. Jamin, « Plaidoyer pour le solidarisme contractuel », in Le contrat au début du XXIe siècle, Études offertes à J. Ghestin, LGDJ 2001 ; D. Mazeaud, « Loyauté, solidarité, fraternité, la nouvelle devise contractuelle ? », in L'avenir du droit, Mélanges en hommage à F. Terré, Dalloz, 1999). Cependant, cette thèse du solidarisme contractuel, après avoir séduit le juge a été abandonnée, tant elle entraînait un dévoiement de l'obligation de bonne foi, mais aussi du principe d'intangibilité contractuelle : elle devait conduire dans l'esprit de ses auteurs au sacrifice des droits de la partie forte en faveur de la partie faible, une sorte de rééquilibrage économique par le déséquilibre juridique. La Cour de cassation a mis définitivement fin à ce mouvement dans l'important arrêt Les Maréchaux (Cass. com., 10 juill. 2007, jurisprudence heureusement constante depuis, par. ex. Cass. 3e civ., 26 mars 2013 ; Cass. com., 14 sept. 2016 ; Cass. com., 2 nov. 2016). Affirmant que le créancier, même de mauvaise foi, demeure créancier, la Haute juridiction rappelle les principes premiers que sont la force obligatoire des conventions et l'intangibilité contractuelle, pour mesurer l'extension de l'obligation de bonne foi. Autrement dit, la Cour régulatrice ne renonce pas aux développements d'obligations comportementales de loyauté et de bonne foi (par ailleurs, mouvement définitivement consacré par la réforme de 2016 aux articles 1104 et 1112 du Code civil), mais réaffirme le nécessaire et préalable respect de l'intangibilité du contrat et des obligations convenues par les parties, y compris en cas de mauvaise foi.

Le juge est donc le garant du respect du contrat tel que voulu par les parties. Cependant, il s'est progressivement autorisé à alimenter la convention, porter des obligations nouvelles, dépassant quelque peu les limites fixées par la conception traditionnelle du principe d'intangibilité. Il a ainsi cherché et trouvé un savant équilibre entre les impératifs en apparence antagoniste de sécurité et justice contractuelles.

II - La pondération contemporaine de l'intangibilité conventionnelle au nom de la justice contractuelle

Si le principe de l'autonomie de la volonté, la liberté contractuelle et la force obligatoire des conventions demeurent les socles normatifs et matériels de la matière contractuelle, il n'en demeure pas moins qu'ils ont été relativisés en jurisprudence au xxe siècle, et dans la réforme du droit des contrats du xxie. Subséquemment, c'est le principe de l'intangibilité contractuelle qui a été mesuré par le juge et la loi, tant, de manière générale, au nom de l'équilibre conventionnel (A), que, de manière ponctuelle, en cas d'imprévision (B).

A - L'INTANGIBILITÉ DU CONTRAT MESURÉE AU NOM DE L'ÉQUILIBRE CONVENTIONNEL

La société économique a évolué depuis 1804 ; la pratique contractuelle également. Le Code civil postulait une certaine égalité « de force » entre les parties lors de la formation et l'exécution des conventions. Mais à la fin du XIXe siècle, avec la société de l'industrie, surtout, dans la seconde moitié du XXe siècle, avec l'avènement de la société de consommation, les contrats déséquilibrés sont devenus « la norme ». Le droit commun des contrats du Code civil de 1804 a été adapté par le juge et dans la réforme, permettant tant la critique du contenu conventionnel (1), que la remise en cause du contrat (2).

1. La critique du contenu contractuel

Depuis la réforme du droit des contrats pratiquée par l'ordonnance du 10 février 2016, la notion de contenu contractuel se réfère tout aussi bien aux conditions de validité du contrat (C. civ., art. 1128), qui renvoie à l'exigence d'un contenu licite (C. civ., art. 1162), qu'aux obligations qui sont l'assiette des principes de la force obligatoire et d'intangibilité du contrat, principes qui s'appliquent tant aux parties qu'au juge. Pourtant, l'intangibilité contractuelle a été relativisée au nom de la justice contractuelle. Déjà, en 1804, il en était ainsi dans des cas limitativement énumérés par la loi, en cas de lésion (C. civ., art. 1118 anc. / art. 1674 nouv.). Depuis la réforme, le juge se trouve doté de pouvoirs afin de critiquer un contenu contractuel déséquilibré.

De tels déséquilibres se sont particulièrement illustrés dans les rapports fournisseur-distributeur établis sur le fondement de contrats de distribution. Longtemps, la Cour de cassation a empêché le fournisseur, réputé fort, d'imposer sa volonté au distributeur, réputé faible, notamment en exigeant un prix négocié, déterminé ou déterminable (Cass. com., 27 avril 1971). Cependant, une telle solution constituait un frein au développement économique, de sorte que la Cour régulatrice a porté une solution plus souple, tout en maintenant sa volonté de protéger la partie faible à la convention : si le fournisseur est libre de fixer unilatéralement le prix de vente lors de chaque cession, le juge est susceptible d'exercer un contrôle a posteriori sur le fondement de l'abus (Cass. ass. plén., 1er déc. 1995). Cette solution a été consacrée par la réforme du droit des contrats à l'article 1164 du Code civil.

Au-delà du prix, ce sont les clauses elles-mêmes qui peuvent être l'objet de la critique judiciaire. Dans un premier temps, c'est surtout les clauses visant à l'aménagement de la responsabilité contractuelle.

Un pouvoir de révision judiciaire en cas d'excès lui est conféré par la loi en matière de clauses pénales dès avant la réforme du droit des contrats (C. civ., art. 1152 anc. / art. 1231-5 nouv.). Au terme d'une construction jurisprudentielle importante, partant de l'arrêt Chronopost I (Cass. com., 22 oct. 1996) jusqu'à l'arrêt Faurecia II (Cass. com., 29 juin 2010), les juges ont neutralisé, sur le fondement de la cause, les clauses limitatives et exonératoires de responsabilité par trop déséquilibrées. Cette jurisprudence a depuis été consacrée par la réforme de 2016, à l'article 1170 du code.

Enfin, sinon surtout, la prohibition des clauses abusives, d'abord, en droit de la consommation (C. consom., art. L. 212-1, anc. art. L. 132-1), ensuite dans le Code de commerce (C. com., art. L. 442-6, I, 2°, et désormais en droit commun (C. civ., art. 1171), offre un pouvoir considérable de critique sinon de réfaction du contrat par le juge. Naturellement, le terrain de prédilection de la prohibition des clauses abusives en droit commun est cantonné aux contrats d'adhésion (C. civ., art. 1110). Le nouvel article 1171, alinéa 1er dispose, à cet effet, que « Dans un contrat d'adhésion, toute clause qui crée un déséquilibre significatif entre les droits et obligations des parties au contrat est réputée non écrite ». Ainsi, dans les principaux contrats déséquilibrés, parce que non négociés, le juge a le pouvoir de priver d'effet, les clauses qui imposées par le fort au faible, organisent le déséquilibre au profit du premier au détriment du second.

La réforme du droit des contrats a non seulement offert de nouveaux moyens d'action pour le juge de lutter contre les déséquilibres contractuels, mais elle lui accorde aussi davantage de pouvoirs dans le cadre de la restauration des équilibres conventionnels en cas d'inexécution contractuelle.

2. La remise en cause du contrat

Le principe de l'intangibilité contractuelle dont le juge est le garant, implique que ce dernier doit, lorsque cela est nécessaire, forcer l'exécution de la convention, dans le respect de la loi. À moins que les parties n'en aient décidé ensemble le contraire (mutuus dissensus), la convention doit être exécutée dans les termes des contractants. En cas d'inexécution contractuelle, le juge doit, parmi l'arsenal de sanctions judiciaires, rechercher la sanction la mieux disante dans cette perspective (Cass. com., 1er juill. 1980 : le juge préférera par exemple le remplacement de la chose viciée plutôt que la résolution de la vente – il s'agit d'ailleurs d'un usage en matière commerciale).

Cependant, cette vocation propre à respecter et faire respecter la force obligatoire des conventions et l'intangibilité contractuelle est parfois contrariée au nom de la justice et de l'équilibre contractuel. C'est le cas dans la jurisprudence récente dans l'hypothèse des groupes de contrat, d'interdépendance contractuelle. Les groupes de contrats ou ensembles contractuels ne sont nullement envisagés dans le Code civil de 1804 ; à raison, ce sont des créations de la pratique du XXe siècle. L'hypothèse du crédit-bail comme celle de la location financière sont topiques de ce phénomène. À charge pour le juge de répondre à la question de l'impact de l'interdépendance entre les conventions d'un même ensemble sur les principes d'intangibilité et de relativité conventionnelles. Autrement dit, dans le cas où l'une des conventions de l'ensemble serait anéantie, quel est le sort réservé aux autres contrats du même ensemble ? D'abord, en matière de crédit-bail (Cass. ch. mixte, 23 nov. 1990, 2 arrêts), ensuite et surtout, en matière de location financière (Cass. ch. mixte, 17 mai 2013, 2 arrêts), la Cour de cassation a choisi de prendre en considération l'équilibre économique de l'ensemble plutôt que les stipulations des parties, pour lier le sort des contrats appartenant à un même groupe. C'est ainsi que dans l'un des arrêts de 2013, la Haute juridiction a décidé que « les contrats concomitants ou successifs qui s'inscrivent dans une opération incluant une location financière, sont interdépendants ; (...) sont réputées non écrites les clauses des contrats inconciliables avec cette interdépendance » (Cass. ch. mixte, 17 mai 2013). Cette solution a été consacrée par la réforme du droit des contrats (C. civ., art. 1186, alinéa 2).

Encore, longtemps, la Cour de cassation a poussé le principe d'intangibilité contractuelle à son paroxysme dans une hypothèse bien particulière. Ainsi, jugé, en application de l'ancien 1184 du Code civil que, au seul constat qu'une construction était inférieure de 33 centimètres en hauteur par rapport aux prévisions d'un contrat d'entreprise, un maître de l'ouvrage pouvait obtenir du juge qu'il impose à l'entrepreneur et aux frais de ce dernier la démolition intégrale et la reconstruction dans le respect du contrat conclu (Cass. 3e civ., 11 mai 2005 : « la partie envers laquelle l'engagement n'a point été exécuté peut forcer l'autre à l'exécution de la convention lorsqu'elle est possible »). Cette solution en parfaite adéquation avec le principe d'intangibilité a cependant été brisée par la réforme du droit des contrats. En effet, le nouvel article 1221 du Code civil (modifié une première fois en 2016, puis une seconde fois en 2018) dispose désormais que « Le créancier d'une obligation peut, après mise en demeure, en poursuivre l'exécution en nature sauf si cette exécution est impossible ou s'il existe une disproportion manifeste entre son coût pour le débiteur et son intérêt pour le créancier ». Autrement dit, le juge est appelé à préférer la cohérence et la proportionnalité à l'exécution forcée de la convention, appelé à préférer l'équilibre et la logique économique à une intangibilité seulement juridique.

La lutte contre les déséquilibres contractuels comme la recherche d'une juste exécution conventionnelle sont au cœur des nouvelles missions du juge en droit des contrats. Se conçoit aisément l'idée que le juge cherche à remédier à l'imprévision et ses conséquences pour la partie faible au contrat.

B - L'INTANGIBILITÉ DU CONTRAT MESURÉE EN CAS D'IMPRÉVISION

Malgré le principe d'intangibilité contractuelle, la jurisprudence d'abord (1), la loi finalement (2) ont contribué à lutter contre les déséquilibres contractuels survenus en cours d'exécution de la convention en raison d'un bouleversement économique extérieur.

1. Le dépassement de la jurisprudence

L'imprévision est topique du déséquilibre contractuel. À la différence des hypothèses précédentes, le déséquilibre ne tient pas à la différence de qualité des parties, mais à un bouleversement économique extérieur. Cette hypothèse n'était pas envisagée dans le Code civil de 1804, lequel ignorait dans une large mesure les contrats destinés à perdurer dans le temps. Le contrat est formé par les parties en considération d'une situation économique donnée, cependant, au cours de la phase d'exécution, une évolution des circonstances économiques a pour conséquence de rendre l'exécution du contrat excessivement onéreuse pour l'une des parties. Celle-ci espère alors la fin du contrat ou sa révision.

Mais, en vertu du principe d'intangibilité contractuelle, la réponse judiciaire première et évidente a toujours été d'ordonner de continuer à exécuter conformément à la convention des parties et aux termes initiaux. C'est le sens de l'arrêt Canal de Craponne qui conduit à refuser au juge le pouvoir de réviser le contrat en cas d'imprévision (Cass. civ., 6 mars 1876). L'intervention du juge pour rééquilibrer le contrat serait pourtant équitable, mais elle ne saurait avoir lieu en raison du principe d'intangibilité (la solution contraire est portée par le juge administratif, qui révise le prix des contrats administratifs en cas d'imprévision depuis le célèbre arrêt Cie générale d'éclairage de Bordeaux, CE, 30 mars 1916).

Sans revenir sur le refus de la révision judiciaire pour imprévision, le juge judiciaire a recherché d'autres remèdes en cas d'imprévision au nom de la justice contractuelle. Deux fondements classiques du droit commun des obligations ont ainsi été revisités par la Cour de cassation pour servir d'éventuels remèdes et d'instruments de rééquilibrage du contrat. D'abord, à la fin du XXe siècle, alors que la doctrine porte l'idée du solidarisme contractuel, la Haute juridiction entend, au nom de l'obligation générale de bonne foi (C. civ., art. 1134, alinéa 3 anc. / art. 1104 nouv.), imposer une obligation de renégociation en cas d'imprévision, y compris en l'absence de clause dite de « hardship », pesant sur celui qui ne supporte pas le coût du bouleversement économique, afin de permettre à son cocontractant de poursuivre utilement le contrat (Cass. com., 3 nov. 1992, Huard ; Cass. com., 24 nov. 1998, Chevassus-Marche). Cependant, le glas sonné du solidarisme a mis un terme à cette idée d'une obligation de renégociation imposée, dont la portée était tout de même limitée, car aucune certitude quant à la bonne fin de la renégociation ne pouvait être garantie. Encore, sur le fondement de la cause de l'ancien article 1131 du Code civil, la Cour régulatrice a ouvert la voie à la caducité du contrat en cas d'imprévision (Cass. com., 29 juin 2010, Soffimat). Cependant, les incertitudes et critiques entourant la notion de cause, comme la réforme alors à venir du droit des contrats, avaient conduit à enterrer cette construction prétorienne tout juste naissante.

Aussi, les louables, cependant vains efforts prétoriens, ont été suppléés par la réforme du droit des contrats qui est loin d'aboutir à une solution satisfaisante en cas d'imprévision.

2. La révision pour imprévision dans la réforme du droit des contrats

Comme le juge, le législateur a recherché une solution à l'imprévision contractuelle. Pris en compte les objectifs de justice et d'équilibre contractuels qui imprègnent la réforme du droit des contrats, il n'y a nul étonnement à constater qu'un dispositif a été réservé à cette hypothèse ; cependant, l'article 1195 nouveau en question (on ne manquera pas de remarquer qu'il est disposé à la suite quasi-immédiate de l'article 1193 lequel prévoit le principe d'intangibilité contractuelle) se révèle certes révolutionnaire du point de vue du principe d'intangibilité, mais à de nombreux égards décevant du point de vue de son efficience. Il suffit d'en analyser les termes de la quasi-procédure mise en place pour s'en convaincre.

Le premier alinéa de l'article 1195 du Code civil propose, in limine, une définition de l'imprévision soulignant que le bouleversement économique à l'origine de l'imprévision doit rendre excessivement onéreuse l'exécution des obligations prévues au contrat pour l'une des parties qui n'en a pas accepté le risque. L'ambition d'une définition est louable ; la substance est critiquable dès lors que la référence à l'excès est incertaine et source elle-même de contentieux (alors qu'à ce stade, le juge ne saurait être saisi). In fine, l'alinéa 1er de l'article 1195 du Code civil prévoit que celui qui subit l'imprévision peut demander la renégociation du contrat à l'autre partie, tout en devant continuer à exécuter la convention. La prescription est sans intérêt, sans utilité : tout contractant peut demander la renégociation du contrat à l'autre partie, soit une modification de la convention (par exemple, un salarié qui demande une augmentation de salaire à son employeur) ; tout contractant est tenu de poursuivre l'exécution de la convention, une fois celle-ci conclue. En n'obligeant pas l'autre partie à accepter la renégociation, le dispositif mis en place se limite finalement à rappeler le principe d'intangibilité contractuelle.

Le second alinéa n'offre guère de perspectives d'efficience de la loi en cas d'imprévision. En effet, le dispositif reprend en soulignant que les parties peuvent mettre fin au contrat d'un commun accord en cas d'imprévision ; le texte rappelle donc inutilement le mutuus dissensus, stricte application du principe d'intangibilité. La relativisation du principe résonne davantage à la suite de la lecture du second alinéa de l'article 1195 du Code civil. Les parties peuvent ensemble demander au juge de fixer le nouveau prix au contrat (les juges n'auraient pas réussi à se mettre d'accord sur ce prix, qu'elles demanderaient au juge de le déterminer), ce qui revient à rappeler une pratique connue, celle du tiers estimateur. L'apport du texte se révèle toujours aussi résiduel. La véritable nouveauté intervint à l'issue de ce long processus : si les étapes précédentes n'ont pas heureusement abouti, la partie qui subit l'imprévision peut unilatéralement demander au juge, de mettre fin au contrat ou de le réviser. Ainsi, finalement, la réforme du droit des contrats porte une réelle atteinte au principe d'intangibilité contractuelle, en permettant, au terme d'un processus peu pertinent, au juge judiciaire de réviser le contrat en cas d'imprévision, brisant (au moins partiellement) la jurisprudence Canal de Craponne.

L'intangibilité contractuelle demeure un principe essentiel de la matière contractuelle. Justifiée tant par l'obligatoriété des conventions que par l'impératif de sécurité contractuelle, l'intangibilité du contrat est, depuis la réforme du droit des contrats, à géométrie et intensité variables. L'intangibilité constitue un principe qui reçoit exception, en vertu des nouveaux mécanismes du Code civil, au nom d'une justice contractuelle, entendue comme la protection de la partie faible au contrat. La nécessaire conciliation entre sécurité juridique et équilibre contractuel se réalise au travers de la casuistique judiciaire, par la mise en œuvre de mécanismes classiques, telles que l'obligation de bonne foi ou encore la théorie des vices du consentement, ou encore d'instruments nouveaux, telles que la caducité et la proportionnalité.

Sujet 5

DISSERTATION : LA PROTECTION DES PERSONNES (SUJET COMPLÉMENTAIRE)

Au temps de la loi des Douze Tables, celui atteint de troubles mentaux graves, qui était qualifié de furiosus, était placé sous l'autorité des membres les plus proches de sa famille, de façon justement à ce qu'il ne puisse agir d'une façon déraisonnable. Un tel mécanisme de protection devait se poursuivre sous l'empire du droit romain. C'est ainsi que sous Justinien, un système de représentation du « fou », qui était appelé curatelle, devait permettre la sauvegarde des intérêts de cette personne. Désormais, la protection des personnes est plus étendue et dépasse largement le régime des incapacités.

Afin de la préserver du mal, la personne doit être protégée. La personne est un sujet de droit doté de la personnalité juridique, c'est-à-dire de l'aptitude à être titulaire de droits et assujetti à des obligations. Seule une personne peut acquérir un droit et toutes les personnes sont des sujets de droit. L'expression sujet de droit est donc dédiée aux personnes, pour désigner leur faculté théorique à être titulaires de droits, à les exercer en exprimant leur volonté, à les défendre au moyen d'une action en justice, mais aussi à être tenues par des obligations. L'intérêt attaché à la reconnaissance de la personnalité explique qu'elle ait été accordée non seulement aux êtres faits de chair et de sang que sont les personnes physiques, mais aussi parfois à des entités abstraites n'ayant aucune réalité biologique : les groupements reconnus par la loi que sont les personnes morales. Ainsi, la notion de personne dépasse celle de personne humaine et caractérise également certaines collectivités, certains groupements de personnes, tels que les sociétés, voire des groupements de biens, comme les fondations. Néanmoins, la grande diversité des personnes morales rejaillit sur le plan de leur régime juridique. Aussi, il existe un droit des personnes morales qui dépasse en ampleur et en richesse le droit des personnes physiques. Il demeure largement étranger au droit civil, car nombre de ses éléments naissent plus ou moins du droit administratif, du droit commercial et des sociétés et du droit du travail. Pour les sociétés civiles, les associations et les fondations, si elles pénètrent le champ civil, elles relèvent d'autres parties du droit civil : des contrats spéciaux ou des libéralités, selon l'acte juridique qui en est la source.

Dans la lettre du Code civil de 1804, la protection de la personne est circonscrite aux incapacités. La personnalité juridique est limitée afin de protéger le sujet de droit contre sa propre faiblesse, quelle que soit la source de celle-ci : l'âge, la maladie, les difficultés de l'existence. Toutefois, les atteintes contemporaines à la personne humaine ont rendu nécessaire l'instauration d'une protection de l'intégrité de la personne conçue en elle-même dans la complétude et l'indissociabilité des éléments qui la composent. Le juge a alors édifié l'essentiel des principes de protection de la personne sur le fondement des textes du droit commun.

Aussi convient-il d'envisager d'une part, la protection spécifique de la personne incapable (I) et, d'autre part, la protection généralisée de l'intégrité étendue à toutes les personnes (II).

I - La protection spécifique de la personne incapable

Le Code civil n'a pas consacré une partie distincte aux incapacités. Toutefois, les titres IX, X et XI de son Livre Des personnes sont consacrés aux principales institutions en rapport avec les incapacités. Cette notion d'incapacité est à adapter en fonction de la minorité (A) ou de la majorité (B).

A - LA PROTECTION NATURELLE DU MINEUR

1. La protection traditionnelle par les père et mère

Selon les termes de l'article 388 du Code civil, « Le mineur est l'individu de l'un ou de l'autre sexe qui n'a point encore l'âge de dix-huit ans ». Il est considéré comme un être faible et dépendant qui doit être représenté dans la vie civile, mais aussi éduqué, élevé et protégé dans sa personne. Ses protecteurs naturels sont ses parents, qui sont titulaires de l'autorité parentale. Cette dernière est définie par l'article 371-1 du Code civil, comme « un ensemble de droits et de devoirs ayant pour finalité l'intérêt de l'enfant ». Il s'agit d'une véritable fonction de protection de l'enfant dans sa sécurité, sa santé et sa moralité, « pour assurer son éducation et permettre son développement, dans le respect dû à sa personne » et en associant « l'enfant aux décisions qui le concernent, selon son âge et son degré de maturité ». Il s'agit là d'une véritable fonction parentale, des droits pour les parents, mais aussi des devoirs. Afin d'atteindre les objectifs définis par l'article 371-1 du Code civil, les parents doivent se respecter mutuellement et accomplir chacun les efforts nécessaires pour traduire leurs responsabilités de façon positive dans la vie de leur enfant, notamment en respectant la place de l'autre parent et en maintenant un nécessaire dialogue entre eux (Paris, 11 sept. 2002).

Afin de remédier à l'incapacité juridique du mineur, la technique de la représentation permet l'accomplissement des actes de la vie civile au nom et pour le compte du mineur par une personne désignée à cet effet. Il s'agit soit de l'administration légale, soit de la tutelle. La première s'applique au mineur dont l'un des parents au moins a l'exercice de l'autorité parentale (C. civ., art. 382). La seconde s'applique au mineur dont aucun des parents n'est apte à exercer l'autorité parentale, comme en cas de décès des père et mère (C. civ., art. 390). Malgré un principe d'incapacité générale, l'étendue de l'incapacité juridique dépend en partie de l'âge du mineur concerné. Seul l'infans, c'est-à-dire l'enfant en bas âge, est entièrement dépendant de ses représentants pour l'accomplissement des actes de la vie civile. Le mineur capable de discernement se voit reconnaître une certaine autonomie juridique. L'article 12 de la Convention de New York sur les droits de l'enfant prévoit d'ailleurs que « Les États garantissent à l'enfant qui est capable de discernement le droit d'exprimer librement son opinion sur toute question l'intéressant ». Ainsi, le mineur non émancipé peut accomplir tous les actes de la vie courante. Il appartient au juge, en cas de litige, de vérifier au regard des circonstances de l'espèce, si la qualification d'« acte de la vie courante » est justifiée (Cass. 1re civ., 12 nov. 1998). Également sous l'angle procédural, la loi n° 93-22 du 8 janvier 1993 a assoupli le régime des incapacités par l'insertion des articles 388-1 et 388-2 du Code civil prévoyant respectivement l'audition et la représentation de l'enfant en justice. Le mineur ne peut être auditionné par le juge que s'il est doué de discernement, sans que la jurisprudence ne fixe un âge précis (Cass. 1re civ., 18 mars 2015).

Le mineur non émancipé peut accomplir tous les actes de la vie courante ou les actes spécialement énumérés par la loi. En revanche, seul le mineur émancipé a la pleine capacité civile, il peut, comme un majeur, effectuer tous les actes de la vie civile (C. civ., art. 413-6, al. 1er). L'émancipation d'un mineur résulte de plein droit du mariage (C. civ., art. 413-1) ou, à certaines conditions, d'une décision du juge des tutelles. Il n'est donc plus sous l'autorité parentale de ses parents (C. civ., art. 413-7). Les effets de l'émancipation sont importants puisque « le mineur émancipé est capable, comme un majeur, de tous les actes de la vie civile » (C. civ., art. 413-6). Ainsi, le mineur n'a pas à être représenté dans le cadre d'une action en justice (Cass. 2e civ., 23 oct. 1985). Trois limites demeurent cependant jusqu'à la majorité légale (dix-huit ans), le consentement des parents est requis s'il veut se marier ou être adopté (C. civ., art. 413-6, al. 2), il ne peut être commerçant et il ne peut exercer de droits civiques.

2. La protection exceptionnelle par l'administration et le juge

Au-delà de la protection par l'incapacité et l'administration légale ou la tutelle, il existe une protection générale de l'enfant, judiciaire et extra-judiciaire qui lui permet d'être protégé. Dans le cadre de cette dernière, le Code de l'action sociale et des familles charge le service de l'aide sociale à l'enfance, placé sous l'autorité du président du conseil départemental, de la protection administrative des mineurs en danger. Elle peut prendre différentes formes, avec l'accord des parents qui est toujours nécessaire : aides matérielles ou financières, placement de l'enfant dans une famille d'accueil ou un établissement, suivi de l'enfant. Ce champ de la protection sociale de l'enfance n'est pas sans lien avec la protection judiciaire, notamment parce que les travailleurs sociaux travaillent aussi en relation avec le juge des enfants. Enfin, la loi du 14 mars 2016, relative à la protection de l'enfant, ne modifie pas le principe selon lequel la protection administrative consiste à aider et accompagner les familles. Toutefois, elle élargit le rôle de la prévention et le contrôle des parents défaillants.

La protection judiciaire de l'enfance en danger est confiée par l'article 375-1 du Code civil au juge des enfants, juge civil de l'assistance éducative et juge pénal du mineur délinquant. Il est compétent chaque fois que la santé, la sécurité ou la moralité d'un mineur sont en danger, ou quand les conditions de son éducation ou de son développement physique, affectif, intellectuel et social sont gravement compromises. Il peut en être ainsi des enfants appartenant à une secte (Cass. 1re civ., 28 mars 1995). Cette protection ne constitue pas une sanction à l'égard des parents, comme peut l'être une mesure de retrait de l'autorité parentale. Le contrôle de la fonction parentale ne peut déboucher que sur des mesures encadrant l'exercice de l'autorité parentale et le limitant éventuellement, mais qui ne privent jamais en elles-mêmes les parents du droit ni même de l'exercice de ce droit. Ce maintien de l'exercice de l'autorité parentale est si clair que l'article 378-1 du Code civil prévoit que si les parents s'abstenaient d'exercer les droits et devoirs qui leur sont laissés par l'article 375-7 pendant deux ans, ils pourraient se voir retirer l'autorité parentale. L'action en retrait est portée devant le TGI soit par le ministère public, soit par un membre de la famille ou le tuteur de l'enfant.

B - LA PROTECTION PROPORTIONNÉE DU MAJEUR

1. Les mesures indépendantes de toute protection

Une personne peut souffrir d'une atteinte passagère à ses facultés, sans pour autant avoir besoin d'une protection organisée pour tous les actes de la vie civile. Il est inutile d'ouvrir un régime de protection, mais il est nécessaire de protéger ponctuellement la personne pour l'accomplissement de tel ou tel acte. Aussi l'article 414-1 du Code civil précise que « pour faire un acte valable, il faut être sain d'esprit ». L'article 414-1 du Code civil érige la santé mentale en condition de validité des actes juridiques et en précise immédiatement la conséquence : la nullité des actes passés sous l'empire d'un trouble mental, sanction qui constitue le seuil minimal de protection des personnes insanes indépendamment de la mise en œuvre éventuelle d'un régime de protection. L'existence et la gravité du trouble mental relèvent de l'appréciation souveraine des juges du fond (Cass. 2e civ., 23 oct. 1985). De cette règle générale, le Code civil en fait une application particulière à l'article 901 du Code civil, qui dispose que « pour faire une libéralité, il faut être sain d'esprit ». Ainsi, la libéralité consentie par un disposant non sain d'esprit est entachée d'une nullité relative comme il en est pour la nullité procédant d'un vice du consentement. En principe, la protection du majeur prend effet à compter de la publicité du jugement ouvrant la sauvegarde de justice, la curatelle ou la tutelle. Ainsi, afin de protéger la personne vulnérable, les actes antérieurs à l'ouverture d'une curatelle ou d'une tutelle peuvent faire l'objet d'une action en réduction ou d'une action en nullité à condition de rapporter la preuve d'un préjudice (C. civ., art. 464).

Indépendamment de l'état mental, il est prévu un dispositif particulier pour les personnes victimes de violence. En effet, le Code civil contient, depuis 2010, un titre XIV au Livre I « Des personnes », « Des mesures de protection des victimes de violences ». Aux termes de l'article 515-9 du Code civil « lorsque les violences exercées au sein du couple ou par un ancien conjoint, un ancien partenaire lié par un pacte civil de solidarité ou un ancien concubin mettent en danger la personne qui en est victime, un ou plusieurs enfants, le juge aux affaires familiales peut délivrer en urgence à cette dernière une ordonnance de protection ». Cette ordonnance de protection délivrée par le juge aux affaires familiales sur requête permet de fixer diverses mesures provisoires énumérées à l'article 515-11 du Code civil, parmi lesquelles la résidence de la famille, l'éloignement de la personne violente ou les modalités d'exercice de l'autorité parentale.

2. Les mesures dépendantes du régime de protection

La personne est au cœur de la protection juridique mise en place par la loi du 5 mars 2007. Aussi, « cette protection est instaurée et assurée dans le respect des libertés individuelles, des droits fondamentaux et de la dignité de la personne » (C. civ., art. 415, al. 2). Lorsque le majeur est placé sous régime de protection, la protection de sa personne est essentielle, et le droit prend en compte l'autonomie réelle du majeur en l'informant et en le faisant participer aux décisions le concernant autant qu'il est possible. L'ouverture d'un régime de protection peut être justifiée dès qu'il y a altération des facultés mentales ou corporelles du majeur (C. civ., art. 425). Ainsi, le juge ne peut placer une personne sous le régime de la tutelle ou de la curatelle, pour altération de ses facultés mentales ou corporelles, que si cette altération a été médicalement constatée (Cass. 1re civ., 8 juill. 2015). Néanmoins, la mise en place d'un régime protecteur spécifique ne doit intervenir qu'à condition qu'il ne puisse être suffisamment pourvu aux intérêts de la personne par d'autres techniques, au rang desquelles la loi (C. civ., art. 428) mentionne notamment l'application des règles de la représentation ou des régimes matrimoniaux. De surcroît, la loi du 5 mars 2007 a inscrit expressément dans le Code civil les principes de nécessité, de subsidiarité et de proportionnalité qui sont ensuite mis en œuvre dans le cadre de chaque mesure (C. civ., art. 428).

Sauvegarde de justice, curatelle et tutelle sont, eu égard à la sévérité des règles applicables, les trois régimes prévus par la loi pour protéger le majeur. La curatelle est un régime de protection intermédiaire entre les deux autres et emprunte nombre de ses règles à la tutelle. « Le majeur placé sous sauvegarde de justice conserve l'exercice de ses droits » (C. civ., art. 435). Il n'est donc pas atteint par une incapacité générale d'exercice. L'ouverture d'une tutelle suppose que le majeur ait besoin d'être assisté pour tous les actes de la vie civile, sauf dérogation légale ou judiciaire. Lorsque le majeur est sous tutelle ou curatelle renforcée, le législateur a élaboré un régime très précis applicable à la gestion de son patrimoine. Enfin, l'ordonnance du 15 octobre 2015 a créé une nouvelle mesure : l'habilitation familiale (C. civ., art. 494-1 et s.). Elle vise à donner à l'entourage de la personne vulnérable un rôle déterminant dans la mise en œuvre de sa protection. Par là même est réalisé un allégement des procédures jusqu'alors applicables. L'habilitation d'une personne de confiance, choisie parmi les proches de la personne à protéger, peut être générale ou restreinte à certains actes déterminés. En cas de difficultés dans la mise en œuvre de la mesure, il revient au juge des tutelles de statuer.

Si la personne bénéficie notamment d'une protection de son patrimoine par le régime des incapacités, la personne bénéficiera d'une protection des droits extrapatrimoniaux par les droits de la personnalité. On peut regrouper les droits de la personnalité autour de deux axes, l'intégrité physique et morale et le respect de la vie privée et familiale de la personne.

II - La protection généralisée de l'intégrité étendue à toutes les personnes

L'intégrité est l'état d'une chose qui est entière, qui a toutes ses parties. La protection de l'intégrité de la personne est une protection de la personne conçue en elle-même, dans la complétude et l'indissociabilité des éléments qui la composent. Elle sera celle de sa personnalité, sous son double aspect, physique (A) et moral (B).

A - LA PROTECTION DE L'INTÉGRITÉ PHYSIQUE

1. La consécration du principe jurisprudentiel d'indisponibilité du corps humain

L'indisponibilité du corps humain doit être entendue, non pas au sens large, comme l'interdiction de disposer librement de son corps, mais dans un sens strict comme l'interdiction d'en faire un objet de commerce. La jurisprudence (Cass. 1re civ., 16 déc. 1975 ; Cass. 1re civ., 13 déc. 1989), en dégageant le principe d'indisponibilité du corps humain, l'avait d'ailleurs fondé sur l'ancien article 1128 du Code civil selon lequel « il n'y a que les choses dans le commerce qui peuvent être l'objet de conventions ». La même solution peut être retenue au titre du nouvel article 1162 du code. Aussi, l'indisponibilité du corps humain interdit à la personne d'effectuer des actes juridiques de disposition par lesquels s'opère une transmission d'un droit ayant pour objet son corps humain, par la voie de la cession, à titre onéreux ou gratuit, ou d'un abandon. En matière de gestation pour autrui, la Cour de cassation a ainsi affirmé que « la convention par laquelle une femme s'engage, fût-ce à titre gratuit, à concevoir et à porter un enfant pour l'abandonner à sa naissance contrevient tant au principe d'ordre public de l'indisponibilité du corps humain qu'à celui de l'indisponibilité de l'état des personnes » (Cass. ass. plén., 31 mai 1991). Elle s'applique au corps humain en son entier tant qu'il fait la personne et non aux éléments détachés du corps qui, s'ils ne peuvent, en principe, être vendus, peuvent être donnés (don de sang, d'organes).

Selon l'article 16-1 du Code civil, le corps humain est inviolable et l'article 16-3 précise « qu'il ne peut être porté atteinte à l'intégrité du corps humain qu'en cas de nécessité médicale pour la personne ou, à titre exceptionnel, dans l'intérêt thérapeutique d'autrui ». Cela signifie qu'un individu est en droit d'exiger qu'aucune atteinte ne soit portée à son corps, à sa santé ou à sa vie, du moins tant que l'ordre public n'est pas en jeu. Ainsi, en principe, il n'est pas possible d'imposer à l'individu une opération, une expertise ou un prélèvement. Toutefois, au nom de l'ordre public, il faut subir certaines vaccinations obligatoires, une prise de sang peut être exigée en cas d'accident automobile, l'analyse comparative de sangs, l'identification d'une personne par ses empreintes génétiques sont parfois ordonnées par les tribunaux en cas d'action en recherche de filiation (C. civ., art. 16-10 et 16-11). La constitutionnalité de l'obligation vaccinale a été confirmée par le Conseil constitutionnel dans une décision du 20 mars 2015, rendue sur question prioritaire de constitutionnalité (Cons. const., 20 mars 2015, n° 2015-458 QPC). De la même façon, la nécessité « médicale » justifie qu'il soit porté atteinte à l'intégrité du corps humain, mais le consentement de l'intéressé doit être recueilli chaque fois que cela est possible et qu'il est à même de consentir.

2. La concurrence du principe législatif de non-patrimonialité

Le législateur, en 1994, a choisi de ne pas inscrire dans le Code civil le principe d'indisponibilité du corps humain, dégagé par la jurisprudence. Il lui a préféré celui de non-patrimonialité (C. civ., art. 16-1 et 16-5). La substitution par le législateur de la non-patrimonialité du corps humain à son indisponibilité s'explique par la crainte du contresens dont l'indisponibilité aurait pu être l'objet. La règle de non-patrimonialité du corps humain est posée par l'article 16-1, alinéa 3, du Code civil, aux termes duquel « le corps humain, ses éléments et ses produits ne peuvent faire l'objet d'un droit patrimonial ». Le principe d'indisponibilité du corps humain conduit, en effet, à interdire toute convention portant sur le corps humain, quelle que soit sa nature, gratuite aussi bien qu'onéreuse. Le principe de non-commercialité conduit à frapper de nullité les seules conventions ayant pour effet de conférer une valeur patrimoniale (autrement dit : pécuniaire) au corps humain, à ses éléments ou à ses produits (C. civ., art. 16-5), c'est-à-dire les conventions à titre onéreux ayant un tel objet. Le principe de non-patrimonialité ne serait donc qu'un des composants du principe plus général de l'indisponibilité du corps humain.

La loi n° 94-653 du 29 juillet 1994 a inséré un chapitre dans le Code civil (art. 16 à 16-9) consacré au respect du corps humain : « Chacun a droit au respect de son corps. Le corps humain est inviolable. Le corps humain, ses éléments et ses produits ne peuvent faire l'objet d'un droit patrimonial » (C. civ., art. 16-1). Le corps humain, ses éléments et ses produits ne peuvent faire l'objet d'un droit patrimonial. Ils ne sont pas « dans le commerce » et ne peuvent faire l'objet que de dons (C. civ., art. 16-6) et toujours avec le consentement de l'intéressé (C. civ., art. 16-3, al. 2), sachant qu'en cas de prélèvement d'organes sur une personne décédée, elle est présumée avoir consenti au prélèvement si elle n'a pas fait connaître son refus de son vivant. Depuis les lois du 29 juillet 1994, les conditions dans lesquelles les dons peuvent être effectués sont très minutieusement précisées par le Code de la santé publique. On distingue les prélèvements d'organes et le prélèvement de tissus, de cellules ou de produits du corps. Le prélèvement de gamètes et le prélèvement de sang (qui sont des produits du corps) font l'objet de règles particulières. Les mêmes règles de gratuité et de consentement du donneur s'appliquent en toutes circonstances. Enfin, la règle de l'anonymat s'applique à toutes ces situations (C. civ., art. 16-8).

B - LA PROTECTION DE L'INTÉGRITÉ MORALE

1. La protection de la vie privée et de l'honneur

Si le corps vivant est la personne, la personne ne se réduit pas à celui-ci. La protection de l'intégrité de la personne, pour se réaliser pleinement, doit saisir la personne au-delà son corps. Ainsi, l'article 9 du Code civil affirme que « chacun a droit au respect de sa vie privée » et l'article 8 de la Convention européenne de sauvegarde des droits de l'homme et des libertés fondamentales que « toute personne a droit au respect de sa vie privée et familiale, de son domicile et de sa correspondance ». La Cour de cassation consacra l'autonomie de l'article 9 du Code civil par rapport à l' ancien article 1382 du Code civil (art. 1240 nouv.), en affirmant que « la seule constatation de l'atteinte à la vie privée ouvre droit à réparation » (Cass. 1re civ., 5 nov. 1996). Toute personne, quels que soient son rang, sa naissance, sa fortune, ses fonctions présentes ou à venir, a droit au respect de sa vie privée. La Cour de cassation a eu plusieurs fois l'occasion de rappeler cette règle fondamentale, concernant notamment les personnages publics dont l'intimité est souvent violée au titre de la liberté d'expression (Cass. 1re civ., 27 févr. 2007). Toutefois, lorsqu'est en cause une question utile à un débat d'intérêt général, la CEDH rappelle que « l'article 10, § 2, ne laisse guère de place pour des restrictions à la liberté d'expression » (CEDH, 10 nov. 2015, req. n° 40454/07, Couderc et Hachette Filipacchi Associés c/France). Néanmoins, la jurisprudence récente a précisé que seules les personnes physiques peuvent se prévaloir d'une atteinte à la vie privée au sens de l'article 9 du Code civil, excluant les personnes morales (Cass. 1re civ., 17 mars 2016).

Si le droit au respect de la vie privée a été consacré par le législateur et trône dans le Code civil, en son article 9, le droit sur l'image est une création de la jurisprudence. Elle rappelle régulièrement « qu'en principe, toute personne a sur son image un droit exclusif et absolu et peut s'opposer à sa fixation, à sa reproduction ou à son utilisation sans autorisation préalable » (Cass. 2e civ., 24 avr. 2003). Néanmoins, elle précise aussi que ce droit doit se combiner avec l'exercice de la liberté de communication des informations, ce dont il résulte qu'une personne ne peut s'opposer à la réalisation et à la divulgation de son image chaque fois que le public a un intérêt légitime à être informé (Cass. 2e civ., 30 juin 2004).

2. La protection contre les atteintes à la dignité de la personne

L'article 16 du Code civil consacre le principe de dignité de la personne humaine, principe moral ancien, progressivement juridicisé à partir des années 1980. En dehors des atteintes au corps humain, la dignité a permis de protéger les personnes contre les spectacles dégradants. En effet, ont été jugés contraires au principe de respect de la dignité de la personne humaine les spectacles de « lancers de nains » (CE, ass., 27 oct. 1995, Cne de Morsang-sur-Orge). Cette solution a été reconduite par le Conseil d'État dans une série d'ordonnances de référé rendues les 9 et 10 janvier 2014 pour confirmer l'interdiction des spectacles publics de M. D. M'Bala M'Bala pour les atteintes portées à la dignité de la personne humaine résultant de propos relatifs à la Shoa (CE, ord. réf., n° 374528, 10 janv. 2014, SARL Les Productions de la Plume et M. D. M'Bala M'Bala).

La dignité humaine intervient également pour protéger la personne contre les atteintes au corps humain. Ainsi, dans un arrêt du 27 juin 1913, la Cour d'appel de Lyon a retenu la responsabilité d'un médecin qui avait, moyennant rémunération, utilisé une femme comme cobaye dans une expérimentation de chirurgie esthétique (CA Lyon, 27 juin 1913). Cette dignité doit être respectée en tout état de cause, ce qui implique de ne pas imposer au regard « en des lieux de passage public forcé ou dans certains organes de presse, l'image fractionnée et tatouée du corps humain », ce qui est « une symbolique de stigmatisation dégradante pour la dignité des personnes atteintes de manière implacable en leur chair et en leur être, de nature à provoquer à leur détriment un phénomène de rejet ou de l'accentuer » (CA Paris, 28 mai 1996). De plus, le respect dû au corps humain ne cessa pas avec la mort (Cass. 1re civ., 29 oct. 2014). Enfin, le principe de dignité est fréquemment invoqué au soutien de la revendication d'un droit à mourir dans la dignité par les partisans d'une légalisation de l'euthanasie.

Le droit protège aussi bien de manière spécifique la personne vulnérable, par le régime des incapacités, que de manière générale, toute personne voit son intégrité protégée. Cette protection est, d'une part, nécessaire, comme le souligne le rapport sur la protection juridique des majeurs vulnérables de septembre 2015, en raison de l'allongement de l'espérance de vie et de l'apparition de troubles liés à l'âge et, d'autre part, les progrès scientifiques et techniques ont accru les risques d'atteintes aux corps humain et à la vie privée.

Sujet 6

CAS PRATIQUE : CAS VALENTINE A ET JULIEN B

(ANNALES CONCOURS ENM 2019)

SUJET

Valentine A… et Julien B… ont prévu de se marier le 24 juin 2017. Julien B…, 31 ans, est directeur des ressources humaines dans une grande entreprise. Valentine A…, 30 ans, est chirurgien-dentiste et exerce à titre libéral au sein de cabinet qu'elle vient d'aménager grâce à des prêts consentis par sa banque. Souhaitant assurer au mieux la protection de la famille qu'ils entendent fonder, les futurs époux ont demandé conseil à un notaire. Celui-ci, après les avoir informés sur les différents régimes matrimoniaux leur a suggéré d'opter pour le régime de la communauté réduite aux acquêts avec une clause d'attribution intégrale de la communauté au conjoint survivant et une clause de donation entre époux portant sur l'universalité des meubles et immeubles composant la succession.

Par acte sous-seing privé en date du 20 décembre 2016, Julien B… et Valentine A… ont par ailleurs confié à Monsieur C…, photographe professionnel, le soin de réaliser le reportage photographique de leur mariage. Le 16 juin 2017, Valentine A… et Julien B… versent au photographe l'acompte de 1 400 € prévu au contrat à valoir sur le montant de la prestation fixé à 2000 €. Le 20 juin 2017, le photographe les informe que, pour des raisons médicales, il ne pourra pas exécuter une partie des prestations prévues et peut-être même la prestation dans son ensemble. Le 22 juin 2017, Valentine A… et Julien

B… indiquent à Monsieur C… qu'ils engagent un autre professionnel pour effectuer le reportage photographique de leur mariage. Courant juillet, les jeunes époux mettent en demeure Monsieur C… de leur restituer l'acompte de 1 400 € versé et se heurtent à un refus de la part du photographe.

Vous répondrez aux questions suivantes.

1. Le régime matrimonial conseillé par le notaire vous semble-t-il adapté à la situation spécifique de Valentine A… et Julien B… et répondre à leurs préoccupations ? (justifiez votre réponse) (8 points)
2. Valentine A… et Julien B… ont entendu parler du régime légal québécois de séparation des biens avec société d'acquêts. Ils vous demandent s'ils pourraient envisager d'opter pour ce régime dans l'hypothèse où il serait adapté à leur situation. Que leur répondez-vous ? (3 points)
3. Valentine A… et Julien B… ne souhaitant pas engager une procédure judiciaire, que leur conseillez (vous pour tenter de résoudre le litige les opposant à Monsieur C…, photographe ? (6 points)
4. En août 2017, concernant le litige avec Monsieur C…, les jeunes époux ont finalement décidé de demander la résolution du contrat par voie judiciaire. Quelle juridiction ont-ils dû saisir et selon quelles modalités ? (3 points)

I - Sur le choix du régime matrimonial

Des époux envisagent de se marier. Aussi, ils consultent un notaire pour les conseiller sur le choix du régime matrimonial. Le notaire les invite à recourir à un régime de la communauté réduite aux acquêts avec une clause d'attribution intégrale de la communauté au conjoint survivant et une clause de donation entre époux portant sur l'universalité des meubles et des immeubles composant la succession.

Le régime matrimonial proposé par le notaire est-il approprié ?

Selon les termes de l'article 1387 du Code civil, les époux sont libres de choisir entre les différentes variétés de régimes matrimoniaux. De plus, ils sont libres d'apporter aux différents modèles prévus par le Code civil toutes les modifications conventionnelles qu'ils jugent utiles.

En l'occurrence, le notaire conseille aux époux d'opter pour le régime de la communauté réduite aux acquêts (C. civ., art. 1400 à 1491). Ce régime a vocation à s'appliquer à tous les couples mariés sans contrat de mariage ou ayant déclaré opter pour le régime de communauté sans plus de précisions (C. civ., art. 1400).

Dans le cadre de ce régime, les biens communs se réduisent aux seuls acquêts.

Le notaire conseille d'adjoindre une clause d'attribution intégrale de la communauté au conjoint survivant.

Ainsi, à la suite du décès du premier conjoint, l'intégralité du patrimoine commun devient la propriété exclusive du conjoint survivant sans qu'il soit nécessaire d'ouvrir une succession. Il s'agit d'un accord matrimonial et non d'une libéralité.

Enfin, le notaire invite les époux à ajouter une clause de donation entre époux portant sur l'universalité des meubles et des immeubles composant la succession.

Une telle clause est prévue aux articles 1094 et 1094-1 du Code civil. En effet, selon le premier article, l'époux, soit par contrat de mariage, soit pendant le mariage, pourra, pour le cas où il ne laisserait point d'enfant ni de descendant, disposer en faveur de l'autre époux en propriété, de tout ce dont il pourrait disposer en faveur d'un étranger. Selon le second article, pour le cas où l'époux laisserait des enfants ou descendants, issus ou non du mariage, il pourra disposer en faveur de l'autre époux, soit de la propriété de ce dont il pourrait disposer en faveur d'un étranger, soit d'un quart de ses biens en propriété et des trois autres quarts en usufruit, soit encore de la totalité de ses biens en usufruit seulement.

Le choix du régime matrimonial et de ses éventuelles adaptations dépend de divers critères.

Au premier rang des critères, la profession des époux conditionne le choix du régime matrimonial.

En effet, l'époux dont la profession comporte un risque financier va chercher à préserver son conjoint des poursuites de ses créanciers.

En l'espèce, il est mentionné que la future épouse exerce une profession libérale, alors que le futur époux est directeur des ressources humaines.

Or, dans le régime de communauté légale, toutes les dettes nées pour quelque cause que ce soit pendant le mariage sont communes (C. civ., art. 1413). En conséquence, les créanciers professionnels d'une personne exerçant une profession libérale mariée sous le régime légal pourront saisir les biens communs pour se payer de leur créance. Le régime de la communauté présente donc un danger sur le terrain du passif.

L'épouse exerçant une profession libérale expose donc la communauté. Dès lors, il est conseillé de se tourner vers le régime de la séparation de biens afin de placer la communauté à l'abri des créanciers de son épouse.

Néanmoins, il convient de préciser que Valentine A… a contracté des prêts antérieurement au mariage. Dès lors, selon l'article 1410 du Code civil, les dettes antérieures à la célébration du mariage demeurent personnelles.

Ensuite, l'âge des époux est un critère important. En effet, les couples atteignant l'âge de la retraite aspirent à un régime matrimonial plus favorable au conjoint survivant.

Ainsi, la clause d'attribution intégrale de la communauté au dernier vivant (C. civ., art. 1524 et 1525) a pour effet d'éviter qu'au décès du conjoint prémourant, la communauté universelle soit partagée entre le conjoint survivant et les héritiers.

Or, en l'espèce, Valentine A… est âgée de 30 ans et Julien B… de 31 ans, de telles aspirations ne sont donc pas pertinentes. Ainsi, la clause d'attribution intégrale de la communauté et la clause de donation entre époux ne sont pas pertinentes.

En conséquence, un régime de la séparation de biens est plus approprié à la situation des époux.

Ce régime matrimonial est caractérisé par l'absence de biens communs et de passifs communs aux deux époux (sauf dettes ménagères) et la libre disposition par chacun d'eux de ses biens personnels (C. civ., art. 1536 et s.).

Ainsi, dans le cadre de ce régime, chaque époux reste seul tenu de ses dettes, quelle que soit la date antérieure ou postérieure à la célébration du mariage — de leur fait générateur (C. civ., art. 1536, al. 2).

Dès lors, un tel régime matrimonial est approprié en l'espèce.

II - Sur le choix du régime légal québécois

Valentine A et Julien B ont entendu parler du régime légal québécois.

Peuvent-ils opter pour le régime légal québécois, à savoir la séparation de biens avec société d'acquêts ?

A - SUR LE CHOIX DE LA LOI QUÉBÉCOISE

Les époux, lorsqu'ils établissent un contrat de mariage, peuvent choisir la loi appelée à régir leur régime matrimonial.

Néanmoins, cette faculté de choix est encadrée par le règlement européen du 24 juin 2016 mettant en œuvre une coopération renforcée dans le domaine de la compétence, de la loi applicable, de la reconnaissance et de l'exécution des décisions en matière de régimes matrimoniaux. Ce dernier s'applique à compter du 29 janvier 2019.

Ainsi, l'article 22 du règlement dresse une liste de lois que peuvent choisir les époux : la loi de la résidence habituelle de l'un des futurs époux ou la loi de nationalité de l'un des futurs époux au jour où la convention est conclue.

En l'espèce, si un des critères de rattachement est rempli, les époux pourront opter pour le régime légal québécois, correspondant à la séparation de biens avec société d'acquêts.

B - SUR LA SOCIÉTÉ D'ACQUÊTS

Les époux, lorsqu'ils choisissent la loi appelée à régir leur régime matrimonial, peuvent également choisir le contenu du régime matrimonial, comme le permet l'article 1387 du Code civil en droit français et au nom de la liberté contractuelle.

Dans le cadre du régime de la séparation de biens, la société d'acquêts est une clause insérée dans le contrat matrimonial dont l'effet est de créer une masse commune, composée des économies réalisées par les époux et partagée entre eux à la dissolution du régime.

Concrètement, une telle clause permet d'atténuer la rigueur de la séparation de biens pure et simple en déterminant une masse de biens communs, plus ou moins étendue.

En effet, l'intérêt d'un tel régime est que les époux peuvent délimiter en toute liberté dans leur contrat de mariage l'étendue de la société d'acquêts (Cass. 1re civ., 15 nov. 2003).

Ainsi, les époux ont la possibilité de limiter la société à certains biens, ce qui permet de réaliser un équilibre entre un régime de communauté qui comprendrait une masse commune trop étendue, et un régime séparatiste, qui ne serait pas suffisamment participatif.

III - Sur la résolution du litige

Valentine A et Julien B ont confié à un photographe le soin de réaliser le reportage photographique de leur mariage. Toutefois, il informe les futurs époux que pour des raisons médicales, il ne pourra pas réaliser la prestation.

Quels sont les remèdes à l'inexécution ? Quelles sont les solutions extrajudiciaires ?

A - SUR LES REMÈDES À L'INEXÉCUTION

Sur le fondement de l'article 1101 et de l'article 1103 du Code civil, le contrat se forme par la rencontre des volontés.

En l'espèce, les parties ont conclu pareille convention par acte sous-seing privé en date du 20 décembre 2016.

Par conséquent, le contrat passé entre les parties sera soumis aux prescriptions en vigueur à la date de conclusion du contrat.

Sur le fondement de l'article 1217 du Code civil, l'inexécution contractuelle peut trouver remède dans l'exception d'inexécution, l'exécution forcée en nature par le débiteur ou par le créancier lui-même, la réduction du prix par sollicitation, la résolution et la responsabilité contractuelle.

En l'espèce, Valentine A et Julien B ne veulent pas procéder par voie judiciaire. Par conséquent, l'action en responsabilité n'est pas opportune ni plus que la résolution judiciaire. La résolution pour faute grave et la résolution fondée sur une clause résolutoire pourraient être opportunes, mais ne permettront pas aux créanciers la répétition des sommes versées ni le remboursement des frais occasionnés par la conclusion d'un contrat avec un autre professionnel. L'exception d'inexécution comme la réduction du prix par sollicitation ne présentent guère d'intérêt, dès lors que les créanciers ont déjà versé un acompte et que la prestation du débiteur n'a pas été exécutée dans sa totalité.

Reste donc à envisager la question de l'exécution forcée.

Sur le fondement de l'article 1221 du Code civil, l'exécution forcée en nature par le débiteur lui-même peut être demandée par le créancier en cas d'inexécution contractuelle.

En l'espèce, deux jours avant le mariage, Monsieur C informe Valentine A et Julien B qu'il n'exécutera pas ses obligations contractuelles nées du contrat conclu le 20 décembre 2016. Les créanciers ont conclu un nouveau contrat avec un autre professionnel, lequel a effectué la prestation. L'inexécution contractuelle de Monsieur C est constante. Une exécution forcée en nature par le débiteur a posteriori du mariage n'a ni intérêt ni sens.

Reste donc à envisager la question de l'exécution forcée par le créancier lui-même ou un tiers.

Sur le fondement de l'article 1222, alinéa 1er du Code civil, « Après mise en demeure, le créancier peut aussi, dans un délai et à un coût raisonnable, faire exécuter lui-même l'obligation ou, sur autorisation préalable du juge, détruire ce qui a été fait en violation de celle-ci. Il peut demander au débiteur le remboursement des sommes engagées à cette fin ».

En l'espèce, deux jours avant le mariage, Valentine A et Julien B ont indiqué à Monsieur C qu'ils engagent un autre professionnel de la photographie. Idéalement, cette indication a respecté les formes de la mise en demeure. Dans cette hypothèse, ils ont donc fait exécuter l'obligation par un tiers. Rien n'indique les éléments relatifs au coût. Le délai est court (deux jours) ; cependant, les créanciers n'ont eux-mêmes été prévenus que deux jours plus tôt.

En somme, il est possible pour Valentine A et Julien B de rechercher le paiement de la prestation du deuxième professionnel de la photographie par Monsieur C.

B - SUR LES VOIES EXTRAJUDICIAIRES

Plusieurs voies extrajudiciaires de résolution des différends peuvent être envisagées pour Valentine A et Julien B.

D'abord ils peuvent recourir à une transaction qui est le « contrat par lequel les parties, par des concessions réciproques, terminent une contestation née, ou préviennent une contestation à naître » (C. civ., art. 2044).

Toutefois, une telle résolution implique des concessions réciproques, ce qui ne semble pas approprié en l'espèce.

Ensuite, les victimes de l'exécution peuvent envisager une procédure de médiation ou de conciliation extrajudiciaire (CPC, art. 1530 et s.).

Pour la première, le médiateur, personne physique ou morale, est un tiers impartial et compétent, qui mène avec toute la diligence requise, un processus structuré par lequel les parties tentent de parvenir à un accord amiable, sans avoir de pouvoir décisionnel (CPC, art. 1532 et s.).

Pour la seconde, le conciliateur de justice est un particulier bénévole, inscrit sur une liste par le premier Président de la cour d'appel sur proposition du juge d'instance, après avis du Procureur général, dont la mission est d'aider les parties à parvenir à un accord pour résoudre à l'amiable des différends (CPC, art. 1536).

Il est également possible à Valentine A, Julien B et à Monsieur C de recourir à une convention de procédure participative.

Le nouvel article 2062 du Code civil, issu de la loi J21, précise « La convention de procédure participative est une convention par laquelle les parties à un différend s'engagent à œuvrer conjointement et de bonne foi à la résolution amiable de leur différend ou à la mise en état de leur litige ».

IV - Sur la résolution judiciaire du litige

Les époux envisagent d'introduire une action en justice.

Il faut dès lors déterminer la compétence (A) et les modalités de la saisine (B).

A - SUR LA COMPÉTENCE

Pour la compétence matérielle, le tribunal de grande instance est la juridiction de droit commun. En effet, « Le TGI connaît de toutes les affaires civiles et commerciales pour lesquelles compétence n'est pas attribuée, en raison de la nature de l'affaire ou du montant de la demande à une autre juridiction » (COJ, art. L. 211-3).

Toutefois, en vertu de l'article L. 721-3 du Code de commerce, les juridictions commerciales sont compétentes pour connaître des contestations relatives aux engagements entre commerçants, entre établissements de crédit, entre sociétés de financement ou entre eux ; de celles relatives aux sociétés commerciales ; de celles relatives aux actes de commerce entre toutes personnes.

En l'espèce, la qualité de Monsieur C n'est pas précisée, il est seulement mentionné qu'il s'agit d'un professionnel.

À ce titre, en ce qui concerne la compétence des tribunaux, le commerçant doit assigner le débiteur civil devant le tribunal civil tandis que le civil peut assigner le commerçant à son gré devant le tribunal civil ou le tribunal de commerce (Cass. civ., 8 mai 1907).

Dès lors, les époux pourront saisir les juridictions civiles.

La compétence du TGI vaut pour toutes les actions personnelles ou mobilières ; mais la réserve des textes quant à la valeur du litige lui fait partager sa compétence, pour ce type d'actions, avec d'autres juridictions : Le TGI ne peut en connaître qu'au-delà de 10 000 euros et toujours à charge d'appel (COJ, art. R. 211-3) ; en deçà, le tribunal d'instance est compétent (jusqu'à 10 000 euros et à charge d'appel) (COJ, art. R. 221-4 et art. L 221-4).

En l'espèce, le montant de la demande porte sur la restitution de l'acompte assortie éventuellement de dommages-intérêts. En tout état de cause, le montant de la demande ne dépassera pas 10 000 euros.

Pour la compétence territoriale, les règles posées aux articles 42 à 48 du Code de procédure civile concernent toutes les juridictions de l'ordre judiciaire, sauf disposition contraire.

La règle est ici que le demandeur doit porter son action devant le tribunal du lieu où demeure le défendeur (CPC, art. 42, *actor sequitur forum rei*).

Les époux devront donc assigner devant le tribunal d'instance du lieu du domicile du photographe.

Toutefois, en matière contractuelle (CPC, art. 46, al. 2), le demandeur a la faculté de porter le litige, selon la nature du contrat, soit devant la juridiction du lieu de la livraison effective de la chose, soit devant celle du lieu de l'exécution de la prestation de services.

Ici, les époux pourront donc assigner devant le tribunal du lieu où la prestation de service aurait dû se réaliser.

B - SUR LES MODALITÉS DE SAISINE

L'article 829 du Code de procédure civile propose quatre modes d'introduction de l'instance devant le tribunal d'instance : l'assignation à fin de conciliation et, à défaut de jugement, la requête conjointe, la présentation volontaire des parties et la déclaration au greffe. L'esprit conciliation est voulu, mais n'a pas eu le succès que l'on pouvait escompter.

Toutefois, lorsque le montant de la demande n'excède pas 4 000 euros, le tribunal d'instance peut être saisi par une simple déclaration faite, remise ou adressée au greffe (CPC, art. 843, al. 1er).

En l'espèce, le montant de la demande n'excède pas 4 000 euros, les époux pourront donc saisir le tribunal par une simple déclaration, remise ou adressée au greffe du tribunal d'instance.

Cette déclaration doit contenir, outre les mentions prescrites à l'article 58, « un exposé sommaire des motifs de la demande » (CPC, art. 843, al. 2).

Enfin, selon l'article 844 du Code de procédure civile, le défendeur est convoqué par lettre recommandée avec demande d'avis de réception. La convocation du défendeur vaut citation et doit contenir un certain nombre de mentions et être accompagnée de la copie de la déclaration au greffe et des pièces qui y sont jointes.

Sujet 7

CAS PRATIQUE : CAS MADAME Y ET MONSIEUR X (ANNALES CONCOURS ENM 2018)

SUJET

Madame Y… et Monsieur X… vivent ensemble dans une maison appartenant à Monsieur X… Celui-ci, âgé de 68 ans, divorcé de Madame A… avec laquelle il a eu deux enfants, souhaite qu'après son décès, Madame Y…, âgée de 50 ans, puisse conserver le droit de demeurer dans cette maison. Par acte du 31 mars 2006, Madame Y… est devenue l'unique propriétaire de ce bien sur lequel Monsieur X… s'est réservé un droit d'usage et d'habitation viager conjointement avec Madame Y… Quatre ans plus tard, les relations entre Monsieur X… et Madame Y… se dégradent et le couple se sépare en novembre 2010. Madame Y… reste dans l'immeuble et fait apposer un nouveau verrou sur la porte d'entrée. Ses démarches auprès de Monsieur X… pour parvenir à un partage amiable n'ayant pas abouti, Madame Y… assigne Monsieur X… en janvier 2011. Monsieur X… s'oppose à la demande en partage, considérant qu'il ne saurait y avoir d'indivision entre le droit d'usage et d'habitation et les droits de la propriétaire du bien ni, subsidiairement, entre plusieurs titulaires d'un droit d'usage et d'habitation. Il ajoute qu'autoriser un partage en présence d'un droit d'usage et d'habitation revient à affecter l'existence même de ce droit.

Par ailleurs, Madame Y… qui est également propriétaire d'un garage édifié sur une parcelle voisine, avait, en janvier 2009, consenti aux époux D…, ses voisins immédiats, un pacte de préférence pour le cas où elle vendrait ce garage. Depuis la prise de retraite de Monsieur D…, le couple ne vit plus qu'épisodiquement dans l'immeuble jouxtant celui de Madame Y… et les relations entre eux se sont naturellement distendues. Courant novembre 2016, d'autres voisins, les époux B… font à Madame Y… une offre très intéressante pour l'achat de son garage. Celle-ci serait tentée d'accepter. Mais elle ne voudrait pas risquer des difficultés avec les époux D…

Elle vient vous consulter à ce sujet, accompagnée des époux B…

Vous répondrez aux questions suivantes.

1. Devant quelle juridiction Monsieur X… a-t-il été assigné en partage et sur quel fondement juridique ? (2 points)
2. Les moyens développés par Monsieur X… lui permettront-ils de faire échec à la demande en partage ? (10 points)
3. Madame Y… peut-elle être redevable d'une indemnité d'occupation au profit de Monsieur X… ? (3 points)
4. Que conseilleriez-vous à Madame Y… et aux époux B… ? (5 points)

Madame Y… est en conflit avec Monsieur X… à propos d'une action en partage (I), des moyens pouvant faire échec à cette demande (II), ainsi que d'une indemnité d'occupation (III). De plus, elle sollicite des conseils relatifs à un pacte de préférence (IV).

I - Sur l'action en partage

Par acte, en date du 31 mars 2006, il a été convenu entre Monsieur X… et Madame Y…, que cette dernière serait propriétaire de l'immeuble et que Monsieur X… se réserverait un droit d'usage et d'habitation viager conjointement avec Madame Y…

À la suite de la séparation du couple, la concubine sollicite le partage du droit d'usage et d'habitation.

Quel est le tribunal compétent dans le cadre d'une action en partage portant sur un droit d'usage et d'habitation ? Quel est le fondement juridique de la demande ?

Il convient d'une part d'envisager le tribunal compétent (A) et le fondement juridique de la demande (B).

A - SUR LA COMPÉTENCE

Il convient de distinguer la compétence matérielle de la compétence territoriale.

Pour la compétence matérielle, le tribunal de grande instance est la juridiction de droit commun. En effet, « Le TGI connaît de toutes les affaires civiles et commerciales pour lesquelles compétence n'est pas attribuée, en raison de la nature de l'affaire ou du montant de la demande à une autre juridiction » (COJ, art. L. 211-3).

Néanmoins, « Le TGI a compétence exclusive dans les matières déterminées par les lois et règlements » (COJ, art. L. 211-4).

Aussi, en matière immobilière, le TGI a une compétence exclusive pour les litiges concernant les actions immobilières pétitoires (COJ, art. R. 211-4, 5 o) et les actions personnelles immobilières.

Il faut entendre, par matière réelle immobilière, toute action relative à la mise en œuvre d'un droit immobilier.

L'action en partage portant sur un droit d'usage et d'habitation étant une action personnelle immobilière, le tribunal de grande instance est donc compétent.

Pour la compétence territoriale, les règles posées aux articles 42 à 48 du Code de procédure civile concernent toutes les juridictions de l'ordre judiciaire, sauf disposition contraire.

Or, en matière réelle immobilière, il convient d'assigner devant le tribunal de la situation de l'immeuble (CPC, art. 44).

S'agissant d'une action portant sur un droit réel immobilier, il convient donc d'assigner devant le tribunal de grande instance du lieu de situation de l'immeuble, non précisé en l'espèce.

B - SUR LE FONDEMENT JURIDIQUE

Le droit d'usage et d'habitation est un droit réel principal portant sur le bien d'autrui, qui confère à son titulaire, l'usager, le droit d'utiliser la chose et d'en percevoir les fruits, mais dans les limites de ses besoins et de ceux de sa famille (C. civ., art. 625 et s.).

Les droits d'usage et d'habitation sont des droits réels démembrés où le démembrement est plus accentué que dans l'usufruit.

En l'occurrence, il est précisé que par acte, en date du 31 mars 2006, a été instauré un droit d'usage et d'habitation conjoint entre Monsieur X... et Madame Y...

La spécificité, en l'espèce, est que le droit d'usage et d'habitation n'est pas exclusif à une personne, mais est partagé avec le propriétaire dudit bien. En substance, le propriétaire partage l'usus de son bien avec l'usager.

À cet égard, la jurisprudence a précisé qu'il existe entre le propriétaire d'un bien et le titulaire d'un droit d'usage et d'habitation sur ce bien une indivision quant à ce droit d'usage et d'habitation (Cass. 3e civ., 7 juill. 2016).

Dès lors, les règles de l'indivision trouvent application, et spécifiquement que «Nul ne peut être contraint à demeurer dans l'indivision et le partage peut toujours être provoqué, à moins qu'il n'y ait été sursis par jugement ou convention» (C. civ., art. 815).

Madame Y... pourra donc solliciter le partage sur le fondement de l'article 815 du Code civil.

II - Sur les moyens pour faire échec à la demande en partage

La difficulté, et partant le nombre de points octroyés à cette question, réside dans le caractère prospectif des moyens de Monsieur X... En effet, s'inspirant de l'arrêt de la troisième chambre civile, en date du 7 juillet 2016 (n° 15-10278), les examinateurs souhaitaient que les moyens du pourvoi soient reconstitués par le candidat.

Quels sont les moyens pouvant être invoqués par le cotitulaire du droit d'usage et d'habitation pour faire échec à la demande de partage ?

Trois arguments peuvent être soulevés par Monsieur X... : il est possible de discuter la qualification d'indivision (A) ; ensuite, de soulever le caractère personnel du droit d'usage et d'habitation confronté à l'indivision (B) et enfin, subsidiairement au partage (C).

A - LA QUALIFICATION D'INDIVISION

L'indivision est la situation juridique née de la loi ou de la convention des parties et qui se caractérise par la concurrence de droits de même nature exercés sur un même bien ou sur une même masse de biens par des personnes différentes (les coïndivisaires), sans qu'il y ait une division matérielle de leurs parts (C. civ., art. 815 et s.).

Ainsi, l'indivision résulte de la concurrence de droits réels de même nature sur un même bien.

Monsieur X... pourrait donc soulever que les droits ne sont pas de même nature. En effet, ce dernier est titulaire d'un droit d'usage et d'habitation, alors que Madame Y... est propriétaire du bien.

Autrement dit, il y a d'un côté un droit réel réduit, démembré ; de l'autre le droit de propriété, qui est un droit réel entier.

En conséquence, il ne serait pas possible de retenir la qualification d'indivision, en l'absence de droits concurrents.

Néanmoins, cet argument a peu de chance de prospérer.

D'une part, parce que s'il existe plusieurs usufruitiers d'une même chose, il y a indivision de l'usufruit (Cass. 1re civ., 26 sept. 2007). Il pourrait également y avoir, pour le même bien, une indivision sur la nue-propriété (Cass. 1re civ., 6 févr. 1996).

Or, le droit d'usage et d'habitation est classiquement conçu comme un simple diminutif de l'usufruit. Donc par analogie, il serait possible d'envisager une indivision portant sur un droit d'usage et d'habitation.

D'autre part, le propriétaire exerce sur son bien l'usus, le fructus et l'abusus. Son droit de propriété inclut donc nécessairement un droit d'usage et d'habitation. En principe, en cas de constitution d'un droit réel d'usage et d'habitation, l'usage est ôté de la propriété pour être transféré à l'usager.

Toutefois en l'espèce, le droit d'usage et d'habitation en cause ne portait pas sur la totalité du bien. Comme le souligne l'acte constitutif, en date du 31 mars 2006, le droit d'usage et d'habitation que le cédant s'était réservé devait s'exercer « conjointement » avec la propriétaire.

En conséquence, la concurrence des droits porte sur l'usus du droit de propriété, sur la propriété partagée du droit d'usage et d'habitation. Concrètement une indivision s'est formée, portant sur l'usage et l'habitation du bien.

Aussi, la Cour de cassation a considéré, dans un arrêt de la troisième chambre civile, en date du 7 juillet 2016, « que le propriétaire d'un bien, qui a le droit de jouir de son bien de la façon la plus absolue, dispose de droits concurrents avec le titulaire d'un droit d'usage et d'habitation s'exerçant conjointement sur le bien et qu'il existe par conséquent une indivision entre eux quant à ce droit d'usage et d'habitation ».

En conséquence, contester la qualification d'indivision a peu de chance de prospérer.

B - SUR LE CARACTÈRE PERSONNEL DU DROIT D'USAGE ET D'HABITATION

Monsieur X… pourrait tenter d'arguer le caractère éminemment personnel du droit d'usage et d'habitation pour faire échec à la qualification d'indivision.

En effet, le caractère éminemment personnel du droit d'usage et d'habitation est si étroitement attaché à la personne de son titulaire qu'il est incessible (C. civ., art. 631 et 634) ; qu'il n'autorise aucune mise en location du bien (C. civ., art. 631 et 634).

Dès lors, le caractère éminemment personnel exclut qu'il puisse y avoir indivision entre plusieurs titulaires d'un droit d'usage et d'habitation portant sur un même bien.

Néanmoins, il convient également de rejeter cette argumentation, en raison du caractère réel du droit d'usage et d'habitation.

Aussi, la Cour de cassation a considéré que « nonobstant son caractère personnel, ce droit est un droit réel conférant à son titulaire un droit de jouissance plus limité que celui de l'usufruitier » (Cass. 3e civ., 7 juill. 2016).

En conséquence, un tel argument ne pourra pas prospérer.

C - SUR L'EXCLUSION DE L'ACTION EN PARTAGE

Monsieur X… pourrait, sans discuter la qualification d'indivision, tenter d'exclure les règles du partage (C. civ., art. 815).

Le droit d'usage et d'habitation s'analyse comme un droit réel, temporaire et viager, accordant à une personne, dite usager, le droit de se servir de la chose d'autrui et d'en percevoir les revenus, mais seulement dans la limite de ses besoins et de ceux de sa famille.

Or, le partage porterait atteinte au caractère viager du droit d'usage et d'habitation. D'autant plus, qu'en l'espèce, l'acte du 31 mars 2006 stipule le caractère viager du droit d'usage et d'habitation.

Ainsi, le partage affecterait l'existence même du droit d'usage et d'habitation.

Toutefois, les droits d'usage et d'habitation s'établissent et se perdent de la même façon que l'usufruit (C. civ., art. 625). Ainsi, par analogie avec le régime de l'usufruit, l'article 815-18 du Code civil précise que les règles des articles 815 à 815-17 relatives au partage sont applicables aux indivisions en usufruit. Au surplus, l'article 817 du Code civil précise que « celui qui est en indivision pour la jouissance peut demander le partage de l'usufruit indivis par voie de cantonnement sur un bien ou, en cas d'impossibilité, par voie de licitation de l'usufruit ».

Toutefois, Monsieur X… pourrait objecter que ces articles ne visent pas spécifiquement le droit d'usage et d'habitation.

Cet argument a de nouveau peu de chance de prospérer. En effet, la Cour de cassation a retenu que les parties se trouvant en indivision quant au droit d'usage et d'habitation pouvaient demander le partage en application de l'article 817 du Code civil (Cass. 3e civ., 7 juill. 2016).

En conséquence, il ne reste plus alors qu'à appliquer à cette indivision le principe de droit commun de l'article 815 du Code civil qui consacre le droit fondamental de chaque indivisaire au partage des biens indivis.

III - Sur l'indemnité d'occupation

À la suite de la rupture, Madame Y… a occupé seule depuis novembre 2010 l'immeuble.

Est-elle redevable d'une indemnité d'occupation ?

L'article 815-9, alinéa 2, du Code civil énonce que « l'indivisaire qui use ou jouit privativement de la chose indivise est, sauf convention contraire, redevable d'une indemnité ».

Dès lors Madame Y… en raison de l'usage de l'immeuble est redevable d'une indemnité. En effet, Madame Y… s'est enrichie au détriment de Monsieur X… en usant privativement d'un bien sur lequel ils avaient un droit égal d'usage et de jouissance.

D'ailleurs, par analogie avec l'usufruit, la jurisprudence a retenu que faute d'accord sur la jouissance divise des immeubles, et en l'absence de partage, l'usufruitier occupant des biens indivis doit à l'indivision une indemnité pour jouissance privative (Cass. 1re civ., 19 janv. 1999).

Ici, en dépit de l'acte en date du 31 mars 2006, rien n'est précisé au sujet d'une indemnité d'occupation conventionnelle.

L'indemnité d'occupation prévue à l'article 815-9, alinéa 2 du Code civil obéit au régime juridique des fruits, car selon la Cour de cassation, ayant pour objet de réparer le préjudice causé à l'indivision par la perte de fruits et revenus, elle se substitue à ceux-ci et en emprunte les caractères (Cass. 1re civ., 10 janv. 1990).

Dès lors, ce sont donc les règles de l'article 815-10 du Code civil, relatives aux fruits et revenus, qui s'appliquent à l'indemnité d'occupation.

Afin d'évaluer le montant de l'indemnité prévue à l'article 815-9, alinéa 2, du Code civil, il faut préciser d'abord la durée de la jouissance privative prise en compte. L'indemnité est due pour toute jouissance privative d'un bien indivis entre le début de l'indivision et le partage.

En l'espèce, la jouissance privative de l'immeuble date de novembre 2010 et l'indemnité sera due jusqu'à la date du partage.

Enfin, c'est l'indivision elle-même qui bénéficie de l'indemnité due par l'indivisaire qui a joui privativement d'un bien indivis (Cass. 1re civ., 19 janv. 1999).

En conclusion, l'indemnité d'occupation, qui a pour objet de réparer le préjudice causé à l'indivision par la jouissance privative d'un coïndivisaire, est due par Madame X… à l'indivision jusqu'au partage et doit entrer dans la masse active partageable.

IV - Sur les conseils

En 2009, Madame Y… et le couple D… ont conclu un pacte de préférence portant sur un garage appartenant à Madame Y… En 2016, les époux B… font une offre d'achat à cette dernière concernant ledit garage.

Avant toute conclusion du contrat de vente définitif, Madame Y… et les époux B… entendent connaître leurs droits et obligations.

À titre liminaire, l'accord entre Madame Y… et le couple D… datant de 2009 est antérieur à la réforme du droit des contrats par l'ordonnance du 10 février 2016.

Or, cette ordonnance est entrée en vigueur pour partie à cette date, pour partie le 1er octobre 2016.

Par conséquent, le droit applicable en l'espèce est le droit antérieur à ladite réforme.

Sur le fondement des anciens articles 1101 et 1134 du Code civil, le contrat se forme par la rencontre des volontés.

En l'espèce, il est constant que les parties se sont accordées sur la conclusion d'un pacte de préférence aux termes duquel Madame Y… s'engage à vendre son garage en priorité au couple D… si elle se décide à le vendre. Cet engagement de priorité a un caractère obligatoire pour Madame Y…

Par conséquent, les parties sont liées par un pacte de préférence, obligeant Madame Y… à l'égard des époux D…, créanciers.

Il convient désormais d'envisager successivement :

- les risques pour les parties en cas de violation du pacte (A) ;
- les solutions qui s'offrent à Madame Y… (B) ;
- les solutions qui s'offrent aux époux B… (C).

A - LES RISQUES POUR LES PARTIES EN CAS DE VIOLATION DU PACTE

Quel est le sort du garage en cas de conclusion de la vente définitive entre Madame Y… et les époux B… ? Que peuvent faire les époux D…, bénéficiaires, en cas de violation du pacte ?

Sur le fondement de l'ancien article 1134 du Code civil, la Cour de cassation a décidé dans un arrêt rendu en chambre mixte, le 26 mai 2006, que « si le bénéficiaire d'un pacte de préférence est en droit d'exiger l'annulation du contrat passé avec un tiers en méconnaissance de ses droits et d'obtenir sa substitution à l'acquéreur, c'est à la condition que ce tiers ait eu connaissance, lorsqu'il a contracté, de l'existence du pacte de préférence et de l'intention du bénéficiaire de s'en prévaloir » (Cass. ch. mixte, 26 mai 2006).

En l'espèce, il semble constant que les époux B… ont eu connaissance du pacte, ce qui ressort avec évidence du seul fait qu'ils accompagnent Madame Y… pour obtenir conseils. Demeure que la volonté des époux D…, bénéficiaires du pacte, n'est pas connue, d'autant que les relations entre les parties au pacte se sont distendues.

Par conséquent, sauf aux époux D… de prouver que les époux B… connaissaient effectivement leur volonté de lever l'option d'achat, la vente entre Madame Y… et les époux B… ne semble pas pouvoir être annulée, et il ne leur sera pas possible de demander la substitution.

Il n'en demeure pas moins que leur comportement les expose à des actions en responsabilité.

Sur le fondement de l'ancien article 1147 du Code civil, la responsabilité contractuelle repose sur la réunion de trois conditions : un manquement contractuel fautif, un préjudice et un lien de causalité.

En l'espèce, Madame Y… s'est engagée à proposer en priorité l'acquisition du garage aux époux D… Si elle vend directement aux époux B…, elle aura donc nécessairement manqué à son engagement contractuel.

Les époux D… ne vivent plus qu'épisodiquement dans la maison jouxtant celle de Madame Y... L'impossibilité de bénéficier d'un garage ne devient alors plus qu'un préjudice relatif, mais il eut été d'autres ordres que celui de non-usage, comme un préjudice financier, en ce sens où cela aurait peut-être pu valoriser le bien immobilier des époux D…

En somme, à la condition de prouver la réalité de leur préjudice consécutif à ce manquement, les époux D… pourront engager la responsabilité contractuelle de Madame Y…

Sur le fondement de l'article 1240 du Code civil, la responsabilité délictuelle suppose la réunion de trois conditions : la faute, le préjudice et le lien de causalité. Encore, la Cour de cassation décide que « Toute personne qui, avec connaissance, aide autrui, à enfreindre les obligations contractuelles pesant sur elle, commet une faute délictuelle à l'égard de la victime de l'infraction » (Cass. com., 13 mars 1979).

En l'espèce, si les époux B… concluent la vente définitive avec Madame Y…, en sachant que Madame Y… commettait une faute en ne respectant pas son obligation de préférence, les époux B… ont commis une faute, synonyme de complicité de l'inexécution contractuelle.

Par conséquent, en renouvelant l'exigence de preuve du préjudice, les époux D… pourront engager la responsabilité délictuelle des époux B…

Il convient donc de manière préventive, d'informer Madame Y… et les époux B… quant à leurs droits et obligations, afin de permettre leur satisfaction sans violation du pacte de préférence.

B - LES SOLUTIONS QUI S'OFFRENT À MADAME Y…

Que peut envisager Madame Y… pour vendre son garage sans manquer à son obligation de priorité ?

Les faits de l'espèce n'offrent aucune précision concernant la durée du pacte et la détermination d'un prix dans le pacte. Or, ces deux éléments affectent la liberté contractuelle, les droits et obligation de Madame Y…

Sur la durée du pacte : sur le fondement de l'ancien article 1134 du Code civil, et en vertu du principe de la force obligatoire des conventions (al. 1er) et du principe de l'intangibilité contractuelle (al. 2), le contractant est obligé d'exécuter le contrat pendant toute sa durée.

En l'espèce, le pacte de préférence semble demeurer en cours d'exécution et Madame Y… ne semble pas libérée.

Par conséquent, en cet instant, Madame Y… est bel et bien tenue.

Demeure que selon que le contrat est à durée déterminée ou à durée indéterminée, la situation est susceptible d'évoluer.

Si le contrat est à durée indéterminée, en vertu du principe d'interdiction des engagements perpétuels, un contractant peut, après en avoir informé son cocontractant et dans le respect d'un préavis stipulé sinon raisonnable, mettre fin unilatéralement à la convention.

En l'espèce, rien n'indique l'existence d'un terme, et Madame Y… et les époux B… ne semblent pas pressés de conclure la vente définitive du garage.

Par conséquent, si le contrat est à durée indéterminée, il est opportun de conseiller à Madame Y… de résilier valablement son engagement avec les époux D…, avant de conclure le contrat de vente avec les époux B…

Si le contrat est à durée déterminée, le contrat ne saurait être valablement résilié unilatéralement par un contractant, sauf en cas de clause résolutoire valablement invoquée (C. civ., ancien art. 1184) ou en cas de faute grave du cocontractant (sur la résiliation unilatérale pour faute grave aux risques et périls de son auteur, Cass. com., 13 oct. 1998).

En l'espèce, rien n'indique l'existence d'une clause résolutoire et un quelconque motif d'invocation d'une telle clause impliquant une inexécution des époux D... Cette hypothèse est à écarter ! Pour la même raison, c'est-à-dire l'absence d'une quelconque faute commise par les époux D..., la résiliation unilatérale pour faute grave est à écarter.

Par conséquent, si le contrat est à durée déterminée, Madame Y… ne peut pas résilier le pacte de préférence.

Dès lors, la question de la stipulation d'un prix devient opportune.

Sur le fondement des anciens articles 1108 et suivants et de l'ancien article 1134 du Code civil, la détermination du prix de la chose objet de l'engagement de priorité n'est pas une condition de validité du pacte de préférence (jurisprudence constante, V. notamment, Cass. com., 5 janv. 2016).

En l'espèce, rien n'indique que le pacte prévoit le prix convenu quant au garage entre Madame Y… et les époux D…

Par conséquent, il convient de distinguer deux hypothèses :

- Si le prix a été convenu dans le pacte de préférence, Madame Y… est obligée de proposer prioritairement aux époux D… l'acquisition du bien au prix déterminé. Ce n'est qu'en cas de refus des époux D… qu'elle sera libre de vendre le garage à un prix plus élevé aux époux B… ;
- Si le prix n'a pas été convenu dans le pacte de préférence, Madame Y… est obligée d'en proposer prioritairement l'acquisition aux époux D…, à un prix qui ne saurait être supérieur à l'offre des époux B… En cas de refus des époux D…, elle est libre de vendre aux époux B… à ce prix.

C - LES SOLUTIONS QUI S'OFFRENT AUX ÉPOUX B…

Que peuvent faire les époux B… pour acquérir le bien sans risquer la contestation ultérieure de la vente et pour éviter d'engager leur responsabilité ?

À noter que si le pacte de préférence conclu est régi par le droit antérieur, l'article 9 de l'ordonnance de réforme du droit des contrats du 10 février 2016 prévoit que l'action interrogatoire est d'entrée en vigueur immédiate.

En l'espèce, les faits situent l'offre des époux B… en novembre 2016.

Par conséquent, une telle action peut être menée par les époux B…

À ce titre, l'alinéa 3 du nouvel article 1123 du Code civil dispose que « Le tiers peut demander par écrit au bénéficiaire de confirmer dans un délai qu'il fixe et qui doit être raisonnable, l'existence d'un pacte de préférence et s'il entend s'en prévaloir ». Par suite, l'alinéa 4 énonce que « L'écrit mentionne qu'à défaut de réponse dans ce délai, le bénéficiaire du pacte ne pourra plus solliciter sa substitution au contrat conclu avec le tiers ou la nullité du contrat ».

En l'espèce, cela permettrait aux époux B… d'interroger les époux D… quant à leur volonté de bénéficier du pacte de préférence.

En guise de conclusion, si les époux D… renoncent à l'acquisition ou que ces derniers ne répondent pas dans un délai fixé raisonnablement par les époux B…, ces derniers seront libres d'acquérir le garage auprès de Madame Y…, sans encourir le risque de contestation future de la vente ou un quelconque risque de voir leur responsabilité engagée. À l'opposé si les époux D… manifestent leur volonté de bénéficier du pacte, les époux B… n'auront d'autre choix que de renoncer à l'acquisition du garage.

Sujet 8 CAS PRATIQUE : CAS MONSIEUR D. (ANNALES CONCOURS ENM 2017)

SUJET

Les époux D. sont en pleine crise financière et conjugale. L'épouse n'exerçant pas d'activité professionnelle, le mari a toujours subvenu seul aux besoins de la famille qui menait grand train de vie jusqu'en juillet 2014, date à laquelle Monsieur D. a perdu son emploi. En septembre 2015, Monsieur D. accepte une offre d'emploi de magasinier au sein de la société G. malgré l'éloignement de ce lieu de travail et la nécessité pour lui de prendre un logement sur place. Il hésite d'autant moins qu'il vient de découvrir l'infidélité de son épouse au travers de photographies et messages non équivoques circulant sur le net.

Au mois de janvier 2016, l'employeur de Monsieur D. lui indique avoir reçu notification d'une procédure de paiement direct le concernant et lui précise qu'il va devoir retenir sur son salaire, dès la fin du mois en cours, une somme de 933,33 €, en exécution d'une ordonnance du juge aux affaires familiales en date du 2 novembre 2015.

Le 20 janvier 2016, Monsieur D. reçoit signification de cette décision le condamnant au paiement d'une contribution aux charges du mariage de 800 € par mois. L'avocat qu'il consulte le 30 janvier 2016 lui apprend que l'assignation qui lui était destinée en vue de l'audience, a été convertie par l'huissier en procès-verbal sur le fondement de l'article 659 du Code de procédure civile avec indication des diligences suivantes :

- le destinataire de l'acte n'a pu être rencontré à son domicile de V. que, selon les déclarations de son épouse, il a quitté depuis le 25 septembre 2015 ;
- il n'a pu être trouvé sur son lieu de travail à la société G. sur la commune de B. malgré plusieurs passages de l'huissier délégué ;
- appelé à plusieurs reprises par l'huissier sur la ligne de téléphone mobile il n'a pu être joint ni n'a contacté l'étude comme le lui suggérait le message laissé sur messagerie vocale.

Monsieur D. est d'autant plus furieux qu'il était présent sur son lieu de travail à la date du procès-verbal et que le numéro de téléphone mentionné dans l'acte ne correspond pas au sien.

Au mois de juillet 2016, Madame D. dépose une requête en séparation de corps devant le juge aux affaires familiales.

Au mois de novembre 2016, rendant visite à son père qui a été placé sous curatelle par un jugement du 2 juillet 2016, l'association A. ayant été désignée en qualité de curateur, Monsieur D. fils apprend que cette mesure de protection est sur le point d'être remplacée par un mandat de protection future que son père a consenti à son notaire, Maître Y. par acte en date du 26 mai 2011. Le 15 octobre 2016, le notaire a en effet fait viser par le greffe du tribunal d'instance ledit mandat de protection afin de pouvoir le mettre à exécution.

Le juge des tutelles ayant été saisi par Monsieur D. père, assisté de son curateur d'une demande tendant à ce que le mandat de protection future soit substitué à la mesure de curatelle ordonnée par le juge du 2 juillet 2016, Monsieur D. fils écrit au juge des tutelles pour s'opposer à cette demande. Il conteste la validité du mandat signé par son père en 2011 en considérant que celui-ci, déjà très affaibli, a été influencé par son notaire, Maître Y. Il ajoute que la décision de placement sous curatelle empêche la mise à exécution du mandat de protection future.

Vous répondrez aux questions suivantes.

1. Monsieur D. va-t-il pouvoir contester l'ordonnance du juge aux affaires familiales du 2 novembre 2015 ? (6 points)
2. Monsieur D. pourra-t-il former une demande en divorce dans le cadre de la procédure engagée par son épouse en juin 2016 ? (2 points)
3. En l'absence de demande en divorce, Monsieur D. pourrait-il éviter la mise à sa charge par le jugement de séparation de corps d'une pension alimentaire au profit de l'épouse ? (4 points)
4. Le mandat de protection future pourra-t-il être déclaré nulle part le juge des tutelles si Monsieur D. rapporte la preuve que les facultés mentales de son père étaient déjà affaiblies le 26 mai 2011 ? (4 points)
5. La mesure de curatelle décidée le 2 juillet 2016 fait-elle obstacle à la mise à exécution du mandat de protection future donné le 26 mai 2011 ? (4 points)

Monsieur D., en pleine crise financière et conjugale, rencontre des difficultés relatives à une ordonnance du juge aux affaires familiales (1), à une demande en séparation de corps (2), à une pension alimentaire (3), à la nullité d'un mandat de protection future (4) et à la mise à exécution d'un mandat de protection future (5).

1. Monsieur D. va-t-il pouvoir contester l'ordonnance du juge aux affaires familiales du 2 novembre 2015 (6 points)

Par une ordonnance, en date du 2 novembre 2015, le juge aux affaires familiales sollicite le paiement direct d'une pension alimentaire auprès de l'employeur de Monsieur D. Ce dernier n'a pas été informé de la procédure, puisque l'huissier a converti l'assignation en procès-verbal sur le fondement de l'article 659 du Code de procédure civile.

Les diligences accomplies par l'huissier pour délivrer l'assignation sont-elles suffisantes ?

En application de l'article 214 du Code civil, les époux doivent contribuer aux charges du mariage. L'alinéa 2 dudit article précise que si l'un des époux ne remplit pas ses obligations, l'autre peut l'y contraindre.

En l'espèce, Madame D., n'exerçant pas d'activité professionnelle, a assigné son époux en contribution aux charges du mariage. Toutefois, l'huissier n'ayant pu délivrer l'acte à personne, celui-ci a été converti en procès-verbal sur le fondement de l'article 659 du Code de procédure civile. Or, Monsieur D. conteste les diligences accomplies.

L'assignation est l'acte de procédure adressé par le demandeur au défendeur par l'intermédiaire d'un huissier de justice, pour l'inviter à comparaître devant une juridiction de l'ordre judiciaire.

Afin que la notification soit pleinement effective, elle doit être réalisée au lieu où l'on est le plus sûr de toucher le destinataire de l'acte. Ainsi, en application de l'article 654 du Code de procédure civile, la signification doit être faite à personne, remise au destinataire directement, en mains propres, en quelque lieu qu'il se trouve y compris sur son lieu de travail.

Or en l'espèce, l'huissier n'a pas pu remettre l'assignation à Monsieur D.

L'huissier de justice ne peut s'exonérer de son obligation de signifier à personne posée à l'article 654 du Code de procédure civile que s'il justifie des raisons qui ont rendu cette remise au destinataire impossible (CPC, art. 659). L'huissier de justice doit procéder à toutes les investigations nécessaires pour connaître le domicile, la résidence ou le lieu de travail du destinataire de l'acte (Cass. 2e civ., 21 juill. 1986). En l'espèce, l'huissier a mentionné plusieurs diligences.

Pour la première diligence, il est relevé que l'épouse a informé l'huissier que l'époux a quitté le domicile depuis le 25 septembre 2015, sans plus de précisions. Or, si l'épouse connaissait le domicile réel de son époux la signification doit être annulée (Cass. 2e civ., 17 mai 2001).

Pour la seconde diligence, il est précisé que Monsieur D. n'a pu être trouvé sur son lieu de travail, après plusieurs passages de l'huissier délégué. Or, Monsieur D. soulève qu'il était présent. Satisfaisant aux diligences de l'article 659 du Code de procédure civile, l'huissier de justice qui, quand le domicile et la résidence du destinataire de l'acte sont demeurés introuvables, s'est rendu plusieurs fois sur le lieu de travail de celui-ci sans pouvoir délivrer l'acte à personne (Cass. 2e civ., 19 nov. 2008). Finalement, ce point se résoudra sur le terrain probatoire.

Enfin, il est indiqué que l'huissier a laissé un message téléphonique invitant Monsieur D. à le contacter. Or, le numéro de téléphone figurant sur le procès-verbal ne correspond pas au numéro de Monsieur D. Comme pour le précédent point, la difficulté se résoudra sur le terrain probatoire.

Surtout, les juges du fond doivent vérifier si les diligences sont suffisantes. Ainsi, la jurisprudence considère que pour une pension alimentaire après séparation de corps, il convient de rechercher si la nouvelle adresse ne pouvait être obtenue auprès des enfants du couple (Cass. 2e civ., 15 nov. 1995).

Or, en l'espèce aucune diligence ne semble avoir été réalisée en ce sens, alors que le couple a au moins un enfant. Ainsi, il est possible de déclarer nulle la signification effectuée dès lors que l'huissier de justice n'a pas fait toutes les recherches nécessaires.

La nullité pour non-respect de l'article 658 du Code de procédure civile est une nullité pour vice de forme (Cass. 2e civ., 22 nov. 1984).

En vertu de l'adage quod nullum est, nullum producit efficium, la nullité de l'acte de procédure entraîne en principe l'anéantissement rétroactif de celui-ci. Les conséquences de la nullité sont le plus souvent restreintes à l'acte de procédure attaqué ; mais elles peuvent s'étendre aussi à tous les actes qui avaient été accomplis sur le fondement de l'acte annulé.

Ainsi, il convient d'annuler l'ordonnance en date du 2 novembre 2015 qui a été prise sur le fondement de l'assignation convertie en procès-verbal par l'huissier.

2. Monsieur D. pourra-t-il former une demande en divorce dans le cadre de la procédure engagée par son épouse en juin 2016 ? (2 points)

L'épouse, en juillet 2016, a déposé une requête en séparation de corps. L'époux souhaite lui opposer une demande en divorce.

Dans le cadre d'une procédure en séparation de corps, le juge peut-il se prononcer sur une demande en divorce émanant de l'autre époux ?

La séparation de corps est un simple relâchement du lien conjugal, consistant essentiellement dans la dispense du devoir de cohabitation, alors que les devoirs de fidélité et d'assistance demeurent (C. civ., art. 296 et s.).

L'article 297-1 du Code civil dispose que « Lorsqu'une demande en divorce et une demande en séparation de corps sont concurremment présentées, le juge examine en premier lieu la demande en divorce. Il prononce celui-ci dès lors que les conditions en sont réunies. À défaut, il statue sur la demande en séparation de corps ».

Dès lors, Monsieur D. pourra former une demande reconventionnelle en divorce pour faute, en invoquant notamment l'infidélité de son épouse et le juge devra se prononcer en priorité sur la demande en divorce.

3. En l'absence de demande en divorce, Monsieur D. pourrait-il éviter la mise à sa charge par le jugement de séparation de corps d'une pension alimentaire au profit de l'épouse ? (4 points)

Dans l'hypothèse où aucune demande en divorce ne serait présentée, Monsieur D. peut-il se soustraire à la condamnation à la pension alimentaire dans le cadre d'une séparation de corps?

Le devoir de secours comporte normalement l'obligation, pour chacun des époux, de fournir à l'autre, s'il est dans le besoin, tout ce qui est nécessaire à son entretien (nourriture, logement, vêtements, soins médicaux…). L'article 303 du Code civil précise que la séparation de corps laisse subsister le devoir de secours et le jugement prononçant la séparation de corps fixe la pension alimentaire, qui est due à l'époux dans le besoin.

La pension alimentaire due au titre du devoir de secours est fixée en considération de deux éléments visés à l'article 208 du Code civil. Il s'agit à la fois de l'état de besoin du créancier et du montant des ressources dont dispose le débiteur. Ces critères sont souverainement appréciés par les juges du fond (Cass. 2e civ., 10 juill. 1991).

En l'espèce, il est précisé que l'épouse n'exerce pas d'activité professionnelle et que son époux subvenait seul aux besoins de la famille. Toutefois, l'époux vient de retrouver un emploi de magasinier, ce qui laisse supposer que ses ressources sont plus faibles que lorsqu'ils menaient « grand train de vie ».

Reste à savoir, si l'infidélité de l'épouse a une incidence.

L'époux tenu au devoir de secours n'est cependant pas dépourvu de tous moyens de défense puisqu'il peut invoquer, s'il y a lieu, les dispositions de l'article 207, alinéa 2 (sur renvoi de l'art. 303, al. 2, C. civ.). Cet article prévoit la déchéance en tout ou en partie du droit aux aliments en cas de manquement grave du créancier à ses obligations envers le débiteur. Les fautes invoquées par un époux à l'appui de la demande en séparation de corps aux torts du créancier seront retenues si elles présentent un caractère de gravité suffisante. Ainsi, une cour d'appel a pris en considération à bon droit de nombreux abandons du foyer par la femme pour réduire l'obligation du mari (Cass. 2e civ., 11 févr. 1981).

Or, en l'espèce, l'époux a découvert l'infidélité de son épouse à travers des photographies et des messages diffusés sur Internet.

En conclusion, il convient de décharger totalement ou partiellement l'époux du versement d'une prestation compensatoire.

4. Le mandat de protection future pourra-t-il être déclaré nul par le juge des tutelles si Monsieur D. rapporte la preuve que les facultés mentales de son père étaient déjà affaiblies le 26 mai 2011 ? (4 points)

Le 26 mai 2011, Monsieur D. conclut un mandat de protection future en désignant comme mandataire son notaire.

Le mandat de protection future peut-il être déclaré nul si les facultés mentales sont affaiblies?

Le mandat de protection future est le mandat par lequel une personne capable organise sa propre protection juridique, pour le cas où elle ne pourrait plus pourvoir seule à ses intérêts par suite d'une altération de ses facultés personnelles, en désignant un tiers de confiance chargé de la représenter dans les actes de la vie civile (C. civ., art. 477 et s.).

Le mandant est une personne physique majeure ou mineure émancipée. Il ne doit pas faire l'objet d'une mesure de tutelle (C. civ., art. 477).

En l'espèce, Monsieur D., au 26 mai 2011, ne fait l'objet d'aucune mesure de protection.

Comme pour tout acte juridique, il importe que les parties au mandat de protection future soient saines d'esprit, ce qui est présumé (C. civ., art. 414-1). S'il est par la suite établi que le mandant était sous l'empire d'un trouble mental au moment de l'acte, le mandat pourra être annulé. Néanmoins, selon les termes de l'article 414-2 du Code civil, l'action n'appartient, de son vivant, qu'à l'intéressé.

Ainsi, le fils de Monsieur D. ne pourra pas agir en justice à cette fin.

5. La mesure de curatelle décidée le 2 juillet 2016 fait-elle obstacle à la mise à exécution du mandat de protection future donné le 26 mai 2011 ? (4 points)

Par un jugement, en date du 2 juillet 2016, Monsieur D. a été placé sous le régime de la curatelle. Une association a été désignée en qualité de curateur. Toutefois, le mandat de protection future conclu en 2011 est mis à exécution par le mandataire. Monsieur D. et son curateur saisissent le juge des tutelles afin de substituer le mandat de protection future à la curatelle.

Le juge des tutelles peut-il substituer à une curatelle, un mandat de protection future ?

Le mandat de protection future prend effet lorsqu'il est établi que le mandant ne peut plus pourvoir seul à ses intérêts (C. civ., art. 477 et 481) pour l'une des causes prévues à l'article 425 du Code civil, c'est-à-dire en raison d'une altération, médicalement constatée, soit de ses facultés mentales soit de ses facultés corporelles de nature à empêcher l'expression de sa volonté. Il appartient alors au mandataire, à peine d'engager sa responsabilité, de mettre en œuvre la mesure de protection conventionnelle.

En l'espèce, le notaire (mandataire) a mis à exécution, le 15 octobre 2016, le mandat de protection future.

Toutefois, une difficulté se pose dans l'hypothèse où la personne est soumise à une curatelle au moment de la mise à exécution du mandat de protection future. En effet, le mandat, dans une telle hypothèse, ne doit pas pouvoir prendre effet dès sa conclusion, à défaut de quoi il permettrait une remise en cause de la décision de justice ouvrant la curatelle.

A priori donc, le mandat de protection future ne devrait pas être mis à exécution en dehors d'une intervention judiciaire.

En matière de curatelle, comme de tutelle, les prévisions du juge sont constamment révisables. En effet, l'article 442, alinéa 3 du Code civil prévoit que « le juge peut, à tout moment, mettre fin à la mesure, la modifier ou lui substituer une autre mesure prévue au présent titre ». Le mandat de protection future faisant partie du titre XI, « De la majorité et des majeurs protégés par la loi », le juge des tutelles pourra substituer à la curatelle, le mandat de protection future conclu en 2011.

Néanmoins, il convient de préciser que le juge des tutelles devra apprécier l'amélioration des facultés mentales de l'intéressé.

Une autre voie semble envisageable pour le fils de Monsieur D.. En effet, aux termes des articles 484 du Code civil et 1259-3 du Code de procédure civile, tout intéressé peut saisir le juge aux fins de contester sa mise en œuvre ou les modalités de son exécution.

Ainsi, le fils de Monsieur D., membre de sa famille, peut agir en contestation de la mise en œuvre du mandat. Finalement, c'est la jurisprudence qui a apporté la solution. En effet, si le mandat de protection future mis à exécution prend fin par le placement en curatelle du mandant, tel n'est pas le cas du mandat de protection future qui n'avait pas été mis en œuvre lorsque la mesure de curatelle a été ouverte et qui peut donc l'être alors que cette mesure de protection judiciaire est en cours (Cass. 1re civ., 4 janv. 2017).

Une telle solution résulte de la combinaison des articles 483, 2° et 477, alinéa 2, du Code civil et qui ne peut être mise en œuvre que si le mandat n'a pas été révoqué par le juge, c'est-à-dire à la condition qu'il ne porte pas atteinte aux intérêts du mandant.

En conclusion, le débat portera sur la question de savoir si une telle mesure porte atteinte aux intérêts du mandant ou non.

Sujet 9 CAS PRATIQUE : CAS MAGOU (SUJET COMPLÉMENTAIRE 1)

SUJET

Jusqu'alors Monsieur Magou avait une vie parfaitement heureuse, mais cette nouvelle année 2018 qui commence promet nombre de difficultés.

C'est en ce mois de janvier 2018 que les difficultés commencent sur un plan professionnel :

- son principal fournisseur lui a récemment proposé l'acquisition de toute une nouvelle gamme de produits à un prix très attractif. Monsieur Magou a demandé quelques jours de réflexion, histoire de montrer qu'il est dur en affaires. Cependant, à peine deux jours plus tard, son fournisseur lui dit qu'il a vendu lesdits produits à un autre distributeur. Monsieur Magou est furieux d'autant qu'il avait déjà programmé une opération commerciale spéciale susceptible de lui rapporter plus de 100 000 € nets. Peut-il agir contre son fournisseur ? Que peut-il espérer obtenir ?
- il s'adresse par la suite à un autre fournisseur dont il rencontre l'un des salariés, Monsieur Doré. Celui-ci lui offre une ristourne de 40 % pour toute commande si Monsieur Magou s'engage à s'approvisionner en exclusivité auprès de sa société pendant deux ans. Monsieur Magou se dit qu'il ne peut laisser passer une telle aubaine et accepte. Mais, dès la première commande qu'il passe, le fournisseur refuse de lui faire la ristourne, car, selon lui, Monsieur Doré n'avait pas le pouvoir de passer une telle convention (qui a bien été écrite et signée par Messieurs Doré et Magou), lui qui n'est qu'un simple salarié, en charge de la démonstration des produits. Qu'en pensez-vous ?

En ce mois de juin 2018, les galères continuent pour Monsieur Magou : sa femme vient de le quitter, alors qu'il ne s'y attendait nullement. D'ailleurs, il l'aime toujours, et entend toujours la reconquérir. Pour elle, la séparation est actée et elle veut obtenir le divorce. Qu'en pensez-vous ? Quel juge doit être saisi ?

À l'occasion du divorce, deux autres difficultés surgissent :

- d'une part, Madame Magou, avocate, veut conserver comme nom d'usage celui de son mari, qui est aussi celui des enfants et celui par lequel elle est connue de sa clientèle ? Peut-il s'y opposer ? Le gardera-t-elle tout de même ?
- d'autre part, Monsieur Magou s'oppose à la communion solennelle de leur fille aînée tandis que sa mère insiste. Leur fille de 12 ans n'a pas vraiment d'avis. Qu'en pensez-vous ?

Au cours de l'année 2018, Monsieur Magou nous interroge sur deux séries de questions parfaitement distinctes et qu'il convient d'étudier successivement :

I – Sur les questions d'ordre professionnel

II – Sur les questions d'ordre personnel

I - Sur les questions d'ordre professionnel

En janvier 2018, Monsieur Magou rencontre deux difficultés avec deux fournisseurs distincts :

A – Sur les relations entre Monsieur Magou et le premier fournisseur

B – Sur les relations entre Monsieur Magou et le second fournisseur

[À noter que les faits se déroulant en janvier 2018, il sera fait application du droit des contrats tel qu'issu de l'ordonnance du 10 février 2016, et non le droit réformé issu de la loi du 20 avril 2018, laquelle n'est entrée en vigueur que le 1er octobre 2018]

A - SUR LES RELATIONS ENTRE MONSIEUR MAGOU ET LE PREMIER FOURNISSEUR

Le principal fournisseur de Monsieur Magou, distributeur, lui propose l'acquisition de produits. Monsieur Magou demande quelques jours de réflexion. Il programme une opération commerciale en ce sens. Cependant, deux jours après la proposition, le fournisseur lui apprend qu'il a vendu lesdits produits à un tiers.

Quelles sont les voies de droit offertes à Monsieur Magou agissant à l'encontre du fournisseur ?

Afin d'envisager les différentes voies de droit qui s'offrent à Monsieur Magou, distributeur, à l'encontre de son fournisseur, il convient de qualifier juridiquement la situation.

1. Sur la qualification

Les faits rapportés ne permettant pas de déterminer immédiatement la qualification juridique de la relation entre le distributeur et le fournisseur, il convient d'envisager deux hypothèses : l'existence d'une promesse unilatérale de vente, d'un côté, et d'une simple offre, de l'autre.

Sur le fondement de l'article 1124 du Code civil, « La promesse unilatérale est le contrat par lequel une partie, le promettant, accorde à l'autre, le bénéficiaire, le droit d'opter pour la conclusion d'un contrat dont les éléments essentiels sont déterminés, et pour la formation duquel ne manque que le consentement du bénéficiaire ».

En l'espèce, le fournisseur a proposé des produits déterminés à un prix déterminé. La proposition contient donc les éléments essentiels du contrat de vente futur. Le distributeur, Monsieur Magou, a demandé un délai de réflexion, ce qui pourrait laisser penser qu'il entend se donner le droit de consentir ou non à la proposition. Ces éléments pourraient conduire à la qualification de promesse unilatérale de vente ; cependant, aucun élément de fait ne témoigne de la volonté commune des deux parties de figer leurs discussions et négociations dans un accord. Il n'est pas possible d'affirmer que les parties ont conclu un avant-contrat.

Par conséquent, la qualification de promesse unilatérale ne semble pouvoir être retenue en l'état des faits rapportés. Reste à envisager la qualification d'offre.

Sur le fondement de l'article 1114 du Code civil, « L'offre, faite à personne déterminée ou indéterminée, comprend les éléments essentiels du contrat envisagé et exprime la volonté de son auteur d'être lié en cas d'acceptation. À défaut, il y a seulement invitation à entrer en négociation ».

En l'espèce, le fournisseur a proposé des produits déterminés à un prix déterminé. La proposition contient donc les éléments essentiels du contrat de vente futur. La proposition apparaît au moment de son émission, claire, précise et ferme.

Par conséquent, le fournisseur a effectivement réalisé une offre à destination de son distributeur, Monsieur Magou.

À noter que l'article 1113 alinéa 1er du Code civil dispose « Le contrat est formé par la rencontre d'une offre et d'une acceptation par lesquelles les parties manifestent leur volonté de s'engager ».

En l'espèce, une offre a bien été émise, mais elle a été rétractée par le pollicitant au moment où le destinataire a entendu manifester son acceptation. Il n'y a donc pas eu rencontre des volontés.

Par conséquent, aucun contrat n'a été formé sur lesdits produits entre le fournisseur et le distributeur.

La qualification des faits déterminés, il convient d'étudier le régime juridique afférent pour connaître des voies de droit ouvertes à Monsieur Magou.

2. Sur le régime

En vertu de l'article 1115 du Code civil, l'offre « peut être librement rétractée tant qu'elle n'est pas parvenue à son destinataire ».

En l'espèce, l'offre a été émise directement et présentement au distributeur. Elle lui est donc parvenue.

Par conséquent, l'offre ne pouvait librement être rétractée par son auteur.

L'article 1116 du Code civil dispose, en son alinéa 1er, que l'offre « ne peut être rétractée avant l'expiration du délai fixé par son auteur ou, à défaut, l'issue d'un délai raisonnable ». Cette disposition rappelle l'enseignement prétorien aux termes duquel, toute offre est nécessairement assortie d'un délai stipulé ou raisonnable (Cass. 3e civ., 20 mai 2009).

En l'espèce, rien n'indique que le pollicitant ait déterminé un délai pour l'acceptation du distributeur qui a demandé quelques jours de réflexion. En l'absence de délai stipulé, il convient de se demander si la rétractation du fournisseur intervenue en l'espèce « à peine deux jours plus tard » est constitutive ou non d'un délai raisonnable. En la matière, si la loi n'offre pas de critère, le juge peut prendre en considération, la qualité des parties, la valeur de la chose objet de l'offre de vente, la nature de la chose ou encore la pratique des parties. En l'espèce, il s'agit de négociations entre professionnels de la distribution qui sont déjà en relation d'affaires et qui négocient un contrat portant sur des produits pour un montant relativement importants au vu des profits qu'espérait en tirer le distributeur. Ces éléments ne sont pas par eux-mêmes définitifs, cependant réunis, ils laissent croire qu'un délai très court de moins de deux jours ne semble pas raisonnable.

Par conséquent, le pollicitant ne pouvait valablement rétracter son offre.

Quelles sont alors les voies de droit ouvertes à Monsieur Magou ?

Le distributeur peut-il exiger la réalisation forcée de la vente ?

En vertu de l'article 1116 alinéa 2 du Code civil, « La rétractation de l'offre en violation de cette interdiction empêche la conclusion du contrat ».

En l'espèce, il a déjà été souligné qu'il n'y a pas eu rencontre des consentements du fait de la rétractation, laquelle même non valablement émise, demeure opposable par le pollicitant au destinataire.

Par conséquent, Monsieur Magou ne pourra pas obtenir la réalisation forcée de la vente.

Le distributeur peut-il engager la responsabilité du fournisseur ?

Selon l'article 1116 alinéa 3 du Code civil, la rétractation de l'offre « engage la responsabilité extracontractuelle de son auteur dans les conditions du droit commun sans l'obliger à compenser la perte des avantages attendus du contrat ». Sur le fondement de l'article 1240 du Code civil, la responsabilité délictuelle du fait personnel est engagée lorsque trois conditions sont réunies : une faute, un préjudice et un lien de causalité.

En l'espèce, le fournisseur a *de facto* rétracté son offre avant l'issue d'un délai raisonnable. Cela constitue une faute. Quant au préjudice, si le distributeur peut faire valoir l'engagement de frais qu'il devra prouver, il ne pourra pas espérer obtenir réparation des gains qu'il entendait réaliser si le contrat avait été conclu. Si le préjudice était démontré, les frais constitueraient une perte découlant de la rétractation fautive du pollicitant.

Par conséquent, la responsabilité personnelle du fournisseur pourra être engagée par le distributeur, mais ce dernier ne saurait obtenir à titre de dommages-intérêts le profit de 100 000 € espérés.

[NB : Le cas pratique aurait pu être traité sous l'angle du droit spécial et notamment sous l'angle des pratiques restrictives de concurrence. En effet, la qualification de rupture des relations commerciales établies – art. L. 442-6, I, 5° du Code de commerce – aurait pu être envisagée utilement SI cela n'avait pas été hors programme dans le cadre de l'épreuve de cas pratique de droit civil au concours de l'ENM].

B - SUR LES RELATIONS ENTRE MONSIEUR MAGOU ET LE SECOND FOURNISSEUR

Un contrat a été conclu entre Monsieur Magou et une personne qui s'est engagée, salariée d'une société, au nom et pour le compte de celle-ci. Cependant, la société refuse d'exécuter une partie de ses obligations arguant que son salarié n'avait pas le pouvoir de l'engager.

Le contrat conclu oblige-t-il le fournisseur à l'égard du distributeur ?

En vertu de l'article 1128 du Code civil, le contrat est valablement conclu dès lors que les parties ont la capacité de contracter. Sur le fondement de l'article 1156 du Code civil, pris en son alinéa 1er, « L'acte accompli par un représentant sans pouvoir ou au-delà de ses pouvoirs est inopposable au représenté (…) ». En l'espèce, le salarié ne serait qu'en charge de la simple démonstration des produits et non de la vente. Il n'aurait donc pas le pouvoir de représenter le fournisseur.

Par conséquent, le contrat semble inopposable au représenté, c'est-à-dire le fournisseur. L'article 1128 alinéa 3 du Code civil prévoit que l'inopposabilité comme la nullité peuvent être couvertes par la ratification du représenté. En l'espèce, le fournisseur refuse d'exécuter les obligations contractuelles convenues par son salarié.

Par conséquent, l'inopposabilité ne saurait être couverte.

Cependant, l'article 1128 alinéa 1er prévoit une exception à cette inopposabilité de principe, en vertu de la théorie de l'apparence, dans le cas où le tiers contractant a légitimement cru en la réalité des pouvoirs du représentant, notamment en raison du comportement ou des déclarations du représenté.

En l'espèce, le salarié ne semble pas s'être comporté comme un simple démonstrateur ; il a négocié la durée du contrat, une exclusivité conventionnelle et une ristourne, soit le prix des produits. Ce comportement peut légitimement apparaître comme un pouvoir de négociation et de représentation, et ce, d'autant qu'il ressort des faits, que fournisseur et distributeur n'étaient pas en relation auparavant et donc que le distributeur ne pouvait connaître du fonctionnement de l'entreprise du fournisseur.

En conclusion, le distributeur pourra valablement exiger du fournisseur le respect des obligations contractuelles convenues. En cas de non-respect par le fournisseur de ses obligations, le distributeur pourra user des voies de droit que l'article 1217 du Code civil lui offre en cas d'inexécution du contrat.

II - Sur les questions d'ordre personnel

À compter de juin 2018, Monsieur Magou nous interpelle sur trois questions successives :

A – Sur le divorce et le juge compétent

B – Sur l'utilisation de son nom de famille par son ex-femme à la suite du divorce

C – Sur la communion de leur fille

A - SUR LE DIVORCE ET LE JUGE COMPÉTENT

Madame Magou souhaite divorcer tandis que Monsieur Magou entend la reconquérir.

Quel cas de divorce peut être envisagé par Madame Magou qui souhaite divorcer ? Quel est le juge compétent ?

1. Sur les cas de divorce

L'article 229 du Code civil prévoit quatre cas de divorce : un cas de divorce non contentieux (le divorce par consentement mutuel sans juge/avec juge) et trois divorces semi-contentieux ou contentieux (le divorce accepté, le divorce pour altération définitive du lien conjugal et le divorce pour faute).

Le divorce par consentement mutuel de l'article 230 du Code civil suppose l'accord des époux sur le principe du divorce et la réalisation d'une convention synonyme d'accord sur ses conséquences. Le divorce sur demande acceptée de l'article 233 du même code nécessite également l'accord sur le principe du divorce. En l'espèce, Madame Magou souhaite divorcer, ce qui n'est pas le cas de Monsieur Magou. Ainsi, ces cas peuvent être écartés.

Concernant le divorce pour faute de l'article 242 du Code civil, il nécessite la caractérisation de trois conditions cumulatives : le comportement reproché doit être commis sciemment et délibérément ; la faute doit constituer un manquement grave aux obligations conjugales ; le comportement doit rendre intolérable la vie commune. En l'espèce, rien dans les faits ne révèle un comportement de Monsieur Magou constitutif de ces éléments.

En conséquence, en l'absence de preuve d'une faute de Monsieur Magou, Madame Magou ne pourra se fonder sur ce cas de divorce.

Reste le divorce pour altération définitive du lien conjugal de l'article 237 du Code civil, il est nécessaire de rapporter la preuve d'une séparation de plus de deux ans lors de l'assignation (C. civ., art. 238).

En l'espèce, les faits rapportent que Madame Magou vient de quitter Monsieur Magou. Dès lors, le délai de deux ans n'est pas atteint.

En conséquence, ce cas de divorce semble exclu dans l'immédiat.

Cependant, en vertu de l'article 1106 alinéa 1er du Code de procédure civile, « L'époux qui veut former une demande en divorce présente par avocat une requête au juge. La requête n'indique ni le fondement juridique de la demande en divorce ni les faits à l'origine de celle-ci. Elle contient les demandes formées au titre des mesures provisoires et un exposé sommaire de leurs motifs ». En vertu des articles 1108 et suivants du même code, le juge, après avoir vainement tenté une conciliation, rendra une ordonnance de non-conciliation.

En l'espèce, Madame Magou pourra être tentée d'user de cette voie, pour donner date certaine à la séparation – quoiqu'en l'espèce, ce point ne pose pas de difficultés probatoires apparentes –, engager la procédure malgré l'absence d'une séparation de deux ans. Elle pourra également rechercher le bénéfice d'une séparation de corps.

En conclusion, en toutes hypothèses, le divorce ne sera définitivement prononcé qu'après un délai de deux ans à compter de la séparation de fait, sauf à finalement obtenir l'accord de Monsieur Magou. À noter que si celui-ci devait finalement envisager le divorce, il pourrait reconventionnellement agir dans le cadre d'un divorce pour faute (C. civ., art. 246, sans que doive être respecté le délai de deux ans).

2. Sur le juge compétent

En vertu de L. 213-3 du Code de l'organisation judiciaire, le juge aux affaires familiales est compétent en matière de divorce. L'article 1070 du Code de procédure civile détermine la compétence territoriale de la juridiction devant être saisie qui, en principe, dépend du ressort de la résidence des époux lorsqu'ils ne sont pas séparés. En l'espèce, aucun élément de fait ne permet de déterminer le lieu de la résidence familiale.

En conséquence, Madame Magou devra saisir le juge aux affaires familiales du tribunal de grande instance du lieu de la résidence du couple.

B - SUR L'UTILISATION DE SON NOM DE FAMILLE PAR SON EX-FEMME À LA SUITE DU DIVORCE

Dans le cadre de la procédure de divorce, Madame Magou fait valoir sa volonté de conserver l'usage du patronyme de son mari.

Une personne qui a pris à titre de nom d'usage le nom patronymique de son conjoint peut-elle le conserver à la suite du divorce ? Son ex-conjoint peut-il s'y opposer ?

En vertu de l'article 264 alinéa 1er du Code civil, relatif aux conséquences du divorce pour les époux, « À la suite du divorce, chacun des époux perd l'usage du nom de son conjoint ».

En l'espèce, Madame Magou peut, jusqu'à l'issue de la procédure de divorce que l'on sait ne pouvoir aboutir immédiatement, conserver l'usage du patronyme marital.

Demeure qu'elle ne pourra pas en principe conserver l'usage du nom de son conjoint une fois le divorce prononcé.

Cependant, l'alinéa 2 du même article dispose que « L'un des époux peut néanmoins conserver l'usage du nom de l'autre, soit avec l'accord de celui-ci, soit avec l'autorisation du juge, s'il justifie d'un intérêt particulier pour lui ou pour les enfants ».

En l'espèce, Monsieur Magou refuse à son conjoint de conserver ce droit d'usage, lorsque le divorce sera prononcé. Reste à Madame Magou d'en demander l'autorisation au juge. Elle peut invoquer à cet effet l'intérêt des enfants et l'idée d'un socle familial et patronymique unique. Cependant, cet argument semble quelque peu obsolète eu égard à l'évolution de la société (Cass. 1re civ., 26 mars 1980 : le juge du fond doit pouvoir comparer la situation de fait des parents et enfants de la cause avec les situations des autres parents divorcés et leurs enfants). Madame Magou avance aussi des raisons professionnelles dès lors qu'elle serait connue de sa clientèle sous le nom de son mari. Cet argument a pu prospérer devant les juges du fond, souverains dans leur appréciation (CA Paris, 10 nov. 2004), mais les juges doivent vérifier la réalité de l'intérêt particulier.

En conséquence, les éléments de fait font défaut en l'espèce pour conclure définitivement ; Madame Magou ne pourra pas en principe conserver l'usage du nom patronymique de son mari, sauf élément déterminant et prouvé par la suite.

C - SUR LA COMMUNION DE LEUR FILLE

Madame Magou souhaite que sa fille aînée fasse sa communion, acte religieux. Monsieur Magou s'y oppose. L'enfant n'exprime aucune volonté particulière.

Un parent peut-il décider sans l'accord de l'autre parent la réalisation d'un acte religieux pour l'enfant ?

L'article 371-1 du Code civil dispose « L'autorité parentale est un ensemble de droits et de devoirs ayant pour finalité l'intérêt de l'enfant. Elle appartient aux parents jusqu'à la majorité ou l'émancipation de l'enfant pour le protéger dans sa sécurité, sa santé et sa moralité, pour assurer son éducation et permettre son développement, dans le respect dû à sa personne. Les parents associent l'enfant aux décisions qui le concernent, selon son âge et son degré de maturité ». Encore, aux termes de l'article 372 du Code civil, les parents exercent en commun l'autorité parentale.

En l'espèce, la mère souhaite que l'enfant procède à sa communion religieuse. Le père s'y oppose. L'éducation religieuse constitue un acte éducatif au sens de l'autorité parentale. L'enfant n'exprime aucun avis.

Par conséquent, le principe est que la décision soit prise en commun.

À noter que l'article 373-2 du Code civil rappelle que la séparation des parents est sans incidence sur les règles de dévolution de l'exercice de l'autorité parentale.

En l'espèce, les parents sont séparés.

Demeure que cette séparation est sans effet sur le principe d'une décision en commun.

Cependant, l'article 372-2 du Code civil prévoit que chacun des parents est réputé agir avec l'accord de l'autre, quand il fait seul un acte usuel de l'autorité parentale relativement à la personne de l'enfant.

En l'espèce, la présomption d'accord ne valant que simplement et Monsieur Magou faisant clairement valoir son opposition, Madame Magou ne pourra être réputée pouvoir agir seule. De plus, les actes d'éducation religieuse ne semblent pas pouvoir être considérés comme des simples actes usuels au regard de leur importance du point de vue de l'enfant (CA Nîmes, 20 juin 2012 ; Cass. 1re civ., 23 sept. 2015).

En conséquence, Madame Magou ne pourra pas au vu de l'opposition réaliser la communion solennelle de leur enfant.

[NB : en vertu des articles 373-2-6 du Code civil, le juge aux affaires familiales peut être saisi des questions relatives à l'autorité parentale dans le but de sauvegarder les intérêts de l'enfant mineur.

En l'espèce, la persistance du désaccord peut nuire à l'enfant (Cass. 1re civ., 23 sept. 2015).

Par conséquent, Monsieur Magou ou Madame Magou pourront saisir le juge aux affaires familiales qui, après médiation, sera amené à statuer éventuellement sur les modalités de l'exercice de l'autorité parentale.]

Sujet 10 CAS PRATIQUE : CAS TOM (SUJET COMPLÉMENTAIRE 2)

SUJET

Pour ses 50 ans, Tom décide d'acheter un bateau à moteur pour aller à la pêche aux maquereaux. Après avoir vu une annonce dans le journal Ouest-France, il se rend chez le courtier maritime, la SARL Ouest Marine située à Saint-Malo, qui a publié l'annonce d'un Boston Whaler 320 Outrage de 2007 au prix de 90 000 euros, qui appartient à Monsieur Romain Thomas. L'annonce précisait que le bateau avait été « entièrement révisé » et que la motorisation était « en très bon état ». Sans hésiter, Tom achète le bateau à Romain Thomas. Le 30 avril 2017, partant du port de Dinard, il fait sa première sortie en mer et éprouve de sérieuses difficultés à naviguer. Aussi, il dépose son bateau au chantier naval de Saint-Malo, le mécanicien l'informe que les silentblocs du moteur sont vétustes, il a ainsi établi un devis, d'un montant de 3 456 euros, prévoyant leur remplacement. Toutefois, le lendemain, le mécanicien constate que le pont est rempli d'eau et que les moteurs sont affaissés endommageant la coque du bateau. Tom est abattu, jamais il ne retrouvera ce bateau à ce prix. En effet, il y a très peu de Boston Whaler en France et il y est très attaché.

Vous répondrez aux questions suivantes.

1. Quelles actions judiciaires Tom peut-il intenter ? Vous détaillerez les fondements et le tribunal compétent.

2. Avant que le bateau ne coule, Tom souhaiterait se ménager rapidement la preuve, comment peut-il procéder ?

3. Tom a assigné, par acte du 12 mai 2017, la société Ouest Marine et Romain Thomas, lesquels soulèvent l'article 12 du contrat de vente qui précise que « pour tous les litiges pouvant survenir dans l'application du présent contrat, les parties s'engagent à solliciter l'avis d'un arbitre choisi d'un commun accord avant tout recours à une autre juridiction ». Ont-ils des chances d'être entendus par le tribunal ?

4. Finalement le tribunal a, entre autres, condamné Romain Thomas à indemniser Tom, en se fondant sur le rapport d'expertise qui a chiffré le coût des réparations à la somme de 17 895 euros. Il est particulièrement étonné que le tribunal se fonde sur une expertise à laquelle il n'a pas participé. Qu'en pensez-vous ?

Tom est confronté à plusieurs difficultés à la suite de l'achat d'un bateau, qui sont relatives à la responsabilité (I), à la preuve (II), à une clause d'arbitrage (III) et à une expertise (IV).

I - Sur les responsabilités

Après avoir acheté un bateau auprès d'un courtier maritime, Tom éprouve des difficultés à naviguer. Il confie donc le bateau à un mécanicien qui l'informe que les supports moteurs sont défectueux. Le lendemain, le moteur s'est affaissé endommageant la coque et le pont.

Tom souhaiterait donc intenter diverses actions en justice, aussi convient-il de déterminer les différents fondements (A) et le tribunal compétent (B).

A - SUR LES FONDEMENTS

L'achat du bateau implique diverses relations qu'il faut qualifier (1), afin d'appliquer le régime approprié (2).

1. La qualification

Sur le fondement des articles 1101 et 1103 du Code civil, le contrat se forme par la rencontre des volontés. En l'espèce, plusieurs situations contractuelles sont à distinguer.

D'abord, Tom et Romain Thomas se sont accordés sur la vente du bateau. Dès lors, il s'agit d'un contrat de vente.

Ensuite, le mécanicien a pris en charge le bateau. Si le devis n'a pas été signé et ne permet pas de retenir un contrat d'entreprise, un contrat de dépôt a en revanche été conclu entre Tom et le mécanicien du chantier naval de Saint-Malo.

Enfin, un contrat a été conclu entre Romain Thomas et le courtier maritime qui est en charge de la vente du bateau, il s'agit d'un contrat de mandat, par lequel il représente Romain Thomas auprès d'un acquéreur.

L'article 1154 du Code civil reprend la distinction classique entre la représentation dite parfaite lorsque le représentant agit au nom et pour le compte du représenté, et la représentation dite imparfaite, lorsque le représentant dit agir pour le compte d'autrui, mais contracte en son nom.

En l'espèce, le courtier maritime agit au nom et pour le compte de Romain Thomas. En effet, le premier a représenté le second, mais le contrat a été conclu par le propriétaire initial.

Dès lors, le représentant est un tiers absolu qui ne peut être tenu des obligations issues du contrat pour lequel il exerce son pouvoir de représentation (C. civ., art. 1154). En conséquence, il n'y a pas de relation contractuelle entre Tom et le courtier maritime.

2. Le régime

N. B : À la suite du décret du 13 février 2019, le programme de l'ENM a été modifié. Désormais, les contrats spéciaux (la vente et le prêt) sont au programme. Dès lors, les règles spécifiques à la vente sont appliquées au présent cas, alors que pour le mandat et le dépôt, il convient d'appliquer le droit commun des contrats.

a. Sur la vente

La vente est le contrat par lequel une personne, le vendeur, transfère ou s'engage à transférer un bien à une autre personne, l'acheteur, qui a l'obligation d'en verser le prix en argent (C. civ., art. 1582 et s.).

En l'occurrence, un contrat de vente a été conclu entre Tom et Romain Thomas. Toutefois, le bateau a coulé à la suite de la vente, en raison du mauvais état des silentblocs.

Aux termes de l'article 1603 du Code civil, « le vendeur a deux obligations principales, celle de délivrer et de garantir ce qu'il vend ». Il convient d'ajouter que selon l'article 1602 du Code civil, « le vendeur est tenu d'expliquer clairement ce à quoi il s'oblige ».

Dans les contrats qui ont pour objet le transfert de propriété ou d'un autre droit, la délivrance désigne l'obligation de mettre la chose à disposition de l'acquéreur. L'obligation de délivrer la chose emporte alors obligation de la conserver jusqu'à la délivrance, en y apportant tous les soins d'une personne raisonnable (C. civ., art. 1604 et s.).

L'obligation de délivrance est le transfert « en la puissance et possession » de l'acheteur. Il s'agit, après que le transfert de propriété ait eu lieu, de donner à l'acheteur la maîtrise véritable de la chose, selon les termes du contrat.

Or, en l'espèce le vendeur a satisfait à son obligation de délivrance, puisqu'il a délivré le bateau tel que défini dans le contrat. Néanmoins, les silentblocs du moteur étaient défectueux.

À la conception matérielle de la conformité se superpose une conception fonctionnelle dans laquelle le défaut de conformité s'apprécie par référence, non plus seulement aux spécifications contractuelles, mais aux conséquences du défaut sur l'usage de la chose de la même façon que le vice caché.

Toutefois, opérant un revirement de jurisprudence, la première chambre civile de la Cour de cassation a décidé que « le défaut de conformité de la chose vendue à sa destination normale constitue le vice prévu par les articles 1641 et suivants du Code civil » (Cass. 1re civ., 8 déc. 1993).

Dès lors, il convient en l'espèce d'écarter le manquement à l'obligation de délivrance pour s'attacher à la garantie des vices cachés.

Selon les termes de l'article 1641 du Code civil, « le vendeur est tenu de la garantie à raison des défauts cachés de la chose vendue qui la rendent impropre à l'usage auquel on la destine, ou qui diminuent tellement cet usage, que l'acheteur ne l'aurait pas acquise, ou n'en aurait donné qu'un moindre prix, s'il les avait connus ».

Plusieurs conditions sont posées. Il doit s'agir d'un défaut de la chose vendue qui ne se révèle pas à premier examen et qui la rend impropre à l'usage auquel elle est destinée, ou qui diminue tellement cet usage que l'acheteur ne l'aurait pas acquise, ou n'en aurait donné qu'un moindre prix, s'il l'avait connu.

En l'espèce, il y a bien un vice qui tient à l'usure des silentblocs. De plus, il est caché, car l'acquéreur ne pouvait pas le déceler. Enfin, il rend impropre l'usage du bateau.

Dès lors, la garantie des vices cachés aura vocation à s'appliquer.

L'action résultant des vices rédhibitoires doit être intentée par l'acquéreur dans un délai de deux ans à compter de la découverte du vice (C. civ., art. 1648).

En l'espèce, l'action ne semble donc pas prescrite.

L'article 1644 du Code civil prévoit deux actions pour l'acheteur : « l'acheteur a le choix de rendre la chose et de se faire restituer le prix, ou de garder la chose et de se faire rendre une partie du prix » c'est-à-dire qu'il a le choix entre exercer une action rédhibitoire ou une action estimatoire.

En revanche, l'acheteur ne peut, en principe, obtenir la réparation ou le remplacement de la chose (Cass. civ., 11 avr. 1933).

L'action rédhibitoire est une forme particulière d'action en résolution judiciaire puisqu'elle assure la destruction rétroactive de la vente. Le vendeur doit alors restituer la chose et l'acheteur le prix qu'il a reçu. L'action estimatoire est une sorte de réfaction judiciaire de la vente. L'acheteur conservera la chose, mais obtiendra une réduction du prix.

Cette option est en principe totalement libre pour l'acheteur : le juge ne peut contrarier ce choix pas plus qu'une clause de la vente qui interdirait par exemple une action rédhibitoire contre un remplacement ou la réparation de la chose (Cass. 3e civ., 20 oct. 2010).

En l'espèce, il est mentionné que l'acquéreur souhaite conserver le bateau, dès lors il convient de se diriger vers l'action estimatoire.

Toutefois, l'acheteur peut solliciter d'autres dommages-intérêts. L'article 1645 du Code civil prévoit, en effet, que «si le vendeur connaissait les vices de la chose, il est tenu, outre la restitution du prix, qu'il en a reçu, de tous les dommages et intérêts envers l'acheteur». Et l'article 1646 du Code civil précise que «si le vendeur ignorait les vices de la chose, il ne sera tenu qu'à la restitution du prix, et à rembourser à l'acquéreur les frais occasionnés par la vente».

Ici, le vendeur ne semblait pas connaître les vices de la chose. D'autant plus, qu'il a sollicité l'aide d'un courtier maritime.

Aussi, La Cour de cassation a rappelé que le vendeur ayant ignoré les vices cachés ne peut être tenu envers l'acheteur qui garde la chose vendue qu'à la seule restitution partielle du prix (Cass. 1re civ., 6 avr. 2016).

En conséquence, à l'égard du vendeur, l'acquéreur ne pourra solliciter qu'une restitution partielle du prix et non la réparation de tous les dommages. Toutefois, il pourra se tourner contre le mandataire et éventuellement le dépositaire.

b. Sur le dépôt et le mandat

Sur le fondement de l'article 1231-1 du Code civil, un contractant engage sa responsabilité en cas de manquement contractuel se trouvant à l'origine d'un préjudice.

En l'espèce, lorsque le mécanicien a examiné le moteur et a préconisé le changement des silentblocs, il n'y avait pas d'eau sur le pont et il n'y en avait pas non plus au moment où le navire lui a été déposé. C'est le lendemain du dépôt que le mécanicien a constaté que le pont était rempli d'eau, avec les dommages qui s'en sont suivis.

Or, pèse sur le mécanicien une obligation de moyens de conserver la chose dans l'état et de restituer la chose dans l'état où elle se trouvait.

En conséquence, le mécanicien engage sa responsabilité contractuelle.

Enfin, le courtier maritime et l'acquéreur, n'étant pas liés par un contrat, sa responsabilité est engagée sur le fondement de l'article 1240 du Code civil. La responsabilité délictuelle pour faute personnelle est engagée lorsque trois conditions sont réunies : une faute, un préjudice et un lien de causalité.

En l'espèce, le préjudice avancé par Tom est la destruction partielle du bateau.

Sur le fondement de l'article 1240 du Code civil, la faute se définit comme l'acte de commission ou d'omission. Cette dernière est caractérisée lorsque le fait doit être accompli en vertu d'une obligation légale ou réglementaire (Cass. 1re civ., 27 févr. 1951, Branly).

En l'espèce, l'information fournie par le courtier maritime est erronée. En effet, l'annonce précisait que le moteur avait été « entièrement révisé » et que la motorisation était « en très bon état ». Or, les supports moteurs étaient en mauvais état.

Le mandataire du vendeur, en sa qualité de professionnel, a donc commis une double faute à l'égard de l'acquéreur. D'une part, il n'a pas informé le vendeur et l'acquéreur du mauvais état des silentblocs. D'autre part, c'est lui qui a fait paraître l'annonce vantant le très bon état du navire et de sa motorisation, une publicité qu'il serait possible de qualifier de trompeuse.

En conséquence, le courtier maritime engage sa responsabilité sur le terrain délictuel.

En conclusion, la responsabilité contractuelle de Romain Thomas et du mécanicien sera engagée, tandis qu'à l'égard du courtier maritime la responsabilité sera délictuelle.

L'acquéreur étant attaché à son bateau, et face à la rareté de ce dernier, réclamera la réparation du bateau auprès des trois protagonistes.

B - LE TRIBUNAL COMPÉTENT

1. La compétence matérielle

Pour la compétence matérielle, le tribunal de grande instance est la juridiction de droit commun. En effet, « Le TGI connaît de toutes les affaires civiles et commerciales pour lesquelles compétence n'est pas attribuée, en raison de la nature de l'affaire ou du montant de la demande à une autre juridiction » (COJ, art. L. 211-3).

La compétence du tribunal de grande instance vaut pour toutes les actions personnelles ou mobilières, mais la réserve des textes quant à la valeur du litige lui fait partager sa compétence, pour ce type d'actions, avec d'autres juridictions.

En l'espèce, il s'agit d'une demande en justice visant à une réparation en nature, donc d'une action personnelle.

Le tribunal de grande instance ne peut en connaître qu'au-delà de 10 000 euros (COJ, art. L. 211-3). En deçà, on trouve le tribunal d'instance jusqu'à 10 000 euros (COJ, art. L. 221-4).

Ici, la demande principale est supérieure à 10 000 euros puisqu'un rapport d'expertise a chiffré le montant des réparations à la somme de 17 895 euros.

En conséquence, le tribunal de grande instance est compétent pour connaître de ce litige.

2. La compétence territoriale

Pour la compétence territoriale, les règles sont posées aux articles 42 et suivants du Code de procédure civile qui concernent toutes les juridictions de l'ordre judiciaire, sauf disposition contraire.

La règle est ici que le demandeur doit porter son action devant le tribunal du lieu où demeure le défendeur (CPC, art. 42, *actor sequitur forum rei*).

Tom devra donc porter son action au lieu du tribunal du défendeur. Toutefois, en l'espèce, il y a plusieurs défendeurs : le courtier maritime, le vendeur et le mécanicien.

Pour une personne morale, il s'agit du lieu où elle est établie (CPC, art. 43), le siège social pour les sociétés. Le lieu est fixé dans les statuts. Pour le courtier, il s'agit d'une SARL qui est domiciliée à Saint-Malo. Néanmoins, à l'égard du courtier maritime, la relation étant délictuelle, il est possible de faire application de l'article 46 du Code de procédure civile, qui ouvre une option : la demande pourra être portée devant la juridiction où demeure le défendeur, devant le tribunal du lieu où le fait dommageable s'est produit ou devant celui dans le ressort duquel le dommage « a été subi ».

En tout état de cause, le défendeur est domicilié à Saint-Malo et le dommage s'est produit et a été subi également dans le ressort du tribunal de grande instance de Saint-Malo.

Ainsi, à l'égard du courtier maritime, le tribunal de grande instance compétent est celui de Saint-Malo. À l'égard du vendeur et du mécanicien, il est question de relations contractuelles.

Ainsi, en matière contractuelle, le demandeur a la faculté de porter le litige, selon la nature du contrat, soit devant la juridiction du lieu de la livraison effective de la chose, soit devant celle du lieu de l'exécution de la prestation de services (CPC, art. 46, al. 2).

En l'espèce, il s'agit d'un contrat portant sur une chose. On peut supposer que le lieu de livraison était Saint-Malo.

Enfin, en cas de pluralité de défendeurs, le demandeur assignera tous les défendeurs devant la juridiction du lieu où demeure l'un d'eux, à son choix (CPC, art. 42, al. 2).

En conclusion, le tribunal compétent est le tribunal de grande instance de Saint-Malo.

II - Sur la preuve

Avant que le bateau ne coule, l'acquéreur souhaiterait se préconstituer rapidement la preuve des manquements.

Sur le fondement de l'article 145 du Code de procédure civile, « s'il existe un motif légitime de conserver ou d'établir avant tout procès la preuve de faits dont pourrait dépendre la solution d'un litige, les mesures d'instruction légalement admissibles peuvent être ordonnées à la demande de tout intéressé, sur requête ou en référé ».

Ce texte permet à tout intéressé de demander sur requête (sans contradictoire) ou en référé (dans le respect du contradictoire) une mesure d'instruction dite in futurum ou préventive, c'est-à-dire… avant tout procès à condition de démontrer un motif légitime d'établir la preuve de faits dont pourrait dépendre la solution d'un éventuel litige.

En l'espèce, il est nécessaire de recourir à une telle mesure d'instruction avant que le bateau ne coule par voie de référé. De plus, une telle expertise permettra de déterminer l'incidence des diverses fautes des protagonistes.

Par ailleurs, l'existence d'une convention d'arbitrage ne fait pas obstacle tant que le tribunal arbitral n'est pas constitué, à ce qu'une partie saisisse une juridiction de l'État aux fins d'obtenir une mesure d'instruction sur le fondement de l'article 145 du Code de procédure civile (CPC, art. 1449).

Ainsi, l'article 12 du contrat de vente ne fera pas obstacle à une demande d'expertise sur le fondement de l'article 145 du Code de procédure civile.

En conclusion, Tom pourra obtenir en référé, sur le fondement de l'article 145 du Code de procédure civile, une expertise.

III - Sur la clause d'arbitrage

L'article 12 du contrat de vente précise que « pour tous les litiges pouvant survenir dans l'application du présent contrat, les parties s'engagent à solliciter l'avis d'un arbitre choisi d'un commun accord avant tout recours à une autre juridiction ».

L'avis d'un arbitre est-il un préalable à la saisine du juge ?

Selon l'article 122 du Code de procédure civile, constitue une fin de non-recevoir tout moyen qui tend à faire déclarer l'adversaire irrecevable en sa demande sans examen du fond pour défaut de droit d'agir, tels le défaut de qualité, le défaut d'intérêt, la prescription, le délai préfix, la chose jugée.

Si l'article 122 du Code de procédure civile énonce un certain nombre de fins de non-recevoir, la Cour de cassation a reconnu qu'il ne s'agissait que d'une liste indicative.

Des fins de non-recevoir peuvent provenir d'une source conventionnelle. C'est le cas des clauses par lesquelles les parties conviennent d'instaurer un préalable à la saisine du juge, en particulier lorsqu'il s'agit d'instituer une tentative de règlement amiable d'un litige qui les opposerait (Cass. ch. mixte, 14 févr. 2003).

Or en l'espèce, la clause prévoit qu'en cas de litige, il convient de solliciter l'avis d'un arbitre.

Concrètement, le demandeur devra préalablement mettre en œuvre la clause, avant toute saisine du juge. À défaut, cela constituera une fin de non-recevoir.

Toutefois, la Haute juridiction a précisé que, lorsque les parties n'ont pas pris soin d'assortir la clause des conditions particulières de sa mise en œuvre, la demande introduite en méconnaissance du préalable prévu ne peut donner lieu à une fin de non-recevoir (Cass. com., 29 avril 2014).

En d'autres termes, il faut stipuler les modalités de sa mise en œuvre, qui permettent notamment de déterminer le moment à partir duquel les parties retrouvent leur liberté procédurale.

Or, l'article 12 du contrat de vente est elliptique et devrait rester sans effet, dès lors qu'elle ne prévoyait pas les conditions particulières de conciliation.

Néanmoins, la troisième chambre civile de la Cour de cassation s'est départie de la solution de la chambre commerciale (Cass. 3e civ., 19 mai 2016). En effet, elle a considéré que la clause précisant que « pour tous les litiges pouvant survenir dans l'application du présent contrat, les parties s'engagent à solliciter l'avis d'un arbitre choisi d'un commun accord avant tout recours à une autre juridiction », est un préalable à la saisine du juge. Plus récemment, la Cour de cassation a retenu que la clause imposant la saisine pour «avis» de l'ordre des architectes préalablement à toute action judiciaire institue une procédure de conciliation préalable obligatoire dont la méconnaissance constitue une fin de non-recevoir insusceptible de régularisation (Cass. 3e civ., 16 nov. 2017).

Concrètement, en dépit de la formulation évasive de la clause, Tom devra respecter l'article 12 du contrat avant toute saisine du juge.

IV - Sur l'expertise

Le tribunal, se fondant sur un rapport d'expert, a condamné le vendeur. Toutefois, ce dernier n'a pas participé à l'expertise.

Les vérifications et opérations diverses réalisées par un technicien exigent la présence ou du moins la convocation des parties (CPC, art. 160 et 161). L'expert doit en effet veiller à ce que soit respecté le caractère contradictoire de l'expertise (CPC, art. 16).

En l'espèce, le vendeur n'a pas participé à l'expertise.

Toutefois, la Cour de cassation a jugé en chambre mixte (Cass. ch. mixte, 28 sept. 2012) que les irrégularités affectant le déroulement des opérations d'expertise sont sanctionnées sur le fondement de l'article 175 du Code de procédure civile, ce qui conduit à appliquer le régime des nullités de forme supposant la preuve d'un grief.

D'ailleurs, la chambre commerciale (Cass. com., 10 déc. 2013) a admis que le défaut de convocation d'une partie aux opérations d'expertise ne rendait pas le rapport inopposable à cette partie, dès lors que le rapport a été versé aux débats et soumis à une discussion contradictoire.

Or, ici il est précisé que Romain Thomas n'a pas été convoqué à l'expertise. Toutefois, s'agissant d'une procédure au fond devant le tribunal de grande instance, l'on peut supposer que les débats se sont déroulés de manière contradictoire.

En conséquence, Romain Thomas ne pourra pas soulever la nullité de l'expertise.

DROIT PÉNAL ET PROCÉDURE PÉNALE

Sujet 1

DISSERTATION : LE CHOIX DE LA PEINE POUR LES PERSONNES MAJEURES (ANNALES CONCOURS ENM 2019)

« Les hommes ne doivent jamais punir, à moins qu'il n'en revienne quelque utilité. Quand on punit, il faut nécessairement avoir égard au passé, ou au mal qui a été commis, sans quoi on ne saurait concevoir de véritable peine ; mais on doit aussi en même temps prendre garde de ne pas faire souffrir sans nécessité un homme, coupable à la vérité, mais toujours uni avec nous par les liens d'une humanité commune » (S. Pufendorf, *Le droit de la nature et des gens*, 1732). Le choix de la peine, définie comme la sanction restreignant ou supprimant un droit ou une prérogative d'un condamné en conséquence de la commission d'une infraction, est, en effet, gouverné par les principes de nécessité et de proportionnalité. Ceci est vrai, non seulement pour les personnes mineures, à l'égard desquelles les dispositions de l'ordonnance n° 45-174 du 2 février 1945, relative à l'enfance délinquante, posent le primat de l'éducatif, mais aussi pour les personnes morales, qui doivent se voir appliquer le principe de proportionnalité des peines (v. not. Cons. const., 4 déc. 2013, n° 2013-679 DC).

Pour ce qui concerne les personnes majeures, objets de notre étude, le respect des principes de nécessité et de proportionnalité des peines s'impose également. Pour autant, historiquement, ces principes ont longtemps été ignorés au nom de la souveraineté du droit de punir qui ne tolérait aucune contrainte. La punition a, en effet, longtemps été l'essence même et exclusive de la peine. Par son atrocité, celle-ci était conçue comme un supplice salutaire. Ainsi en était-il, en droit romain, de la mort donnée par le glaive, de l'exposition aux bêtes ou du crucifiement. Soucieux de contenir la violence propre aux sociétés en formation, le droit pénal a longtemps voulu que la peine soit une souffrance inévitable que le criminel, de surcroît, devait affronter jusqu'au tréfonds de son être.

Une première forme de hiérarchie des peines est apparue avec l'ordonnance royale de 1670 qui prévoyait, selon la gravité des faits commis, notamment, la peine de mort, la torture, les galères perpétuelles ou le bannissement perpétuel. L'élan était alors donné pour que, au *siècle des Lumières*, soit reconnu les principes de nécessité et de proportionnalité. Ainsi, selon Beccaria, dans son *Traité des délits et des peines* de 1764, dans l'objectif de prévention de l'arbitraire, il convient que la loi établisse une proportion exacte entre la qualification de l'infraction et la peine qui la punit : « Il devrait y avoir une échelle correspondante de peines, descendant de la plus forte à la plus faible. Mais il suffira au sage législateur d'en marquer les points principaux et d'en respecter l'ordre, en se gardant d'appliquer aux délits du premier degré les peines du dernier ».

Dans le prolongement de cette évolution des idées philosophiques, l'article 8 de la Déclaration des droits de l'Homme et du citoyen (ci-après désignée DDHC) dispose : « La Loi ne doit établir que des peines strictement et évidemment nécessaires ». Par ailleurs, le Code pénal de 1791, puis celui de 1810, reconnurent une hiérarchie entre les crimes, les délits et les contraventions qui a été maintenue par le Code pénal actuel (ci-après désigné CP) dont le premier article dispose : « les infractions pénales sont classées, suivant leur gravité, en crimes, délits et contraventions » (art. 111-1). Ces principes ont, par ailleurs, été étendus au droit pénal procédural dont il est désormais admis qu'il ne doit pas permettre le recours à des actes de contrainte contraires au principe de la stricte rigueur nécessaire, par application, notamment de l'article 9 de la DDHC et de l'article préliminaire du Code de procédure pénale (ci-après désigné CPP).

Ces exigences de nécessité et de proportionnalité sont en lien avec une nouvelle conception de la peine, celle-ci ne devant plus seulement avoir pour vocation de châtier le criminel au nom de l'exemplarité mais, davantage, de réparer le dommage causé à la société en envisageant, notamment, le reclassement de l'intéressé. Ceci apparaît logique car attacher à la répression d'un fait une réponse disproportionnée constitue à la fois l'application d'une injustice et le risque d'une inapplication de ladite réponse. Pour autant, la mise en œuvre paroxystique de ces principes de nécessité et de proportionnalité est susceptible de neutraliser l'efficacité de la répression, mais aussi de la prévention des infractions, et donc de nuire à la protection de l'ordre public. C'est la raison pour laquelle la question du choix de la peine recèle une importance capitale dans la recherche, traditionnelle en droit pénal, d'un juste équilibre entre la protection de l'ordre public et celle des droits et libertés des justiciables. À cet égard, il convient de s'interroger : les règles gouvernant le choix de la peine pour les personnes majeures permettent-elle de garantir le juste équilibre, systématiquement recherché en droit pénal, entre la protection de l'ordre public, qui implique une répression effective des infractions, et celle des droits et libertés des justiciables, notamment des principes de nécessité et de proportionnalité ?

La réponse à cette interrogation permettra de montrer que, dans l'objectif d'un tel juste équilibre, le choix de la peine pour les personnes majeures est, non seulement encadré dans son exercice (I), mais aussi contrôlé dans son résultat (II).

I - L'exercice encadré du choix de la peine pour les personnes majeures

Afin de parvenir à un juste équilibre entre la protection de l'ordre public et celle des droits et libertés des justiciables, l'exercice du choix de la peine pour les personnes majeures est, à la fois, limité (A) et guidé (B).

A - UN CHOIX LIMITÉ

L'exercice du choix de la peine pour les personnes majeures, pour l'autorité normative comme pour l'autorité judiciaire, est limité par les principes de dignité (1) et de légalité (2).

1. Un choix limité par le principe de dignité

La mise en œuvre du choix de la peine pour les personnes majeures est limitée, en premier lieu, par le principe de dignité qui implique l'exclusion de tout mauvais traitement à l'égard du condamné. Ceci se manifeste, d'abord, pour ce qui concerne le choix des peines encourues, de sorte que l'autorité normative se trouve limitée dans le choix de la peine applicable aux personnes majeures. Ainsi, au-delà de l'interdiction du recours à la peine de mort, qui expose le condamné, notamment, aux affres du « syndrome du couloir de la mort », jugé contraire à l'article 3 de la Convention européenne de sauvegarde des droits de l'Homme et des libertés fondamentales (ci-après désignée CESDH) par la Cour européenne des droits de l'Homme (ci-après désignée CEDH ; v. not. CEDH, 7 juill. 1989, n° 14038/88, *Sœring c/ Royaume-Uni*), est prohibé le recours aux peines afflictives et infamantes, telles que la déportation ou les travaux forcés, abolis par l'ordonnance n° 60-529 du 4 juin 1960. Dans le même ordre d'idée, sur le fondement de la prohibition des mauvais traitements, posée par l'article 3 précité de la CESDH, la Cour de Strasbourg interdit le recours à la peine d'incarcération perpétuelle, les États-parties ayant l'obligation de ménager au condamné un espoir de libération dans un objectif d'amendement. À ce propos, si la « *perpétuité réelle* » existe dans l'arsenal répressif français (v. par ex. les dispositions du dernier alinéa de l'article 221-3, C. pén.), la CEDH ne l'a pas considérée contraire à la Convention européenne dès lors que l'article 720-4 du CPP permet un réexamen de la situation du condamné à l'issue d'un délai de trente ans et estime « qu'il ne laisse pas d'incertitude sur l'existence d'une “perspective d'élargissement” dès le prononcé de la condamnation » (v. not. CEDH, 13 nov. 2014, n° 40014/10, Bodein c/ France).

L'exclusion de tout mauvais traitement infligé au condamné se manifeste, ensuite, pour ce qui concerne le choix des peines prononcées. Il est, ainsi, constant qu'indépendamment de la question de leur responsabilité pénale réglée par les dispositions de l'article 122-1 du Code pénal, les malades mentaux ne sauraient faire l'objet d'une mesure d'incarcération lorsque celle-ci ne permet pas la mise en œuvre des mesures adaptées afin d'assurer la compatibilité de leur état avec les exigences d'un traitement humain, quelle que soit la gravité des faits à raison desquels ils ont été condamnés (v. not. CEDH, 11 oct. 2006, n° 33834/03, Rivière c/ France). De manière générale, en effet, la CEDH met à la charge des États-parties une véritable obligation de protection de l'intégrité du détenu, de sorte que le recours à l'incarcération, lorsqu'il ne permet pas la mise en œuvre d'un traitement médical adapté, doit être écarté (v. not. CEDH, 14 nov. 2002, n° 67263/01, Mouisel c/ France). Par ailleurs, parce que le recours au travail forcé mène à une réification de l'Homme et constitue donc une atteinte à sa dignité, le recours à la peine de travail général ne peut être décidé par l'autorité judiciaire sans le consentement de l'intéressé (C. pén., art. 131-8).

2. Un choix limité par le principe de légalité

L'exercice du choix de la peine pour les personnes majeures est limité, en second lieu, par le principe de légalité qui mène à exclure, en principe, toute condamnation portant sur une peine non prévue par un texte préalable. Ceci se manifeste, d'abord, pour ce qui concerne le choix des peines encourues, de sorte que, là aussi, l'autorité normative se trouve limitée dans le choix de la peine applicable aux personnes majeures. Ainsi, le principe de la non-rétroactivité *in pejus*, notamment prévu par les dispositions de l'article 112-1 du Code pénal, aux termes desquelles « peuvent seules être prononcées les peines légalement applicables à la [date de l'infraction] », implique que la création d'une nouvelle peine ou l'aggravation du régime d'une peine ne vaut que pour l'avenir et ne peut développer ses effets à l'égard de faits commis avant son entrée en vigueur. Pour autant, ce principe ne lie l'autorité normative que pour les peines et non pour les mesures de sûreté. En effet, parce que ces dernières ne répondent pas à la commission d'une infraction, mais se fondent sur la constatation d'un état dangereux et ont une fonction préventive, voire curative, il est généralement admis qu'elles peuvent s'appliquer à des faits commis avant leur entrée en vigueur (v. not., à propos des mesures de sûreté, prévues par les articles 706-135 et suivants du CPP, applicables aux aliénés mentaux : Cass. crim., 16 déc. 2009, n° 09-85153).

Le nécessaire respect du principe de légalité se manifeste, ensuite, pour ce qui concerne le choix des peines prononcées. En effet, y compris dans la mise en œuvre des principes de nécessité et de proportionnalité, l'autorité judiciaire ne peut décider d'appliquer au condamné une peine non prévue par la loi, qu'il s'agisse de faire preuve de mansuétude ou de sévérité. Il n'est, ainsi, pas possible pour le juge répressif de recourir au sursis avec mise à l'épreuve lorsqu'il prononce une peine d'emprisonnement supérieure à cinq ans, hors état de récidive (C. pén., art. 132-41 ; v. not. Cass. crim., 3 févr. 2004, n° 03-85311), ou d'octroyer le bénéfice de la dispense de peine lorsqu'il n'apparaît pas « que le reclassement du coupable est acquis, que le dommage causé est réparé et que le trouble résultant de l'infraction a cessé » (C. pén., art. 132-59 ; Cass. crim., 7 mai 2019, n° 18-85729). Identiquement, le juge répressif ne saurait, en situation de concours d'infractions, décider de prononcer plusieurs peines de même nature (C. pén., art. 132-3 ; v. not. Cass. crim., 8 mars 2017, n° 15-87422) ou prononcer cumulativement une peine d'emprisonnement avec l'une des peines privatives ou restrictives de droits prévues à l'article 131-6 du CP, ni avec la peine de contrainte pénale ou la peine de travail d'intérêt général (C. pén., art. 131-9, al. 1er).

B - UN CHOIX GUIDÉ

L'exercice du choix de la peine pour les personnes majeures est guidé, non seulement par le principe d'individualisation des peines (2), mais aussi par l'orientation procédurale (1).

1. Un choix guidé par l'orientation procédurale

Conformément aux dispositions de l'article 40, alinéa 1er du Code de procédure pénale, « le procureur de la République reçoit les plaintes et les dénonciations et apprécie la suite à leur donner [...] ». En d'autres termes, informé de la commission d'une infraction, le ministère public dispose de l'opportunité des poursuites, c'est-à-dire d'un choix entre poursuivre pénalement les faits, recourir à une mesure de classement sans suite ou engager une procédure alternative aux poursuites. La mise en œuvre de ce choix, qui intègre une prise en compte par le parquet de la gravité des faits, guide le choix de la peine pour les personnes majeures, tout particulièrement dans le cadre des alternatives aux poursuites. Ainsi, pour ce qui concerne le classement conditionnel, il n'est possible de recourir à aucune peine, à proprement parler, seules les mesures prévues par l'article 41-1 du CPP pouvant être décidées à l'égard de la personne mise en cause, telles que la réparation du préjudice subi par la victime ou l'obligation de suivre un stage de nature à favoriser l'insertion ou la réinsertion de l'intéressé. De même, s'agissant de la composition pénale, seules peuvent être appliquées les mesures prévues par l'article 41-2 du CPP, telle que l'amende de composition ou la remise du permis de conduire au greffe du tribunal de grande instance, étant rappelé que la nature punitive desdites mesures impose leur validation par un magistrat du siège (v. Cons. const., 2 févr. 1995, n° 95-360 DC), sous réserve, depuis l'entrée en vigueur de la loi n° 2019-222 du 23 mars 2019 de programmation 2018-2022 et de réforme pour la justice, des délits punis d'une peine d'emprisonnement d'une durée inférieure ou égale à trois ans pour lesquels le recours à une amende de composition ou à une confiscation n'excédant pas le montant de 3 000 euros n'est pas conditionné à une telle validation.

Pour ce qui concerne la voie de l'engagement des poursuites pénales, il convient également de souligner que le procureur de la République dispose d'une marge de manœuvre certaine destinée à satisfaire les principes de nécessité et de proportionnalité. Ainsi, le parquet peut recourir à des procédures sommaires et rapides de jugement, telles que l'ordonnance pénale (CPP, art. 495 et s.), la comparution sur reconnaissance préalable de culpabilité (ci-après désignée CRPC ; CPP, art. 495-7 et s.) ou la comparution immédiate (CPP, art. 395 et s.). Dans ces hypothèses, le caractère sommaire de la procédure engagée et la gravité souvent relative des faits concernés justifient généralement une limitation dans le choix des peines puisque, par exemple, dans le cadre de l'ordonnance pénale, il n'est pas possible de recourir à une peine privative de liberté et, dans celui de la CRPC, la durée de la peine d'emprisonnement ne peut être supérieure à trois ans ni excéder la moitié de la peine d'emprisonnement encourue. À l'inverse, le caractère le plus souvent flagrant des faits reprochés et la nécessité de protéger immédiatement le corps social justifient que, dans le cadre d'une comparution immédiate, le tribunal correctionnel puisse avoir recours à un mandat dépôt quel que soit le quantum de la peine d'emprisonnement ferme prononcé (CPP, art. 397-4), par dérogation aux dispositions de l'article 465 du CPP. Dans le même ordre d'idée, lorsque le caractère criminel des faits reprochés a justifié l'ouverture d'une information judiciaire (CPP, art. 80), le ministère public peut requérir une correctionnalisation judiciaire qui, si elle est finalement décidée par le juge d'instruction, empêche, en principe, à la juridiction répressive de jugement de se déclarer incompétente au profit de la Cour d'assises et limite donc le choix de la peine pour la personne mise en cause (CPP, art. 469).

2. Un choix guidé par le principe d'individualisation

Quel que soit le cadre procédural dans lequel il est exercé, le choix de la peine pour les personnes majeures impose le respect du principe d'individualisation, à valeur constitutionnelle (Cons. const., 22 juill. 2005, n° 2005-520 DC), qui impose d'adapter la sanction au regard de la personne du condamné et des circonstances de l'infraction. Ceci a des incidences, en premier lieu, pour ce qui concerne les peines encourues puisqu'il appartient à l'autorité normative, dans la détermination du régime juridique des peines qu'elle édicte, de ménager un pouvoir d'individualisation de la sanction finalement prononcée. C'est la raison pour laquelle le Conseil constitutionnel a développé une jurisprudence hostile aux peines accessoires qui résultent automatiquement de la décision de culpabilité sans que la juridiction ait à la prononcer (v. not. Cons. const., 11 juin 2010, n° 2010-6/7 QPC). En revanche, n'est pas prohibé le recours par le législateur à des peines complémentaires obligatoires dès lors que le prononcé de celles-ci peut être écarté par la juridiction répressive de jugement, le cas échéant, au moyen d'une motivation spéciale (v. not. Cons. const., 9 août 2007, n° 2007-554 DC : à propos des peines-plancher créées, en matière de récidive, par la loi n° 2007-1198 du 10 août 2007, renforçant la lutte contre la récidive des majeurs et des mineurs, et finalement abrogées par la loi n° 2014-896 du 15 août 2014, relative à l'individualisation des peines et renforçant l'efficacité des sanctions pénales).

Le principe d'individualisation a également une incidence déterminante pour ce qui concerne les peines prononcées, de sorte que l'autorité judiciaire est tenue de le prendre en considération dans la détermination des sanctions qu'elle prononce. Ainsi, aux termes de l'article 130-1 du Code pénal, la peine a pour fonctions, « afin d'assurer la protection de la société, de prévenir la commission de nouvelles infractions et de restaurer l'équilibre social, dans le respect des intérêts de la victime », « de sanctionner l'auteur de l'infraction » et « de favoriser son amendement, son insertion ou sa réinsertion ». En outre, l'article 132-1 du même Code dispose, d'une part, que « toute peine prononcée par la juridiction doit être individualisée » et, d'autre part, que « dans les limites fixées par la loi, la juridiction détermine la nature, le quantum et le régime des peines prononcées en fonction des circonstances de l'infraction et de la personnalité de son auteur ainsi que de sa situation matérielle, familiale et sociale, conformément aux finalités et fonctions de la peine énoncées à l'article 130-1 ». Il résulte de l'ensemble de ces dispositions qu'il appartient à la juridiction répressive de jugement d'opérer un juste équilibre entre les fonctions de neutralisation et d'insertion ou de réinsertion de la sanction pénale. Ainsi, à propos de la révocation d'un sursis simple préalablement accordé à la suite d'une condamnation à une peine d'emprisonnement ferme, dont le caractère facultatif a été posé par la loi précitée n° 2014-896 du 15 août 2014, relative à l'individualisation des peines et renforçant l'efficacité des sanctions pénales (C. pén, art. 132-36), les juges du fond ne peuvent éluder le débat relatif à la nécessité et à la proportionnalité d'une telle révocation en affirmant que la réitération des faits n'autorise pas à envisager une dispense de révocation du sursis (Cass. crim., 18 mai 2016, n° 15-84748).

II - Le résultat contrôlé du choix de la peine pour les personnes majeures

Au-delà de l'encadrement de son exercice, le choix de la peine pour les personnes majeures voit son résultat contrôlé à travers sa justification (A) et son adaptabilité (B).

A - LA JUSTIFICATION DU CHOIX

La justification du résultat du choix de la peine pour les personnes majeures impose une obligation de motivation (1), facilitée par plusieurs moyens (2).

1. L'obligation de motivation

De manière traditionnelle, la Chambre criminelle de la Cour de cassation affirmait que « les juges répressifs disposent, quant à l'application de la peine dans les limites fixées par la loi, d'une faculté discrétionnaire dont ils ne doivent aucun compte » (v. not. Cass. crim., 5 oct. 1977, Bull. crim., n° 291). Un condamné ne pouvait donc utilement critiquer, ni la nature (Cass. crim., 9 févr. 1987, Bull. crim., n° 61), ni le quantum (Cass. crim., 19 mai 1999, Bull. crim., n° 102) de la peine prononcée à son encontre. Ainsi, les magistrats n'étaient pas tenus de s'expliquer pour prononcer une peine d'interdiction des droits civiques, civils et de famille (Cass. crim., 31 janv. 2007, Bull. crim., n° 26), pour fixer le montant d'une amende (Cass. crim., 19 sept. 2007, Bull. crim., n° 216) ou de jours-amende (Cass. crim., 1er juill. 1997, Bull. crim., n° 262) et même pour porter la durée de la période de sûreté aux deux tiers de la peine prononcée (Cass. crim., 29 janv. 1998, Bull. crim., n° 37). La solution n'était différente que pour certaines peines puisque, ponctuellement, le législateur avait imposé la motivation, notamment, de la peine d'emprisonnement, lorsqu'elle est prononcée sans sursis, ni aménagements (C. pén., art. 132-19). Néanmoins, cette obligation était édictée de manière paradoxale puisque l'objectif était moins d'assurer la transparence de la décision que de dissuader le juge de recourir à une telle sanction dans un objectif de lutte contre la surpopulation carcérale. À cet égard, l'effectivité du principe d'individualisation posait question.

Dans un objectif de renforcement de cette effectivité et dans le prolongement de la loi précitée n° 2014-896 du 15 août 2014, la Chambre criminelle de la Cour de cassation a opéré un revirement de jurisprudence par plusieurs arrêts du 1er février 2017 aux termes desquels, désormais, « en matière correctionnelle, toute peine doit être motivée au regard de la gravité des faits, de la personnalité de leur auteur et de sa situation personnelle » (Cass. crim., 1er févr. 2017, nos 15-84511, 15-85199 et 15-83984). Ce revirement sera, par la suite, confirmé et amplifié, la Chambre criminelle ayant affirmé que la juridiction qui prononce une peine d'amende, y compris en matière contraventionnelle, doit motiver sa décision au regard des circonstances de l'infraction, de la personnalité et de la situation personnelle de son auteur, en tenant compte de ses ressources et de ses charges (Cass. crim., 30 mai 2018, n° 16-85777). La loi précitée n° 2019-222 du 23 mars 2019 de programmation 2018-2022 et de réforme pour la justice a consacré légalement cette obligation de motivation des peines, désormais expressément énoncée dans le nouvel article 485-1 du CPP. Par ailleurs, en matière criminelle, après avoir affirmé que « la Cour et le jury ne doivent pas motiver le choix de la peine qu'ils prononcent » (Cass. crim., 8 févr. 2017, nos 15-86914, 16-80389 et 16-80391), la Chambre criminelle a accepté de transmettre une question prioritaire de constitutionnalité portant sur le cantonnement par l'article 365-1 du CPP de l'obligation de motivation des verdicts d'assises à la seule question de la culpabilité (Cass. crim., 13 déc. 2017, nos 17-82086, 17-82237 et 17-82858). Par une décision du 2 mars 2018, le Conseil constitutionnel a affirmé que le principe d'individualisation des peines, qui découle de l'article 8 de la DDHC, implique qu'une sanction pénale ne puisse être appliquée que si le juge l'a expressément prononcée, en tenant compte des circonstances propres à chaque espèce, de sorte que l'article 365-1, al. 2, du CPP a été jugé contraire à la Constitution dès lors qu'il n'imposait pas à la Cour d'assises de motiver le choix de la peine (Cons. const., 2 mars 2018, n° 2017-694 QPC). La loi précitée du 23 mars 2019 a finalement modifié l'article 365-1 du CPP qui dispose désormais que « la motivation consiste également dans l'énoncé des principaux éléments ayant convaincu la Cour d'assises dans le choix de la peine, au vu des éléments exposés au cours de la délibération [...] ». De la sorte, l'effectivité du principe d'individualisation des peines apparaît nettement renforcée, correspondant à la logique européenne qui impose un « contrôle par les autorités judiciaires internes de la proportionnalité de la restriction légale litigieuse à la lumière des particularités de chaque espèce » (v. not. CEDH, 17 juin 2004, n° 58278/00, *Zdanoka c/ Lettonie*).

2. Les moyens de la motivation

Il apparaît, désormais, qu'en toute matière, le prononcé d'une peine doit donner lieu à une motivation de nature à garantir l'effectivité des principes de nécessité, de proportionnalité et d'individualisation. Encore faut-il, toutefois, que l'autorité judiciaire dispose de moyens utiles lui permettant de recueillir des informations de nature à alimenter et étayer concrètement cette motivation. À ce propos, au-delà de la possibilité de recourir à des expertises psychologique et psychiatrique de nature à éclairer le juge sur la personnalité du condamné, la loi du 23 mars 2019 a développé la possibilité, pour le procureur de la République ou le juge d'instruction, de saisir le service pénitentiaire d'insertion et de probation aux fins d'investigations sur la personnalité et la situation matérielle, familiale et sociale de la personne poursuivie, afin d'être informé sur les mesures propres à vérifier la faisabilité matérielle de certaines peines ou aménagements de peine pouvant être prononcés, exigence ajoutée à celle de l'objectif de la recherche des mesures propres à favoriser l'insertion, qui existait déjà (CPP, art. 41, al. 7, dans sa rédaction qui entrera en vigueur le 24 mars 2020). En outre, l'article 73, IV, de la même loi crée le dossier unique de personnalité qui répond à la volonté d'améliorer la connaissance des personnes prévenues et condamnées pour une meilleure individualisation de la peine. Il doit également permettre de réduire les obstacles à l'aménagement des peines en mettant à la disposition de l'autorité judiciaire les éléments utiles à l'évaluation de la situation personnelle de la personne concernée.

Par ailleurs, dans le cadre de la procédure de jugement, le tribunal qui s'estimerait encore insuffisamment éclairé peut décider l'ajournement du prononcé de la peine s'il apparaît opportun d'ordonner à l'égard du prévenu des investigations complémentaires sur sa personnalité et sa situation matérielle, familiale et sociale. Cette possibilité de césure du procès pénal est prévue par l'article 132-70-1 du Code pénal, issu de la loi précitée du 15 août 2014, qui a été modifié par la loi du 23 mars 2019 afin d'en accroître l'efficacité. Ainsi, à compter de l'entrée en vigueur de ces nouvelles dispositions le 24 mars 2020, les investigations complémentaires qu'autorise cet ajournement auront pour objectif de « permettre le prononcé d'une peine de détention à domicile sous surveillance électronique, d'un travail d'intérêt général, d'une peine d'emprisonnement avec sursis probatoire ou d'une peine d'emprisonnement aménagée ». En outre, la juridiction qui décidera d'un tel ajournement pourra, jusqu'à l'audience portant sur la peine, ordonner le placement de la personne mise en cause « sous contrôle judiciaire, sous assignation à résidence avec surveillance électronique ou, si celle-ci comparait détenue ou selon la procédure de comparution immédiate, en détention provisoire ».

B - L'ADAPTABILITÉ DU CHOIX

L'adaptabilité du résultat du choix de la peine pour les personnes majeures se manifeste dans le cadre des voies de recours (1) et dans celui de l'exécution et de l'application des peines (2).

1. Un choix adaptable dans le cadre des voies de recours

Le juge doit désormais justifier la peine qu'il prononce. Il ne s'agit pas de remettre en cause le pouvoir d'adapter les peines, tant dans leur nature que dans leur quantum, qui relève du principe d'individualisation et se rattache aux attributions propres du juge pénal. Ce dernier conserve donc sa liberté souveraine, mais non plus discrétionnaire, pour choisir, sous réserve des limites fixées par la loi, parmi les peines – principales, alternatives ou complémentaires – celles qui lui paraissent les mieux adaptées aux faits, à la personnalité et à la situation de l'auteur de l'infraction. Cette obligation de motivation permet de renforcer l'effectivité du droit, pour le condamné, d'exercer les voies de recours ordinaires – appel ou opposition – puisque celui-ci ne peut être utilement mis en œuvre qu'autant que l'intéressé connaît les raisons ayant mené la juridiction répressive de jugement à prononcer telle ou telle peine. À cet égard, la possibilité d'exercer les voies de recours ordinaires apparaît, aujourd'hui plus qu'hier, être le gage du choix de la peine la mieux adaptée. Ceci est d'autant plus vrai que, comme en matière correctionnelle ou de police, la loi du 23 mars 2019 autorise désormais que l'appel en matière criminelle soit cantonné à la seule question de la peine de manière à garantir, pour les faits les plus graves, le prononcé de la peine la plus juste (CPP, art. 380-2-1 A, nouv.).

L'exercice de la voie de recours extraordinaire du pourvoi en cassation est également une garantie du choix de la peine la mieux adaptée aux faits, à la personnalité et à la situation de l'auteur de l'infraction. Certes, de façon classique, le juge de cassation exerce son contrôle uniquement sur l'existence et la suffisance des motifs en veillant à ce que la motivation ne soit pas purement abstraite et se réfère aux circonstances de l'espèce. Pour autant, l'existence d'un tel contrôle oblige désormais les juges du fond à éprouver et justifier la proportionnalité des peines qu'ils prononcent. L'obligation d'expliquer la décision constitue, en effet, un préalable à l'exercice, par le juge de cassation, d'un contrôle, quelle qu'en soit l'intensité, du respect du principe de proportionnalité. Une condamnation encourt ainsi la cassation si la Cour d'appel ne répond pas à une argumentation formulée sur ce point par le prévenu, ou si elle y apporte une réponse insuffisante ou contradictoire, de sorte que le renvoi devant une juridiction du fond permettra de garantir la recherche de la peine la mieux adaptée (v. not. Cass. crim., 30 janv. 2018, n°s 17-80878 et 16-87072).

2. Un choix adaptable dans le cadre de l'exécution et de l'application des peines

Conformément aux dispositions de l'article 707 du CPP, texte inaugural du livre consacré aux « *procédures d'exécution* » des sanctions pénales, « le régime d'exécution des peines privatives et restrictives de liberté [...] est adapté au fur et à mesure de l'exécution de la peine, en fonction de l'évolution de la personnalité et de la situation matérielle, familiale et sociale de la personne condamnée, qui font l'objet d'évaluations régulières ». Ce même texte énonce que « le régime d'exécution des peines privatives et restrictives de liberté vise à préparer l'insertion ou la réinsertion de la personne condamnée afin de lui permettre d'agir en personne responsable, respectueuse des règles et des intérêts de la société et d'éviter la commission de nouvelles infractions », puis que « toute personne condamnée incarcérée en exécution d'une peine privative de liberté bénéficie, chaque fois que cela est possible, d'un retour progressif à la liberté en tenant compte des conditions matérielles de détention et du taux d'occupation de l'établissement pénitentiaire, dans le cadre d'une mesure de semi-liberté, de placement à l'extérieur, de placement sous surveillance électronique, de libération conditionnelle ou d'une libération sous contrainte, afin d'éviter une remise en liberté sans aucune forme de suivi judiciaire ».

En d'autres termes, à la suite du prononcé de la condamnation, la recherche de la peine la mieux adaptée à la situation du condamné et aux faits se poursuit dans le cadre de l'exécution et de l'application des peines. En particulier, si l'article 707, I, du CPP dispose que « les peines prononcées par les juridictions pénales sont, sauf circonstances insurmontables, mises à exécution de façon effective et dans les meilleurs délais », l'article 723-15 du même Code prévoit que les condamnés à une peine privative de liberté d'une durée inférieure ou égale à deux années ou pour lesquelles la durée de la détention restant à subir est inférieure ou égale à deux ans, ou pour lesquelles, en cas de cumul de condamnations, le total des peines d'emprisonnement prononcées ou restant à subir est inférieur ou égal à deux ans doivent bénéficier, « dans la mesure du possible et si leur personnalité et leur situation le permettent [...] d'une semi-liberté, d'un placement à l'extérieur, d'un placement sous surveillance électronique, d'un fractionnement ou d'une suspension de peines, d'une libération conditionnelle ou de la conversion prévue à l'article 132-57 du Code pénal ». Il est à noter qu'à la durée de deux années susmentionnées sera substituée une durée d'une année à compter du 24 mars 2020, date d'entrée en vigueur, sur ce point, de la loi précitée du 23 mars 2019. Afin de garantir l'effectivité de cette recherche de la peine la plus adaptée, le ministère public doit, préalablement à la mise à exécution de la ou des condamnations, informer le juge de l'application des peines de cette ou de ces décisions en lui adressant toutes les pièces utiles à la prise de décision sur le principe et les modalités d'un éventuel aménagement.

Au terme de nos développements, il apparaît que les règles gouvernant le choix de la peine pour les personnes majeures permettent de garantir un juste équilibre entre la protection de l'ordre public et celle des droits et libertés des justiciables, notamment des principes de nécessité, de proportionnalité et d'individualisation. À cet égard, le récent revirement de la Cour de cassation consistant à affirmer, en application de la jurisprudence du Conseil constitutionnel (Cons. const., 26 oct. 2018, n° 2018-742 QPC), que la période de sûreté fait corps avec la peine, de sorte qu'elle doit faire l'objet d'une décision spéciale, et motivée, lorsqu'elle est facultative ou excède la durée prévue de plein droit (Cass. crim., 10 avril 2019, n° 18-83709), est illustratif de la recherche constante de ce juste équilibre.

Sujet 2

DISSERTATION : L'INTENTION DANS LES INFRACTIONS D'ATTEINTE À L'HONNEUR (ANNALES CONCOURS ENM 2018)

Accusé d'avoir participé à l'assassinat de son oncle et détourné des fonds royaux, Mowbray, duc de Norfolk, s'écrie à l'attention du roi Richard II : « Effacez mon déshonneur, et je cède mon gage. Mon cher Maître, le trésor plus pur que puisse donner cette vie mortelle, c'est une réputation sans tache : dépouillés de ce bien, les hommes ne sont plus qu'une terre dorée, une argile peinte » (William Shakespeare, *Richard II*, acte premier, scène I, 1595). La protection de l'honneur des individus est une question délicate dans la mesure où elle doit être conciliée avec le droit à la liberté d'expression prévu et protégé, notamment, par l'article 10 de la Convention européenne de sauvegarde des droits de l'Homme et des libertés fondamentales et l'article 11 de la Déclaration des droits de l'Homme et du citoyen.

À ce propos, la Cour européenne des droits de l'Homme (voir, par exemple : CEDH, 12 juill. 2016, Reichman c/ France, n° 50147/11) comme le Conseil constitutionnel (voir, notamment : Cons. const., 8 janvier 2016, n° 2015-512 QPC) admettent que des atteintes soient portées à la liberté d'expression, notamment par la création d'incriminations pénales, lorsque celles-ci sont nécessaires, adaptées et proportionnées à l'objectif poursuivi qui peut consister, comme l'évoque Shakespeare, dans la protection de la réputation et des droits d'autrui. Encore faut-il bien délimiter le champ des infractions d'atteinte à l'honneur dont l'objectif consiste à protéger la réputation de la personne visée. En conséquence, ne relèvent pas de cette catégorie d'infractions les outrages qui ne protègent pas l'honneur ou la réputation, mais la valeur intrinsèque du symbole, de l'institution ou de l'agent qui est en cause. En réalité, doivent ici être seules étudiées les infractions de diffamation et d'injure ainsi que leur prolongement dans le cadre du délit de dénonciation calomnieuse (voir, sur ce point : Cass. 1re civ., 6 déc. 2007, n° 06-15290 : « ne relèvent pas de la loi du 29 juillet 1881, les agissements d'une personne consistant à porter atteinte à la réputation et à la dignité d'une autre par le biais de lettres adressées à l'employeur de celle-ci, lesquels constituent des faits de dénonciation calomnieuse »).

À cet égard, l'intention dans les infractions d'atteinte à l'honneur apparaît décisive dès lors qu'elle constitue un critère essentiel dans la qualification juridique des faits fondés sur l'objectif recherché par l'agent. Cette intention est également décisive en ce que, conformément aux dispositions de l'article 121-3, alinéa 1er, du Code pénal, « il n'y a point de crime ou de délit sans intention de le commettre », de sorte qu'il convient de l'établir, non seulement à l'égard de celui ayant tenu les propos litigieux, mais aussi à l'égard de celui qui les a relayés, le mécanisme de la responsabilité « en cascade » mis en place par la loi du 29 juillet 1881, relative à la liberté de la presse, n'ayant pas pour effet de neutraliser l'exigence d'intention (voir, par exemple : Cass. crim., 30 mars 2005, n° 04-85048) qui, au demeurant, est constitutionnellement protégée (Cons. const., 16 juin 1999, n° 99-411 DC).

Pour autant, l'intention dans les infractions d'atteinte à l'honneur ne saurait être uniquement présentée comme un élément constitutif desdites infractions ; en effet, il est constant que la liberté d'expression « vaut non seulement pour les "informations" ou "idées" accueillies avec faveur ou considérées comme inoffensives ou indifférentes, mais aussi pour celles qui heurtent, choquent ou inquiètent l'État ou une fraction quelconque de la population » (CEDH, 7 déc. 1976, n° 5493/72, Handyside c/ Royaume-Uni). Dès lors, l'intention dans les infractions d'atteinte à l'honneur peut aussi consister en un moyen de défense dès lors qu'elle s'inscrit dans l'exercice de la liberté d'expression, tout particulièrement s'agissant de propos relatifs à des débats d'intérêt général.

À cet égard, il convient de s'interroger : de quelle manière la prise en compte de l'intention par le droit pénal, confronté à des faits d'atteinte à l'honneur, permet-elle de parvenir à un juste équilibre entre, d'une part, la protection de l'ordre public, dont l'une des composantes consiste dans la préservation des droits d'autrui, et, d'autre part, la nécessaire garantie de la liberté d'expression, qui implique le pluralisme, la tolérance et l'esprit d'ouverture sans lesquels il n'est pas de « société démocratique » ?

Dans cet objectif de juste équilibre, l'intention dans les infractions d'atteinte à l'honneur est prise en compte de manière plurielle, l'abstraction (I) et la contextualisation (II) constituant autant de méthodes de son appréciation.

I - L'abstraction de l'intention dans les infractions d'atteinte à l'honneur

L'abstraction de l'intention dans les infractions d'atteinte à l'honneur se manifeste à la fois dans l'appréciation de ladite intention (A) et dans sa preuve (B).

A - L'ABSTRACTION DANS L'APPRÉCIATION DE L'INTENTION

Le refus d'une subjectivisation de l'atteinte à l'honneur (1) et l'indifférence des mobiles (2) démontrent l'abstraction de l'intention dans les infractions d'atteinte à l'honneur.

1. Le refus d'une subjectivisation de l'atteinte à l'honneur

Les infractions d'atteinte à l'honneur impliquent, pour être établies, que le comportement adopté par l'agent soit intentionnellement contraire à l'honneur, ce qui, afin de prévenir l'arbitraire, est apprécié de manière abstraite au regard d'une conception idéale de l'honneur et de ce qui est susceptible de l'entacher, indépendamment du point de vue des protagonistes. Certes, récemment, la Chambre criminelle a approuvé un arrêt d'appel au motif que « les révélations et imputations objet des menaces formulées par le prévenu étaient de nature à porter atteinte à l'honneur et à la considération de la victime appréciés au regard de sa situation concrète » (Cass. crim., 13 janv. 2016, n° 14-85905), mais cette position se comprend au regard du fait que la qualification en cause était celle de chantage qui protège, non l'honneur, mais la propriété.

Ainsi, peu importent les conceptions morales de la personne mise en cause : celle-ci ne peut utilement se défendre en affirmant qu'elle ne considère pas attentatoires à l'honneur les propos tenus (voir, notamment : Cass. crim., 30 mars 2016, n° 15-80719, arrêt aux termes duquel il est rappelé que « le caractère diffamatoire des imputations se détermine exclusivement par la nature des faits allégués »). Peu importent également, les conceptions morales de la personne visée, de sorte que la diffamation ne peut être caractérisée du seul fait que le destinataire des propos s'estime déshonoré (voir, en particulier : Cass. crim., 12 nov. 2008, n° 07-83398 : à propos de personnes s'étant estimées déshonorées par les propos d'un parlementaire ayant évoqué « l'infériorité morale de l'homosexualité ») et qu'elle peut, à l'inverse, être caractérisée malgré l'indifférence manifestée par celui-ci (voir, par exemple : Cass. crim., 24 nov. 2009, n° 09-83256).

2. Le refus d'une prise en compte des mobiles

En principe, dans la théorie générale du droit pénal, l'intention ne nécessite pas, pour être juridiquement caractérisée, que l'on se réfère aux mobiles de l'agent. Ainsi, les dimensions psychologiques du mécanisme infractionnel sont extérieures au dol général, la culpabilité pénale négligeant le mobile, c'est-à-dire l'intérêt ou le sentiment qui a déterminé la personne mise en cause à agir comme elle l'a fait. Cette indifférence des mobiles se comprend, comme précédemment, dans un objectif de prévention de l'arbitraire lié à une prise en compte de la subjectivité de l'agent.

Ceci se retrouve à propos de la définition de l'intention dans les infractions d'atteinte à l'honneur. Ainsi, en matière de diffamation, la Chambre criminelle affirme traditionnellement que « le caractère légal des imputations diffamatoires s'apprécie non d'après le mobile qui les a dictées mais d'après la nature du fait sur lequel elles portent » (voir, par exemple : Cass. crim., 15 mars 1983, n° 82-90533). De même, en matière de dénonciation calomnieuse, l'intention de nuire est une notion inopérante dans la caractérisation de l'élément moral de l'infraction, celui-ci étant constitué par la connaissance de la fausseté du fait imputé et la volonté de la dénonciation (voir, notamment : Cass. crim., 11 oct. 1983, n° 82-93985).

B - L'ABSTRACTION DANS LA PREUVE DE L'INTENTION

L'abstraction dans la preuve de l'intention se manifeste, non seulement par l'existence de présomptions (1), mais aussi dans la manière dont cette preuve est établie (2).

1. L'intention présumée dans les infractions d'atteinte à l'honneur

En matière de diffamation et d'injure, l'abstraction dans l'appréciation de l'intention a mené la Chambre criminelle à affirmer que « l'intention délictuelle résulte de l'imputation diffamatoire elle-même » (Cass. crim., 22 mars 1966, n° 65-90914) et que « les expressions outrageantes, termes de mépris ou invectives sont réputés de droit prononcés avec une intention coupable » (Cass. crim., 10 mai 2006, n° 05-82971). En effet, dès lors que la caractérisation de l'atteinte à l'honneur se fait *in abstracto*, la personne mise en cause ne peut ignorer la portée de son comportement, de sorte que l'intention est nécessairement présente.

Pour autant, afin de ménager la présomption d'innocence et les droits de la défense, constitutionnellement et conventionnellement protégés, la présomption d'intention ainsi dégagée par la jurisprudence n'est pas irréfragable (voir, à propos de la diffamation : Cass. crim., 6 janv. 2015, n° 14-81189 ; à propos de l'injure : Cass. crim., 20 janv. 2015, n° 14-87279) ; ainsi, s'agissant de l'indexation par un moteur de recherche ayant associé le terme « escroc » à la dénomination d'une société, la Cour de cassation a affirmé que « la fonctionnalité aboutissant au rapprochement critiqué est le fruit d'un processus purement automatique dans son fonctionnement et aléatoire dans ses résultats, de sorte que l'affichage des « mots clés » qui en résulte est exclusif de toute volonté de l'exploitant du moteur de recherche d'émettre les propos en cause ou de leur conférer une signification autonome au-delà de leur simple juxtaposition et de leur seule fonction d'aide à la recherche » (Cass. 1re civ., 19 juin 2013, n° 12-17591).

2. L'intention prouvée dans les infractions d'atteinte à l'honneur

En matière de dénonciation calomnieuse, afin de ménager la force attachée à la chose définitivement jugée, une présomption existe également : elle s'attache à la fausseté du fait dénoncé qui « résulte nécessairement de la décision, devenue définitive, d'acquittement, de relaxe ou de non-lieu, déclarant que le fait n'a pas été commis ou que celui-ci n'est pas imputable à la personne dénoncée » (C. pén., art. 226-10, al. 2). Toutefois, afin de ménager les droits de la défense, cette présomption irréfragable a vu son champ d'application resserré puisqu'avant la loi n° 2010-769 du 9 juillet 2010 elle s'appliquait à « la décision, devenue définitive, d'acquittement, de relaxe ou de non-lieu déclarant que la réalité du fait n'est pas établie ou que celui-ci n'est pas imputable à la personne dénoncée » (voir, notamment : Cass. crim., 14 sept. 2010, n° 10-80718). En dehors de ce champ, il appartient aux juges du fond d'apprécier la pertinence des accusations portées (Cass. crim., 11 juill. 2017, n° 16-83932 et 17 oct. 2017, n° 16-85193).

Néanmoins, il convient de souligner que cette présomption est relative à la condition préalable de l'infraction et ne concerne pas l'intention, de sorte que les juges du fond ne peuvent en déduire la preuve de l'élément moral (voir, en particulier : CEDH, 30 juin 2011, n° 30754/03, Klouvi c/ France et Cass. crim., 8 avril 2014, n° 14-90006) et mettre à la charge de la personne mise en cause l'obligation de prouver sa bonne foi (voir, par ex. : Cass. crim., 7 déc. 2004, n° 04-81929). En conséquence, à la différence de l'injure et de la diffamation – à propos de laquelle, au stade de la caractérisation du dol général, il importe peu que le fait imputé soit réel ou imaginaire –, il appartient aux juges du fond d'établir la réalité de l'élément moral de l'infraction. Pour autant, l'abstraction de l'intention demeure entière dès lors que sa preuve résulte de la seule mauvaise foi de la personne mise en cause définie comme la connaissance du caractère mensonger de la dénonciation, indépendamment des motifs l'ayant animée.

II - La contextualisation de l'intention dans les infractions d'atteinte à l'honneur

Si l'intention dans les infractions d'atteinte à l'honneur est souvent l'objet de mécanismes d'abstraction destinés à prévenir l'arbitraire, d'autres mécanismes permettent une certaine contextualisation destinée tantôt à exclure la répression (A), tantôt à en faire une application adaptée (B), afin de respecter au mieux les principes de nécessité et de proportionnalité.

A - LA CONTEXTUALISATION DE L'INTENTION, EXCLUSIVE DE RÉPRESSION

La contextualisation de l'intention dans les infractions d'atteinte à l'honneur est exclusive de répression dans la mesure où elle permet de démontrer l'existence de faits justificatifs généraux (1) ou spéciaux (2).

1. La contextualisation de l'intention, caractéristique de faits justificatifs généraux

En droit interne, la Cour de cassation a admis l'applicabilité du fait justificatif tiré de l'ordre ou de l'autorisation de la loi ou du règlement prévu par l'article 122-4, alinéa 1er, du Code pénal, de sorte que l'intention contextualisée de l'agent permet de justifier les atteintes à l'honneur. Ainsi, constitue un fait justificatif l'obligation faite à l'employeur par l'ancien article L. 122-14-2 du Code du travail d'énoncer le ou les motifs du licenciement (Cass. crim., 12 oct. 2004 ; voir, également : Cass. 1re civ., 7 nov. 2006). De même, le directeur de la publication d'un journal ne saurait encourir aucune responsabilité pénale du fait de l'insertion d'une annonce, relative à la sanction disciplinaire infligée à un médecin, dont il ne pouvait légalement se dispenser, conformément aux dispositions de l'article L. 145-2 du Code de la sécurité sociale (Cass. crim., 17 oct. 1995, n° 93-85440). Identiquement, doit être relaxée la directrice d'une maison de retraite, poursuivie du chef de dénonciation calomnieuse à raison de l'appréciation portée par elle dans une fiche de notation, dès lors qu'elle a agi « dans le cadre de ses obligations légales » (Cass. crim., 8 juin 1999, n° 98-81364). À cela, il convient d'ajouter l'insertion par la loi du 9 décembre 2016, relative à la transparence, à la lutte contre la corruption et à la modernisation de la vie économique, de l'article 122-9 dans le Code pénal concernant le fait justificatif applicable aux « lanceurs d'alerte » qui constitue également une prise en compte contextualisée de l'intention dans les infractions d'atteinte à l'honneur.

En droit européen, il est constant que la liberté d'expression ne peut connaître d'ingérences étatiques que si celles-ci sont « nécessaires, dans une société démocratique », notamment pour la protection de « la réputation ou des droits d'autrui », de sorte que la répression des atteintes à l'honneur doit satisfaire les principes de nécessité et de proportionnalité. À l'instar de la protection des droits de la défense, élément neutralisateur de la qualification de recel applicable au journaliste qui, poursuivi du chef de diffamation, produit pour sa défense des documents couverts par le secret de l'enquête et de l'instruction préparatoire (voir, notamment : Cass. crim., 11 juin 2002, n° 01-85237), l'exercice de la liberté d'expression constitue un fait justificatif très généralement employé (voir, par exemple, en matière d'escroquerie : Cass. crim., 26 oct. 2016, n° 15-83774). Dans la mise en œuvre de ce fait justificatif, qui repose également sur une contextualisation de l'intention de l'agent, la Chambre criminelle s'inspire de la jurisprudence de la Cour de Strasbourg, particulièrement soucieuse de la protection du débat public sur des sujets d'intérêt général (voir, not. : CEDH, gde ch., 23 avril 2015, n° 29369/10, Morice c/ France), tels que « le rachat frauduleux par un organisme bancaire d'une compagnie d'assurances de droit étranger [ayant] entraîné la mise à la charge de l'État français, et donc du contribuable, de sommes considérables » (Cass. crim., 11 mars 2008, n° 06-84712) ou le « traitement judiciaire d'une affaire criminelle ayant eu un retentissement national » (Cass. ass. plén., 16 déc. 2016, n° 08-86295). L'impact du droit européen est tel qu'alors que la nature même de ce type de propos se concilie mal avec les canons du débat démocratique, l'injure peut désormais être justifiée par la liberté d'expression, en particulier « dans le contexte d'un débat politique » (Cass. crim., 9 déc. 2014, n° 13-85401) et lorsque les propos litigieux ont été tenus sur « le mode de l'impertinence satirique » (voir, en particulier : CEDH, 14 mars 2013, n° 26118/10, Éon c/ France, à propos d'une pancarte brandie à l'attention du président de la République et Cass. crim., 8 janv. 2019, n° 17-81396, à propos de « tweets » de Me Eolas concernant l'Institut pour la justice).

2. La contextualisation de l'intention, caractéristique de faits justificatifs spéciaux

En matière de diffamation, la personne mise en cause se voit reconnaître la possibilité de faire la preuve de la vérité du fait imputé : il s'agit de l'*exceptio veritatis*. Ainsi, si la diffamation est constituée indépendamment de l'éventuelle véracité du fait imputé, elle peut être justifiée s'il est démontré, conformément aux conditions édictées par les articles 35 et 55 de la loi du 29 juillet 1881, que l'allégation ou l'imputation correspond à la vérité (voir, par exemple : Cass. crim., 3 juill. 1996, n° 94-82647). Cette cause d'irresponsabilité pénale spéciale se fonde sur l'intention contextualisée de l'agent consistant à révéler un fait ayant une portée sociale, ce que démontre l'interdiction de prouver la vérité de faits relatifs à la vie privée de la personne diffamée. La même idée se retrouve à propos de la bonne foi, autre cause d'irresponsabilité pénale spéciale attachée à la diffamation, qui permet de justifier la révélation de faits infamants s'inscrivant dans un contexte de légitimité de l'objectif poursuivi, celui-ci correspondant le plus souvent à la notion européenne de « débat d'intérêt général » (voir, notamment : Cass. crim., 28 juin 2017, n° 16-82163), de sérieux de l'enquête, d'absence d'animosité personnelle et de prudence et de mesure dans l'expression.

En matière d'injure, une cause d'irresponsabilité pénale spéciale existe également : il s'agit de l'excuse de provocation qui n'est, toutefois, applicable que pour les injures envers les particuliers (L. 29 juill. 1881, art. 33, al. 2). En effet, dans le fonctionnement normal des pouvoirs publics, une provocation émanant d'un corps ou d'un serviteur de l'État apparaît difficilement concevable. Ce moyen de défense repose également sur la prise en compte contextualisée de l'intention de l'agent qui correspond à une forme de légitime défense verbale. C'est la raison pour laquelle il doit y avoir proportionnalité, proximité et corrélation entre la provocation invoquée et l'injure (voir, notamment : Cass. crim., 10 mai 2006, n° 05-82971). Ceci explique que la loi du 27 janvier 2017, relative à l'égalité et à la citoyenneté, ait supprimé l'excuse de provocation en matière d'injure publique à caractère raciste, sexiste, homophobe, transphobe ou handiphobe : ce type d'injure n'a, en effet, aucun rapport avec ce qui a pu être fait ou dit précédemment.

B - LA CONTEXTUALISATION DE L'INTENTION, FACTEUR DE RÉPRESSION

Loin d'être synonyme exclusivement d'impunité, la contextualisation de l'intention dans les infractions d'atteinte à l'honneur permet d'adapter la répression, celle-ci étant, tantôt ciblée (1), tantôt renforcée (2).

1. La contextualisation de l'intention, critère d'une répression ciblée

La contextualisation de l'intention de la personne mise en cause, au regard des personnes destinataires du message attentatoire à l'honneur, est déterminante en matière de diffamation et d'injure. Il convient, en effet, de vérifier si l'agent a eu l'intention d'adresser le message litigieux au public en général, ou à des personnes suffisamment nombreuses et diverses pour en être l'expression (voir, par exemple : Cass. crim., 26 févr. 2008, n° 07-84846), ou à des personnes liées par une « communauté d'intérêts » (voir, notamment : Cass. crim.,

18 oct. 2016, n° 15-80682). Dans ce dernier cas, le message n'ayant pas été diffusé de manière publique, seules sont applicables les qualifications contraventionnelles, de diffamation non publique (C. pén., art. R. 621-1) ou d'injure non publique (C. pén., art. R. 621-2 ; voir, par exemple : Cass. crim., 8 avril 2008, n° 07-87226).

La contextualisation de l'intention de la personne mise en cause, au regard des personnes visées par le message attentatoire à l'honneur, est également déterminante en matière de diffamation et d'injure. En effet, plusieurs dispositions de la loi du 29 juillet 1881 prévoient des incriminations spécifiques pour ce qui concerne la diffamation et l'injure publiques à l'égard des défunts et la diffamation et l'injure publiques à l'égard de personnes détentrices d'une qualité particulière (L. 1881, art. 30 et s.). Ainsi, s'agissant de la première hypothèse, il convient d'établir un dol spécial qui, au-delà de la conscience générale de porter tort à autrui, consiste dans l'intention de porter atteinte à l'honneur, à la considération des successeurs vivants. Dans le même ordre d'idée, pour ce qui concerne la seconde hypothèse, les textes exigent que l'atteinte à l'honneur soit commise envers les intéressés, selon les cas, « à raison de leurs fonctions ou de leur qualité » ou, pour le témoin, « à raison de sa déposition ». Néanmoins, dans un objectif de cantonnement de ces incriminations faisant encourir, en matière de diffamation, des peines plus sévères qu'à l'accoutumée, la contextualisation de l'intention de l'auteur est objectivée par la jurisprudence qui affirme que ces dispositions spéciales ne doivent être appliquées que lorsque les atteintes à l'honneur, « qui doivent alors s'apprécier, non d'après le mobile qui les a inspirées ou d'après l'objectif recherché par leur auteur, mais selon la nature du fait sur lequel elles portent, contiennent la critique d'actes de la fonction ou d'abus de la fonction ou encore établissent que la qualité ou la fonction de la personne visée a été soit le moyen d'accomplir le fait imputé soit son support nécessaire » (Cass. crim., 15 déc. 2015, n° 14-85118).

2. La contextualisation de l'intention, critère d'une répression renforcée

En présence d'une diffamation ou d'une injure, publique ou non publique, commise à l'égard d'une personne déterminée ou d'un groupe de personnes « à raison de leur origine ou de leur appartenance ou de leur non-appartenance à une ethnie, une nation, une race ou une religion déterminée » ou « à raison de leur sexe, de leur orientation sexuelle ou identité de genre ou de leur handicap », les peines encourues sont aggravées (L. 1881, art. 32 et 33 ; C. pén., art. R. 625-8 et R. 625-8-1). Il s'agit là de la prise en compte d'une intention particulière de la personne mise en cause, d'un dol spécial, qui constitue, à l'instar de ce que prévoient plus généralement les articles 132-76 et 132-77 du Code pénal, une circonstance aggravante.

Pour l'appréciation de ce dol spécial, est pris en compte le lien de causalité établi entre la diffamation ou l'injure et l'une des caractéristiques légalement visées. Il faut, en effet, que le propos ait visé la personne « à raison de » l'une de ces caractéristiques. Ce n'est donc pas l'appartenance ou la non-appartenance de la personne ou du groupe de personnes visés qui constitue objectivement la circonstance aggravante, mais plutôt l'explication donnée par l'auteur à son propos qui va alors révéler le racisme ou le sectarisme : l'intéressé aura ainsi reproché à autrui, à raison de telle ou telle caractéristique légalement visée, d'avoir fait telle chose ou d'être de telle façon. À cet égard, la contextualisation de l'intention de l'agent constitue bien le critère d'une répression renforcée.

Les développements qui précèdent ont permis de démontrer que la prise en compte de l'intention par le droit pénal, confronté à des faits d'atteinte à l'honneur, permet de parvenir à un juste équilibre entre la protection de l'ordre public et la nécessaire garantie des droits et libertés fondamentaux, en particulier la liberté d'expression. Pour autant, il convient de rappeler que cette liberté ne peut systématiquement être prise en compte comme un facteur de pondération de la répression pénale. Rappelons, en effet, que l'article 17 de la Convention européenne des droits de l'Homme, relatif à « l'interdiction de l'abus de droit », dans sa mise en œuvre par la Cour de Strasbourg, tend à limiter, voire exclure, la protection de la liberté d'expression « s'agissant d'un discours de haine, terme qui doit être compris comme couvrant toutes formes d'expression qui propagent, incitent à, promeuvent ou justifient la haine raciale, la xénophobie, l'antisémitisme ou d'autres formes de haine fondées sur l'intolérance » (voir not. : CEDH, 13 mars 2018, nos 51168/15 et 51186/15, Stern Taulats et Roura Capellera c/ Espagne).

Sujet
3

DISSERTATION : LES DROITS DE LA DÉFENSE DURANT LA PHASE PRÉPARATOIRE AU PROCÈS PÉNAL (ANNALES CONCOURS ENM 2017)

Le droit de défense est « un droit qui n'a besoin d'être écrit nulle part pour appartenir à tous. Sans ce droit exercé largement et librement, la justice pénale n'est pas justice, elle est oppression » (Ortolan, Éléments de droit pénal. Pénalité. Juridictions. Procédure, 1855, n° 1853). Pour Cornu, les droits de la défense désignent « l'ensemble des prérogatives qui garantissent à l'inculpé la possibilité d'assurer effectivement sa défense dans le procès pénal et dont la violation constitue une cause de nullité de la procédure même si cette sanction n'est pas expressément attachée à la violation d'une règle légale » (Cornu, Vocabulaire juridique, 8e éd., 2000, PUF, p. 258). Quant à la « phase préparatoire du procès pénal », elle désigne la phase de mise en état de la procédure pénale, à savoir, non seulement la phase d'information judiciaire, mais aussi celle des enquêtes de police.

À cet égard, le sujet proposé peut apparaître paradoxal puisque, dans le cadre d'une procédure inquisitoriale, qui est l'ancêtre de la procédure pénale française, aucune place n'est faite aux droits de la défense dans un objectif d'efficacité répressive. Néanmoins, le développement de la protection du droit à un procès équitable a eu pour conséquence d'appliquer les droits de la défense à tout le procès pénal : de la phase d'enquête à la phase d'exécution de la peine. La garantie des droits de la défense s'est accrue. Si elle intéressait essentiellement la phase de jugement, héritée du modèle accusatoire, la phase de mise en état, traditionnellement inquisitoire, s'est teintée de garanties des droits de la défense (CEDH, 24 nov. 1993, Imbrioscia c/ Suisse), jusqu'à ce que ce mouvement parvienne même à gagner l'enquête de police par l'accroissement du rôle tenu par l'avocat en garde à vue notamment.

Ainsi, s'agit-il de s'interroger sur la manière dont, dans la phase préparatoire du procès pénal, les droits de la défense sont protégés au prisme de l'équilibre, consubstantiel à la matière pénale, qui doit être ménagé avec la nécessaire protection de l'ordre public.

Pour être complète, cette interrogation doit se dédoubler et porter, à la fois, sur la question de savoir quelles sont les personnes destinataires des droits de la défense (I), afin d'en vérifier l'effectivité, et sur celle de la détermination du contenu de ces derniers, dont la densité apparaît variable (II).

I - La titularité des droits de la défense

L'essor des droits de la défense dans la phase préparatoire du procès pénal est prégnant à la fois dans la phase des enquêtes de police (A), mais aussi dans celle de l'instruction préparatoire (B).

A - LA TITULARITÉ DES DROITS DE LA DÉFENSE DANS LA PHASE DES ENQUÊTES DE POLICE

Bénéficient des droits de la défense au cœur de l'enquête de police, à la fois le gardé à vue et la personne suspectée entendue librement.

1. L'octroi des droits de la défense au suspect gardé à vue

Avant la loi du 4 janvier 1993, il n'existait pas de règle dédiée à la protection des droits de la défense dans les enquêtes de police. En effet, si le Code de procédure pénale de 1958 avait encadré le recours à la garde à vue et sa durée, rien n'avait été prévu quant au respect des droits de la défense. La mesure pouvait durer vingt-quatre heures et pouvait être prolongée de la même durée par le procureur de la République ou le juge d'instruction. Au regard des droits de la défense, la loi avait simplement mis en place l'intervention d'un médecin, pour éviter les brutalités policières et faciliter leur constatation quand elles avaient lieu, ainsi qu'une présentation au procureur de la République, sauf en cas de flagrance.

C'est la loi du 4 janvier 1993 qui a finalement rendu la personne gardée à vue titulaire de droits de la défense dont la teneur a été amplifiée par la suite. Ainsi, en 1993, le suspect placé en garde à vue s'est vu reconnaître le droit à l'intervention ponctuelle d'un avocat, dans un objectif de prévention des mauvais traitements, mais aussi d'organisation de la défense. Par la suite, les droits de la défense se sont renforcés en garde à vue. D'abord, avec la loi du 15 juin 2000 qui a, notamment, rendu effectif le droit au silence au moyen de sa notification au suspect et développé le rôle de l'avocat en autorisant son intervention dès le début de la mesure. Ensuite, avec la loi du 14 avril 2011 qui, d'une part, a, à nouveau, développé le rôle de l'avocat, puisque celui-ci peut désormais assister le gardé à vue au cours des interrogatoires, et, d'autre part, a permis l'accès à certaines pièces du dossier.

2. L'extension des droits de la défense au suspect entendu librement

Jusqu'à récemment, dans le cadre des enquêtes de police, l'octroi des droits de la défense était conditionné au placement en garde à vue, c'est-à-dire à l'exercice d'un acte de contrainte à l'encontre de la personne concernée. Pourtant, les déclarations faites par une personne entendue librement peuvent se révéler lourdes de conséquences sur la suite des investigations. C'est la raison pour laquelle, la Cour européenne des droits de l'Homme a pu constater, à l'encontre de la France, des violations de l'article 6 de la Convention en ce que le suspect entendu librement ne se voyait pas, non seulement notifier le droit au silence, mais aussi accorder les droits de la défense, en particulier le droit d'être assisté pas un avocat (voir, notamment : CEDH, 14 oct. 2010, Brusco c/ France et 27 oct. 2011, Stojkovic c/ France et Belgique). En d'autres termes, le critère de déclenchement des droits de la défense dans les enquêtes de police, fondé sur l'existence d'un acte de contrainte à l'égard de la personne mise en cause, n'apparaissait pas assez protecteur des droits de la défense, qui doivent être garantis dès qu'apparaissent les éléments du soupçon.

Le Conseil constitutionnel avait d'ailleurs perçu la difficulté puisque, sans reconnaître au suspect entendu librement le droit à l'intervention d'un avocat, il avait émis une réserve d'interprétation aux termes de laquelle le respect des droits de la défense exige que la personne soupçonnée soit informée de la nature et de la date de l'infraction supposée et de son droit de quitter à tout moment les locaux de police ou de gendarmerie (Cons. const., déc. 18 nov. 2011 QPC). À la suite du renforcement des droits de la défense dans le cadre de la garde à vue, le législateur est donc, à nouveau, intervenu pour permettre une protection des mêmes droits de la défense hors l'exercice d'un acte de contrainte à l'égard du suspect. Ainsi, la loi du 27 mai 2014 a inséré dans le Code de procédure pénale un article 61-1 aux termes duquel la personne à l'égard de laquelle il existe des raisons plausibles de soupçonner qu'elle a commis ou tenté de commettre une infraction ne peut être entendue librement sur ces faits qu'après avoir été informée, notamment, des faits reprochés et du droit de garder le silence. Par ailleurs, l'article 61-3 du Code de procédure pénale dispose désormais que toute personne à l'égard de laquelle existe une ou plusieurs raisons plausibles de soupçonner qu'elle a participé, en tant qu'auteur ou complice, à la commission d'un crime ou d'un délit puni d'emprisonnement peut demander l'intervention d'un avocat. De la sorte, l'audition libre est devenue une mesure créatrice de droits, et les droits de la défense se sont un peu plus diffusés dans la phase des enquêtes de police.

B - LA TITULARITÉ DES DROITS DE LA DÉFENSE DANS LA PHASE D'INFORMATION JUDICIAIRE

Cette phase du procès pénal n'est pas celle où les droits de la défense s'épanouissent le plus aisément puisqu'elle est, depuis toujours, fortement teintée du modèle inquisitoire. Pourtant, comme la garde à vue, la mise en examen est devenue une mesure également génératrice de droits dont l'ampleur s'est considérablement renforcée jusqu'à irriguer le statut du témoin assisté.

1. L'octroi des droits de la défense à la personne mise en examen

Dans l'information judiciaire, les droits de la défense – en particulier, le droit d'être assisté par un conseil reconnu à compter de la loi du 8 décembre 1897 – ont longtemps été réservés à la seule personne suspectée ayant fait l'objet d'une décision du juge d'instruction d'« inculpation » ou, depuis la loi du janvier 1993, de mise en examen. Ainsi, la personne suspectée, qui n'était pas formellement inculpée ou mise en examen, ne pouvait bénéficier des droits de la défense alors même que l'existence de soupçons à son encontre semblait imposer la reconnaissance de tels droits. En pratique, c'était, le plus souvent, la volonté du juge d'instruction de placer en détention provisoire le suspect qui l'amenait à décider d'une mise en examen, préalable nécessaire à un tel placement. À cet égard, comme pour ce qui concerne les enquêtes de police, le seuil de déclenchement des droits de la défense ne semblait pas fondé sur un critère adéquat puisque ce ne sont pas les actes de contrainte exercés à l'encontre de l'intéressé qui doivent lui permettre de se défendre, le droit de défense devant être reconnu à toute personne suspectée.

C'est pourquoi, la jurisprudence a développé la théorie dite des « inculpations tardives » et des « inculpations virtuelles ». Ainsi, s'agissant de la notion d'« inculpation tardive », celle-ci était définie comme l'audition sous serment et sans l'assistance d'un avocat d'une personne contre qui existent des indices graves de culpabilité. Une telle audition, qui revenait à contourner les droits de la défense, doit être frappée par la nullité (voir, notamment : Cass. crim., 16 juin 1955). Ceci explique pourquoi le juge répressif considère depuis longtemps que, dès lors que le témoin a procédé à des aveux, il ne peut plus être entendu comme simple témoin (Cass. crim., 13 févr. 1975). Quant à la notion d'« inculpation virtuelle », elle renvoie à la jurisprudence de la Chambre criminelle de la Cour de cassation aux termes de laquelle, même en l'absence formelle d'une inculpation ou d'une mise en examen, il y a lieu de conférer les droits de la défense à certaines personnes en raison de leur désignation dans certains actes de procédure. Ainsi en était-il, en particulier, pour les personnes nommément visées dans un réquisitoire introductif (voir, notamment : Cass. crim., 24 mai 1971). De la sorte aussi, il s'agissait de garantir les droits de la défense en en prévenant le contournement.

2. L'extension des droits de la défense au témoin assisté

Dans le prolongement de cette jurisprudence sur les inculpations tardives, la loi du 30 décembre 1987 a créé le statut de témoin assisté dont le champ d'application a été, par la suite, étendu (CPP, art. 113-1 et s.). Ainsi, doivent bénéficier du statut de témoin assisté, notamment, les personnes nommément visées par un réquisitoire introductif ou supplétif du procureur de la République, si elles ne sont pas mises en examen, les personnes nommément visées par une plainte avec constitution de partie civile ou une mise en cause par la victime et qui, auditionnées par le juge d'instruction, lui en font la demande et les personnes à l'encontre desquelles existent des indices graves et concordants de culpabilité et qui n'ont pas été mises en examen

(CPP, art. 105). Peuvent, par ailleurs, bénéficier de ce statut, les personnes qui sont mises en cause par un témoin et les personnes à l'encontre desquelles il existe des indices rendant vraisemblable qu'elles aient pu participer, comme auteur ou comme complice, à la commission des faits dont le juge d'instruction est saisi.

La raison d'être de l'octroi de ce statut réside dans la prise en compte de la jurisprudence relative aux « inculpations tardives » et aux « inculpations virtuelles » dans un objectif de prévention du contournement des droits de la défense. Le statut du témoin assisté n'est, en effet, pas sans rappeler celui du mis en examen puisqu'il bénéficie notamment du droit d'être assisté d'un avocat et d'accéder au dossier de la procédure. En prévoyant l'octroi obligatoire de ce statut à certaines personnes, clairement identifiées comme suspectes, le législateur a voulu mettre un terme à la pratique des « inculpations tardives » tout en consacrant la jurisprudence relative aux « inculpations virtuelles ». Il reste que, dans certains cas, l'octroi du statut de témoin assisté demeure facultatif, de sorte qu'il demeure encore un risque de fraude aux droits de la défense. En effet, comme le souligne un auteur, « seule la personne contre laquelle une plainte avec constitution de partie civile a été déposée peut exiger d'être entendue sous ce statut ; celle qui est soupçonnée peut être entendue par le juge d'instruction jusqu'aux limites des indices graves et concordants de l'article 105 dès lors qu'en présence d'« indices rendant vraisemblable » qu'elle ait pu participer à une infraction, le juge d'instruction « peut » mais non « doit », lui conférer ce statut, de sorte que paradoxalement « le suspect est mieux protégé devant les enquêteurs que devant le magistrat instructeur » (Ch. Guéry, « Le juge d'instruction et le suspect », AJ Pénal 2017, pp. 384 et s.).

II - La densité des droits de la défense

La phase préparatoire du procès pénal est devenue de plus en plus contradictoire au regard du contenu des droits accordés au suspect qui consistent, pour l'essentiel, dans le droit d'être informé (A) et dans le droit de se défendre (B).

A - LE DROIT D'ÊTRE INFORMÉ

Le suspect dispose du droit, parfois limité, d'être informé sur les faits qui lui sont reprochés, mais aussi du droit de provoquer cette information.

1. Le droit de recevoir l'information

Qu'il s'agisse des enquêtes de police ou de l'information judiciaire, la personne mise en cause est, en principe, informée, dans le cadre de son éventuelle convocation et lorsqu'elle est entendue, sur les faits reprochés, des droits dont elle dispose afin de garantir leur effectivité. En particulier, la personne mise en cause doit être informée de son droit de garder le silence, corollaire du droit à la présomption d'innocence. Pour ce qui concerne la garde à vue, la question de la notification du « droit au silence » a longtemps posé difficulté. Rendue obligatoire par la loi du 15 juin 2000, puis atténuée par la loi du 4 mars 2002, elle a été supprimée par la loi du 18 mars 2003. Néanmoins, certainement sous l'impulsion du droit européen qui impose une notification du droit au silence au suspect (voir, notamment : CEDH, gde chambre, 27 nov. 2008, Salduz c/ Turquie), certains juges du fond ont décidé d'annuler des gardes à vue sans notification du droit au silence (CA Agen, 18 févr. 2010) et, surtout, le Conseil constitutionnel a considéré que l'absence d'une telle notification méconnaissait l'article 16 de la DDHC et abrogé – avec effet différé au 1er juillet 2011 – le régime de droit commun de garde à vue (décision QPC du 30 juillet 2010). C'est la raison pour laquelle, la loi du 14 avril 2011, dont les dispositions ont été reprises par celle du 27 mai 2014, a finalement réintroduit la notification du droit au silence (CPP, art. 63-1 ; voir : Cass. crim., 17 janv. 2012).

Par ailleurs, dans les enquêtes de police, si la personne mise en cause est informée des faits qui lui sont reprochés, elle ne dispose que d'un accès parcellaire aux pièces relatives aux investigations entreprises afin de garantir l'efficacité de la recherche de la vérité. Ainsi, dans le cadre de la garde à vue, la loi du 14 avril 2011 n'autorise la défense qu'à consulter le procès-verbal de placement en garde à vue et de notification des droits, l'éventuel certificat médical relatif à l'état de santé du gardé à vue et les éventuels procès-verbaux d'interrogatoire antérieur (CPP, art. 63-4-1 ; sur la conformité de cette disposition au droit européen des droits de l'Homme et au droit de l'Union européenne : Cass. crim., 31 janvier 2017). À l'inverse, dans l'information judiciaire, la personne mise en examen et le témoin assisté disposent d'un droit d'accès à l'intégralité des pièces figurant au dossier, sous réserve de dispositions particulières destinées à garantir l'efficacité des investigations (CPP, art. 114 et s.). Les lois du 27 mai 2014 et du 3 juin 2016 se sont efforcées de compenser cette disparité dans la protection des droits de la défense en prévoyant, par exemple, la possibilité pour la personne mise en cause dans l'enquête de police de solliciter du procureur de la République, dans certains cas, la communication de tout ou partie de la procédure (v. en particulier, CPP, art. 77-2).

2. Le droit de provoquer l'information

Le législateur contemporain a fortement accentué le caractère contradictoire de l'information judiciaire. Ainsi, le mis en examen peut solliciter toute mesure utile à la manifestation de la vérité : audition, confrontation, transport sur les lieux, etc. Il dispose, dans un souci d'égalité des armes, de prérogatives très proches de celles du ministère public et de la partie civile. Toutefois, jusqu'à récemment, la personne mise en cause ne pouvait formuler de telles demandes d'actes d'investigation que dans le cadre d'une information judiciaire (CPP, art. 82-1), sachant que le refus de procéder à de tels actes peut être contesté au moyen d'un appel soumis au filtre du président de la Chambre de l'instruction. Afin de compenser cette disparité dans la protection des droits de la défense tout au long du procès pénal, dans un premier temps, la loi du 27 mai 2014 a permis à la personne faisant l'objet d'une citation directe ou d'une convocation par officier de police judiciaire de solliciter, du président du tribunal correctionnel ou du tribunal lui-même, la réalisation d'actes nécessaires à la manifestation de la vérité (CPP, art. 388-5). Dans un second temps, la loi du 3 juin 2016 a prévu la possibilité de solliciter, du procureur de la République, la réalisation d'actes dans le cadre de l'enquête de police (CPP, art. 77-2). Ainsi, lorsque les conditions sont réunies, le procureur avise l'avocat de l'intéressé, ou l'intéressé s'il n'est pas assisté, de la mise à disposition d'une copie de la procédure, de la possibilité de formuler des observations, ainsi que des demandes d'actes utiles à la manifestation de la vérité. L'avocat, l'intéressé et/ou la victime disposent, après cette information, d'un délai d'un mois pour consulter le dossier, faire leurs observations et demandes et pendant ce délai, le procureur ne peut prendre aucune décision sur l'action publique, hormis l'ouverture d'une instruction, la mise en œuvre de l'article 393 ou le recours à la procédure de comparution sur reconnaissance préalable de culpabilité. Le mouvement actuel du législateur semble ainsi se diriger vers l'instauration d'une enquête de police de plus en plus teintée de contradictoire.

Par ailleurs, au-delà de la possibilité donnée à la personne mise en cause de formuler des demandes d'actes d'investigation afin de provoquer, notamment, la révélation d'informations utiles à sa défense, il convient de souligner la grande marge de manœuvre dont disposent les parties privées, dont le suspect, dans la recherche des preuves. En effet, il est de jurisprudence constante que, dans la recherche des preuves au soutien de la défense de leurs intérêts, les particuliers peuvent avoir recours à tout procédé, y compris des méthodes déloyales, voire illégales. Ainsi, le juge d'instruction ne peut refuser de joindre au dossier une preuve administrée par la partie civile et obtenue éventuellement de façon déloyale (Cass. crim., 7 mars 2012, sur l'admissibilité d'enregistrements audio effectués par un ancien salarié démontrant la commission d'infractions). Bien plus, la Chambre criminelle de la Cour de cassation a considéré, d'une part, qu'une preuve obtenue au moyen d'une infraction pénale est recevable devant les juridictions répressives (Cass. crim., 31 janv. 2012 et 27 nov. 2013, à propos de preuves volées) et, d'autre part, que l'infraction ainsi commise peut être justifiée au moyen d'une cause d'irresponsabilité pénale sui generis, dès lors qu'elle apparaît strictement nécessaire à l'exercice des droits de la défense (Cass. crim., 11 mai 2004). À cet égard, les droits de la défense font l'objet d'une protection particulièrement forte.

B - LE DROIT DE SE DÉFENDRE

Informé des faits qui lui sont reprochés, le suspect dispose du droit de se défendre en ayant recours à l'aide d'un avocat et en exerçant les recours qu'il estime nécessaire.

1. Le droit à l'intervention d'un avocat

Dès le 8 février 1996, la Cour de Strasbourg a affirmé que le droit à l'intervention d'un avocat dans la phase préparatoire de la procédure pénale débute dès le début des investigations (CEDH, 8 févr. 1996, John Murray c/Royaume Uni). Ainsi, en France, dans le cadre des enquêtes de police, comme dans celui de l'information judiciaire, la personne mise en cause dispose du droit d'être assistée par un avocat lorsqu'elle est entendue sur les faits reprochés. En particulier, dans le cadre de la garde à vue, le suspect dispose, non seulement du droit de s'entretenir avec un avocat, mais aussi du droit d'être assisté par lui pendant les interrogatoires. Néanmoins, dans ce cadre particulier de la garde à vue – qui intervient, le plus souvent, au tout début des investigations – et afin de garantir un certain équilibre entre la protection de l'ordre public et celle des droits des justiciables, il est possible de différer l'intervention de l'avocat pour permettre, notamment, le bon déroulement d'investigations urgentes tendant au recueil ou à la conservation des preuves, en particulier en matière de criminalité et de délinquance organisées. Pour autant, un garde-fou a été créé par le législateur puisque le dernier alinéa de l'article préliminaire du Code de procédure pénale dispose qu'« en matière criminelle et correctionnelle, aucune condamnation ne peut être prononcée contre une personne sur le seul fondement de déclarations qu'elle a faites sans avoir pu s'entretenir avec un avocat et être assistée par lui ».

Cette intervention de l'avocat dans l'enquête de police se révèle limitée au regard du droit général dont dispose la personne mise en examen et le témoin assisté dans le cadre de l'information judiciaire. Ainsi, l'avocat ne peut intervenir que dans le cadre d'une garde à vue, voire d'une audition libre, et son rôle est cantonné à l'assistance passive de son client pendant l'interrogatoire puisqu'il ne peut émettre des observations – voire poser des questions – qu'à la fin dudit interrogatoire. Bien plus, cette intervention n'est pas prévue lors des perquisitions alors même que le suspect pourrait être amené à tenir des propos auto-incriminants. Certes, la loi du 3 juin 2016 a étendu l'intervention de l'avocat aux opérations de reconstitution et aux séances d'identification des suspects (CPP, art. 61-3), mais les perquisitions ne sont pas concernées. À ce propos, il convient de noter qu'au soutien de leurs questions prioritaires de constitutionnalité dirigées contre la loi du 14 avril 2011 relative à la garde à vue, les requérants invoquaient la méconnaissance des droits de la défense, en ce que l'intervention de l'avocat n'est prévue que pendant les auditions et les confrontations (CPP, art. 63-4-2) et non lors des autres actes d'investigation menés en présence du suspect, tels que les perquisitions. Malgré tout, dans sa décision du 18 novembre 2011, le Conseil a écarté l'argumentation en considérant que les nouvelles dispositions du Code de procédure pénale « instituent des garanties de nature à assurer que la personne gardée à vue bénéficie de l'assistance effective d'un avocat » et assurent, « entre le droit de la personne gardée à vue à bénéficier de l'assistance d'un avocat et l'objectif de valeur constitutionnelle de recherche des auteurs d'infractions, une conciliation qui n'est pas déséquilibrée ». Par ailleurs, la Chambre criminelle de la Cour de cassation a estimé que l'article 6, § 3, de la Convention européenne de sauvegarde des droits de l'Homme et des libertés fondamentales n'exige pas que la personne ayant reçu notification officielle du fait qu'elle est suspectée d'avoir commis une infraction soit assistée d'un avocat lorsqu'elle est présente lors d'une perquisition au cours de laquelle elle n'est ni privée de liberté ni entendue sur les faits qui lui sont reprochés (Cass. crim., 3 avril 2013).

2. Le droit d'exercer les voies de recours

La personne mise en examen et, sous certaines réserves, le témoin assisté, peuvent interjeter appel et former des requêtes en nullité devant la Chambre de l'instruction (CPP, art. 170 et s.). Cette faculté n'est toutefois pas accordée à la personne mise en cause dans le cadre des enquêtes de police puisque cette phase de la procédure pénale n'est pas juridictionnelle et ne peut donc faire l'objet d'un contrôle juridictionnel tant que les poursuites n'ont pas été engagées. Ceci pose difficulté au regard de l'effectivité des droits et libertés, en particulier les droits de la défense, susceptibles d'être mis à mal dans le cadre desdites phases d'enquête devenues de plus en plus coercitives. À cet égard, il convient d'évoquer l'arrêt Abdelali c/ France dans lequel la Cour européenne des droits de l'Homme a constaté une violation de l'article 6, § 1er, de la Convention en ce que le requérant, n'ayant pas été considéré comme partie à la procédure en cause, n'avait pas pu exercer les voies de recours à l'encontre d'un certain nombre d'actes d'investigation et avait, de la sorte, été privé du droit « de remettre en question l'authenticité de l'élément de preuve [litigieux] et de s'opposer à son utilisation » (CEDH, 11 oct. 2012, Abdelali c/ France). A ce propos, apparaît comme un renforcement des droits de la défense, l'insertion par la loi du 23 mars 2019, de programmation et de réforme pour la justice, d'un article 802-2 dans le Code de procédure pénale aux termes duquel toute personne ayant fait l'objet d'une perquisition et qui n'a pas été poursuivie devant une juridiction d'instruction ou de jugement au plus tôt six mois après l'accomplissement de cet acte peut saisir le juge des libertés et de la détention d'une demande tendant à son annulation.

Une fois les poursuites engagées, par l'ouverture d'une information judiciaire ou la saisine directe d'une juridiction répressive de jugement, les voies de recours sont effectivement ouvertes à la personne mise en cause, en particulier les requêtes en nullité. Or, la méconnaissance des droits de la défense constitue généralement une cause de nullité assimilée à une cause de nullité d'ordre public, de nature à garantir leur effectivité (voir, en matière de garde à vue : Cass. crim., 3 déc. 1996). Néanmoins, l'appréciation in globo de l'équité de la procédure est de nature à éroder cette effectivité. À ce propos, la grande Chambre de la Cour de Strasbourg s'est prononcée dans le cadre d'une affaire au cours de laquelle le requérant, placé en garde à vue, s'était vu dénier illégalement le droit d'être assisté par un avocat pendant trois jours. Pour autant, les juges européens n'ont pas estimé qu'il y avait eu violation de l'article 6 de la Convention en ce sens que les garanties offertes à l'intéressé dans le reste de la procédure lui avaient permis de bénéficier d'un procès globalement équitable (CEDH, 12 mai 2017, Simeonovi c/ Bulgarie ; voir, également : CEDH, 9 nov. 2018, Beuze c/ Belgique). Cette position contraste, sans nul doute, avec la jurisprudence de la Cour de cassation, selon laquelle la méconnaissance du droit à l'assistance relève des nullités assimilées aux nullités d'ordre public, et avec la nécessaire effectivité des droits de la défense.

Le législateur contemporain a assumé sa volonté de rendre l'enquête comme l'instruction préparatoire de plus en plus contradictoires et respectueuses des droits de la défense. Ainsi, récemment, la loi du 28 février 2017, relative à la sécurité publique, conformément à la décision du 16 septembre 2016 du Conseil constitutionnel ayant censuré l'article 197 du Code de procédure pénale, a renforcé les droits de la défense dans la procédure devant la Chambre de l'instruction en permettant aux parties non assistées par un avocat d'avoir accès aux réquisitions du ministère public. Désormais, les avocats des parties ou, si elles n'ont pas d'avocat, les parties peuvent se faire délivrer copie de ces réquisitions sans délai et sur simple requête écrite, sans préjudice de leur faculté de demander la copie de l'entier dossier en application du quatrième alinéa de l'article 114. Jusqu'à la tenue de l'audience, les droits de la défense sont donc, là aussi, ménagés.

Sujet **4**

DISSERTATION : LES PREUVES EN MATIÈRE PÉNALE (ANNALES CONCOURS ENM 2016)

La preuve se décline en autant de moyens qu'il est de nécessité d'établir la réalité d'une infraction, a fortiori suivant sa gravité. Elle est ainsi un défi lancé à la matière pénale qui a dû s'adapter à l'évolution de la criminalité pour trouver, au-delà du droit, des relais pour y répondre. À la croisée du droit et des faits, la preuve s'est diversifiée autant qu'elle s'est réinventée, au gré des évolutions techniques et scientifiques.

Domat a défini la preuve comme « ce qui persuade l'esprit d'une vérité », ce qu'exprime également la maxime latine « idem est non esse et non probari ». C'est pourquoi, « les preuves de la culpabilité doivent être plus claires que le jour à midi », selon un adage de l'Ancien droit inspiré du Code Justinien. Il s'agira essentiellement pour la partie poursuivante de rapporter la preuve de la culpabilité d'un auteur supposé par la démonstration de la constitution d'une infraction recouvrant ses éléments matériel et moral (à l'exception des contraventions, par principe, purement matérielles). La preuve revêt ainsi une importance particulière en matière pénale en ce qu'elle engage l'honneur et la liberté de la personne mise en cause. Eu égard aux intérêts en présence, elle doit résister à la tolérance de ceux qui pourraient la tenir trop facilement pour acquise sous la pression des nécessités de la répression. « Il vaut mieux hasarder de sauver un coupable que de condamner un innocent » (Voltaire, « Zadig ou la destinée », 1747).

Le verdict (ou la vérité dite) n'est que l'aboutissement du procès pénal de sorte que la preuve pénale dont il ressort est nécessairement tributaire de la conception que l'on peut avoir de cette notion, évolutive dans le temps et dans l'espace. Du Ve siècle jusqu'au Moyen-Âge, la procédure rejoignait largement le modèle accusatoire avec des preuves qui pouvaient parfois ressembler davantage à des épreuves (ordalies, serments purgatoires, etc.). Progressivement (et notamment à partir du XIIIe siècle), la procédure pénale française va se départir de ce modèle pour celui de l'inquisitoire qui trouvera notamment à s'exprimer dans l'ordonnance criminelle de Saint-Germain-en-Laye de 1670. La Révolution française, portée notamment par les critiques de Montesquieu et de Cesare Beccaria dans leur ouvrage respectif (« L'esprit des lois », 1748 et le « Traité des délits et des peines », 1764), marque l'avènement d'un autre système de justice pénale : là où le principe de légalité est désormais consacré, le système des preuves légales est abandonné. Alors que le premier consiste à prouver un fait par tous moyens propres à en établir l'existence, le second implique non seulement d'organiser légalement les moyens de rechercher et d'établir la culpabilité, mais aussi de la tenir légalement pour démontrer toutes les fois où les preuves légalement exigées auront été rapportées.

Sans doute le choix du législateur était-il dicté par la teneur des intérêts en présence. Deux parties vont alors s'affronter et chacune va apporter, au soutien de ses prétentions et pour défendre sa position, les preuves qu'elle estime déterminantes et qui sont susceptibles d'emporter la conviction du juge ou plus précisément, en matière pénale, son intime conviction. On le sait, la charge de la preuve de la culpabilité repose sur le ministère public mais cette règle, contrairement à la présentation qui en est souvent faite, tient moins au principe de la présomption d'innocence qu'à un principe de droit commun selon lequel la charge de la preuve incombe au demandeur. Cela ne signifie pas que l'accusation ait le monopole dans la recherche des preuves, bien au contraire, le juge comme les personnes privées disposent également de prérogatives afin de rechercher et d'administrer les preuves qu'ils auront pu recueillir.

Toutes les parties au procès pénal sont ainsi engagées sur le terrain probatoire même si celui-ci relève du pré carré des autorités policières et judiciaires qui veillent à sauvegarder l'objectif à valeur constitutionnelle de protection de l'ordre public. À mesure où celui-ci est exposé par une criminalité toujours plus organisée et exacerbée sous le prisme du terrorisme, les autorités policières et judiciaires ont vu leurs pouvoirs renforcés au gré des lois successives. On songe notamment à la loi du 9 mars 2004 qui a, notamment, rendu possibles les sonorisations de lieux et fixations d'images de lieux publics ou privés, à la loi du 14 mars 2011 qui a permis la captation informatique, ou encore à la loi du 6 décembre 2013 qui a étendu les infiltrations policières et les dispositions relatives aux repentis aux infractions relevant de la grande délinquance économique, financière et fiscale. Plus récemment, la loi du 13 novembre 2014 a donné naissance à l'enquête sous pseudonyme. La loi du 24 juillet 2015 sur le renseignement a placé les moyens de preuve du renseignement sous le contrôle de l'autorité administrative et dernièrement celle du 3 juin 2016 a, entre autres, autorisé l'utilisation de l'IMSI catcher dans le cadre des investigations relatives aux infractions de criminalité et de délinquance organisées.

Aussi convient-il de se demander comment la matière pénale parvient à concilier cet impératif de protection de l'ordre public avec la nécessaire préservation des droits et libertés des justiciables.

Dans l'objectif d'apporter une réponse équilibrée à cette interrogation primordiale, la matière pénale oscille entre un principe de liberté encadré (I) et un principe de légalité cantonné (II).

I - La liberté des preuves pénales : un principe encadré

Le principe de liberté de la preuve présente une double signification (A) dont la portée implique un encadrement (B) afin de prévenir les atteintes non nécessaires ou disproportionnées aux droits et libertés.

A - LA DOUBLE SIGNIFICATION DU PRINCIPE DE LIBERTÉ

Le principe de liberté des preuves s'illustre à deux égards : d'abord dans la production des preuves puis dans l'appréciation de ces dernières.

1. La liberté dans la production des preuves

L'essence même du procès pénal réside dans la recherche de la vérité matérielle qui consiste à rapporter la preuve de la commission d'une infraction. Contrairement au droit civil où la preuve repose sur des faits et des actes, en matière répressive, la preuve doit porter sur le fait, sur l'imputation de ce fait à la personne concernée ainsi que sur l'intention qu'elle avait de commettre un tel fait. La difficulté réside ici dans l'impossibilité de se pré-constituer de telles preuves. C'est pourquoi, le droit pénal est gouverné par le principe de liberté de la preuve qui consiste à prouver un fait par tous moyens afin d'emporter ou non l'intime conviction du juge répressif. L'article 427 du Code de procédure pénale dispose ainsi qu'« Hors les cas où la loi en dispose autrement, les infractions peuvent être établies par tout mode de preuve et le juge décide d'après son intime conviction. »

Ce principe de liberté de l'établissement de la preuve par tout moyen est affirmé à propos du tribunal correctionnel et s'étend aux juridictions d'instruction et de jugement. Le dessein du droit pénal étant la répression, et donc la manifestation de la vérité, le système ne peut ainsi exclure, a priori, de modes de preuves (voir, récemment, à propos de l'admission de la recherche en coparentalité au moyen du FNAEG : Cass. crim., 28 juin 2017). Pour autant, afin de garantir l'effectivité du principe, le législateur incrimine certaines atteintes aux preuves. On songe ainsi au délit de subordination de témoin (C. pén., art. 434-15), au délit de fuite (C. pén., art. 434-10 et 434-45) ou encore à l'article 434-4 du Code pénal qui punit de trois ans d'emprisonnement et 45 000 euros d'amende le fait de modifier l'état des lieux de commission d'un crime ou d'un délit ou de détruire ou détériorer un document ou objet de nature à faciliter la découverte d'un crime ou d'un délit.

2. La liberté dans l'appréciation des preuves

Deux méthodes dans l'appréciation des preuves se sont succédées dans l'histoire. L'Ancien droit était teinté du principe de preuves légales, selon lequel si la preuve requise était rapportée, le juge n'avait aucune marge d'appréciation et il devait condamner le prévenu. Cette nécessité présentait l'inconvénient de la nécessaire obtention de l'aveu, consenti suite à un interrogatoire, ou forcé, lorsqu'il était obtenu par la méthode de la question (autrement dit la torture). L'abolition de la torture et le rejet de l'arbitraire ont naturellement conduit à la suppression de ce principe en faveur de celui de la preuve morale ou de l'intime conviction.

Le juge pénal n'a plus aujourd'hui l'obligation de condamner le prévenu lorsque certaines preuves sont réunies alors même qu'il est convaincu de son innocence. Toutes les preuves sont ainsi soumises à son appréciation et ne représentent que de simples présomptions de l'homme : le juge en apprécie la valeur probante. Il forge sa conviction en son âme et conscience. Ce principe présente le double avantage de garantir la fonction essentielle du juge pénal – celle d'évaluer les preuves qui lui sont soumises – et de ménager la séparation des pouvoirs – le législateur ne devant pas évaluer les preuves à la place du juge. Pour autant, l'autorité judiciaire ne peut se prononcer que sur les preuves qui lui ont été apportées au cours des débats et contradictoirement discutées devant lui (CPP, art. 353, 427, 512 et 536).

B - L'ENCADREMENT DU PRINCIPE DE LIBERTÉ

Afin d'éviter que le principe de liberté de la preuve ne conduise à l'arbitraire, le législateur est venu l'encadrer doublement : d'une part, quant à la production des preuves et, d'autre part, quant à leur appréciation.

1. La légalité dans la production des preuves pénales

Pour certaines infractions, la preuve n'est pas libre, le législateur déterminant les preuves dont la production est recevable devant le juge répressif. Ainsi, l'article 537, alinéa 1er du Code de procédure pénale prévoit que les contraventions sont prouvées, soit par procès-verbaux de constatation d'infraction ou rapports, soit – à défaut de procès-verbaux et rapports – par témoins (Cass. crim., 16 mars 2005 ; 6 déc. 2011 et 7 déc. 2011). Par ailleurs, les articles L. 234-1 et suivants du Code de la route détaillent les conditions dans lesquelles la conduite sous l'empire d'un état alcoolique ne peut être que strictement rapportée. Un dépistage préalable de l'état d'imprégnation alcoolique doit d'abord être effectué (alcootest). Ce dépistage effectué, l'opération de vérification destinée à établir la preuve de l'état alcoolique est ensuite opérée soit par analyses et examens médicaux cliniques et biologiques – le plus souvent par prise de sang –, soit par analyse de l'air expiré – par le biais d'un éthylomètre.

Surtout, la production des preuves est tributaire des conditions de leur obtention. Ainsi, en premier lieu, toute méthode d'investigation attentatoire aux droits d'autrui doit être autorisée et encadrée par la loi. C'est ainsi que la Chambre criminelle a admis les prises de vues par les enquêteurs d'individus se trouvant sur la voie publique – dans la mesure où leur vie privée n'est alors pas mise en cause –, mais refusé d'admettre de tels enregistrements portant sur des images provenant d'une propriété privée (Cass. crim., 15 févr. 2006 ; 21 mars 2007 ; voir également, à ce propos, la jurisprudence de la CEDH en matière d'interceptions de télécommunications ou de géolocalisation dynamique). En second lieu, certaines méthodes d'investigation sont interdites. Ainsi, notre système procédural prohibe l'administration de preuves incompatibles avec le respect des droits de la défense et l'idée que l'on se fait de la justice : tel est le cas s'agissant de l'impossibilité de faire état de la correspondance écrite échangée par l'avocat et son client (CPP, art. 432) ou de l'impossibilité d'avoir recours à des détournements de procédure (pour la sonorisation de cellules de garde à vue : Cass. ass. plén., 6 mars 2015). Par ailleurs, sont évidemment interdits tous les procédés contraires à la dignité de l'Homme. Il n'est donc pas possible d'avoir recours, afin d'obtenir des aveux, à la violence, à la torture ou à des traitements inhumains ou dégradants (CESDH, art. 3 ; voir, notamment : CEDH, 27 août 1992, Tomasi c/ France ; 28 juill. 1999, Selmouni c/ France ; voir, pour le « *menottage* » et la garde à vue d'un tétraplégique : Cass. crim., 4 mai 2008). De même, parce qu'il mène à une instrumentalisation de l'Homme, le recours à la narco-analyse (« sérum de vérité » ; v. Trib. corr. Seine, 23 févr. 1949) ou à l'hypnose (Cass. crim., 12 déc. 2000 ; 28 nov. 2001) est interdit.

2. La légalité dans l'appréciation des preuves pénales

Dans certains cas, le juge n'est pas libre dans l'appréciation des preuves pénales. Ainsi en est-il lorsque le législateur attribue une valeur probante spécifique à certaines preuves. Tel est le cas, par exemple, en matière contraventionnelle puisque l'article 537 du Code de procédure pénale dispose que les procès-verbaux ou rapports établis, en la matière, font foi jusqu'à preuve contraire, sachant que cette preuve contraire ne peut être rapportée que par écrit ou par témoins, ce qui signifie qu'en l'absence d'une telle preuve contraire, même intimement convaincu de l'innocence du prévenu, le juge répressif est tenu de le déclarer coupable. Ainsi en est-il également lorsque le législateur a recours au mécanisme, emprunté au système des preuves légales, de la corroboration qui peut être illustrée par référence aux dispositions du dernier alinéa de l'article préliminaire du Code de procédure pénale aux termes duquel « en matière criminelle et correctionnelle, aucune condamnation ne peut être prononcée contre une personne sur le seul fondement de déclarations qu'elle a faites sans avoir pu s'entretenir avec un avocat et être assistée par lui. » En d'autres termes, conformément à ce texte, le juge, même intimement convaincu de la culpabilité, ne peut condamner s'il ne dispose que des aveux de la personne mise en cause obtenus alors qu'elle n'avait pas été mise en mesure de s'entretenir avec un avocat et d'être assistée par lui.

Par ailleurs, afin d'éviter que le principe de l'intime conviction ne soit synonyme d'arbitraire, le législateur encadre l'action du juge. Ainsi, en premier lieu, conformément aux dispositions de l'article 427, alinéa 2, du Code de procédure pénale, « le juge ne peut fonder sa décision que sur des preuves qui lui sont apportées au cours des débats et contradictoirement discutées devant lui. » Le juge ne saurait donc fonder sa décision sur des éléments puisés dans leur notoriété publique, pris dans la connaissance personnelle qu'il aurait d'une affaire (Cass. crim., 22 juin 1977) ou encore, par exemple, d'une pièce qui n'aurait pas été discutée par toutes les parties. En second lieu, l'intime conviction ne constitue pas un mode de preuve de sorte que le juge doit motiver sa décision. Ainsi, selon les articles 485, 543 et 593 du Code de procédure pénale, les jugements et arrêts, en matière correctionnelle et de simple police, doivent contenir les constatations sur lesquelles est fondée leur décision. De même, la loi du 10 août 2011 a inséré dans le code un article 365-1 qui impose désormais au président de la Cour d'assises ou à l'un de ses assesseurs d'énoncer les « principales raisons, qui pour chacun des faits reprochés à l'accusé, ont convaincu la Cour d'assises ».

II - La légalité des preuves pénales : un principe cantonné

Il convient désormais de réfléchir aux conséquences d'une preuve qui contreviendrait aux règles susmentionnées. À ce propos, il convient de constater que le principe de légalité de la preuve subit un cantonnement « ratione materiae » (A) et « ratione personae » (B).

A - LE CANTONNEMENT « RATIONE MATERIAE » DU PRINCIPE DE LÉGALITÉ

La légalité de la preuve est cantonnée par des obstacles procéduraux et matériels.

1. Les obstacles procéduraux à l'effectivité de l'illégalité

Bien qu'obtenues de manière illégale, certaines preuves demeureront au dossier et pourront fonder la décision du juge. Il s'agit d'évoquer, ici, les « purges » des nullités intervenant lors de l'information judiciaire et du jugement. Ainsi, par exemple, on sait que l'envoi de l'avis de fin d'information adressé aux parties ouvre un délai de trois mois – ou d'un mois en cas de détention provisoire – afin qu'elles puissent adresser des observations écrites au juge d'instruction. Dans ce même délai, les parties vont alors pouvoir formuler des demandes ou présenter des requêtes en nullité. À l'expiration de ce délai, elles ne sont plus recevables à formuler ou présenter de telles demandes ou requêtes (CPP, art. 175, al. 3). De même, devant la juridiction correctionnelle ou de police, une nullité de procédure ne peut être soulevée qu'« in limine litis », c'est-à-dire avant que le juge vérifie « la réalité des faits et leur qualification juridique » (CPP, art. 385 ; voir, notamment : Cass. crim., 22 févr. 2012).

Ces mécanismes de purge, destinés à garantir la célérité de la justice et à prévenir les comportements dilatoires, sont susceptibles de poser difficulté au regard de la jurisprudence de la Cour de Strasbourg relative au droit de contester devant un juge les conditions d'obtention d'une preuve pénale. En effet, dans un arrêt du 11 octobre 2012, la Cour européenne des droits de l'Homme a constaté une violation de l'article 6§1 de la Convention à propos de la jurisprudence de la Cour de cassation aux termes de laquelle une personne en fuite et vainement recherchée au cours de l'information n'a pas la qualité de partie au sens de l'article 175 du Code de procédure pénale et ne peut donc exciper devant le tribunal correctionnel d'une quelconque nullité d'actes de la phase préparatoire. Dans leur arrêt, les juges européens affirment qu'il se déduit du droit à un procès équitable le droit pour la personne mise en cause « de remettre en question l'authenticité de l'élément de preuve [litigieux] et de s'opposer à son utilisation » (CEDH, 11 oct. 2012, Abdelali c/ France).

2. Les obstacles matériels à l'effectivité de l'illégalité

Seules les irrégularités pour lesquelles le législateur a prévu la sanction de la nullité sont susceptibles de mener au retrait du dossier des preuves concernées. Mais, cela ne suffit pas, puisqu'en principe, seules les irrégularités causant grief à celui qui les invoque mènent à un tel retrait. Ainsi, aux termes des dispositions de l'article 802 du Code de procédure pénale, la cause de nullité textuelle est définie comme la « violation des formes prescrites par la loi à peine de nullité ». En d'autres termes, l'illégalité d'une preuve ne peut être sanctionnée par la nullité que dans l'hypothèse où les dispositions particulières de ce code, relatives aux méthodes mises en œuvre pour l'obtention de ladite preuve, prévoient une telle sanction. Ainsi, en l'absence d'indication par la loi de ce que l'irrégularité fait encourir la nullité, celle-ci ne pourra être prononcée à propos de l'obligation d'indiquer la teneur des questions posées lors d'un interrogatoire ou d'une audition (Cass. crim., 21 sept. 2005). Par ailleurs, aux termes communs des articles 802 et 171 du Code de procédure pénale, les nullités de procédure pénale répondent à la règle « pas de nullité sans grief », de sorte qu'en l'absence de la démonstration d'un tel grief, l'illégalité de l'acte accompli ne sera pas sanctionnée par la nullité. Ceci montre donc bien que l'effectivité de l'illégalité de la preuve pénale n'est que parcellaire (voir, par exemple, à propos des sonorisations : Cass. crim., 6 févr. 2018).

Le rôle du juge pénal apparaît alors primordial, comme gardien de la légalité, en ce qu'il dispose de la possibilité de dégager, non seulement, des causes de nullités virtuelles, mais aussi, des causes de nullité pour lesquelles le grief est présumé. Ainsi, au sens de l'article 802 du Code de procédure pénale, une cause de nullité substantielle consiste en « l'inobservation des formalités substantielles ». Contrairement à ce qui est le cas pour les nullités textuelles, aucune disposition du code ne donne d'exemple formel de ces nullités substantielles. Pour les formalités prévues au code, il appartient au juge de s'interroger, matériellement, sur leur caractère substantiel, c'est-à-dire fondamental. Tel est le cas, par exemple, en ce qui concerne les garanties offertes à la personne suspectée et faisant l'objet d'une garde à vue (voir, notamment : Cass. crim., 3 déc. 1996). De même, en ce qui concerne la règle « pas de nullité sans grief », le juge dispose de la possibilité de découvrir des nullités « assimilées » aux nullités d'ordre public pour lesquelles la nullité pourra être prononcée sans qu'il soit nécessaire d'établir l'existence d'un grief, celui-ci étant présumé. Ainsi, est-ce le cas, par exemple, en ce qui concerne le principe selon lequel la personne poursuivie doit avoir la parole en dernier à l'audience (Cass. crim., 18 oct. 2006).

B - LE CANTONNEMENT « RATIONE PERSONAE » DU PRINCIPE DE LÉGALITÉ

Si le dispositif probatoire s'est considérablement durci en matière répressive, on assiste à un affaiblissement des obstacles à la preuve produite par les particuliers. La Cour de cassation maintient toutefois quelques garde-fous.

1. L'ineffectivité de l'illégalité des preuves produites par les particuliers

À la différence des autorités publiques, à l'égard desquelles s'impose, sous réserve de dispositions spécifiques, une obligation de loyauté (voir, encore récemment : Cass. ass. plén., 10 nov. 2017). Pour les particuliers, l'encadrement des preuves pénales est, en principe, inexistant puisque la jurisprudence estime que la preuve déloyale, voire illégale, peut être produite par un particulier devant le juge répressif. Ainsi, le destinataire d'appels téléphoniques anonymes répétés est en droit de les enregistrer et de les produire en justice (Cass. crim., 17 juill. 1984), de même que toute conversation téléphonique (Cass. crim., 31 janv. 2007). Identiquement, le juge d'instruction ne peut refuser de joindre au dossier une preuve administrée par la partie civile et obtenue éventuellement de façon déloyale (voir, notamment : Cass. crim., 7 mars 2012, sur l'admissibilité d'enregistrements audio effectués par un ancien salarié démontrant la commission d'infractions par le dirigeant d'une société). La juridiction de jugement elle-même ne peut refuser de l'examiner, comme cela a été souligné s'agissant de la pratique du « testing » (Cass. crim., 11 juin 2002 ; 27 nov. 2012). La Chambre criminelle de la Cour de cassation a même considéré qu'une preuve obtenue au moyen d'une infraction pénale était admissible (voir, notamment : Cass. crim., 31 janv. 2012 ; 27 nov. 2013).

Ceci se justifie par le fait que les règles relatives aux nullités de procédure ne concernent que les investigations menées par les autorités publiques (voir, à propos de l'exclusion de l'application des nullités de procédure aux actes étrangers : Cass. crim., 19 sept. 2017 et 4 oct. 2017). Ceci est également expliqué par le fait qu'en toute hypothèse, la preuve déloyale ou illégale sera soumise au contradictoire et pourra donc être critiquée par la partie à laquelle on l'oppose. De manière sous-jacente, cette position jurisprudentielle se comprend comme une volonté de rétablir l'égalité des armes, l'accusation disposant de considérables moyens d'investigations dont ne disposent pas les particuliers (ce qui renvoie, dans une certaine mesure, à la jurisprudence civiliste relative au « droit à la preuve »).

2. Vers une effectivité de l'illégalité des preuves produites par les particuliers

Pour autant, ce risque est limité, au regard de la jurisprudence de la Cour de cassation qui affirme que la preuve obtenue au moyen d'une infraction pénale, si elle est recevable devant les juridictions répressives, est susceptible d'engager la responsabilité pénale du plaideur qui l'a ainsi obtenue (sous réserve de l'application du fait justificatif tiré de « l'exercice nécessaire des droits de la défense » ; voir, notamment : Cass. crim., 11 mai 2004).

Par ailleurs, sous l'impulsion de la jurisprudence européenne relative à la protection des droits et libertés fondamentaux (voir, par ex., CEDH, 10 oct. 2006, L. L. c/ France), l'action des particuliers, même dans la perspective de l'obtention d'une preuve, peut se trouver cantonnée par la Cour de cassation, en particulier à l'aune du droit au respect de la vie privée (Cass. crim., 24 avril 2007 : à propos d'une preuve produite en violation du secret professionnel, la Chambre criminelle a estimé que la juridiction de fond devait rechercher si l'examen public et contradictoire devant elle de telles pièces « constituait une mesure nécessaire et proportionnée à la défense de l'ordre et à la protection des droits de la partie civile au sens de l'article 8 de la Convention européenne des droits de l'Homme »).

L'objectif poursuivi en procédure pénale – la manifestation de la vérité – ne saurait justifier l'emploi de méthodes probatoires contraires aux droits et libertés fondamentaux, comme ces droits et libertés fondamentaux ne doivent pas être un carcan trop rigide afin de permettre la répression des infractions et le rétablissement de l'ordre public. Tel est l'enseignement que l'on doit tirer de l'ensemble des développements précédents qui ont permis d'illustrer le difficile équilibre opéré, en la matière, par le législateur et par le juge. À cet égard, la consécration, mais aussi l'encadrement, par la loi du 23 mars 2019, de programmation et de réforme pour la justice, de techniques spéciales d'investigation est illustrative de la recherche constante de cet équilibre.

Sujet 5

DISSERTATION : LE STATUT DU MINISTÈRE PUBLIC (SUJET COMPLÉMENTAIRE)

Si les récentes critiques attribuées au sommet du pouvoir exécutif et portant sur l'institution judiciaire et plus précisément sur les magistrats du parquet ont sans doute fragilisé les relations entre la sphère politique et le monde judiciaire, elles ont surtout mis en évidence la relativité d'un lien de subordination entre le ministère public et l'autorité régalienne autrefois absolu.

En effet, historiquement le ministère public a été créé par le pouvoir politique central désireux de se doter d'une partie poursuivante complètement acquise à sa cause et assurant la défense de l'intérêt général devant les juridictions royales. Ainsi, dès le XIIIe siècle, les « procureurs du Roi » représentaient les intérêts du souverain dont ils recevaient directement leurs instructions. La loi des 16-24 août 1790 a, par la suite, institué des accusateurs publics chargés de diriger l'action publique, l'institution étant cependant amenée à connaître de graves excès à l'occasion de la période révolutionnaire. Après la Révolution française, la Constitution de 1795 vint réaffirmer l'institution des magistrats spécialisés du ministère public, étroitement soumis à l'autorité hiérarchique et connaissant par la suite plusieurs ajustements jusqu'à prendre sa forme finale en 1804.

Ainsi, le statut du ministère public actuel se dessine au travers de l'héritage Napoléonien où le parquet était intégré dans un corps unique avec les juges du siège, alors même que l'adage selon lequel « la justice est rendue au nom du peuple français par les magistrats du siège et du parquet », évoquait l'idée d'un statut équivalent à tous les magistrats. Cette confusion a été réaffirmée par l'ordonnance du 22 décembre 1958, portant loi organique relative au statut de la magistrature, qui ne distingue pas statutairement entre les magistrats du siège et du parquet et qui demeure aujourd'hui encore la principale source normative régissant le statut du ministère public en droit français.

Or, depuis une décennie, cette appartenance conjointe du parquet et du siège à l'autorité judiciaire a été formellement remise en cause par les juges européens de la Cour de Strasbourg qui, en soulevant l'absence d'indépendance – et d'impartialité – du ministère public français, ont menacé l'organigramme juridictionnel tout entier. Cette défiance européenne à l'encontre du modèle français semblait avoir sonné le glas de son statut si particulier en enjoignant au législateur de le doter de gages d'indépendance à l'égard du pouvoir exécutif afin de répondre aux exigences posées par la Cour européenne des droits de l'Homme (CEDH).

Cependant, à rebours des constats de violation prononcés par ladite Cour européenne, suivis par une jurisprudence audacieuse de la chambre criminelle de la Cour de cassation, il apparaît que le législateur, indirectement soutenu en cela par le Conseil constitutionnel, n'a pas souhaité procéder à une telle réforme posant dès lors la question de savoir comment se justifie l'appartenance du ministère public à l'autorité judiciaire, si ardemment défendue en droit interne.

En effet, malgré les critiques, il est apparu que, pour le législateur français, l'orientation du ministère public vers une indépendance totale n'est, à l'heure actuelle, ni souhaitable, ni même nécessaire. Ainsi, dénoncé comme participant d'une institution impartiale cumulant les rôles de « juge et partie », le statut du ministère public, s'il a été indéniablement fragilisé par ces critiques (I), n'en demeure pas moins, pour le moment, conforté dans sa forme si atypique (II).

I - Une spécificité contestée

La place particulière accordée au ministère public au sein de la procédure pénale française a posé plusieurs difficultés au regard, en particulier, des principes issus de la Convention européenne de sauvegarde des droits de l'Homme et des libertés fondamentales (CESDH). Ces difficultés ont, d'abord, favorisé une limitation des prérogatives du parquet (A) et, ensuite, remis en cause sa qualité d'autorité judiciaire (B).

A - LES LIMITATIONS SUR LA FORME DES PRÉROGATIVES DU MINISTÈRE PUBLIC

Engageant une critique sévère des modèles procéduraux consacrant une confusion des rôles ou une trop grande proximité entre le ministère public et les magistrats du siège, les juges européens de la Cour de Strasbourg ont censuré de nombreuses attributions avantageant auparavant le parquet sur les autres parties.

Ainsi, en premier lieu, alors qu'il était d'usage au sein de la Cour de cassation belge que le ministère public assiste au délibéré sans prendre la parole ni voter, cette pratique a été définitivement condamnée par la Cour européenne (CEDH, 30 oct. 1991, Borgers c/ Belgique). En ce sens, la France a d'ailleurs connu une condamnation similaire dans deux arrêts Reinhardt et Slimane-Kaïd contre France du 31 mars 1998 puis Slimane-Kaïd contre France du 25 janvier 2000 à l'occasion desquels la Cour européenne des droits de l'Homme a considéré que la communication à l'avocat général et non au requérant du rapport et du projet d'arrêt rédigés par le conseiller rapporteur constituait une violation des garanties du procès équitable telles que consacrées par l'article 6§1 de la CEDH. Ce constat de violation a conduit la Cour de cassation française à modifier sa pratique en scindant le rapport du conseiller rapporteur en deux parties : une partie reprenant l'exposé des faits et des moyens avancés, transmise tant aux parties qu'au ministère public, et une partie relative au projet d'arrêt du rapporteur, qui n'est plus communiquée aux parties et au ministère public en la personne de l'avocat général. Cette nouvelle pratique a dès lors été validée par la CEDH comme conforme aux garanties du procès équitable (CEDH, 2 nov. 2004, Fabre c/ France).

En second lieu, c'est le législateur lui-même qui, à la suite de décisions européennes, s'est attaché à limiter certaines prérogatives particulières reconnues au ministère public. À ce propos, par exemple, en vertu du principe de l'équilibre entre les parties, la Cour européenne a constaté une violation de l'article 6§1 de la Convention s'agissant du délai plus long dont disposait le procureur général – deux mois, au lieu de dix jours pour la partie privée (CPP, art. 505) – pour interjeter appel d'un jugement correctionnel et l'impossibilité pour la partie mise en cause de former un appel incident dans le même délai (CEDH, 3 oct. 2006, Ben Naceur c/ France ; 22 mai 2008, Gacon c/ France). C'est la raison pour laquelle, la chambre criminelle de la Cour de cassation a déclaré irrecevables les appels formés par les parquets généraux au-delà du délai de dix jours (Cass. crim., 17 sept. 2008 ; 10 févr. 2009). Par la suite, la loi du 24 novembre 2009 a modifié l'article 505 du Code de procédure pénale qui dispose désormais qu'« en cas de jugement de condamnation, le procureur général peut également former son appel dans le délai de vingt jours à compter du jour du prononcé de la décision ». L'alinéa 2 de l'article 505 prévoit lui que, « sans préjudice de l'application des articles 498 à 500, les autres parties ont alors un délai de cinq jours pour interjeter appel incident. Même en l'absence d'appel incident, la cour d'appel peut en cas d'appel formé par le seul procureur général en application du présent article, prononcer une peine moins importante que celle prononcée par le tribunal correctionnel ».

B - LA REMISE EN CAUSE SUR LE FOND DE L'APPARTENANCE DU MINISTÈRE PUBLIC À L'AUTORITÉ JUDICIAIRE

Outre ces limitations, c'est surtout l'appartenance du ministère public à l'autorité judiciaire, avec les garanties que cela suppose au regard des principes consacrés en droit européen des droits de l'Homme, qui a été mise en cause par la Cour de Strasbourg à l'occasion de décisions relatives à la possibilité pour le parquet de contrôler la légalité des conditions de privation de liberté avant jugement. Ainsi, de manière annonciatrice, la CEDH avait dénié au parquet roumain la qualité d'autorité judiciaire alors même qu'il présente, dans son organisation et son statut, de très grandes similitudes avec le ministère public français en termes de subordination hiérarchique au ministre de la Justice. Sur le fondement de l'article 5§3 de la CESDH, aux termes duquel « Toute personne arrêtée ou détenue (...) doit être aussitôt traduite devant un juge ou un autre magistrat habilité par la loi à exercer des fonctions judiciaires (...) », la CEDH a ainsi condamné la pratique confiant au ministère public le contrôle de la légalité d'une mesure privative de liberté au stade des poursuites (CEDH, 3 juin 2003, Pantea c/ Roumanie). De manière prévisible, la sanction du statut du ministère public français n'a pas tardé, à l'occasion d'un contentieux lié au contrôle de la garde à vue. Les juges européens ont mis en évidence l'ambiguïté des attributions du ministère public français au stade de l'enquête. En effet, alors que l'article 41 du Code de procédure pénale dispose qu'« il dirige l'activité des officiers de police judiciaire et des agents de police judiciaire » de son ressort, l'alinéa 3 de ce même article ajoute que le procureur de la République « contrôle les mesures de garde à vue ». Ainsi, si la décision de placement en garde à vue constitue un pouvoir propre de l'officier de police judiciaire, il appartient au ministère public de contrôler la régularité de la mesure, étant d'ailleurs le seul à pouvoir la prolonger. Son rôle actif dans la poursuite des investigations, jugé incompatible avec la neutralité attendue de l'autorité judiciaire, lui a donc valu de se voir réfuter la qualité de magistrat habilité à exercer des fonctions judiciaires par la CEDH, considérant que « le magistrat doit présenter les garanties d'indépendances à l'égard de l'exécutif et des parties, ce qui exclut notamment qu'il puisse agir par la suite contre le requérant dans la procédure pénale, à l'instar du ministère public » (CEDH, gde ch., 29 mars 2010, Medvedyev et autres c/ France – CEDH, 23 nov. 2010, Moulin c/ France).

S'agissant d'une jurisprudence susceptible de mettre en péril l'organisation judiciaire, les juridictions françaises, invitées à se prononcer sur cette question, ont exprimé davantage de réserves. Saisi d'une question prioritaire de constitutionnalité sur le régime de la garde à vue, le Conseil constitutionnel a ainsi réaffirmé l'appartenance des magistrats du parquet à l'autorité judiciaire, en rappelant classiquement que l'autorité judiciaire comprend à la fois les magistrats du siège et ceux du parquet (Cons. const., 30 juill. 2010). Par ailleurs, plus récemment, à propos d'une question prioritaire de constitutionnalité relative à l'article 5 de l'ordonnance n° 58-1270 du 22 décembre 1958 portant loi organique relative au statut de la magistrature, les Sages ont estimé que, si la Constitution consacre l'indépendance des magistrats du parquet, dont découle le libre exercice de leur action devant les juridictions, cette indépendance doit être conciliée avec les prérogatives du gouvernement, de sorte qu'elle n'est pas assurée par les mêmes garanties que celles applicables aux magistrats du siège. En particulier, le Conseil a souligné que, si l'article 16 de la Déclaration des droits de l'Homme et du citoyen de 1789 dispose que « toute société dans laquelle la garantie des droits n'est pas assurée, ni la séparation des pouvoirs déterminée, n'a point de Constitution », l'article 20 de la Constitution précise que le gouvernement détermine et conduit la politique de la Nation, notamment en ce qui concerne les domaines d'action du ministère public, ce qui justifie l'organisation hiérarchique du parquet sous l'autorité du garde des Sceaux (Cons. const., 8 déc. 2017). La chambre criminelle de la Cour de cassation s'est, en revanche, alignée, sur le principe, sur la position des juges européens en nuançant toutefois sa justification et en estimant que le contrôle de la garde à vue par le parquet demeurait justifié dans certaines limites temporelles (Cass. crim., 15 déc. 2010 ; 18 janv. 2011). Pour autant, la Cour de Strasbourg a maintenu sa position. Ainsi, dans son arrêt *Vassis contre France* du 27 juin 2013, portant sur une contestation relative à une garde à vue placée sous le seul contrôle du procureur de la République durant ses quarante-huit premières heures, la Cour européenne a constaté, au regard de la non-appartenance du ministère public français à l'autorité judiciaire, une violation de l'article 5§3 de la CESDH (CEDH, 4 déc. 2014, Ali Samatar c/ France et Hassan c/ France).

Toutefois, ces incitations nombreuses à modifier le statut du parquet en améliorant son indépendance et son impartialité n'ont que modérément impacté les réformes finalement intervenues, de sorte que le statut particulier du ministère public demeure.

II - Un particularisme préservé

Malgré les vives critiques européennes du modèle français, le ministère public a conservé son statut particulier d'acteur prépondérant de la procédure pénale française (B), au prix d'efforts destinés à accroître son indépendance et son impartialité (A).

A - L'AMÉLIORATION DES GARANTIES D'INDÉPENDANCE ET D'IMPARTIALITÉ DU MINISTÈRE PUBLIC

Le ministère public demeure soumis à une subordination exercée par le pouvoir exécutif et consacrée par l'article 5 de l'ordonnance du 22 décembre 1958, portant loi organique relative au statut de la magistrature, qui dispose que « les magistrats du parquet sont placés sous la direction et le contrôle de leurs chefs hiérarchiques et sous l'autorité du garde des Sceaux, ministre de la Justice ». Ainsi, le ministère public est organisé en une structure pyramidale permettant la diffusion des instructions du sommet vers la base. Surtout, ce niveau sommital, constitué par le garde des Sceaux, présente la particularité de relever du pouvoir exécutif tout en ayant autorité sur les procureurs généraux près les cours d'appel qui ont eux-mêmes autorité sur l'ensemble des procureurs de la République du ressort de leur cour. De la sorte, le garde des Sceaux dispose de la possibilité d'adresser aux magistrats du ministère public des instructions générales d'action publique par l'intermédiaire de circulaires ayant une valeur interprétative. La subordination exercée par le pouvoir exécutif sur le ministère public se manifeste également au regard des conditions de nomination des magistrats du parquet qui sont désignés par décret du président de la République sur proposition du ministre de la Justice, après avis simple du Conseil supérieur de la magistrature. À cela vient s'ajouter le fait que les membres du ministère public ne bénéficient pas des garanties d'inamovibilité et d'irrévocabilité octroyées aux juges du siège. Surtout, la désobéissance d'un membre du parquet constitue une faute disciplinaire à l'égard de laquelle le ministre de la Justice a compétence pour exercer son pouvoir disciplinaire. Cette faute disciplinaire peut relever notamment d'un défaut d'exécution des instructions hiérarchiques, ainsi que le permet l'article 30 du Code de procédure pénale aux termes duquel que « Le ministre de la Justice conduit la politique d'action publique déterminée par le gouvernement. Il veille à la cohérence de son application sur le territoire de la République ».

Pour autant, le ministère public français peut s'appuyer sur un socle de règles tendant à lui conférer une certaine indépendance, voire une certaine impartialité. Ainsi, si la loi du 9 mars 2004 avait consacré la possibilité pour le ministre de la Justice d'adresser des instructions individuelles aux membres du ministère public afin de leur enjoindre d'engager ou de faire engager des poursuites (CPP, art. 30 anc.), le législateur, prenant en compte les critiques européennes sur le manque d'indépendance du ministère public à l'égard du pouvoir exécutif, a mis fin à cette prérogative avec la loi du 25 juillet 2013 qui a modifié l'article 30 du Code de procédure pénale de sorte que celui-ci dispose désormais que le ministre de la Justice « adresse aux magistrats du ministère public des instructions générales. Il ne peut leur adresser aucune instruction dans des affaires individuelles ». Par ailleurs, les articles 40 et 41 du Code de procédure pénale dotent le procureur de la République d'un pouvoir propre qui en fait le seul intervenant légitime dans le ressort de sa juridiction d'affectation : ainsi, nul ne peut se substituer à lui et agir à sa place tandis que les actes qu'il réalise en violation des instructions hiérarchiques reçues demeurent valables. En outre, les membres du ministère public bénéficient de l'adage en vertu duquel « la plume est serve mais la parole est libre », qui signifie que si le parquetier est tenu, dans ses réquisitions écrites, de se conformer aux instructions hiérarchiques reçues, il peut néanmoins, lors de ses réquisitions orales, « développer librement les observations qu'il croit convenables au bien de la justice » (CPP, art. 33). Enfin, la loi du 25 juillet 2013 a modifié l'article 31 du Code de procédure pénale qui dispose désormais que le ministère public exerce l'action publique et requiert l'application de la loi, « dans le respect du principe d'impartialité auquel il est tenu », ce qui constitue un écho à l'obligation déontologique des magistrats.

B - LE MAINTIEN DU STATUT DU MINISTERE PUBLIC COMME ACTEUR MAJEUR DE LA PROCÉDURE PÉNALE

Le ministère public a vu ses prérogatives maintenues, voire accrues, à l'occasion des dernières réformes. Ainsi, son rôle de directeur d'enquête a été renforcé, notamment par la loi du 3 juin 2016, renforçant la lutte contre le crime organisé, le terrorisme et leur financement et améliorant l'efficacité et les garanties de la procédure pénale, qui a inséré dans le Code de procédure pénale un article 39-3 aux termes duquel, « en tant que directeur d'enquête, le procureur de la République peut adresser des instructions générales et particulières aux enquêteurs ». La loi lui confère ainsi le pouvoir de contrôler la légalité des moyens mis en œuvre par les enquêteurs, la proportionnalité des investigations au regard de la nature et de la gravité des faits, l'orientation donnée à l'enquête et la qualité de celle-ci. Par ailleurs, aux termes du même article, le procureur de la République « veille à ce que les investigations tendent à la manifestation de la vérité et qu'elles soient accomplies à charge et à décharge, dans le respect des droits de la victime, du plaignant et de la personne suspectée », ce qui revient à confier au magistrat du parquet des prérogatives qui ne sont pas sans rappeler celles dévolues au juge d'instruction.

Ce rapprochement du rôle du parquet par rapport à celui du juge d'instruction, magistrat du siège, se manifeste également par l'accroissement des pouvoirs d'investigation dont le ministère public dispose, notamment en matière de géolocalisation dynamique, d'interceptions de télécommunications et de sonorisations de lieu et fixations d'images. En outre, la loi précitée du 3 juin 2016, a modifié les dispositions de l'article 77-2 du Code de procédure pénale aux termes duquel les personnes ayant fait l'objet d'une garde à vue, mais également celle qui ont fait l'objet d'une audition libre, peuvent désormais demander à consulter le dossier de la procédure et formuler des demandes d'actes utiles à la manifestation de la vérité, ce qui, là aussi, rappelle fortement les règles relatives à l'information judiciaire. Enfin, au stade de l'exercice des poursuites, le ministère public a acquis de plus en plus de prérogatives si bien que certains évoquent son statut de « quasi-juge » s'agissant, par exemple, de son pouvoir d'initier la sanction dans le cadre de procédures de composition pénale et de procédures de comparution sur reconnaissance préalable de culpabilité.

Le ministère public demeure un acteur majeur, voire l'acteur majeur, de la procédure pénale si l'on se réfère aux réformes successives qui ont accru ses prérogatives. À cet égard, la protection des droits et libertés appelle une évolution statutaire afin de garantir l'indépendance et l'impartialité du parquet. À ce propos, dans la continuité du projet de loi constitutionnelle pour une démocratie plus représentative, responsable et efficace, finalement retiré, le projet de loi constitutionnelle pour un renouveau de la vie démocratique, présenté en Conseil des ministres le 28 août 2019, prévoit que les magistrats du parquet seront désormais nommés sur l'avis conforme de la formation compétente du Conseil supérieur de la magistrature et non plus sur avis simple, et que cette formation statuera à leur égard comme conseil de discipline. Sur ce point, dans son avis du 20 juin 2019, le Conseil d'État a estimé qu'en rapprochant le régime de nomination et de sanction des magistrats du Parquet de celui des magistrats du Siège, les « mesures envisagées contribueront à renforcer l'indépendance des magistrats du Parquet, sans pour autant que ne soit remise en cause l'autorité que le garde des Sceaux tient de l'article 20 de la Constitution ».

Sujet 6

CAS PRATIQUE : CAS MONSIEUR MARTIN (ANNALES CONCOURS ENM 2019)

SUJET

Dirigeant de la SARL MTO, spécialisée dans le commerce des métaux de récupération, M. MARTIN a porté plainte auprès d'un service de police en exposant avoir découvert, par des vérifications ayant suivi la réception d'une lettre anonyme, que son prédécesseur, M. JACQUES, avait vendu régulièrement des quantités importantes de métaux de la société à des entreprises ou à des particuliers, sans facture et en obtenant des règlements en espèces. Pour étayer sa plainte, M. MARTIN a remis aux policiers l'enregistrement d'une conversation téléphonique qu'il avait eue avec M. JACQUES au sujet des ventes litigieuses, enregistrement réalisé à l'insu de celui-ci.

L'enquête préliminaire qui a suivi ayant établi la vraisemblance des faits dénoncés, une information a été ouverte par le procureur de la République du chef d'abus de biens sociaux à l'encontre de M. JACQUES qui était ensuite mis en examen de ce chef.

Les investigations conduites sur commission rogatoire allaient révéler d'autres faits ignorés lors de l'ouverture de l'information. Les policiers, cherchant à établir l'ampleur des ventes effectuées par M. JACQUES dans les conditions précitées, découvraient incidemment que celui-ci détenait du cuivre en grande quantité dans le garage attenant à son domicile. Le juge d'instruction aussitôt informé de ces faits, après avoir entendu brièvement sur cette possession M. JACQUES qui prétendait acheter ce métal et le payer en espèces à des particuliers sans justificatif de son origine ou de sa provenance, le mettait supplétivement en examen du chef de recel de vol.

Vous répondrez aux questions suivantes :

1. Vous examinerez, en analysant la jurisprudence en vigueur, les conditions de validité, en l'espèce, des actes d'enquête préliminaire suivie d'une information ayant pour point de départ la fourniture aux policiers d'un élément de preuve obtenu par un particulier dans les conditions qui sont indiquées (5 points).
2. Vous examinerez, en les analysant notamment au regard de la jurisprudence que vous exposerez, si tous les éléments constitutifs de l'infraction d'abus de biens sociaux sont réunis à l'encontre de M. JACQUES, sachant que celui-ci invoque notamment l'absence de preuve qu'il ait agi dans son intérêt personnel et contrairement à l'intérêt de sa société (6 points).
3. Vous expliquerez à quelles recherches vous devez vous livrer pour déterminer le point de départ de la prescription de l'action publique concernant l'abus de biens sociaux reproché à M. JACQUES, après avoir rappelé l'évolution de la jurisprudence applicable à ce type d'infraction (4 points).
4. Au regard des règles gouvernant la saisine du juge d'instruction que vous rappellerez, vous examinerez la validité de la mise en examen de M. JACQUES pour recel (5 points).

Question 1

Cette question appelait un traitement d'ordre exclusivement procédural portant sur la régularité des investigations accomplies en l'espèce par les différents agents qui s'étaient succédé.

Pour apprécier celle-ci, il convenait de tenir compte de la qualité des investigateurs ainsi que du cadre en application duquel les preuves avaient été recueillies, l'analyse des mesures en cause pouvant suivre l'ordre chronologique du récit.

La principale originalité du cas tenait au fait que les premiers actes d'enquête avaient été accomplis non par des autorités policières, mais par un particulier (M. MARTIN) *ainsi que le soulignait la question*. À l'appui de sa plainte contre M. JACQUES, M. MARTIN indiquait en effet avoir enregistré la conversation téléphonique qu'il avait eue avec ce dernier à son insu. Or cette conversation, parce qu'elle portait sur les ventes de métaux qu'il soupçonnait son prédécesseur d'avoir effectuées illégalement, devait lui permettre d'étayer sa plainte. Il convenait dès lors de s'interroger sur la régularité de cette première pièce à l'aune de la jurisprudence spécifique à l'administration de la preuve par des personnes privées.

Cette question fait plus directement écho au respect du principe de loyauté des preuves, autour duquel la Cour de cassation a développé une jurisprudence distinguant le niveau d'exigence quant à la recevabilité des preuves pénales selon qu'elles sont administrées par des personnes dépositaires de l'autorité publique ou par des personnes privées.

Si la Haute juridiction récuse toute preuve administrée par les autorités policières au moyen d'une provocation à la commission de l'infraction[1] ou d'un stratagème propre à vicier la recherche et l'établissement de la vérité[2] ont pas usage de violence et qu'ils sont bien les seuls à l'initiative du recueil de la preuve obtenue même illégalement[3]. Ainsi a-t-elle admis qu'un groupe de particuliers ait recours à un procédé dit de *testing* pour provoquer la preuve de faits discriminatoires[4], qu'un époux produise le procès-verbal d'huissier retranscrivant l'enregistrement d'une conversation téléphonique entre lui et son épouse pour établir le caractère mensonger de l'attestation qu'elle avait fournie dans leur procédure de divorce[5] ou, dans la fameuse affaire *Bettencourt*, que le maître d'hôtel de la milliardaire, tiers à la procédure, ait produit l'enregistrement de conversations privées réalisé à l'insu des personnes concernées[6].

Il n'est pas douteux, en l'espèce, que M. MARTIN a pris l'initiative de l'enregistrement de la conversation susceptible d'étayer sa plainte. S'il apparaît davantage comme un tiers à la procédure que comme la victime directe (qui serait par définition la SARL MTO s'agissant de faits d'abus de biens sociaux), les conditions d'obtention de son enregistrement n'apparaissent pas pour autant contestables au regard de la jurisprudence libérale évoquée ci-dessus. Il fallait par conséquent considérer que cet élément de preuve avait été régulièrement administré.

1. Pour une illustration, voir not. Cass. crim., 27 février 1996, n° 95-81366, Bull. crim. n° 93.
2. V. not. l'arrêt d'assemblée plénière du 6 mars 2015, n° 14-84339.
3. Voir not. l'affaire de chantage ayant impliqué le roi du Maroc dans laquelle la chambre criminelle de la Cour de cassation avait refusé d'admettre la validité d'enregistrements clandestins obtenus par des particuliers, en raison de la participation indirecte d'autorités policières (Cass. crim., 20 septembre 2016, n° 16-80820). Cette solution fut toutefois désavouée par l'assemblée plénière, qui considéra pour sa part qu'aucune participation de cette sorte n'était établie (Cass. ass. plén., 10 novembre 2017, n° 17-82028).
4. Cass. crim., 11 juin 2002, n° 01-85559, Bull. crim. n° 131.
5. Cass. crim., 31 janvier 2007, n° 06-82383, Bull. crim. n° 27.
6. Cass. crim., 31 janvier 2012, n° 11-85464, Bull. crim. n° 27.

Dans une moindre mesure, il n'y avait pas lieu de s'inquiéter de l'origine des soupçons ayant conduit M. MARTIN à procéder à un tel enregistrement car, vis-à-vis d'un particulier, la jurisprudence ne pose aucune exigence comparable à celle conditionnant l'ouverture d'une enquête de flagrance par des autorités policières à l'existence d'un « *indice apparent d'un comportement délictueux* »[7]. Ajoutons que la valeur et l'antériorité (non renseignée) des éléments de preuve rapportés par M. MARTIN étaient sans incidence sur la possibilité qu'ont toujours les autorités policières d'ouvrir une enquête préliminaire (CPP, art.75).

Question 2

L'examen de cette question devait se traduire par une application des règles du droit pénal spécial au cas particulier de l'infraction d'abus de biens sociaux. Après avoir rappelé, de manière générale, que le principe de la légalité des délits et des peines subordonne toute recherche de responsabilité pénale d'un individu à l'existence préalable d'un texte incriminant le comportement considéré, il convenait d'identifier en l'espèce l'article L. 241-3, 4°, du Code de commerce compte tenu de la forme de la société victime des faits concernés (une SARL). Ce texte prévoit, en son 4°, qu'« *est puni d'un emprisonnement de cinq ans et d'une amende de 375 000 euros [...] Le fait, pour les gérants, de faire, de mauvaise foi, des biens ou du crédit de la société, un usage qu'ils savent contraire à l'intérêt de celle-ci, à des fins personnelles ou pour favoriser une autre société ou entreprise dans laquelle ils sont intéressés directement ou indirectement* ».

Les éléments constitutifs de ce délit étaient-ils réunis à raison du fait pour M. JACQUES d'avoir vendu « régulièrement » des quantités importantes de métaux de la société dont il était alors le dirigeant, sans produire de facture et en obtenant le règlement en espèces ?

Du point de vue de la matérialité des faits, l'on pouvait tout d'abord constater, à la lumière de la jurisprudence, que l'usage des biens ou du crédit de la société s'applique sans difficulté aux actes de disposition d'éléments du patrimoine social, visant par exemple à dissiper celui-ci au moyen d'une cession d'actions à un prix dérisoire[8].

Pouvait-on en dire autant des ventes litigieuses ici ? Sans doute pas aussi aisément en l'absence d'informations sur la valeur des métaux cédés et le prix de la cession réalisée en espèces. Il n'en demeure pas moins que les ventes de métaux réalisées par M. JACQUES ont affecté le patrimoine de la société et qu'à défaut d'avoir été facturées, elles ne pouvaient être inscrites dans les comptes de la société. Il en résultait nécessairement un appauvrissement du patrimoine social et potentiellement un risque de sanctions pénales ou fiscales pour la SARL du fait de la dissimulation des recettes issues des ventes. Ce faisant, de telles opérations traduisaient à l'évidence un acte contraire à l'intérêt social.

Dans une affaire (très) proche du présent cas, la chambre criminelle a d'ailleurs récemment approuvé une cour d'appel d'avoir condamné un dirigeant pour abus de biens sociaux après avoir constaté qu'il avait procédé à des ventes, en l'absence de factures, de métaux et reçu en contrepartie des espèces et que ce fait, indépendamment du point de savoir quel emploi il avait fait des liquidités reçues, qui avait eu pour effet de détourner frauduleusement à son profit une partie de l'actif de la société dont il était le gérant, constituait le délit d'abus de biens sociaux au préjudice de cette société[9]. Pour la Cour de cassation, « *la dissimulation d'une partie de l'activité de vente de métaux de la société, exposant celle-ci à un risque anormal de sanctions pénales ou fiscales, caractérise l'usage abusif des biens de cette société* ». Cette position s'inscrit dans la droite ligne d'une jurisprudence ancienne sur l'exposition de l'actif social à un risque injustifié de pertes, même sans contrepartie[10].

---

7. Cass. crim., 11 juillet 2007, n° 07-83427, *Bull. crim.*, n° 183.
8. Voir par exemple Cass. crim., 23 mai 2013, n° 12-81222.
9. Cass. crim., 6 avril 2016, n° 15-81859.
10. Cass. crim., 8 décembre 1971, *Bull. crim.* n° 346.

De ce point de vue, le fait que l'ancien dirigeant se défende d'avoir agi dans son intérêt personnel ne saurait faire obstacle à la constitution de l'infraction car la Cour de cassation a jugé, dans de telles circonstances (et dans la même affaire), que « *le produit de ces opérations, dont il n'est pas justifié qu'il ait été utilisé dans le seul intérêt de la société, l'a nécessairement été dans l'intérêt personnel du dirigeant social qui s'est vu remettre les sommes en espèces* »[11]. C'est dire qu'une présomption de recherche d'intérêt personnel pèse sur le dirigeant, à qui il incombe alors de justifier que les biens ont été utilisés dans le seul intérêt de la société, facilitant ainsi tout à la fois la preuve des éléments matériel et moral du délit d'abus de biens sociaux.

L'article 121-3, alinéa 1er du Code pénal pose le principe selon lequel il n'y a point de crime ou de délit sans intention de le commettre. Sur le plan intentionnel, le délit d'abus de biens sociaux suppose, au préalable, la connaissance ou conscience du caractère contraire à l'intérêt social de l'usage observé. Il requiert, ensuite, la volonté d'agir en connaissance du caractère contraire à l'intérêt social, c'est-à-dire la mauvaise foi du dirigeant. Enfin, l'article L. 241-3, 4° du Code de commerce évoque un usage « *à des fins personnelles ou pour favoriser une autre société ou entreprise dans laquelle il [le gérant] est intéressé directement ou indirectement* ». Au vu des circonstances dans lesquelles les ventes litigieuses ont été conclues et leur produit dissimulé, il est permis de considérer que l'intention délictueuse de M. JACQUES était suffisamment établie au regard de la position sévère de la jurisprudence évoquée ci-dessus.

Il s'expose en conséquence à une peine de cinq ans d'emprisonnement et 375 000 euros d'amende.

Question 3

À la jonction des règles substantielles et procédurales applicables en matière pénale, se posait ensuite la question de la détermination du point de départ de la prescription de l'action publique concernant le délit d'abus de biens sociaux. En l'absence d'indication sur la datation des faits, l'objet de cette question posée abstraitement (« *à quelles recherches…* ») était de recueillir un état des connaissances autour du sort particulier que la jurisprudence, mais désormais aussi la loi, réservent à une telle infraction.

Si la prescription de l'action publique pour les délits est en principe de six années à compter à compter du jour où ils ont été commis (pour rappel, le délai a été doublé par la loi n° 2017-242 du 27 février 2017), l'article 9-1 du CPP prévoit en effet, en son troisième alinéa, que ce délai court, en présence d'infractions occultes ou dissimulées, à compter du jour où l'infraction est apparue et a pu être constatée dans des conditions permettant la mise en mouvement ou l'exercice de l'action publique, sans toutefois qu'il puisse excéder douze années révolues pour les délits à compter du jour où ils ont été commis. Le même article précise ce qu'il faut entendre par infraction occulte ou dissimulée dans ses deux derniers alinéas :

- « *Est occulte l'infraction qui, en raison de ses éléments constitutifs, ne peut être connue ni de la victime ni de l'autorité judiciaire* » ;
- « *Est dissimulée l'infraction dont l'auteur accomplit délibérément toute manœuvre caractérisée tendant à en empêcher la découverte* ».

C'est précisément à l'une ou l'autre de ces catégories d'infractions que la jurisprudence rattachait déjà l'abus de biens sociaux avant l'entrée en vigueur de ces dispositions dans leur rédaction résultant de la réforme précitée du 27 février 2017. Après avoir consacré le caractère occulte de l'abus de biens sociaux par un arrêt du 7 décembre 1967[12], puis rendu cette infraction quasi-imprescriptible en décidant qu'elle ne pouvait être poursuivie qu'à partir du moment où elle était apparue et constatée « *dans des conditions permettant l'exercice de l'action publique* »[13], la chambre criminelle a posé quelques limites à la possibilité de poursuivre ce délit en précisant, à compter de 1997, que « *la prescription de l'action publique court, sauf*

11. Cass. crim., 6 avril 2016, préc.

12. Cass. crim., 7 décembre 1967, *Bull. crim.* n° 321 : « *en matière d'abus de biens sociaux, le point de départ de la prescription triennale doit être fixé au jour où ce délit est apparu et a pu être constaté* ».

13. Cass. crim., 10 août 1981, *Bull. crim.* n° 244.

dissimulation, à compter de la présentation des comptes annuels par lesquels les dépenses litigieuses sont mises indûment à la charge de la société »[14]. Il résulte de cette évolution que la publication annuelle des comptes sociaux constitue le point de départ de la prescription de l'abus de biens sociaux, confirmant ainsi le caractère occulte par nature de cette infraction, à moins que des manœuvres imputables à l'auteur des faits n'aient conduit à lui conférer un caractère dissimulé propre à justifier un report du point de départ de la prescription.

Le véritable changement engendré par la réforme de 2017 réside, à cet égard, dans l'introduction d'un « *délai butoir* » de douze années révolues pour les délits (et de trente années révolues pour les crimes), à compter du jour où l'infraction a été commise, au-delà duquel la prescription doit être considérée comme acquise, nonobstant le caractère occulte ou dissimulé du délit.

Que les faits de l'espèce trouvent leur origine avant ou après l'entrée en vigueur de cette réforme (ce que l'on ignorait), il y avait tout lieu de penser, en conclusion, que le point de départ de la prescription de l'action publique devait être reporté au moment de la découverte des ventes litigieuses (par le nouveau gérant *a priori*) et que le délit pouvait en conséquence bien faire l'objet de poursuites au moment où l'information judiciaire a été ouverte (celle-ci valant exercice de l'action publique).

Question 4

Pour finir, la mise en examen pour recel de vol de M. JACQUES devait conduire à s'assurer des conditions dans lesquelles le juge d'instruction peut étendre, de sa propre initiative ou sous réserve d'une demande en ce sens, le champ de ses investigations alors qu'il avait été initialement saisi pour des faits d'abus de biens sociaux.

Rappelons que le juge d'instruction n'a pas le pouvoir de s'autosaisir et qu'il ne peut informer, en vertu de l'article 51 du CPP, qu'après avoir été saisi :

- soit par le réquisitoire introductif d'instance émanant du procureur de la République, quelle que soit la gravité de l'infraction (CPP, art.80, I) ;

- soit par la plainte avec constitution de partie civile déposée par la partie lésée en cas de crime ou de délit (CPP, art. 85).

Conformément au principe de la saisine *in rem*, c'est-à-dire quant aux seuls faits qui lui sont dénoncés, le magistrat instructeur ne peut, par ailleurs, instruire sur d'autres faits que ceux pour lesquels il a été saisi par le réquisitoire introductif ou la plainte avec constitution de partie civile.

Il s'ensuit que lorsque des faits nouveaux, non visés au réquisitoire, sont portés à la connaissance du juge d'instruction, celui-ci ne peut valablement étendre le champ de sa saisine que sur la base d'un **réquisitoire supplétif** du procureur de la République (CPP, art. 80, I, al. 3). Pour cela, le juge d'instruction doit immédiatement communiquer au parquetier les plaintes ou les procès-verbaux constatant les faits nouveaux. Interdiction lui est faite de procéder entretemps à des actes d'investigation autres que la consignation des faits nouveaux dans un PV ou l'accomplissement en urgence des vérifications sommaires pour en apprécier la vraisemblance[15].

14. Cass. crim., 5 mai 1997, *Bull. crim.* n° 159.

15. Cass. crim., 30 mai 1996, *Bull. crim.* 226.

Le magistrat instructeur ne pouvait dès lors interroger de sa propre initiative M. JACQUES sur les faits de recel de vol[16] et encore moins le mettre en examen supplétivement, sauf à justifier de l'existence d'un lien indivisible entre ces faits et ceux d'abus de biens sociaux[17]. Cela paraissait toutefois peu évident ici (les marchandises volées n'ayant visiblement pas été achetées au nom et pour le compte de la société, de sorte qu'elles ne pouvaient être celles qui avaient été revendues en espèces ensuite), donc une cause de nullité pouvait être envisagée à ce titre.

16. Comp. Cass. crim., 8 juin 2017, n° 17-80709 : Des questions posées par le juge d'instruction, auxquelles le fils de la personne mise en examen a répondu en qualité de témoin de manière circonstanciée, excèdent de simples vérifications sommaires, ce dernier ayant été conduit à confirmer, hors la présence d'un avocat, ses déclarations incriminantes antérieurement reçues par les services de police.

17. Voir, en ce sens, Cass. crim., 29 juill. 1875 où la Cour de cassation a exigé des tribunaux qu'ils établissent l'existence, entre les infractions en présence, d'« *un lien tellement intime que l'existence des unes ne se comprendrait pas sans l'existence des autres, l'ensemble formant un tout indivisible* ».

CAS PRATIQUE : CAS DUPONT ET AUTRES (ANNALES CONCOURS ENM 2018)

SUJET

Une information judiciaire était ouverte sur les agissements de plusieurs individus qui, à la faveur d'expositions d'objets d'art dont certaines organisées par eux, entraient en relation avec des clients potentiels, en utilisant de faux noms et la fausse qualité de marchands d'art immatriculés au registre du commerce, spécialisés notamment dans le rachat de collections. Ces individus se rendaient au domicile des personnes intéressées, au prétexte d'évaluer des œuvres dont ceux-ci entendaient se défaire, leur laissaient en dépôt une sculpture présentée comme un jade précieux datant d'anciennes dynasties chinoises, en réalité une grossière copie contemporaine en marbre valant tout au plus quelques centaines d'euros.

Ils faisaient ensuite intervenir un prétendu expert, présentant une carte professionnelle mentionnant faussement cette qualité, lequel évaluait l'objet à plusieurs dizaines de milliers d'euros, estimation très supérieure à celle faite par les prétendus marchands d'art, déterminant ainsi les dépositaires à s'en porter acquéreurs. Les investigations révélaient le même mode opératoire, utilisé au détriment de multiples victimes dont M. Lenoir, par un groupe d'individus, membres ou alliés d'une même famille sous l'égide de Jacques Dupont et de son beau-frère Pierre Martin, en recourant notamment au service de faux experts dont Paul Moreau. Ces trois hommes ainsi que des complices étaient renvoyés par le juge d'instruction devant le tribunal correctionnel. Le préjudice global s'élevait à vingt millions d'euros.

Une procédure distincte ultérieure portait sur des mouvements de fonds suspects, en lien avec les faits précités dont avait notamment été victime M. Lenoir. En effet, était constatée l'ouverture d'une quarantaine de comptes en Europe par trente personnes, toutes plus ou moins en lien familial ou d'amitié avec les malfaiteurs qui avaient vendu les faux jades. Un millier d'opérations de virements et retraits portant sur près d'une vingtaine de millions d'euros étaient réalisées sur ces comptes. Une ventilation de ces sommes était opérée sur quatre comptes successifs avec des retraits d'espèces, par des groupes d'individus en vue d'opérations bancaires concertées en Andorre. Parmi les personnes impliquées dans ces faits figurait la belle-mère de Paul Moreau, Mme Bernard, de nationalité française, qui avait ouvert un compte dans une banque espagnole à Irun (Espagne) sur lequel avaient été crédités à deux reprises la même année successivement 250 000 et 500 000 euros, fonds provenant du compte d'un certain M. Gilbert que Mme Bernard prétendait ne pas connaître. Il s'avérait que ces montants avaient ensuite été retirés en espèces par la mise en cause qui prétendait avoir ouvert ce compte pour les seuls besoins de son activité commerciale de marchande de tapis à Irun qu'elle avait cessée au bout de trois mois. Cette justification donnée à l'existence de ce compte était contredite par les nombreuses opérations observées sur une période de trois ans jusqu'à un solde quasi nul, sachant, en outre, que Mme Bernard disposait de trois autres comptes personnels en France.

Vous répondrez aux questions suivantes

1. Vous expliquerez les éléments qui sont susceptibles de caractériser l'infraction d'escroquerie à l'encontre de MM. Dupont, Martin et Moreau. Vous examinerez de manière motivée les éléments qui vous permettent ou non de retenir la circonstance de bande organisée relativement à cette infraction (6 points).
2. S'agissant du délit de blanchiment susceptible d'être reproché à Mme Bernard, infraction ne présentant pas de lien d'indivisibilité avec l'escroquerie précitée, vous exposerez quelles sont les règles d'application des lois dans l'espace qui sont concernées et vous vérifierez si les informations dont vous disposez en l'espèce suffisent à établir la compétence de la juridiction française pour juger ces faits (5 points).
3. À supposer que l'infraction d'origine qui a procuré les fonds ultérieurement placés par Mme Bernard n'ait fait l'objet d'aucune procédure ou que la prescription de l'action publique concernant ladite infraction d'origine soit acquise, l'infraction de conséquence que constitue le blanchiment peut-elle être néanmoins poursuivie ? Vous exposerez votre analyse en indiquant à quel examen doit se livrer le juge pour caractériser un blanchiment (5 points).
4. Le tribunal correctionnel, devant lequel Mme Bernard a comparu, envisage de prononcer une peine de dix-huit mois d'emprisonnement ferme. À quelle obligation de motivation la juridiction doit-elle se soumettre pour se conformer aux exigences d'individualisation posées par les articles 132-17 et suivants du Code pénal ? (4 points).

1 - Vous expliquerez les éléments qui sont susceptibles de caractériser l'infraction d'escroquerie à l'encontre de MM. Dupont, Martin et Moreau. Vous examinerez de manière motivée les éléments qui vous permettent ou non de retenir la circonstance de bande organisée relativement à cette infraction (6 points).

L'article 313-1 du Code pénal incrimine « le fait, soit par l'usage d'un faux nom ou d'une fausse qualité, soit par l'abus d'une qualité vraie, soit par l'emploi de manœuvres frauduleuses, de tromper une personne physique ou morale et de la déterminer ainsi, à son préjudice ou au préjudice d'un tiers, à remettre des fonds, des valeurs ou un bien quelconque, à fournir un service ou à consentir un acte opérant obligation ou décharge. »

L'escroquerie, pour voir son élément matériel caractérisé, nécessite que soient relevés cumulativement une manœuvre, un résultat et un lien de causalité.

S'agissant de la manœuvre, l'escroquerie impose la démonstration d'une tromperie, caractérisée soit par un usage de faux nom ou de fausse qualité soit par l'usage de manœuvres frauduleuses.

L'usage d'un faux nom ou d'une fausse qualité est admis largement par la jurisprudence pour autant qu'il résulte de manœuvres positives de la part de l'agent qui a ainsi œuvré délibérément afin d'induire la victime à se déterminer, de telles manœuvres ne pouvant se satisfaire du fait de laisser la victime dans l'erreur (Cass. crim., 14 avril 2015).

En l'espèce, ces manœuvres sont caractérisées sans difficulté de la part de MM. Dupont, Martin et Moreau qui utilisent des faux noms et de fausses qualités de marchands d'art immatriculés au registre des commerces et des sociétés pour induire les victimes en erreur. De même, l'intervention à leur initiative d'un prétendu expert présentant une fausse carte professionnelle participe de ces manœuvres en les crédibilisant aux yeux des victimes ainsi que le consacre traditionnellement la jurisprudence estimant que dès lors que le mensonge est conforté par des manœuvres, comme l'intervention d'un tiers, il y a escroquerie, grâce, précisément aux manœuvres frauduleuses (Cass. crim., 16 déc. 1969).

S'agissant de l'usage de manœuvres frauduleuses positives, rappelons que de telles manœuvres ne sauraient se satisfaire de simples omissions ou mensonges isolés et non étayés d'autres manœuvres (Cass. crim., 20 juill. 1960). Le mensonge, pour fonder la tromperie et les manœuvres frauduleuses, exige ainsi une certaine consistance, en étant notamment conforté par un acte matériel tel que la fourniture de fausses attestations, déclarations ou factures ou encore s'agissant d'une simulation ou d'une mise en scène.

En l'espèce, ces manœuvres frauduleuses positives sont caractérisées à l'égard des mis en cause, s'agissant du stratagème destiné à mettre en confiance les victimes et à leur faire croire, par l'intervention d'un faux expert, à la nature précieuse du jade chinois laissé en dépôt pour les déterminer à s'en porter acquéreur à une somme très largement supérieure à leur valeur réelle.

La seconde composante de l'élément matériel de l'escroquerie réside dans son résultat. Celui-ci est entendu largement par la jurisprudence qui admet outre la remise d'un bien au préjudice d'autrui, le préjudice moral. La chambre criminelle de la Cour de cassation affirme en effet, que « le préjudice, élément constitutif du délit d'escroquerie, n'est pas nécessairement pécuniaire et est établi lorsque l'acte opérant obligation n'a pas été librement consenti par la victime mais a été obtenu par des moyens frauduleux » (Cass. crim., 28 janv. 2015). Ces conditions relatives à l'existence d'un résultat au préjudice de la victime sont aisément remplies en l'espèce s'agissant de la remise de fonds pécuniaires obtenus en échange de faux jades à un prix largement supérieur à leur valeur réelle, dépossédant nécessairement les victimes.

Enfin, le lien de causalité entre les manœuvres utilisées et le résultat est avéré, les victimes n'auraient nullement procédé à la remise des fonds sans ces artifices déployés afin de les tromper.

S'agissant de l'élément moral de l'escroquerie, il est double : en effet, l'escroquerie étant toujours une infraction intentionnelle, cet élément moral exige, s'agissant du dol général, la connaissance par l'auteur du caractère frauduleux des moyens employés et, s'agissant du dol spécial déployé, la conscience d'un préjudice pour la victime.

Le délit d'escroquerie est donc caractérisé à l'égard des trois mis en cause, la détermination de la peine imposant de s'intéresser à l'existence en l'espèce d'une éventuelle circonstance aggravante de bande organisée. La bande organisée est définie par l'article 132-71 du Code pénal comme « le groupement formé ou toute entente établie en vue de la préparation, caractérisée par un ou plusieurs faits matériels, d'une ou de plusieurs infractions ». La bande organisée nécessite donc la caractérisation de deux éléments : une préméditation et une « organisation structurée ». L'article 132-72 du code définit la préméditation comme « le dessein formé avant l'action de commettre un crime ou un délit déterminé ». Ici, le fait pour les mis en cause d'avoir organisé des expositions d'objets d'art afin d'entrer en relation avec des clients potentiels caractérise cette préméditation et la volonté de mettre en confiance les victimes en prévision des tromperies mises en œuvre. S'agissant de l'organisation structurée, la description du rôle de chaque protagoniste s'inscrivant dans la durée, la bande organisée doit s'articuler autour d'un nombre minimal de participants que le Code pénal n'a pas précisément consacré mais qu'il était d'usage de conditionner à un minimum de trois participants, conformément aux termes de la circulaire du 14 mai 1993 présentant les dispositions du nouveau Code pénal, lecture confirmée par le Conseil constitutionnel définissant la bande organisée comme « un groupe structuré de trois personnes ou plus » (Cons. const., 2 mars 2004). Ne se satisfaisant plus de ce seul critère quantitatif, la chambre criminelle de la Cour de cassation l'a par la suite doublé d'un critère qualitatif en précisant les contours de cette structure à travers trois éléments (voir, notamment : Cass. crim., 8 juill. 2015 et 20 juin 2018) : la hiérarchie structurant le groupe, caractérisé sans peine ici, l'énoncé évoquant des agissements « sous l'égide » d'un donneur d'ordre, une nécessaire répartition des rôles entre les protagonistes, présente également en l'espèce, chacun occupant dans la mise en œuvre du stratagème un rôle très particulier et prédéfini et une certaine durée qui résulte de l'énoncé des faits.

Ainsi, la bande organisée étant caractérisée, les mis en cause s'exposent à la répression aggravée prévue par l'article 313-2 dernier alinéa du Code pénal portant les peines encourues à 10 ans d'emprisonnement et 1 000 000 euros d'amende.

2 - S'agissant du délit de blanchiment susceptible d'être reproché à Mme Bernard, infraction ne présentant pas de lien d'indivisibilité avec l'escroquerie précitée, vous exposerez quelles sont les règles d'application des lois dans l'espace qui sont concernées et vous vérifierez si les informations dont vous disposez en l'espèce suffisent à établir la compétence de la juridiction française pour juger ces faits (5 points).

La question qui se pose est celle de savoir s'il est possible de poursuivre en France le blanchiment effectué à l'étranger du produit d'une infraction commise en France. Deux règles pourraient permettre de retenir la compétence française : en premier lieu, la compétence territoriale. En effet, l'article 113-2 alinéa 2 du Code pénal consacre une fiction territoriale particulièrement extensive disposant qu'« il suffit, pour que l'infraction soit réputée commise sur le territoire de la République, qu'un de ses faits constitutifs ait eu lieu sur ce territoire ». L'infraction initiale (l'escroquerie) constituant la condition préalable du blanchiment, il est permis de considérer que cette disposition est applicable au blanchiment commis à l'étranger et provenant d'une infraction commise en France ainsi que l'a d'ailleurs consacré la jurisprudence en matière de recel commis à l'étranger et provenant d'une infraction commise en France (Cass. crim., 26 sept. 2007). Cette compétence territoriale est redoutable puisque la réciprocité d'incrimination entre le fait principal commis à l'étranger et l'acte de complicité réalisé en France n'est pas exigée en l'espèce, le blanchiment constituant une infraction en propre et non un simple acte de complicité.

La compétence française peut également se justifier au nom des règles de compétence personnelle : la compétence personnelle active d'une part, l'article 113-6 du Code pénal disposant que la loi pénale française est applicable à tout crime commis par un Français hors du territoire de la République, cette règle posant néanmoins deux difficultés : la réciprocité d'incrimination et sa limitation au champ criminel.

Dans ce cadre, c'est la compétence personnelle passive qu'il convient de retenir en l'espèce : l'article 113-7 du Code pénal consacrant en effet l'applicabilité de la loi pénale française à tout crime ou délit commis à l'étranger lorsque la victime est française. Cette règle de compétence, applicable en l'espèce au regard de la nationalité des victimes, doit être privilégiée car elle est applicable aux crimes comme aux délits punis d'emprisonnement, auxquels appartient le blanchiment et qu'elle n'exige pas de réciprocité d'incrimination.

3 - À supposer que l'infraction d'origine qui a procuré les fonds ultérieurement placés par Mme Bernard n'ait fait l'objet d'aucune procédure ou que la prescription de l'action publique concernant ladite infraction d'origine soit acquise, l'infraction de conséquence que constitue le blanchiment peut-elle être néanmoins poursuivie ? Vous exposerez votre analyse en indiquant à quel examen doit se livrer le juge pour caractériser un blanchiment (5 points).

Il convient en premier lieu d'étudier la caractérisation éventuelle de l'infraction de blanchiment en l'espèce. Conformément aux dispositions de l'article 324-1 alinéa 1 du Code pénal, « le blanchiment est le fait de faciliter, par tout moyen, la justification mensongère de l'origine des biens ou des revenus de l'auteur d'un crime ou d'un délit ayant procuré à celui-ci un profit direct ou indirect ». L'alinéa 2 du même texte dispose que « constitue également un blanchiment le fait d'apporter un concours à une opération de placement, de dissimulation ou de conversion du produit direct ou indirect d'un crime ou d'un délit ». Le blanchiment constitue donc une infraction qui nécessite à titre préliminaire l'existence d'une infraction principale punissable. Il peut s'agir indifféremment d'un crime ou d'un délit, seule importe la nécessité que les juges du fond aient caractérisé « les éléments constitutifs d'un crime ou d'un délit principal ayant procuré à son auteur un profit direct ou indirect » (Cass. crim., 25 juin 2003).

Il convient de préciser doublement le champ du caractère punissable de l'infraction d'origine : en premier lieu, notons que si l'infraction d'origine doit être punissable, elle ne doit pas nécessairement être punie, le blanchiment pouvant être ainsi poursuivi en dépit d'obstacles à la poursuite de l'infraction d'origine. En second lieu, l'article 324-1, alinéas 1er et 2 du Code pénal désigne une infraction d'origine susceptible de procurer à son auteur un « profit direct ou indirect » ou de générer un « produit direct ou indirect », dont il pourra bénéficier, ce bénéfice pécuniaire étant entendu largement et pouvant résulter tant d'une infraction contre les biens réprimée par le Code pénal que d'une infraction plus complexe se rapportant au droit pénal des affaires ou à la matière fiscale. Enfin, les éventuels biens de substitution issus de la réutilisation des biens d'origine dans une optique de dissimulation sont inclus dans ce « produit direct ou indirect ».

S'agissant de ses éléments constitutifs, le blanchiment est constitué classiquement d'un élément matériel et d'un élément moral.

Un élément matériel, tout d'abord : le Code pénal désigne « le fait de faciliter, par tout moyen, la justification mensongère de l'origine des biens ou des revenus de l'auteur d'un crime ou d'un délit ayant procuré à celui-ci un profit direct ou indirect », s'agissant également du fait « d'apporter un concours à une opération de placement, de dissimulation ou de conversion du produit direct ou indirect d'un crime ou d'un délit ». La jurisprudence analyse ainsi la matérialité du blanchiment de deux manières. Dans sa version la plus basique, le blanchiment « lavage », voit son auteur agir comme un « facilitateur » pour l'auteur de l'infraction d'origine en lui fournissant une justification mensongère immédiate de ses biens et revenus pour leur donner une apparence de légitimité (fausses factures, faux contrats, vente fictive, donation déguisée...). Plus élaborée, la seconde modalité du blanchiment dite blanchiment « recyclage » est davantage complexe puisqu'elle repose sur le cumul de différentes opérations financières permettant la réinjection des biens, obtenus frauduleusement, dans les circuits économiques afin de faire perdre toute trace de leur origine frauduleuse.

En l'espèce, les agissements de Mme Bernard caractérisent sans difficulté les actes matériels constitutifs d'un blanchiment « lavage », cette ressortissante française, belle-mère de l'un des coauteurs de l'escroquerie d'origine, ayant accueilli sur deux comptes à son nom et domiciliés en Espagne des sommes importantes (250 000 et 500 000 euros) provenant d'un individu qu'elle prétend ne pas connaître pour avoir ensuite retiré en espèces ces sommes, le tout justifié par l'existence d'une activité commerciale sans consistance véritable.

Un élément moral, ensuite : le blanchiment est toujours une infraction intentionnelle reposant sur un dol général, s'agissant de la connaissance de l'infraction préalable, limitée à la connaissance de la commission d'une infraction et de fonds à blanchir et non à son contenu précis ainsi que l'a récemment réaffirmé la Cour de cassation (Cass. crim., 18 janv. 2017) et sur un dol spécial reposant sur la volonté de participer à l'opération de blanchiment.

En l'espèce, Mme Bernard ne parvient pas à justifier l'origine des fonds suspects crédités puis retirés de son compte, permettant de caractériser à son encontre le dol général, tandis que les multiples opérations financières réalisées démontrent avec certitude sa volonté de participer au blanchiment.

Ainsi, l'infraction de blanchiment est constituée à l'encontre de Mme Bernard. Plus encore, l'énoncé évoquant un dispositif très élaboré de blanchiment en cascade dans différents pays d'Europe reposant sur plus d'un millier d'opérations de virements et impliquant de nombreux individus concertés, il convient de considérer que les développements relatifs à la bande organisée réalisés en amont sont applicables au blanchiment en l'espèce, faisant notamment encourir à Mme Bernard 10 ans d'emprisonnement et 750 000 euros d'amende (C. pén., art. 324-2).

Quant au caractère poursuivable du blanchiment : il convient d'envisager successivement deux hypothèses pouvant éventuellement affecter la poursuite du blanchiment :

S'agissant en premier lieu de l'hypothèse de l'infraction d'origine n'ayant fait l'objet d'aucune procédure ; si l'infraction d'origine doit être punissable, elle ne doit pas nécessairement être punie, le blanchiment pouvant être ainsi poursuivi malgré l'existence d'obstacles à la poursuite de l'infraction d'origine. La jurisprudence retient de longue date, en matière de blanchiment, le régime répressif sévère appliqué au recel dans un but d'efficacité répressive, en empêchant le receleur de se dégager de sa responsabilité pénale sur le fondement des obstacles affectant la poursuite de l'infraction d'origine. En ce sens, à la faveur d'une jurisprudence ancrée, la Cour de cassation délie le sort des poursuites à l'encontre de l'infraction d'origine ayant procuré le produit à blanchir et celles visant le blanchiment, considérant que cette dernière infraction demeure poursuivable quand bien même l'auteur de l'infraction d'origine n'a pas été identifié (Cass. crim., 3 mars 1955) ou condamné (Cass. crim., 4 janv. 1963).

S'agissant en second lieu d'une prescription de l'action publique de l'infraction d'origine : la même solution de sévérité s'applique, la Cour de cassation considérant le blanchiment toujours poursuivable en dépit de l'acquisition de la prescription de l'action publique de l'infraction principale (Cass. crim., 31 mai 2012). Plus encore, la prescription de l'action publique du blanchiment voit son point de départ jouir des règles de report de la prescription au jour de la découverte des faits occultes, l'infraction de blanchiment elle-même appartenant à la catégorie des infractions occultes, dès lors que ses conditions de réalisation lui assurent une absolue clandestinité (Cass. crim., 11 sept. 2019).

4 - Le tribunal correctionnel, devant lequel Mme Bernard a comparu, envisage de prononcer une peine de dix-huit mois d'emprisonnement ferme. À quelle obligation de motivation la juridiction doit-elle se soumettre pour se conformer aux exigences d'individualisation posées par les articles 132-17 et suivants du Code pénal ? (4 points)

La jurisprudence récente a précisé les exigences du législateur qui, à l'occasion de la loi du 15 août 2014, a consacré l'impératif de motivation pesant sur le juge désireux de retenir une peine d'emprisonnement ferme sans aménagement. Ainsi, par trois arrêts du 29 novembre 2016 rendus en formation plénière et par un quatrième arrêt rendu le lendemain, la chambre criminelle de la Cour de cassation a précisé l'étendue de l'exigence de motivation pesant sur le juge pour prononcer une peine d'emprisonnement sans sursis ni aménagement. Au visa de l'article 132-19 du Code pénal, la haute juridiction a ainsi rappelé que d'une part, « le juge qui prononce une peine d'emprisonnement sans sursis doit en justifier la nécessité au regard des faits de l'espèce, de la gravité de l'infraction, de la personnalité de son auteur, et du caractère inadéquat de toute autre sanction ». Elle a ajouté que d'autre part, « si le juge décide de ne pas aménager la peine, il doit, en outre, motiver spécialement sa décision, soit en établissant que la personnalité et la situation du condamné ne permettent pas un tel aménagement, soit en constatant une impossibilité matérielle ». Elle a cependant précisé le champ de cette motivation renforcée en retenant que « les juges ne sont tenus de spécialement motiver leur décision au regard de la situation matérielle, familiale et sociale du prévenu que pour refuser d'aménager la peine d'emprisonnement sans sursis qu'ils prononcent, lorsque cette peine est d'une durée qui n'excède pas deux ans, ou un an en cas de récidive, et non pour justifier la nécessité d'une telle peine ».

La Cour de cassation entend ainsi donner sa pleine portée à l'exigence consacrée par le législateur de motivation renforcée de recours aux courtes peines d'emprisonnement ferme sans sursis issue de la modification de l'article 132-19 du Code pénal. C'est précisément le cas en matière correctionnelle comme en l'espèce puisque conformément à l'alinéa 2, une peine d'emprisonnement sans sursis ne peut être prononcée « qu'en dernier recours si la gravité de l'infraction et la personnalité de son auteur rendent cette peine nécessaire et si toute autre sanction est manifestement inadéquate ». Ainsi, et ce même en cas de récidive légale, le juge a l'obligation de motiver sa décision de prononcer une peine d'emprisonnement ferme sans sursis au regard de la gravité de l'infraction, de la personnalité de l'auteur et de l'inadéquation de toute autre sanction. Par le biais de sa jurisprudence précitée, la Cour de cassation a rappelé entendre, par sa rigueur, donner son plein sens à cette exigence de motivation renforcée.

En l'espèce, le juge désireux de retenir une peine d'emprisonnement ferme de 18 mois à l'encontre de Mme Bernard devra nécessairement, pour répondre aux impératifs légaux précités, préciser en quoi tant la gravité de l'infraction, le caractère inadapté de toute autre sanction ainsi que la personnalité de la mise en cause imposent de ne pas aménager cette courte peine envisagée.

Sujet 8
CAS PRATIQUE : CAS GRANDCHEF
(ANNALES CONCOURS ENM 2017)

SUJET

Monsieur Jacques R., cadre d'une grande entreprise du Nord de la France déposait plainte au commissariat de Lille le 26 janvier 2017 à l'encontre de son employeur, Monsieur Grandchef. Il expliquait que ce dernier lui tenait des propos violents qui l'humiliaient devant ses subordonnés et que son quotidien au travail était devenu un enfer. Des tâches contradictoires lui étaient constamment demandées, son bureau avait été vidé et Monsieur Grandchef lui avait supprimé du jour au lendemain son secrétariat.

Monsieur Jacques R. se disait diffamé et ajoutait qu'il avait dû consulter son médecin en raison des pressions qui étaient exercées sur lui et de la tension qui s'ensuivait. Il ajoutait que son employeur lui avait fait parvenir dans un laps de temps très court un nombre considérable de lettres recommandées avant de le licencier. Il fournissait des attestations de témoins qui avaient constaté la dégradation de son état physique.

Une enquête était diligentée par le commissariat local suite à la plainte de Monsieur Jacques R. et Monsieur Grandchef était convoqué 15 jours après et acceptait d'être entendu. Il expliquait être excédé par Monsieur Jacques R. qui selon lui n'en faisait qu'à sa tête depuis de nombreux mois et déposait plainte à son tour contre Monsieur Jacques R. en raison de ses allégations qu'il estimait mensongères. Après que sa plainte eût été recueillie, il se mettait alors en colère et décidait de mettre fin à l'audition. Les deux procédures étaient transmises au parquet de Lille pour suite à donner.

Vous répondrez aux questions suivantes

1. Quel est le type d'enquête adapté à la situation ? (2 points)
2. Dans quel cadre juridique Monsieur Grandchef est-il entendu ? (4 points)
3. Quelles sont les formalités à respecter vis-à-vis de Monsieur Grandchef ? (4 points)
4. Quelles sont les orientations procédurales envisageables ? (3 points)
5. Le délit de diffamation vous paraît-il pouvoir être retenu à l'encontre de Monsieur Grandchef ? D'autres infractions peuvent-elles être retenues à son encontre ? (5 points)
6. Quelle infraction pourrait être retenue dans le cadre de la plainte de Monsieur Grandchef à l'encontre de Monsieur Jacques R. ? (2 points)

1 - Quel est le type d'enquête adapté à la situation ? (2 points)

En l'absence de toute mention quant à une commission rogatoire délivrée aux policiers illustrant l'ouverture d'une information judiciaire, il convient de considérer que l'on se trouve dans le cadre d'une enquête de police.

L'enquête de police est préliminaire lorsqu'elle ne répond pas aux conditions de la flagrance. Selon l'article 53, alinéa 1 du Code de procédure pénale, « est qualifié de crime ou délit flagrant le crime ou délit qui se commet actuellement, ou qui vient de se commettre. Il y a aussi crime ou délit flagrant lorsque, dans un temps très voisin de l'action, la personne soupçonnée est poursuivie par la clameur publique, ou est trouvée en possession d'objets, ou présente des traces ou indices laissant penser qu'elle a participé au crime ou au délit ».

L'enquête de flagrance répond à trois exigences : un critère de gravité suffisante des faits poursuivis (crime ou délit), un critère temporel et un critère d'apparence. Le critère de gravité implique une qualification criminelle ou correctionnelle des faits qui est assurée ici au regard des premiers actes d'enquête et de la transmission au parquet de Lille. Le critère temporel exige que la commission de l'infraction ait eu lieu dans un temps très voisin de l'intervention des policiers, la jurisprudence consacrant traditionnellement une durée maximale de 48 heures depuis la commission des faits (Cass. crim., 8 avril 1998). En l'espèce, les faits remontent à plusieurs semaines avant le dépôt de plainte et le début des investigations, invalidant cette proximité temporelle exigée. Enfin, s'agissant du critère d'apparence, la jurisprudence exige que les policiers aient pu constater « un indice apparent d'un comportement délictueux » (Cass. crim., 22 janv. 1953), cette apparence pouvant ressortir de manière alternative d'éléments divers, qu'il s'agisse des constatations matérielles faites par les policiers et leur révélant l'infraction ou encore de l'appel téléphonique qui requiert l'intervention des forces de police. En l'espèce, les faits sont portés à la connaissance des autorités de poursuite par le biais d'un dépôt de plainte, invalidant le critère d'apparence.

En l'absence de ces deux critères de la flagrance, il convient de considérer que l'enquête va se poursuivre dans le cadre préliminaire. Prévue aux articles 75 et suivants du Code de procédure pénale, l'enquête préliminaire se caractérise par son absence de coercition, imposant de recueillir le consentement de la personne poursuivie en matière de visites domiciliaires, de perquisitions et de saisies (CPP, art. 76), ainsi que l'accord du procureur de la République pour son arrestation.

2 - Dans quel cadre juridique Monsieur Grandchef est-il entendu ?

Monsieur Grandchef est convoqué au commissariat local afin d'être entendu : il convient d'écarter tout placement en garde à vue puisqu'il est indiqué qu'il consent à être entendu et de considérer qu'il est entendu librement, ce qui peut désigner deux statuts juridiques : le témoin et l'audition libre.

En premier lieu, l'audition du témoin, telle que prévue par l'article 62 du Code de procédure pénale permet d'entendre librement « Les personnes à l'encontre desquelles il n'existe aucune raison plausible de soupçonner qu'elles ont commis ou tenté de commettre une infraction. » Ce statut de témoin prévoit, en outre, que « Toutefois, si les nécessités de l'enquête le justifient, ces personnes peuvent être retenues sous contrainte le temps strictement nécessaire à leur audition, sans que cette durée puisse excéder quatre heures. » Enfin, si, au cours de l'audition du témoin apparaissent des raisons plausibles de soupçonner qu'il a commis ou tenté de commettre une infraction, il doit être entendu sous le régime de l'audition libre, sauf si son placement en garde à vue est nécessaire.

En l'espèce, les dénonciations de la victime ainsi que les attestations de témoins confirmant la dégradation de son état de santé constituent des indices laissant présumer l'implication pénale de Monsieur Grandchef et imposent d'écarter la qualité de témoin à son égard.

L'audition sans contrainte peut, en second lieu, résulter de l'audition libre prévue par l'article 61-1 du Code de procédure pénale, s'agissant de « La personne à l'égard de laquelle il existe des raisons plausibles de soupçonner qu'elle a commis ou tenté de commettre une infraction » dès lors que les conditions de la garde à vue ne sont pas satisfaites. Ainsi, il doit exister des raisons plausibles de soupçonner que le mis en cause a commis ou tenté de commettre une infraction punie d'une peine d'emprisonnement. En l'espèce, les dénonciations de Monsieur Jacques R. ainsi que les attestations témoignant de la dégradation de son état de santé sans mettre directement en cause Monsieur Grandchef sont des éléments suffisants pour constituer de telles raisons plausibles de le soupçonner d'avoir commis ou tenté de commettre l'infraction et justifient le recours à l'audition libre.

3 - Quelles sont les formalités à respecter vis-à-vis de Monsieur Grandchef ?

Le recours à l'audition libre étant justifié en l'espèce, il convient de vérifier si les droits procéduraux entourant la mesure ont été respectés. Soulignons qu'avant la loi du 27 mai 2014, si l'audition était dite « libre », c'est notamment en raison de l'absence de contrainte pesant sur l'officier de police judiciaire qui n'avait comme obligation que celle d'informer l'intéressé de son droit de quitter les locaux à tout moment.

L'audition libre est ainsi devenue à l'occasion de la loi du 27 mai 2014 une audition encadrée qui ouvre au bénéfice de l'intéressé plusieurs droits : en premier lieu, un droit à l'information prévu à l'article 61-1 du Code de procédure pénale. Ainsi, dans la convocation qui lui est adressée en vue de son audition libre doit figurer l'infraction dont il est suspecté, sa date et son heure de commission. Cette obligation est renouvelée lors de son arrivée dans le service d'enquête où ses autres droits doivent lui être notifiés s'agissant de son droit d'être assisté d'un interprète et de son droit d'être assisté d'un avocat lors des auditions, des confrontations, des reconstitutions et des séances d'identification des suspects dont il fait partie (CPP, art. 61-3). De même, il doit être informé de son droit de faire des déclarations, de répondre aux questions qui lui sont posées ou de se taire, de son droit d'être assisté par un interprète et de son droit de bénéficier gratuitement de conseils juridiques émanant d'une structure d'accès au droit. En l'absence de mentions contraires, il s'agira de considérer que ces exigences sont remplies en l'espèce.

En second lieu, l'article 61-1 du Code de procédure pénale subordonne la validité de l'audition libre à l'absence de toute contrainte exercée sur la personne suspectée. Ainsi, il n'est plus possible de recourir à l'audition libre lorsque la personne suspectée a été conduite par la contrainte devant l'officier de police judiciaire. En l'espèce, il est indiqué que Monsieur Grandchef a accepté de répondre à la convocation, ce qui permet de retenir l'absence de coercition. En outre, la loi ne consacrant pas de durée maximale de l'audition libre, l'intéressé doit être informé de son droit de quitter à tout moment les locaux où il est entendu, modalité remplie en l'espèce puisqu'il est indiqué que Monsieur Grandchef a décidé de lui-même de mettre un terme à l'audition.

4 - Quelles sont les orientations procédurales envisageables ?

Le parquet de Lille s'est vu transmettre les deux procédures pour appréciation et il s'agit de déterminer la suite qui va leur être donnée. Il convient de considérer que le parquet va décider la jonction de ces deux procédures étroitement liées, puisque du résultat de la première dépendra l'issue de la seconde. Par ailleurs, en l'état des investigations, de nombreux éléments font défaut et le parquet demandera aux enquêteurs la réalisation d'actes supplémentaires, s'agissant notamment a minima d'une confrontation entre Monsieur Grandchef et Monsieur R., d'une audition des témoins et d'une enquête de voisinage dans l'entreprise afin d'entendre tout témoin utile et de procéder aux constatations permettant de vérifier les dires de la victime (changement de bureau, suppression du secrétariat…).

S'agissant des orientations procédurales, en premier lieu, le procureur de la République pourra décider, après la réalisation de ces actes d'enquête, de faire délivrer une COPJ (convocation par officier de police judiciaire) à l'encontre de Monsieur Grandchef, prévue par l'article 390-1 du Code de procédure pénale qui dispose que « Sur instruction d'un magistrat, un officier de police judiciaire peut remettre à une personne une convocation à se rendre au tribunal, soit pour faire l'objet d'une mise en examen, soit pour faire l'objet d'un jugement. »

En second lieu, et tout particulièrement dans ce type de contentieux, il convient d'envisager la voie de la citation directe. Prévue par l'article 390 du Code de procédure pénale, la citation directe permet à une victime de saisir directement le tribunal de police en matière contraventionnelle ou le tribunal correctionnel en matière délictuelle comme en l'espèce. Elle permet également à la victime de demander, outre la condamnation de l'auteur, l'indemnisation de son préjudice au travers de dommages-intérêts. Elle est délivrée à personne dénommée par exploit d'huissier (elle est donc impossible lorsque l'identité du prévenu est inconnue), étant précisé que le prévenu peut se faire assister d'un avocat.

5 - Le délit de diffamation vous paraît-il pouvoir être retenu à l'encontre de Monsieur Grandchef ? D'autres infractions peuvent-elles être retenues à son encontre ?

La diffamation consiste dans l'imputation d'un fait non avéré qui porte atteinte à l'honneur ou à la considération d'une personne. Le Code pénal distingue la diffamation publique et non publique, selon qu'elle est diffusée publiquement ou qu'elle est adressée à un public déterminé. La diffamation est non publique lorsqu'elle est adressée à des personnes déterminées, liées entre elles par un cadre commun (familial, professionnel…). En l'espèce, les faits intervenant dans le cadre de l'entreprise, il convient de privilégier la diffamation non publique.

L'article R. 621-1 du Code pénal dispose que « La diffamation non publique envers une personne est punie de l'amende prévue pour les contraventions de la 1re classe. La vérité des faits diffamatoires peut être établie conformément aux dispositions législatives relatives à la liberté de la presse. »

Matériellement, la diffamation exige l'imputation d'un fait particulier, non-avéré et de nature à porter atteinte à l'honneur ou à la considération d'une personne, tandis que l'élément moral réside dans la connaissance par l'auteur de la nature fausse de ces faits et la volonté de porter atteinte à l'honneur de la victime. En l'espèce, il est fait état de propos violents qui humilient Monsieur Jacques R., sans davantage de précision, ce qui est insuffisant pour pouvoir caractériser la diffamation.

Il convient d'envisager d'autres infractions. En premier lieu, peut ainsi être évoquée l'injure non publique, prévue et réprimée par l'article R. 621-2 du Code pénal qui dispose que « L'injure non publique envers une personne, lorsqu'elle n'a pas été précédée de provocation, est punie de l'amende prévue pour les contraventions de la 1re classe ». Matériellement, l'injure repose sur une expression vulgaire ou méprisante, non précédée d'une provocation, tandis que l'élément moral réside dans la volonté d'humilier le destinataire. En l'absence de précision quant à la teneur des propos reprochés, il n'est pas possible de caractériser l'injure.

En outre, en l'absence de toute mention quant à une ITT, il s'agit d'envisager la qualification de violences volontaires légères, de nature contraventionnelle, prévue et réprimée par l'article R. 624-1 du Code pénal qui dispose qu'« Hors les cas prévus par les articles 222-13 et 222-14, les violences volontaires n'ayant entraîné aucune incapacité totale du travail sont punies de l'amende prévue pour les contraventions de la 4e classe. »

Les violences volontaires reposent matériellement sur un acte positif de l'auteur, un résultat dommageable pour la victime et un lien de causalité entre ces deux éléments. L'élément moral repose quant à lui sur la volonté délibérée de porter atteinte à l'intégrité de la victime.

En l'espèce, les propos violents adressés par Monsieur Grandchef à Monsieur Jacques R. peuvent constituer de tels actes positifs de violence, la jurisprudence n'exigeant pas de contact physique entre l'auteur et la victime et admettant de longue date les violences « qui, sans atteindre matériellement la personne sont cependant de nature à provoquer une sérieuse émotion » (Cass. crim., 19 févr. 1892). Le lien de causalité est également constitué, la victime affirmant que son quotidien au travail est « devenu un enfer ». En outre, l'élément moral ne fait pas défaut, Monsieur Grandchef ne pouvant ignorer les conséquences néfastes de ses agissements sur la victime. Ce délit est donc caractérisé et fait encourir à Monsieur Grandchef une amende de 4e classe (135 euros).

Enfin, au regard des faits évoqués par Monsieur Jacques R., il convient d'envisager la qualification pénale de harcèlement moral dans le cadre du travail, prévue et réprimée par l'article 222-33-2 du Code pénal s'agissant du « fait de harceler autrui par des propos ou comportements répétés ayant pour objet ou pour effet une dégradation de ses conditions de travail susceptible de porter atteinte à ses droits et à sa dignité, d'altérer sa santé physique ou mentale ou de compromettre son avenir professionnel, puni de deux ans d'emprisonnement et de 30 000 euros d'amende ».

L'élément matériel du harcèlement moral exige la caractérisation d'agissements répétés imposés à la victime : le harcèlement ne peut donc pas reposer sur des actions isolées qui ne sont intervenues que de manière ponctuelle. Cette répétition est caractérisée en l'espèce par la diversité des actes reprochés à Monsieur Grandchef, s'agissant des humiliations et des propos violents imposés à la victime, des tâches contradictoires données, de la dégradation de ses conditions de travail issue de la suppression de son bureau et de son secrétariat et de la multiplication des courriers envoyés à la victime avant son licenciement.

L'élément moral du harcèlement moral repose sur un dol spécial : la volonté délibérée de nuire à la victime en portant atteinte à ses conditions d'existence et d'épanouissement et en compromettant son avenir professionnel.

En l'espèce, la multiplication des agissements de Monsieur Grandchef à l'égard de Monsieur R. ne peut consister en une démarche neutre et œuvre à une dégradation objective de ses conditions de travail dont l'auteur, en tant que responsable hiérarchique, ne peut ignorer la portée. La consultation par la victime d'un médecin ainsi que les attestations témoignent de la dégradation de ses conditions de vie, remplissant ainsi l'élément moral. Le délit de harcèlement moral est donc caractérisé à l'encontre de Monsieur Grandchef qui encourt 2 ans d'emprisonnement et 30 000 euros d'amende.

Au regard de ces deux qualifications pénales pouvant être retenues contre Monsieur Grandchef, il convient d'envisager l'hypothèse d'un concours réel d'infractions, tel que prévu par l'article 132-3 du Code pénal et entendu comme la concurrence de plusieurs infractions sans qu'un jugement définitif ne soit intervenu entre elles. Cependant, au regard de la proximité des qualifications pénales en l'espèce, il s'agit davantage d'un concours idéal d'infractions amenant à ne retenir, en l'absence d'intérêts protégés distincts, que l'infraction de harcèlement moral (la plus globale) et à exclure celle de violences.

6 - Quelle infraction pourrait être retenue dans le cadre de la plainte de Monsieur Grandchef à l'encontre de Monsieur Jacques R. ?

Monsieur Grandchef dépose plainte à son tour contre Monsieur Jacques R. en raison de ses allégations qu'il estime mensongères. Il convient donc d'envisager l'infraction de dénonciation calomnieuse, prévue et réprimée à l'article 226-10 du Code pénal s'agissant de « la dénonciation, effectuée par tout moyen et dirigée contre une personne déterminée, d'un fait qui est de nature à entraîner des sanctions judiciaires, administratives ou disciplinaires et que l'on sait totalement ou partiellement inexact, lorsqu'elle est adressée soit à un officier de justice ou de police administrative ou judiciaire, soit à une autorité ayant le pouvoir d'y donner suite ou de saisir l'autorité compétente, soit aux supérieurs hiérarchiques ou à l'employeur de la personne dénoncée, est puni de 5 ans d'emprisonnement et de 45 000 euros d'amende. »

En l'espèce, si les faits dénoncés par Monsieur Jacques R. s'avéraient mensongers, cette infraction pourrait être constituée par la dénonciation à l'autorité judiciaire de faits constitutifs d'un délit, s'agissant du harcèlement moral et ayant entraîné des investigations de la part des autorités de poursuite (élément matériel) en toute connaissance de cause par l'auteur de leur caractère calomnieux (élément moral).

Enfin, si la voie de la citation directe était retenue et venait à conduire à la relaxe de Monsieur Grandchef, cela entraînerait de fait une telle qualification pénale puisque l'article 226-10 du Code pénal in fine dispose que « La fausseté du fait dénoncé résulte nécessairement de la décision, devenue définitive, d'acquittement, de relaxe ou de non-lieu, déclarant que le fait n'a pas été commis ou que celui-ci n'est pas imputable à la personne dénoncée. »

Sujet 9

CAS PRATIQUE : CAS CAUCHEMAR À BALI (SUJET COMPLÉMENTAIRE 1)

SUJET

Sophie est ravie, elle a gagné une semaine de vacances sur l'île des Dieux à Bali, elle part avec sa meilleure amie Émilie. Dès leur arrivée à l'hôtel, elles sentent l'euphorie les emparer, plage, eau turquoise, soleil, le paradis sur terre ! Le soir, elles font la rencontre de Mike et Andy, deux étudiants australiens en vacances. Tout de suite, Sophie remarque Mike, et les deux nouveaux amis ne tardent pas à faire une promenade sous le ciel étoilé. Malheureusement, la nuit romantique tourne au cauchemar, Mike attrape violemment Sophie, la caresse et se munit d'un préservatif mais n'arrive pas à la pénétrer. De son côté, Émilie, pendant l'absence de Sophie, sympathise avec Nyoman, le barman de l'hôtel. Les vacances se passent, Sophie se morfond dans sa chambre suite à la mésaventure avec Mike, tandis qu'Émilie va de fêtes en fêtes avec Nyoman. Le jour du départ approche, Nyoman offre une magnifique statue représentant un Dieu balinais.

À leur retour en France, Émilie, la statue dans les bras, est interceptée après son passage en douanes par les forces de l'ordre, puis placée en garde à vue, il est 16 heures. En effet, l'OPJ Hubert a été prévenu que deux kilos de cocaïne arrivaient en provenance de Bali transportés dans une statue par une fille dont la description ressemble étrangement à celle d'Émilie. À l'arrivée dans les locaux à 17 heures, ses droits lui sont notifiés, et elle demande à voir Me Schum, l'avocat de la famille. Malgré le message laissé par l'OPJ Hubert sur le répondeur de Me Schum, ce dernier, en raison de la grève des avocats, ne se déplace pas. Son interrogatoire commence à 18 h 45, et elle essaye en vain d'expliquer la situation. Quant à Sophie, quelques jours après leur retour, elle porte plainte pour viol.

Vous examinerez la situation de Sophie et d'Émilie.

1 - Les faits subis par Sophie

La situation de Sophie soulève deux difficultés. La première relève du droit pénal spécial et concerne la caractérisation de l'infraction commise par Mike. La seconde relève du droit pénal général et a trait à la possibilité juridique de poursuivre cet individu devant les juridictions pénales françaises. Deux points à examiner tour à tour.

I - La qualification de tentative de viol

L'article 222-22 du Code pénal exige que l'atteinte sexuelle ait été commise « avec violence, contrainte, menace ou surprise », ce qui tend à démontrer l'absence de consentement de la victime. Ici, le défaut de consentement est évident : l'acte sexuel n'a été possible qu'en raison de la contrainte dont Sophie, qui avait été attrapée violemment par Mike, a été l'objet et dont le caractère irrésistible n'a pu qu'abolir le consentement.

L'élément moral de l'infraction ne pose ici encore aucune difficulté particulière. Le viol ou l'agression sexuelle sont des infractions intentionnelles qui supposent toutes les deux que l'auteur ait conscience d'imposer à la victime une relation sexuelle à laquelle celle-ci n'a nullement consenti. En l'espèce, la preuve de l'intention coupable procède naturellement des moyens employés (usage de la violence) par Mike pour assouvir ses pulsions sexuelles, la passivité de la victime ne pouvant, compte tenu des circonstances de l'espèce, être considérée comme une forme d'adhésion aux actes dont Sophie a été victime.

Les deux qualifications se distinguent en revanche d'un point de vue matériel. La loi définit le délit d'agression sexuelle (C. pén., art. 222-27) par opposition au crime de viol qui est constitué par « tout acte de pénétration sexuelle, de quelque nature qu'il soit, commis sur la personne d'autrui » (C. pén., art. 222-23). Or, il est précisé que Mike n'a pas pénétré Sophie. L'élément matériel n'est donc pas constitué. Partant, ces faits ne peuvent être appréhendés sous la qualification de viol. En revanche, les faits peuvent être qualifiés de tentative de viol. En effet, bien que Mike ait dans un premier temps caressé Sophie, ce qui constitue le délit d'agression sexuelle au sens de l'article 222-27 du Code pénal (Cass. crim., 31 mai 2000), il convient d'exclure la qualification d'agression sexuelle dès lors qu'il est précisé par la suite qu'il voulait en réalité pénétrer Sophie puisqu'il s'est muni d'un préservatif, mais qu'il n'y parviendra pas.

Il faut d'abord s'assurer que la tentative de viol est légalement punissable. Ce point ne soulève aucune difficulté dès lors que, selon l'article 121-4 du Code pénal, la tentative de crime est toujours punissable et que le viol constitue en toutes circonstances un crime eu égard à la peine encourue : 15 ans de réclusion (C. pén., art. 222-23, al. 2).

Aux termes de l'article 121-5 du Code pénal, « La tentative est constituée dès lors que, manifestée par un commencement d'exécution, elle n'a été suspendue ou n'a manqué son effet que par des circonstances indépendantes de la volonté de son auteur ». La tentative n'est donc punissable que si deux conditions sont établies, à savoir un commencement d'exécution et une absence de désistement volontaire.

Le commencement d'exécution est notamment défini par la jurisprudence comme « des actes qui tendent directement au crime avec intention de le commettre » (Cass. crim., 29 déc. 1970 – Cass. crim., 11 juin 1975). Concrètement, cela suppose de constater des actes matériels qui, d'une part, révèlent l'intention irrévocable de l'auteur de commettre une infraction et, d'autre part, établissent un lien de causalité certain entre le comportement de l'auteur et l'infraction projetée, ce qui implique que le commencement d'exécution se situe dans un temps assez proche de celui de la consommation proprement dite. Tel est le cas en l'espèce puisque le fait pour Mike d'agresser Sophie, physiquement puis sexuellement (il la caresse), puis de sortir un préservatif ne peut s'expliquer que par la volonté de celui-ci d'avoir un rapport sexuel, ce qui constituerait un acte de pénétration sexuelle sur autrui au sens de l'article 222-23 du Code pénal, quelle que soit la nature de ce rapport, y compris des actes de pénétration buccale (Cass. crim., 22 févr. 1984) ou anale (Cass. crim., 24 juin 1987).

Concernant ensuite le désistement, celui-ci est volontaire – et la tentative est alors exclue – si la suspension ou l'interruption de l'acte est provoquée par un sentiment purement personnel à l'auteur, tel que la peur ou le remords (Cass. crim., 20 mars 1974) ; il est en revanche involontaire – ce qui caractérise le second élément constitutif de la tentative d'infraction – chaque fois qu'il apparaît que l'absence de résultat est due à une cause externe à l'auteur (Cass. crim., 19 juin 1979, intervention de la police. – Cass. crim., 5 juill. 1951, intervention d'un témoin). En l'espèce, il est indiqué que Mike a dû suspendre son action en raison d'une défaillance physique après s'être muni d'un préservatif. C'est donc un facteur externe qui est seul à l'origine de l'échec, ce qui caractérise la tentative de viol (en ce sens, Cass. crim., 10 janv. 1996).

Dès lors que la tentative d'infraction est punie comme l'infraction consommée (C. pén., art. 121-4), Mike encourt, comme indiqué précédemment, une peine de 15 ans de réclusion criminelle.

II - La compétence des juridictions françaises

La plainte déposée par Sophie n'aboutira cependant à la condamnation de Mike que pour autant que les faits commis relèvent de la compétence des juridictions françaises. Or, à cet égard, force est de constater que l'action s'est déroulée à Bali, ce qui exclut la compétence territoriale (C. pén., art. 113-2). De même, la compétence personnelle active ne pourrait être retenue dans la mesure où Mike a la nationalité australienne (C. pén., art. 113-6). Cependant, il est possible d'envisager la compétence des juridictions françaises au regard du système de la compétence personnelle passive consacré à l'article 113-7 du Code pénal, aux termes duquel « la loi française est applicable à tout crime (…) commis par un Français ou par un étranger hors du territoire de la République lorsque la victime est de nationalité française au moment de l'infraction ». En effet, il est précisé dans l'énoncé « à leur retour en France », ce qui laisse entendre que Sophie a la nationalité française.

Pour être complet, on précisera enfin que les faits constituant un crime, leur poursuite pourra intervenir non seulement à la requête du ministère public, mais pourra aussi être exercée directement par la victime qui aura tout loisir de porter plainte avec constitution de partie civile en cas d'inertie du parquet, les dispositions de l'article 113-8 du Code pénal étant limitées aux seuls délits. Par ailleurs, il faut encore préciser que Mike soit mis à la disposition de la justice française, ce qui suppose que l'État français sollicite et obtienne de l'Australie son extradition.

---

2 - La procédure à l'encontre d'Émilie

Émilie est placée en garde à vue à son retour en France par l'OPJ Hubert, et demande à être assistée de l'avocat de la famille Me Schum.

I - Le cadre de l'enquête

Selon l'article 67 du Code de procédure pénale, les policiers ne peuvent recourir à la contrainte que si les faits poursuivis constituent un crime ou un délit puni d'une peine d'emprisonnement. Cette condition ne soulève en l'espèce aucune difficulté. Les faits peuvent en effet être qualifiés d'importation illicite de stupéfiants punis de 10 ans d'emprisonnement et de 7 500 000 € d'amende selon l'article 222-36 du Code pénal.

Il importe ensuite que les faits répondent à la définition de la flagrance au sens de l'article 53 du Code de procédure pénale. Selon ce texte, est qualifié de crime ou de délit flagrant, le crime ou le délit « qui se commet actuellement, ou qui vient de se commettre ». Il y a aussi crime ou délit flagrant lorsque, « dans un temps très voisin de l'action, la personne soupçonnée est poursuivie par la clameur publique, ou est trouvée en possession d'objets, ou présente des traces ou indices, laissant penser qu'elle a participé au crime ou au délit ». Il convient donc, pour relever l'existence d'une infraction flagrante, d'établir deux conditions cumulatives.

La flagrance suppose tout d'abord un critère temporel, la loi faisant référence à un crime ou un délit « qui se commet actuellement, ou qui vient de se commettre », ou se plaçant « dans un temps très voisin de l'action ». En l'espèce, cette condition ne saurait être discutée puisque l'infraction est en train de se commettre lorsque les policiers sont appelés et au moment de l'interpellation d'Émilie.

Mais cette condition n'est pas suffisante. La jurisprudence se réfère en outre à un autre critère, celui de l'apparence. En effet, selon la Cour de cassation, « pour pouvoir agir en enquête de flagrance, les officiers de police judiciaire doivent avoir eu connaissance au préalable, d'indices apparents d'un comportement révélant l'existence d'une infraction en train de se commettre ou qui vient d'être commise » (Cass. crim., 12 mai 1992). À cet égard, il ressort de l'énoncé que les policiers ont été prévenus que deux kilos de cocaïne arrivaient en provenance de Bali apparemment transportés par Émilie dans une statue, mais on ignore si la dénonciation a été ou non anonyme. Ce détail est primordial car si la dénonciation non anonyme constitue un indice apparent d'agissements délictueux déjà commis ou en train de se commettre caractérisant la flagrance (Cass. crim., 1er oct. 2003), il est constant qu'une dénonciation anonyme ne répond pas de cette définition et ne permet d'ouvrir qu'une enquête préliminaire (Cass. crim., 2 févr. 1988). Il n'en va différemment que si l'information obtenue anonymement est confortée par des indices précis et concordants obtenus préalablement à l'opération policière (Cass. crim., 23 oct. 1991). Tel est le cas en l'espèce. On peut en effet légitimement penser que les forces de police ayant aperçu la statue dans les bras d'Émilie, elles ont pu constater par elles-mêmes des indices de l'infraction qui était encore en train de se commettre.

Il apparaît dans ces conditions que les policiers ont agi selon les règles de l'enquête de flagrance. À ce titre, au vu des éléments d'ores et déjà recueillis, ils étaient fondés à interpeller Émilie et à la placer en garde à vue.

II - Le placement en garde à vue d'Émilie

En vertu de l'article 62-2 du Code de procédure pénale, la « garde à vue est une mesure de contrainte décidée par un officier de police judiciaire, sous le contrôle de l'autorité judiciaire, par laquelle une personne à l'encontre de laquelle il existe une ou plusieurs raisons plausibles de soupçonner qu'elle a commis ou tenté de commettre un crime ou un délit puni d'une peine d'emprisonnement est maintenue à la disposition des enquêteurs ». Le placement en garde à vue est soumis à trois conditions cumulatives :

– d'une part, la mesure de garde à vue doit être décidée par un officier de police judiciaire, ce qui est le cas de l'OPJ Hubert ainsi qu'il est précisé dans l'énoncé ;

– d'autre part, il doit exister des raisons plausibles de soupçonner qu'Émilie a commis ou tenté de commettre une infraction punie d'une peine d'emprisonnement. Les indices apparents qui ont été décrits pour justifier l'état de flagrance peuvent être envisagés comme des raisons plausibles de soupçonner qu'elle a pris part au transport et à la détention illicites de stupéfiants ;

– enfin, la garde à vue doit constituer « l'unique moyen » de parvenir à l'un au moins des objectifs suivants : 1° permettre l'exécution des investigations impliquant la présence ou la participation de la personne ; 2° garantir la présentation de la personne devant le procureur de la République afin que ce magistrat puisse apprécier la suite à donner à l'enquête ; 3° empêcher que la personne ne modifie les preuves ou indices matériels ; 4° Empêcher que la personne ne fasse pression sur les témoins ou les victimes ainsi que sur leur famille ou leurs proches ; 5° Empêcher que la personne ne se concerte avec d'autres personnes susceptibles d'être ses coauteurs ou complices ; 6° Garantir la mise en œuvre des mesures destinées à faire cesser le crime ou le délit. En l'espèce, la garde à vue est justifiée, notamment, par les investigations impliquant la participation d'Émilie.

La décision de placer Émilie en garde à vue est ainsi parfaitement régulière.

Si la mesure est régulière dans son principe, il convient à présent d'en étudier le déroulement.

III - La notification des droits

Il convient de vérifier qu'Émilie a reçu notification de ses droits, et ce « immédiatement » ainsi que la loi en fait l'obligation (CPP, art. 63-1), étant précisé que, selon une jurisprudence constante, « tout retard dans la mise en œuvre de cette obligation, non justifié par une circonstance insurmontable, porte nécessairement atteinte aux intérêts de la personne concernée » (Cass. crim., 31 mai 2007). Or, en l'espèce, force est de constater que plusieurs minutes se sont écoulées entre le placement en garde à vue d'Émilie (à 16 heures) et la notification de ses droits afférents (à 17 heures). La Cour de cassation considère toutefois qu'il est possible de déroger au principe d'immédiateté pour des considérations tenant au délai de route, matérialisé par le temps nécessaire pour conduire un individu du lieu de son arrestation au lieu de la garde à vue. Elle a ainsi eu l'occasion de juger que n'est pas tardive, la notification, avec ses droits, du placement en garde à vue, intervenue dès l'arrivée de la personne dans les services de police, dix minutes après son interpellation (Cass. 1re civ., 27 mai 2010). La Haute juridiction a de même dit justifié un retard de 45 minutes dans la notification des droits motivé par le délai de route entre le lieu d'une rétention douanière et le service de police chargé de la garde à vue subséquente (Cass. crim., 26 nov. 2008) ou décidé que le délai d'1 heure 25 entre l'interpellation et la notification de droits ne constitue pas une cause de nullité dès lors que cette dernière a eu lieu dès l'arrivée au service de police (Cass. 1re civ., 9 janv. 2008). Encore faut-il cependant s'assurer de deux choses : d'une part, que le temps qui s'est écoulé entre le placement en garde à vue (matérialisé par le pouvoir de contrainte des forces de police) et la notification des droits soit strictement nécessaire au transport, et, d'autre part, que le gardé à vue a été informé de ses droits « immédiatement » à compter de son arrivée au poste de police. En l'espèce, il est constant que les policiers se sont transportés sans délai au commissariat en suite de l'arrestation d'Émilie (rien dans l'énoncé ne permettant d'affirmer le contraire) et que celle-ci a été informée de ses droits une fois « arrivée dans les locaux ». La procédure est donc régulière de ce point de vue.

IV - L'information du procureur de la République

Il importe que le procureur de la République soit informé « dès le début de la garde à vue » (CPP, art. 63, al. 2), la Cour de cassation considérant là encore que « tout retard dans la mise en œuvre de cette obligation, non justifié par des circonstances insurmontables, fait nécessairement grief aux intérêts de la personne concernée » (Cass. crim., 29 févr. 2000). Or, au cas présent, l'information au procureur de la République n'est intervenue qu'à 17 h 05, soit 1 heure et 5 minutes après le placement en garde à vue. Il est possible de justifier ce délai au titre du délai de route.

V - L'assistance d'un avocat

Concernant le droit à l'assistance d'un avocat, prévu par les articles 63-3-1 et s. du Code de procédure pénale, il est indiqué que, à la suite de la demande formulée par Émilie, un policier a immédiatement pris contact avec Me Schum, ainsi que la loi en fait l'obligation. Mais, celui-ci étant absent, le policier se contentait de laisser un message sur son répondeur. Une telle démarche est-elle suffisante ? À l'évidence, oui. Il incombe en effet seulement à l'officier de police judiciaire d'accomplir les diligences nécessaires pour que l'intéressé puisse exercer son droit dans les délais prévus par la loi.

Ainsi que l'a énoncé la Cour de cassation à plusieurs reprises, si la nullité est encourue lorsque, en dépit de la demande de la personne retenue, celle-ci n'a pu s'entretenir avec un avocat et qu'aucun élément de la procédure ne justifie des diligences effectuées par l'officier de police judiciaire afin de lui permettre l'exercice de ce droit (Cass. crim., 10 mai 2001), la procédure est régulière dès lors qu'il ressort du procès-verbal de garde à vue que l'avocat (ou le bâtonnier de l'Ordre) a été immédiatement informé de la demande d'un gardé à vue de s'entretenir avec un avocat (Cass. crim., 17 mai 2000). Dans ces conditions, seul importe le point de savoir si, une fois que la personne gardée à vue a sollicité la présence de son avocat (ou celle d'un avocat commis d'office), l'officier de police judiciaire a mis en œuvre les mesures nécessaires pour contacter ce dernier (ou le bâtonnier). Or, au cas particulier, il est avéré que le policier a immédiatement pris contact avec l'avocat désigné par Émilie. Celui-ci a donc effectué les diligences requises et satisfait à ses obligations, quand bien même il n'a fait que laisser un message sur le répondeur de l'avocat, sans avoir pu communiquer avec ce dernier (en ce sens, Cass. crim., 29 oct. 2008).

De même, la circonstance qu'Émilie n'ait pas vu le moindre avocat durant sa garde à vue est sans effet sur la régularité de la procédure dès lors que la loi ne fait aucune obligation à l'officier de police judiciaire de rendre effectif l'entretien avec cet avocat (Cass. crim., 13 févr. 1996). Aucune nullité ne saurait en effet être prononcée lorsque l'impossibilité pour le gardé à vue de s'entretenir avec un avocat est le résultat de circonstances insurmontables, extérieures aux forces de police, telles que la décision prise collectivement par un barreau de suspendre toute participation des avocats au service des commissions d'office (Cass. crim., 9 mai 1994) ou, comme le refus de l'avocat de se déplacer (Cass. 1re civ., 26 oct. 2011). Aussi, le fait qu'Émilie n'ait pu s'entretenir avec son avocat durant sa garde à vue est exclusivement imputable à ce dernier. Si celui-ci n'avait pas l'envie de se rendre au commissariat, pour cause de grève, pour y assister Émilie, il lui appartenait d'en informer les policiers. Émilie aurait alors pu solliciter du policier de contacter un autre avocat, désigné ou commis d'office, demande à laquelle le policier aurait dû satisfaire.

Pour être complet, on indiquera enfin que, conformément à l'article 63-4-2 du Code de procédure pénale, les policiers, avant d'entendre Émilie (à l'exception de l'interrogatoire d'identité), auraient impérativement dû attendre l'expiration d'un délai de 2 heures. En l'espèce, ce délai n'a pas été respecté dans la mesure où l'interrogatoire a commencé à 18 heures 45 avant l'expiration de ce délai légal de carence, ce qui vicie l'audition réalisée, étant rappelé que la violation d'un tel droit de la défense constitue une cause de nullité assimilée à une nullité d'ordre public, donc dispensée de la preuve d'un grief pour celui qui l'invoque. Dès lors, les procès-verbaux d'audition d'Émilie devront être retirés du dossier.

Sujet 10 CAS PRATIQUE : CAS DOMINIQUE LE VOYOU (SUJET COMPLÉMENTAIRE 2)

SUJET

Le samedi 5 août 2019, Renée et Virginie se baladaient sur la commune d'Aix-en-Provence lorsqu'elles ont été abordées par Dominique, individu défavorablement connu des services de police, qui exhibant une matraque dans leur direction leur intimait de lui remettre leurs téléphones portables. Seule Virginie s'est exécutée, Renée n'en possédant pas, étant réfractaire à toute technologie. Dominique est parvenu à s'échapper tandis que Renée et Virginie se rendaient immédiatement aux services de police pour y dénoncer les faits subis.

Manu, officier de police judiciaire, a recueilli, le jour même, la plainte de ces dernières et a procédé à des réquisitions auprès d'une banque dont la caméra enregistrait des images sur le lieu de commission des faits. Il a obtenu le jour même les images des faits qui ont confirmé les déclarations des victimes.

Le mardi 8 août 2019, Manu, de retour de week-end, a informé les services de la Brigade Anticriminalité de cette affaire et leur a demandé d'interpeller Dominique habitué à commettre des mauvais coups dans le centre-ville d'Aix-en-Provence. Les services de police de la BAC sont parvenus à localiser ce dernier en train de regarder avec insistance le sac à main d'une dame âgée installée sur une terrasse d'un restaurant. Les policiers l'ont interpellé, avant qu'il ait pu commettre son méfait, l'ont menotté et l'ont remis à la disposition de Manu qui le plaçait en garde à vue. Manu s'est rendu au logement de Dominique accompagné par ce dernier et y a procédé à une perquisition qui s'est avérée fructueuse puisqu'ont été retrouvés le portable de Virginie ainsi que la matraque utilisée lors de la commission des faits. Dominique, après avis du placement en garde à vue de ce dernier auprès de son curateur, a reconnu les faits qui lui étaient reprochés. Manu a contacté la permanence téléphonique d'Aix-en-Provence, en la personne de Monsieur Robert, vice-procureur, qui a ordonné la destruction de la matraque et a envoyé Dominique en comparution immédiate.

Vous répondrez aux questions suivantes.

1. Quelles sont les qualifications pouvant être retenues à l'encontre de Dominique ?
2. Que pensez-vous de l'orientation de cette affaire par Monsieur Robert ?
3. Quelles sont les irrégularités qui pourraient affecter la procédure ?

1 - Quelles sont les qualifications pouvant être retenues à l'encontre de Dominique ?

I - Les faits subis par Virginie

Aux termes de l'article 311-1 du Code pénal, le vol est défini comme la soustraction frauduleuse de la chose d'autrui. Pour être caractérisé, le vol suppose la réunion de conditions préalables et d'éléments constitutifs. S'agissant des conditions préalables, le vol doit porter sur une chose appartenant à autrui : l'infraction portant sur le téléphone de Virginie, cette condition est bien remplie.

L'élément moral du vol nécessite l'intention frauduleuse de son auteur, c'est-à-dire la volonté de se comporter même momentanément comme le propriétaire de la chose. Il résulte des circonstances factuelles du cas pratique que Dominique a eu cette intention.

Ensuite, l'élément matériel du vol réside dans la soustraction de la chose d'autrui, action nécessairement positive qui se traduit par le fait d'appréhender une chose appartenant à autrui contre son gré. La jurisprudence a consacré de longue date que cette matérialité devait impliquer une action positive de « prendre, enlever, ravir » (Cass. crim., 18 nov. 1837). Or, au regard des faits, cet élément fait défaut car il est indiqué que Virginie remet le téléphone à Dominique, ce qui exclut cet acte positif d'appréhension exigé par le texte d'incrimination. Il convient ainsi d'écarter la qualification de vol pour privilégier celle d'extorsion.

En effet, l'article 312-1 du Code pénal dispose que « l'extorsion est le fait d'obtenir par violence, menace de violences ou contrainte soit une signature, un engagement ou une renonciation, soit la révélation d'un secret, soit la remise de fonds, de valeurs ou d'un bien quelconque ».

Sur le plan matériel, l'infraction d'extorsion nécessite un acte de violence, de menace de violence ou une contrainte qui a déterminé la victime à s'exécuter. En l'espèce, cet élément est caractérisé sans difficulté puisque Dominique a exhibé une matraque, action qui a conduit la victime à remettre son téléphone portable.

L'élément moral de l'extorsion consiste dans la conscience de se faire remettre un bien par violence ou menace de violences et se déduit des éléments factuels de l'énoncé.

L'extorsion est donc caractérisée s'agissant des faits commis par Dominique à l'encontre de Virginie.

Néanmoins, pour déterminer la peine encourue, il convient d'envisager la circonstance aggravante de commission de l'extorsion sous la menace d'une arme. En effet, l'article 312-5 du Code pénal prévoit l'usage d'une arme ou la menace d'une arme comme une circonstance aggravante des faits d'extorsion. La matraque exhibée peut-elle être légalement qualifiée d'arme ? L'article 132-75 du Code pénal définit comme une arme « tout objet conçu pour blesser ou tuer », ce qui correspond sans difficulté à l'objectif poursuivi par la matraque, tandis que l'article R. 311-2 du Code de la sécurité intérieure classe la matraque au sein des armes de catégorie D.

Par conséquent, pour des faits d'extorsion commis sous la menace d'une arme, Dominique encourt une peine de 30 ans de réclusion criminelle et de 150 000 euros d'amende.

II - Les faits subis par Renée

Renée n'ayant pas satisfait à l'ordre de Dominique de remettre son portable, il convient d'envisager la tentative d'extorsion, la tentative de crime étant toujours punissable (C. pén., art. 121-4).

L'article 121-5 du Code pénal considère la tentative punissable dès lors que les faits laissent apparaître un commencement d'exécution et une absence de désistement volontaire. Le commencement d'exécution ressort sans difficulté de l'ordre exprimé par Dominique de se voir remettre le portable de Renée, tandis que le désistement est bien involontaire, ne trouvant sa source que dans le fait que la victime ne possède pas de portable, ce qui renvoie à l'hypothèse d'une infraction impossible, répréhensible sur le fondement de la tentative (Cass. crim., 16 janv. 1986, Perdereau).

La tentative est donc punissable et fait encourir à Dominique la peine réprimant l'extorsion aggravée consommée, l'article 121-4 du Code pénal assimilant l'infraction consommée et l'infraction tentée.

Au regard de ces deux infractions pouvant être reprochées à Dominique, il convient d'envisager l'hypothèse d'un concours réel d'infractions, entendu comme la concurrence de plusieurs infractions sans qu'un jugement définitif ne soit intervenu entre elles. L'article 132-3 du Code pénal prévoit en telle hypothèse un cumul plafonné des peines encourues, la juridiction de jugement ne pouvant prononcer qu'une seule peine de même nature dans la limite du maximum légal le plus élevé : pour l'extorsion et la tentative d'extorsion, Dominique encourt ainsi une peine de 30 ans de réclusion criminelle et de 150 000 euros d'amende.

---

2 - Que pensez-vous de l'orientation de cette affaire par Robert ?

I - Une orientation erronée sur la base d'une qualification criminelle

Le choix procédural décidé par le parquet semble, à première vue, erroné. En effet, aux termes de l'article 79 du Code de procédure pénale, l'instruction préparatoire est obligatoire en matière de crime. Ainsi, le vice-procureur aurait dû rédiger un réquisitoire introductif visant les faits d'extorsion avec arme et saisissant ainsi un juge d'instruction.

II - Une orientation justifiée par la pratique de la correctionnalisation

Toutefois, lorsque les faits paraissent établis par les preuves recueillies durant l'enquête de police, que le préjudice matériel et physique subi par la victime est moindre et que l'ouverture d'une information judiciaire n'apporterait guère de nouveaux éléments, la pratique judiciaire consiste à procéder à une correctionnalisation des faits criminels.

En effet, en omettant de mentionner la commission sous la menace d'une arme, les faits reprennent une qualification correctionnelle, pouvant dès lors suivre l'orientation procédurale de la comparution immédiate.

En l'espèce, cette correctionnalisation peut apparaître en effet opportune s'agissant de faits non complexes qui ont été filmés et ont été reconnus et pour lesquels il ne reste plus guère d'investigations à réaliser. Ainsi, Monsieur Robert pouvait ne viser que les faits d'extorsion en omettant l'usage ou la menace d'une arme, rendant les faits reprochés punissables de 7 ans d'emprisonnement (C. pén., art. 312-1) et pouvant donc donner lieu à une poursuite sous la forme d'une comparution immédiate, ainsi que le prévoit l'article 395 du Code de procédure pénale.

III - Une correctionnalisation à laquelle le tribunal correctionnel peut s'opposer

Cependant, le tribunal correctionnel pourrait s'opposer à cette correctionnalisation sur le fondement de divers textes. L'article 469 du Code de procédure pénale dispose en effet que « si le fait déféré au tribunal correctionnel sous la qualification de délit est de nature à entraîner une peine criminelle, le tribunal renvoie le ministère public à se pourvoir ainsi qu'il avisera ». En l'espèce, le dossier de Dominique entre dans le champ d'application des dispositions susvisées, dès lors qu'il porte sur un fait qualifié d'extorsion (délit) qui en réalité est de nature à entraîner une peine criminelle (extorsion avec arme punissable d'une peine de 30 ans de réclusion criminelle).

Ainsi, la chambre criminelle de la Cour de cassation, dans un arrêt en date du 27 mai 2003 a pu considérer que « le tribunal peut, s'il estime que la complexité de l'affaire nécessite des investigations supplémentaires approfondies, renvoyer le dossier au procureur de la République ».

Par conséquent, le tribunal correctionnel pourrait renvoyer le parquet d'Aix-en-Provence à mieux se pourvoir, à charge pour ce dernier de saisir un juge d'instruction au travers de la rédaction d'un réquisitoire introductif. Précisons qu'au regard de la simplicité des faits de l'espèce, cela ne semble ni opportun, ni probable.

---

3 - Quelles sont les irrégularités qui pourraient affecter la procédure ?

Cette procédure, qui paraît simple, l'est beaucoup moins au regard des nombreuses irrégularités l'affectant quant au cadre d'enquête applicable, s'agissant d'une procédure menée contre un majeur protégé et ayant donné lieu à la décision du vice-procureur Robert d'ordonner la destruction de la matraque saisie.

I - Irrégularités tenant au cadre d'enquête applicable

Au départ de cette enquête, les faits commis par Dominique paraissaient relever de la flagrance. Selon l'article 53 alinéa 1 du Code de procédure pénale « est qualifié de crime ou délit flagrant le crime ou délit qui se commet actuellement, ou qui vient de se commettre. Il y a aussi crime ou délit flagrant lorsque, dans un temps très voisin de l'action, la personne soupçonnée est poursuivie par la clameur publique, ou est trouvée en possession d'objets, ou présente des traces ou indices laissant penser qu'elle a participé au crime ou au délit ».

L'enquête de flagrance répond donc à trois exigences : un critère de gravité suffisante des faits poursuivis, un critère temporel et un critère d'apparence :

– s'agissant du critère de gravité, l'enquête de flagrance ne peut être initiée qu'en matière de crimes ou de délits, ce qui ne pose pas de difficulté en l'espèce au regard de la qualification correctionnelle voire criminelle de l'extorsion ;

– s'agissant du critère temporel, la commission de l'infraction doit avoir eu lieu dans un temps très voisin de l'intervention des policiers, la jurisprudence ayant toléré jusqu'à une durée maximale de 28 heures depuis la commission des faits (Cass. crim., 8 avril 1998). En l'espèce, les investigations débutent dès le dépôt de plainte des victimes dans la foulée immédiate des faits, remplissant ce critère ;

– s'agissant du critère d'apparence, la jurisprudence exige que les policiers aient pu constater « un indice apparent d'un comportement délictueux » (Cass. crim., 22 janv. 1953, Isnard). Une telle apparence peut ressortir de manière alternative d'éléments divers, qu'il s'agisse des constatations matérielles faites par les policiers et leur révélant l'infraction ou encore de la plainte des victimes comme en l'espèce.

Cependant, aux termes de l'article 53 alinéa 2 du Code de procédure pénale, « à la suite de la constatation d'un crime ou d'un délit flagrant, l'enquête menée sous le contrôle du procureur de la République dans les conditions prévues par le présent chapitre peut se poursuivre sans discontinuer pendant une durée de huit jours ». En l'espèce, la continuité des investigations (à savoir la réalisation d'au moins un acte d'enquête par jour) a été rompue lors du week-end, Manu ne reprenant son enquête que le lundi.

Aussi, le lundi, l'enquête avait basculé dans le cadre préliminaire, alors même que Manu a continué d'utiliser des prérogatives réservées à la flagrance :

– s'agissant de l'interprétation, l'officier de police judiciaire ne pouvait pas contraindre Dominique à comparaître sans l'autorisation préalable du procureur de la République (CPP, art. 78), qu'il n'avait visiblement pas sollicité. En outre, il serait inexact de penser que son interprétation faisait suite à la caractérisation d'une nouvelle flagrance : en effet, en l'absence de tout commencement d'exécution, regarder avec insistance un sac à main ne suffit aucunement à remplir le critère d'apparence précité ;

– s'agissant de la perquisition en enquête préliminaire, les dispositions de l'article 76 du Code de procédure pénale n'ont pas été respectées. La perquisition réalisée et la saisie consécutive nécessitaient l'autorisation de celui chez qui elle se déroulait ou à défaut une autorisation du juge des libertés et de la détention en cas d'infraction punissable d'au moins 5 ans d'emprisonnement. En l'espèce, la lecture du sujet permet de considérer qu'aucun de ces éléments n'avait été recueilli lors de la réalisation de cette perquisition.

Ainsi, conformément à la position consacrée de la Cour de cassation en matière d'actes de procédure viciés, doivent être annulés les actes affectés par la nullité et ceux dont ils sont le support nécessaire. En l'espèce, il convient donc d'annuler la garde à vue de Dominique, ses auditions, la perquisition réalisée et la saisie des objets à son domicile. En revanche, la saisine du tribunal correctionnel, y compris par un procès-verbal de comparution immédiate, reste valable dès lors qu'elle repose sur d'autres éléments que les actes annulés (Cass. crim., 26 mars 2008), l'audition des victimes et la vidéosurveillance saisie ayant suffi à emporter la conviction du magistrat. Par conséquent, le tribunal correctionnel reste valablement saisi.

II - Irrégularité liée au statut de majeur protégé de Dominique

Le mis en cause étant un majeur protégé, il convient de rappeler les dispositions spécifiques concernant, d'une part, la garde à vue et, d'autre part, la décision de poursuite.

S'agissant de la garde à vue, il y a lieu de rappeler que la loi du 14 avril 2011 a prévu que la personne gardée à vue pouvait faire prévenir son curateur ou son tuteur. À ce propos, toutefois, le Conseil constitutionnel a estimé que la simple possibilité d'informer le « curateur ou le tuteur » n'était pas suffisante à garantir l'effectivité des droits de la défense, puisque le gardé à vue, qui souffre d'un déficit psychologique ou psychiatrique, peut ne pas avoir la lucidité suffisante pour demander la satisfaction de ce droit, dont l'exercice peut être indispensable à la satisfaction des autres, en particulier celui de bénéficier de l'intervention d'un avocat (Cons. const., 14 sept. 2018, n° 2018-730 QPC). C'est la raison pour laquelle la loi du 23 mars 2019 de programmation et de réforme pour la justice a inséré dans le Code de procédure pénale un article 706-112-1 aux termes duquel, lorsque les éléments recueillis au cours de la garde à vue d'une personne font apparaître que celle-ci fait l'objet d'une mesure de protection juridique, l'officier ou l'agent de police judiciaire en avise le curateur. Il est précisé que si la personne n'est pas assistée d'un avocat ou n'a pas fait l'objet d'un examen médical, le curateur peut désigner un avocat ou demander qu'un avocat soit désigné par le bâtonnier, il peut également demander que la personne soit examinée par un médecin. Sauf en cas de circonstance insurmontable, qui doit être mentionnée au procès-verbal, les diligences incombant aux enquêteurs en application de ces nouvelles dispositions doivent intervenir au plus tard dans un délai de six heures à compter du moment où est apparue l'existence d'une mesure de protection juridique. Le procureur de la République peut toutefois, à la demande de l'officier de police judiciaire, décider que l'avis prévu au présent article sera différé ou ne sera pas délivré si cette décision est, au regard des circonstances, indispensable afin de permettre le recueil ou la conservation des preuves ou de prévenir une atteinte grave à la vie, à la liberté ou à l'intégrité physique d'une personne. Tel est notamment le cas si le curateur est soupçonné d'être complice ou co-auteur des faits reprochés à la personne protégée.

S'agissant de la décision de poursuite, il convient d'insister sur trois points. Tout d'abord, l'article 706-113 du Code de procédure pénale, tel que modifié par la loi du 23 mars 2019, prévoit que le procureur de la République doit aviser le curateur ainsi que le juge des tutelles de sa décision de poursuivre. Le curateur peut prendre connaissance des pièces de la procédure dans les mêmes conditions que celles prévues pour la personne poursuivie. Par ailleurs, le curateur est avisé de la date d'audience. Lorsqu'il est présent à l'audience, il est entendu par la juridiction en qualité de témoin.

Ensuite, l'article 706-115 du Code de procédure pénale prévoit que la personne poursuivie doit être soumise, avant tout jugement au fond et au besoin dès le stade de l'enquête par le procureur de la République, à une expertise médicale afin d'évaluer sa responsabilité pénale au moment des faits et en particulier déterminer s'il était atteint ou non d'un trouble psychique ou neuropsychique ayant aboli ou altéré son discernement ou ayant aboli ou entravé le contrôle de ses actes, afin de permettre à la juridiction d'appliquer les dispositions de l'article 122-1 du Code pénal.

Toutefois, l'oubli de la satisfaction de cette exigence légale ne met pas nécessairement en péril la procédure car la juridiction pourra régulariser la situation en renvoyant ce dossier à une date ultérieure et en ordonnant l'expertise. Enfin, l'article 706-116 du Code de procédure pénale prévoit que la personne poursuivie doit être assistée par un avocat et qu'à défaut de choix d'un avocat par la personne poursuivie ou son curateur ou son tuteur, le procureur de la République fait désigner par le bâtonnier un avocat, l'intéressé étant informé que les frais seront à sa charge sauf s'il remplit les conditions d'accès à l'aide juridictionnelle.

III - Irrégularité liée à la destruction de la matraque

L'ancien article 41-4 du Code de procédure pénale consacrait le pouvoir du procureur de la République de destruction de biens saisis au cours de l'enquête.

À l'occasion d'une décision QPC du 11 avril 2014, le Conseil constitutionnel a toutefois abrogé ce texte, considérant « qu'en permettant la destruction de biens saisis sur décision du procureur de la République sans que leur propriétaire ou les tiers ayant des droits sur ces biens et les personnes mises en cause dans la procédure en aient été préalablement avisés et qu'ils aient été à même de contester cette décision devant une juridiction afin de demander, le cas échéant, la restitution des biens saisis, les dispositions du quatrième alinéa de l'article 41-4 du Code de procédure pénale ne sont assorties d'aucune garantie légale et que dès lors elles méconnaissent les exigences découlant de l'article 16 de la déclaration de 1789 » (Cons. const., 11 avril 2014, n° 2014-390 QPC).

En ce sens, la loi du 3 juin 2016 est venue préciser les conditions légales de la destruction d'objets saisis : ainsi, le nouvel article 41-4 du Code de procédure pénale reconnaît le pouvoir du procureur de la République ou du procureur général de décider, d'office ou sur requête, de la restitution des objets placés sous-main de justice. Néanmoins, l'alinéa 2 de ce texte prévoit qu'il n'y a pas lieu à restitution lorsque le bien est de nature à créer un danger pour les personnes ou les biens ou lorsque le bien saisi est l'instrument de l'infraction, étant précisé que cette décision de destruction peut être contestée par l'intéressé devant la chambre de l'instruction dans un délai d'un mois suivant sa notification.

Dès lors, pour autant que Dominique se soit vu régulièrement notifier la décision de destruction de la matraque par le procureur de la République, celle-ci sera valide.

DROIT PUBLIC

Sujet 1

QRC : ORGANISATION DE L'ÉTAT ET DE LA JUSTICE, LIBERTÉS PUBLIQUES ET DROIT PUBLIC (ANNALES CONCOURS ENM 2019)

SUJET

Question 1 : Le droit souple (7 points)

Question 2 : La liberté de manifestation sur la voie publique en droit interne (hors sanctions pénales) (7 points)

Question 3 : L'indépendance du Parlement (6 points)

Question 1 : Le droit souple

L'étude annuelle de 2013 du Conseil d'État consacrée au droit souple a permis de mettre en lumière la nécessité de mieux appréhender ces instruments, qui traduisent une mutation des pratiques administratives. Le rapport propose une définition du droit souple au travers de plusieurs critères. Il s'agit d'un droit qui n'emporte pas d'obligation par lui-même, il a pour objet de modifier ou d'orienter des comportements de destinataires en suscitant, autant que possible, leur adhésion. Il ne crée pas par lui-même de droit et d'obligation. Enfin son degré de formalisation, tant par le contenu que par le processus de son élaboration rappelle les règles de droit.

Le recours au droit souple n'est pas exempt de critiques, deux principales lui sont adressées. D'une part, son recours contribuerait à la dégradation du droit. En effet, aussi bien le Conseil d'État dans ses études (1991 et 2006) que la jurisprudence du Conseil constitutionnel déplore pour l'un et censure pour l'autre l'énoncé de textes dépourvus de portée normative. D'autre part, le droit souple marquerait un contournement des institutions démocratiques.

En dépit de ces critiques, le recours au droit souple permet d'éviter un excès de précision dans les lois ou les décrets. Son usage, bien encadré, permet de faciliter l'harmonisation de comportements et semble particulièrement bien adapté à certaines missions de l'administration, comme la régulation. Bien que ce type d'instrument existe depuis longtemps (les plans par exemple) le recours au droit souple est de plus en plus fréquent. Sans pour autant être exhaustif, on peut considérer comme relevant de cette catégorie les circulaires, les lignes directrices (anciennes directives) et les recommandations, principalement des AAI. Il est également nécessaire de relever que le recours au droit souple n'est pas une exclusivité du droit français, on en trouve également dans les relations internationales ainsi que dans le droit de l'UE.

Face à ces nouvelles pratiques administratives, le juge a dû adapter sa jurisprudence, faisant ainsi preuve de pragmatisme et de modernité. Ainsi, il accepte d'adapter les règles de recevabilité des recours dirigés contre ces actes.

C'est dans un premier temps les circulaires qui vont faire l'objet d'une jurisprudence subtile, distinguant tout d'abord les réglementaires des non réglementaires (CE, 1954, Notre Dame du Kreisker), avant d'abandonner cette distinction au profit d'un critère d'impérativité. Ainsi, les dispositions générales et impératives des circulaires peuvent faire l'objet d'un recours (CE, 2002, Duvignères). Le cas des directives, que l'on peut qualifier d'instrument d'harmonisation des pratiques administratives ayant pour but de guider l'administration dans l'usage d'un pouvoir discrétionnaire, est un peu différent. Comme l'avait initialement consacré le Conseil d'État, la directive, sauf situation particulière, ne peut faire l'objet d'une contestation contentieuse. La jurisprudence administrative a néanmoins consacré par la suite que : « *ces délibérations se bornent à définir des orientations et ne font pas obstacle à ce que, en fonction de la situation particulière de chaque demandeur, les autorités du fonds s'écartent des directives qui leur sont ainsi adressées ; que, dès lors, ces délibérations, dont les termes, ainsi qu'il a été dit ci-dessus sont dénués de caractère impératif, ne sont pas susceptibles de faire l'objet d'un recours pour excès de pouvoir* » (CE, 2004, Comité Jussieu anti-amiante), a contrario on comprend bien que le caractère impératif des dispositions d'une directive puisse faire l'objet d'un recours. L'étude de 2013, tout en rappelant l'intérêt de cet instrument avait néanmoins préconisé un renouvellement sémantique des directives au profit des « lignes directrices », préconisation justifiée par le risque de confusion lié aux directives de l'UE. C'est désormais le terme consacré (CE, 2014, MOJC). La jurisprudence en encadre depuis l'usage : « *Considérant, en deuxième lieu, que les lignes directrices par lesquelles les autorités de régulation définissent, le cas échéant, les conditions dans lesquelles elles entendent mettre en œuvre les prérogatives dont elles sont investies, peuvent faire l'objet d'un recours pour excès de pouvoir, introduit par un requérant justifiant d'un intérêt direct et certain à leur annulation, lorsqu'elles sont de nature à produire des effets notables, notamment de nature économique, ou ont pour objet d'influer de manière significative sur les comportements des personnes auxquelles elles s'adressent ; que, dans ce dernier cas, il appartient au juge, saisi de moyens en ce sens, d'examiner les vices susceptibles d'affecter la légalité de ces actes en tenant compte de leur nature et de leurs caractéristiques, ainsi que du pouvoir d'appréciation dont dispose l'autorité de régulation* » (CE, 2017, Bouygues Telecom). Un tel raisonnement est bien entendu transposable aux recommandations (de bonne pratique médicale par exemple) notamment celle des autorités de régulation. Ainsi, selon la jurisprudence récente du Conseil d'État (CE, 2016, Fairvesta et Numéricâble) : « *Considérant que les avis, recommandations, mises en garde et prises de position adoptés par les autorités de régulation dans l'exercice des missions dont elles sont investies, peuvent être déférés au juge de l'excès de pouvoir lorsqu'ils revêtent le caractère de dispositions générales et impératives ou lorsqu'ils énoncent des prescriptions individuelles dont ces autorités pourraient ultérieurement censurer la méconnaissance ; que ces actes peuvent également faire l'objet d'un tel recours, introduit par un requérant justifiant d'un intérêt direct et certain à leur annulation, lorsqu'ils sont de nature à produire des effets notables, notamment de nature économique, ou ont pour objet d'influer de manière significative sur les comportements des personnes auxquelles ils s'adressent* ». Le Conseil d'État a ainsi su faire évoluer sa jurisprudence en prenant en compte ces nouveaux procédés d'administration et en développant des critères de recevabilité adaptés à cette évolution du droit.

Question 2 : La liberté de manifestation sur la voie publique en droit interne (hors sanctions pénales)

Si les libertés de réunion et de manifestations ne figurent pas expressément dans la Déclaration des droits de l'Homme de 1789, elles peuvent toutefois se déduire de son article 11 aux termes duquel « *La libre communication des pensées et des opinions est un des droits les plus précieux de l'Homme : tout Citoyen peut donc parler, écrire, imprimer librement, sauf à répondre de l'abus de cette liberté dans les cas déterminés par la Loi* ». C'est d'ailleurs cette démarche qui a été retenue par le Conseil constitutionnel qui a consacré « *le droit d'expression collective des idées et des expressions* » (Cons. const., 18 janv. 1995, loi d'orientation et de programmation relative à la sécurité). Le critère de la distinction entre réunion et manifestation a été précisé par le commissaire au gouvernement dans ses conclusions rendues sur l'arrêt Benjamin (CE, 19 mai 1933) :

« *La réunion constitue un regroupement momentané de personnes formé en vue d'entendre l'exposé d'idées ou d'opinions en vue de se concerter pour la défense d'intérêt* ». À l'inverse, il y a manifestation lorsque la finalité du rassemblement sur la voie publique est l'expression d'opinions, d'idées ou de revendications du fait même de ce rassemblement, la prise de parole des participants n'ayant alors qu'un caractère accessoire. La manifestation doit également être distinguée de l'attroupement, lequel est défini de façon assez imprécise comme un rassemblement sur la voie publique ou dans un lieu public susceptible de troubler l'ordre public (C. pén., art. 431-3). L'attroupement se caractérise par son caractère spontané et non organisé, ainsi que par les menaces de troubles à l'ordre public qu'il emporte. Après deux sommations, adressées par le préfet, le sous-préfet, le maire ou un officier de police judiciaire, l'attroupement pourra être dispersé par la force.

Les manifestations relèvent d'un décret-loi du 23 octobre 1935 qui soumet à un régime de déclaration préalable « *tous cortèges, défilés et rassemblements de personnes, et, d'une façon générale, toutes manifestations sur la voie publique* ». Cette réglementation ne concerne pas les manifestations conformes aux usages locaux (processions religieuses, carnaval...). La déclaration préalable doit s'effectuer en mairie au moins trois jours francs avant la date prévue et doit indiquer les noms, prénoms et domiciles des organisateurs, le but de la manifestation, son lieu, sa date et l'heure du rassemblement. L'article 3 du décret prévoit que cette déclaration peut déboucher sur une interdiction « *si l'autorité investie du pouvoir de police estime que la manifestation projetée est de nature à troubler l'ordre public* ». Le non-respect de cette interdiction expose les organisateurs à une amende de 7 500 euros et six mois d'emprisonnement.

S'agissant de l'interdiction des manifestations, le principe de liberté semble commander un contrôle juridictionnel aussi rigoureux que celui auquel se livre le juge administratif s'agissant des mesures restrictives de la liberté de réunion conformément à l'arrêt Benjamin (CE, 19 mai 1933). Pourtant, le Conseil d'État s'est contenté, dans un premier temps, de contrôler la réalité de la menace de troubles à l'ordre public, renonçant au contrôle de proportionnalité de la mesure adoptée (CE, 19 févr. 1954, Union des syndicats ouvriers de la région parisienne). Un arrêt du 12 novembre 1997 marque une évolution de cette jurisprudence dans un sens plus protecteur (CE, 12 nov. 1997, Ministre de l'Intérieur c/ association communauté tibétaine en France et ses amis). Pour le Conseil d'État, « *s'il appartenait au préfet de police de prendre toutes mesures appropriées, notamment aux abords de l'ambassade de Chine, pour prévenir les risques de désordres susceptibles d'être occasionnés par les manifestations envisagées par l'association " La communauté tibétaine en France et ses amis" », il ne pouvait prendre un arrêté d'interdiction générale qui excédait les mesures qui auraient été justifiées par les nécessités du maintien de l'ordre public à l'occasion de la visite en France du président de la République populaire de Chine* ». En outre, le Conseil d'État retient, dans cet arrêt, une conception restrictive de l'ordre public en précisant que « *le motif tiré de ce qu'une manifestation pouvait porter atteinte aux relations internationales de la République, qui ne fait pas référence à des risques de troubles à l'ordre public, n'est pas, en lui-même, de nature à justifier l'interdiction de cette manifestation* ».

L'un des principaux enjeux est alors d'assurer le déroulement paisible des manifestations. Afin d'éviter des débordements, le préfet peut, depuis l'adoption de la loi du 21 janvier 1995 et sous réserve que les circonstances fassent craindre « *des troubles graves à l'ordre public* », interdire pendant les 24 heures qui précèdent une manifestation et jusqu'à sa dispersion, le port et le transport, sans motif légitime d'objets pouvant constituer une arme. Dans le contexte des violences survenues à l'occasion des rassemblements des « gilets jaunes », a été adoptée la loi du 10 avril 2019 visant à prévenir les violences lors des manifestations et à sanctionner leurs auteurs. En vertu de ce texte, sur réquisition du procureur, des officiers de police judiciaire pourront procéder à des fouilles de bagages et véhicules à proximité d'une manifestation, et ce, dans le but de chercher des armes ou des armes par destination. En revanche, le Conseil constitutionnel a censuré les dispositions de l'article 3 de la loi qui permettaient à l'autorité administrative d'interdire à titre préventif, « par arrêté motivé », à une personne de participer à une manifestation sur la voie publique dans sa décision du 4 avril 2019. Cette interdiction particulière pouvait être prononcée à l'encontre d'une personne constituant « *une menace d'une particulière gravité pour l'ordre public* » par « *ses agissements* » à l'occasion de manifestations sur la voie publique ayant donné lieu à des atteintes graves à l'intégrité physique des personnes et à des dommages importants aux biens ou par la commission d'un « *acte violent* » à l'occasion de l'une de ces manifestations. De même, le préfet pouvait interdire à cette même personne de « *prendre part à toute manifestation sur l'ensemble du territoire national pour une durée d'un mois maximum* », s'il existait « des raisons sérieuses de penser » qu'elle pourrait participer à toute autre manifestation que celle qui lui avait été interdite d'accès. La répression prévue en cas de non-respect de cette interdiction était de 6 mois d'emprisonnement et de 7 500 euros d'amende. Sans remettre en cause le principe d'une interdiction administrative de manifester, le Conseil constitutionnel a jugé que cette faculté n'était pas suffisamment encadrée par le législateur qui n'a donc pas assuré une conciliation équilibrée entre la protection de l'ordre public et la liberté d'expression collective des idées et des opinions.

Question 3 : L'indépendance du Parlement

Aux termes de l'article 24 de la Constitution, le Parlement vote la loi, contrôle l'action du Gouvernement et évalue les politiques publiques. Ces missions ne sauraient être exercées de façon efficace si le Parlement ne disposait pas de solides garanties d'indépendance, tant à l'égard de l'Exécutif que de l'autorité judiciaire.

D'un point de vue organique, l'indépendance du Parlement est assurée par son pouvoir d'auto-organisation. Ainsi, les Assemblées adoptent leurs propres règlements intérieurs afin d'organiser leur fonctionnement. Elles disposent d'organes de travail propres, exclusivement composés de parlementaires, tels que le bureau ou la conférence des présidents. Elles peuvent également créer des commissions permanentes, dans les limites fixées par la Constitution, à savoir huit au maximum depuis 2008 ; des délégations parlementaires ou encore des commissions d'enquêtes, dotées de pouvoir étendus. L'indépendance ne signifie pas pour autant la souveraineté. Ainsi, les règlements des Assemblées sont automatiquement déférés au Conseil constitutionnel. Par ailleurs, les commissions d'enquête ne peuvent être créées lorsque des poursuites judiciaires sont en cours. Cette restriction demeure toutefois relative, puisqu'il est admis qu'elles peuvent connaître de faits afférents à une procédure judiciaire, pourvu que leur champ d'investigation en diffère, comme l'a illustrée récemment la création des commissions d'enquête sur l'affaire dite Benalla.

L'indépendance du Parlement passe aussi, naturellement, par celle des parlementaires. Le statut de ces derniers leur offre, en la matière, de solides garanties. Disposant d'un mandat représentatif, l'article 27 de la Constitution prévoyant la nullité de tout mandat impératif, ils disposent également d'un principe d'irresponsabilité pour les actes rattachables à leurs fonctions (Const., art. 26). Pour le reste, ils ne peuvent faire l'objet de mesures privatives ou restrictives de liberté (garde à vue, contrôle judiciaire) que si le Bureau l'a autorisé, exception faite des cas de flagrant délit et les poursuites dont ils font l'objet peuvent être suspendues à la demande de la majorité des membres de la chambre à laquelle ils appartiennent.

Reste que l'indépendance du Parlement voit sa portée limitée par l'affirmation de la discipline partisane et du fait majoritaire. Ce dernier assure un soutien quasi inconditionnel de la majorité des députés à la politique du Gouvernement. Il n'a toutefois pas la même portée à l'égard du Sénat, soit que celui-ci soit d'une couleur politique différente soit, plus généralement, parce que les sénateurs disposent d'une plus grande liberté à l'égard du parti, de par leur mode d'élection et la durée de leur mandat. L'affaire Benalla a d'ailleurs illustré l'indépendance du Sénat et la relative docilité de l'Assemblée nationale.

Sujet 2

QRC : ORGANISATION DE L'ÉTAT ET DE LA JUSTICE, LIBERTÉS PUBLIQUES ET DROIT PUBLIC

(ANNALES CONCOURS ENM 2017)

SUJET

Question 1 : La protection des libertés publiques à l'épreuve de l'état d'urgence (7 points)

Question 2 : Modalités, opportunités et limites de l'expérimentation législative prévue par la Constitution (7 points)

Question 3 : La mise en cause de la responsabilité du gouvernement devant le Parlement (6 points)

Question 1 : La protection des libertés publiques à l'épreuve de l'état d'urgence (7 points)

Suite aux attentats du 13 novembre 2015, l'état d'urgence a été déclaré par un décret en Conseil des ministres du 14 novembre 2015. Il a été prorogé par le Parlement à plusieurs reprises et est toujours en vigueur. Prévu par la loi du 3 avril 1955, modifiée par les lois du 20 novembre 2015 et 21 juillet 2016, le régime de l'état d'urgence permet à l'administration d'apporter aux libertés publiques des restrictions accrues, aux fins de prévention des atteintes à l'ordre public. Diverses mesures peuvent ainsi être prises par le ministre de l'Intérieur ou le Préfet parmi lesquelles les perquisitions administratives, les assignations à résidence, la dissolution d'associations ou encore la fermeture de lieux de cultes. Toutefois, l'état d'urgence ne saurait conduire à renoncer, même temporairement, à l'État de droit et il convient d'assurer, pendant qu'il est mis en œuvre, une protection effective des libertés publiques. Celle-ci est assurée par le Conseil constitutionnel et par le juge administratif.

I - Le contrôle de constitutionnalité des dispositions législatives relatives à l'état d'urgence

Le Conseil constitutionnel a eu l'occasion de se prononcer sur la constitutionnalité de la plupart des dispositions relatives à l'état d'urgence, soit dans le cadre du contrôle a priori, à l'occasion des modifications successives décidées par le législateur depuis 2015, soit dans le cadre de la procédure de la question prioritaire de constitutionnalité (ci-après QPC). S'il a jugé conforme à la Constitution la plupart des mesures contestées devant lui, il a toutefois censuré les dispositions qui permettaient à l'autorité administrative de copier toutes les données informatiques auxquelles il était possible d'accéder au cours d'une perquisition administrative. Après avoir relevé que cette mesure était assimilable à une saisie, il a considéré que le législateur n'avait pas prévu de garanties légales propres à assurer une conciliation équilibrée entre l'objectif de valeur constitutionnelle de sauvegarde de l'ordre public et le droit au respect de la vie privée. En effet, la loi n'encadrait ni les conditions dans lesquelles ces données pouvaient être copiées, ni les conditions de leur utilisation (Cons. const., QPC 19 févr. 2016, « Ligue des droits de l'Homme »). La loi du 21 juillet 2016 a réintroduit la faculté de copier des données informatiques mais l'a assortie de garanties. Ce nouveau cadre a été validé par le Conseil constitutionnel (n° 2016-600 QPC, 2 déc. 2016, M. Raïme A). Dans une décision QPC du 16 mars 2017, le Conseil a par ailleurs censuré les dispositions de la loi du 19 décembre 2016 qui prévoyaient l'autorisation préalable du Conseil d'État pour prolonger une mesure d'assignation à résidence au-delà de douze mois. Pour le juge constitutionnel, ces dispositions méconnaissaient le principe d'impartialité et le droit à exercer un recours juridictionnel effectif en ce qu'elles attribuaient au Conseil d'État la compétence d'autoriser, par une décision définitive et se prononçant sur le fond, une mesure d'assignation à résidence sur la légalité de laquelle il était susceptible de devoir se prononcer ultérieurement comme juge de dernier ressort.

II - Le contrôle de légalité des mesures administratives prises dans le cadre de l'état d'urgence

La mise en œuvre de l'état d'urgence conduit à transférer de l'autorité judiciaire vers le juge administratif la fonction de protection juridictionnelle des libertés publiques. Ce transfert a été admis par le Conseil constitutionnel dès lors que les mesures susceptibles d'être adoptées par l'administration, bien que particulièrement restrictives de liberté, ne sont pas attentatoires à « la liberté individuelle » dont l'autorité judiciaire est gardienne au sens de l'article 66 de la Constitution et qu'il ne revêt qu'un caractère temporaire lié à l'état d'urgence. Cette protection assurée par le juge administratif n'en demeure pas moins effective et efficace.

D'une part, loin d'être nouvelle, cette fonction est assurée de longue date par le juge administratif qui a intégré dans le bloc de légalité administrative les grandes libertés publiques et qui, en application du principe selon lequel « *la liberté est la règle et la restriction de police l'exception* », a consacré de façon assez ancienne le contrôle de proportionnalité des mesures de police administrative (CE, 19 mai 1933, Benjamin). Par ailleurs, bien qu'il soit issu historiquement de l'administration, le juge administratif dispose de solides garanties d'indépendance, jugées conformes aux exigences de l'article 6 § 1 de la Convention EDH (Cour EDH, 9 nov. 2006, Sacilor-Lormines).

D'autre part, les procédures juridictionnelles disponibles devant le juge administratif sont de nature à prévenir et à sanctionner les atteintes arbitraires ou excessives aux libertés publiques prises dans le cadre de l'état d'urgence. Parmi ces procédures, figure plus spécifiquement le « référé-liberté » qui permet au juge de prononcer dans un délai de 48 heures toutes mesures en vue de faire cesser une atteinte grave et manifestement illégale aux libertés fondamentales causée par l'administration dans l'exercice de ses pouvoirs (CJA, art. L. 521-2). Cette procédure a d'ailleurs conduit le juge à suspendre plusieurs mesures d'assignation à résidence, notamment lorsque les faits retenus par l'administration pour les prononcer n'étaient pas suffisamment probants (CE, ord., 9 févr. 2016, M.C). À cela s'ajoute la faculté d'agir en responsabilité contre l'État à raison des dommages causés par les mesures adoptées sur le fondement de la loi de 1955. Dans une décision du 6 juillet 2016, le Conseil d'État a ainsi défini le régime de l'action en responsabilité à raison des perquisitions administratives. Les personnes concernées par la perquisition peuvent engager la responsabilité de l'État pour faute. Une telle faute peut résulter de toute illégalité affectant la décision qui ordonne une perquisition mais elle peut également être commise dans l'exécution des perquisitions. Pour ce qui concerne les tiers, la responsabilité de l'État est engagée sans faute, sur le fondement de l'égalité des citoyens devant les charges publiques, en cas de dommages directement causés par des perquisitions. Il faut également relever que l'autorité judiciaire n'est pas totalement exclue du processus de contrôle des mesures administratives prises dans le cadre de l'état d'urgence, le juge pénal restant compétent pour contrôler leur légalité par voie d'exception (Cass. crim., 13 déc. 2016).

S'il résulte de ces éléments qu'une protection des libertés publiques est assurée dans le cadre de l'état d'urgence, ce dernier ne saurait revêtir qu'un caractère temporaire et exceptionnel et ne doit pas devenir un état permanent.

Question 2 : Modalités, opportunités et limites de l'expérimentation législative prévue par la Constitution (7 points)

La volonté d'améliorer l'efficacité des politiques publiques est susceptible de se traduire par le recours à l'expérimentation législative. L'objet de cette technique est de tester temporairement diverses mesures à un échelon local avant, le cas échéant et après évaluation, de les généraliser. Prévu et encadré par la Constitution, le recours à l'expérimentation demeure toutefois assez limité.

I - La consécration constitutionnelle du recours à l'expérimentation législative

Bien que son principe ait été admis par le Conseil constitutionnel dès 1993 (Cons. const., 28 juill. 1993, loi relative aux établissements publics à caractère scientifique, culturel et professionnel), l'expérimentation législative a fait l'objet d'une inscription expresse dans la Constitution de 1958 par la loi constitutionnelle du 28 mars 2003. Elle figure, aujourd'hui, dans deux articles de la Constitution. L'article 37-1 dispose que « *la loi et le règlement peuvent comporter, pour un objet et une durée limités, des dispositions à caractère expérimental* ». Et l'article 72, al. 4 prévoit que, « *dans les conditions prévues par la loi organique, et sauf lorsque sont en cause les conditions essentielles d'exercice d'une liberté publique ou d'un droit constitutionnellement garanti, les collectivités territoriales ou leurs groupements peuvent, lorsque, selon le cas, la loi ou le règlement l'a prévu, déroger, à titre expérimental et pour un objet et une durée limités, aux dispositions législatives ou réglementaires qui régissent l'exercice de leurs compétences* ».

Ces deux techniques ne semblent pas répondre exactement aux mêmes finalités. La première doit permettre d'expérimenter une politique publique au niveau local, sans que cela débouche nécessairement sur un transfert de compétence vers les collectivités territoriales, à supposer que l'expérimentation soit jugée concluante. La seconde vise en revanche à tester provisoirement l'exercice d'une compétence par une catégorie de collectivité territoriale. Cette faculté doit donc être rattachée au principe de « subsidiarité » également inscrit dans la Constitution en 2003 et en vertu duquel « les collectivités territoriales ont vocation à prendre les décisions pour l'ensemble des compétences qui peuvent le mieux être mises en œuvre à leur échelon » (Const., art. 72, al. 2).

II - Les limites de l'expérimentation législative

La lecture des articles 37-1 et 72, alinéa 4 de la Constitution laisse apparaître une asymétrie contestable. Alors que l'expérimentation déroge par principe à l'égalité des citoyens devant la loi, elle n'est quasiment pas encadrée par l'article 37-1. Le Conseil constitutionnel a toutefois considéré que son objet et ses conditions doivent être suffisamment précisés par le législateur et que la loi doit en fixer le terme. À l'inverse, l'article 72, alinéa 4 offre un cadre bien plus contraignant en ce qu'il exclut de l'expérimentation les conditions essentielles d'exercice des libertés publiques ou d'un droit fondamental et renvoie à la loi organique le soin de préciser ses modalités de mise en œuvre. La loi organique du 1er août 2003 prise en application de ces dispositions prévoit que la loi autorisant une expérimentation doit préciser l'objet de l'expérimentation, sa durée, celle-ci ne pouvant excéder cinq ans, les collectivités susceptibles d'expérimenter et les dispositions auxquelles il pourra être dérogé. Il appartient alors aux collectivités de manifester leur intention par l'adoption d'une délibération motivée. Puis le Gouvernement fixe, par décret, la liste des collectivités admises pour l'expérimentation. Avant la fin prévue de l'expérimentation, le gouvernement transmet un rapport d'évaluation au Parlement qui détermine alors si l'expérimentation est soit prolongée, ou modifiée, pour trois ans maximum, soit maintenue et généralisée, soit abandonnée.

En tout état de cause, l'expérimentation est encore assez peu utilisée. La loi du 13 août 2004 avait autorisé, sur le fondement de l'article 37-1 de la Constitution, l'expérimentation en matière de gestion des fonds structurels européens, de lutte contre l'habitat insalubre ainsi que l'élaboration de schéma de développement économique par les régions. Sur le fondement de l'article 72, al. 4 de la Constitution, la loi du 21 août 2007 a également permis l'expérimentation du revenu de solidarité active (RSA) au niveau du département mais ce dernier a été généralisé avant même la fin de la période d'expérimentation. Enfin, expérimentée dans deux cours d'appel, la participation de citoyens assesseurs aux formations correctionnelles a pris fin de façon prématurée à compter du 30 avril 2013.

En dernier lieu, il apparaît qu'à l'issue de l'expérimentation, seules deux solutions sont envisageables : le renoncement ou la généralisation, de sorte que le cadre constitutionnel et législatif actuels ne permet pas une décentralisation « à géométrie variable » qui conduirait, par exemple, à permettre à certaines collectivités seulement d'exercer de façon durable des compétences nouvelles sur la base du volontariat, quand d'autres pourraient y renoncer.

C'est pour remédier à cette limite que le projet de révision constitutionnelle de 2018 entend reconnaître un « droit à la différenciation » pour les collectivités territoriales. Il permettrait, d'une part, que certaines collectivités puissent se voir attribuer des compétences dont ne disposent pas l'ensemble des collectivités de la même catégorie et, d'autre part, que les collectivités territoriales et leurs groupements, lorsque la loi ou le règlement le prévoit, puissent déroger pour un objet limité aux dispositions législatives ou réglementaires qui régissent l'exercice de leurs compétences à titre pérenne, le cas échéant, après l'expérimentation prévue à l'article 72 al 4 de la Constitution.

Question 3 : La mise en cause de la responsabilité du gouvernement devant le Parlement (6 points)

Aux termes de l'article 20, alinéa 3 de la Constitution, « le gouvernement est responsable devant le Parlement dans les conditions et suivant les procédures prévues aux articles 49 et 50 ». En réalité, c'est uniquement devant l'Assemblée nationale, élue au suffrage universel direct, que cette responsabilité pourra être engagée. Surtout, dans le cadre de la rationalisation du parlementarisme, la mise en cause de la responsabilité du gouvernement devant le Parlement a fait l'objet d'un strict encadrement par l'article 49 de la Constitution. Il résulte de ces dispositions que la responsabilité du gouvernement peut être mise en cause à l'initiative même du Premier ministre ou à l'initiative des députés.

I - La mise en cause de la responsabilité du Gouvernement à l'initiative du Premier ministre

En premier lieu, le Premier ministre peut, après délibération en Conseil des ministres, engager la responsabilité du Gouvernement sur son programme ou sur une déclaration de politique générale (Const., art. 49, al. 1). Il s'agit là d'une faculté et non d'une obligation, ce qui revient à dire qu'il n'existe pas, sous la Ve République, de procédure d'investiture du Premier ministre ou du Gouvernement. Si la confiance est refusée, le Premier ministre est tenu de présenter au président de la République la démission du Gouvernement (Const., art. 50).

En second lieu, la mise en cause de la responsabilité du Gouvernement peut intervenir dans le cadre de la mise en œuvre de l'article 49, alinéa 3 de la Constitution, c'est-à-dire lorsque le Premier ministre décide, après délibération en Conseil des ministres, d'engager la responsabilité du Gouvernement sur le vote d'un texte. En effet, dans cette hypothèse, le texte est considéré comme adopté sauf si une motion de censure, déposée dans les 24 heures qui suivent, est votée dans les conditions prévues à l'article 49 alinéa 2. Concrètement, lorsque l'article 49, al. 3 est mis en œuvre, la seule possibilité pour le Parlement d'empêcher l'adoption du texte est de faire chuter le Gouvernement. En raison de sa « brutalité », la technique du 49, al. 3 a été encadrée par la révision constitutionnelle du 23 juillet 2008 qui ne permet son utilisation que pour un seul texte par session parlementaire, à l'exception toutefois des lois de finances et des lois de financement de la sécurité sociale.

II - La mise en cause de la responsabilité gouvernementale à l'initiative des parlementaires

La mise en cause de la responsabilité du Gouvernement peut prendre la forme du dépôt spontané d'une motion de censure par les députés sur le Bureau de l'Assemblée nationale. Cette motion a pour objet d'exprimer une désapprobation politique à l'égard de l'action gouvernementale. La motion de censure est très réglementée pour éviter l'instabilité gouvernementale qui avait caractérisé les IIIe et IVe Républiques. D'abord, la motion n'est recevable que si elle est signée par un dixième au moins des membres de l'Assemblée nationale. Ensuite, le vote ne peut avoir lieu que quarante-huit heures après son dépôt. Seuls sont recensés, alors, les votes favorables à la motion de censure qui ne peut être adoptée qu'à la majorité des membres composant l'Assemblée. En outre, un député ne peut être signataire de plus de trois motions de censure au cours d'une même session ordinaire et de plus d'une au cours d'une même session extraordinaire.

Outre ce strict encadrement juridique, l'apparition du « fait majoritaire » a eu pour effet de rendre vaines toutes les tentatives de mise en cause de la responsabilité gouvernementale, aucune motion de censure n'ayant été adoptée depuis 1962. La motion de censure est devenue un instrument avant tout symbolique et le contrôle de l'action gouvernementale s'exprime aujourd'hui par d'autres voies.

Sujet 3

QRC : ORGANISATION DE L'ÉTAT ET DE LA JUSTICE, LIBERTÉS PUBLIQUES ET DROIT PUBLIC

(ANNALES CONCOURS ENM 2016)

SUJET

Question 1 : Avantages et inconvénients des primaires dans un pays comme la France (7 points)

Question 2 : Indépendance et impartialité des magistrats (7 points)

Question 3 : La révision constitutionnelle selon la Constitution du 4 octobre 1958 (6 points)

Question 1 : Avantages et inconvénients des primaires dans un pays comme la France (7 points)

NB : le présent corrigé tient compte des évènements politiques survenus postérieurement à la date du concours et qui ont indéniablement contribué à modifier la perception des primaires.

L'importance de l'élection présidentielle sous la Ve République, encore renforcée par le passage au quinquennat et l'inversion du calendrier électoral, pose avec acuité la question du mode de désignation des candidats des principales formations politiques à celle-ci. L'organisation de primaires a pu apparaître comme un instrument propre à y répondre. Utilisée de longue date aux États-Unis, la primaire permet en effet que la sélection d'un candidat par le vote soit réservée aux militants, dans le cadre de primaires dites « fermées », soit à l'ensemble des sympathisants, dans le cadre de primaires dites « ouvertes ».

En 2011, le parti socialiste fut le premier parti politique à organiser des primaires ouvertes afin de désigner son candidat à la présidence de la République. Le vainqueur de cette consultation fut François Hollande, élu président de la République l'année suivante. Ce succès conduisit l'opposition à organiser à son tour des primaires de la droite et du centre en 2016. Elles furent remportées par l'ancien premier ministre François Fillon. Le parti socialiste organisa également une nouvelle primaire au début de l'année 2017 dont le vainqueur fut Benoît Hamon. Cette généralisation des primaires ne va pas sans soulever des questions quant à ses incidences sur le fonctionnement de nos institutions. Si elles semblent constituer un réel progrès démocratique (I), les primaires posent des difficultés importantes au regard des spécificités du régime politique de la Ve République (II).

I - Les primaires au service d'un meilleur fonctionnement de la démocratie représentative

L'organisation de primaires présente un double intérêt démocratique.

Tout d'abord, il s'agit d'un mode de sélection des candidats de nature à prévenir l'inflation des candidatures à la présidentielle. En effet, la règle dite des « 500 parrainages » n'a pas réellement permis de limiter le nombre de candidatures à l'élection présidentielle. Or, si la diversité des candidatures est un signe de pluralisme, elle peut également nuire à la « clarté démocratique » du scrutin et pose des difficultés organisationnelles considérables. Les primaires permettent d'organiser une sélection interne aux principaux « camps » politique, dans le but d'éviter des situations de candidatures concurrentes comme a pu l'illustrer l'affrontement fratricide entre Édouard Balladur et Jacques Chirac en 1995. Sous réserve d'être organisées dans des conditions équitables et transparentes, les primaires permettent aux citoyens de rendre, en la matière, un arbitrage difficilement contestable.

Ensuite, la primaire est de nature à opérer une légitimation démocratique des candidats par les électeurs. Dans un contexte de crise de la représentation et de défiance à l'égard du politique, elle permet de réinvestir les citoyens dans la démocratie, à travers l'organisation de ce qui s'assimile, dans une large mesure, à un « super premier tour ». Le succès des primaires en témoigne d'ailleurs. En 2011, environ 2 millions et demi de personnes participèrent au premier tour de la primaire organisée par le Parti socialiste. En 2016, ils furent 4,3 millions pour le premier tour de la primaire de la droite et du centre. Si le niveau de la participation a été plus faible pour la primaire de la gauche de 2017, il reste significatif eu égard à la situation politique que connaissait alors le parti socialiste…

II - Les effets pervers de la primaire : un mode de sélection peu adapté aux spécificités du régime politique de la Ve

Les effets positifs de la primaire ne sauraient être surestimés. En effet, contrairement aux États-Unis, la France reste un pays de multipartisme, de sorte que si la primaire limite les candidatures au sein d'un parti ou d'une famille politique, elle n'a pas pour effet de véritablement restreindre le nombre de candidatures (11 candidats en 2017 contre 10 en 2012 et 12 en 2007). L'efficacité des primaires dépend largement, en réalité, de leur degré d'ouverture. L'exemple de 2017 est particulièrement révélateur dans la mesure où Benoît Hamon, pourtant largement vainqueur des primaires de la gauche, a dû faire face à la concurrence de M. Macron à droite et de M. Mélenchon à gauche qui avaient tous deux refusé d'y participer.

Encore, la primaire est-elle véritablement en adéquation avec la logique de l'élection présidentielle telle qu'elle a été conçue sous la Ve République ? Si l'on considère que celle-ci a pour objet la rencontre d'un homme ou d'une femme et du peuple, il est permis d'en douter. Parce qu'ils s'adressent à une fraction de l'électorat, les candidats à la primaire peuvent être tentés de radicaliser leurs programmes et leurs positions. Il leur sera difficile de se démarquer ultérieurement de leurs prises de position sans donner l'impression de trahir leur électorat. Cette situation est de nature à exacerber les clivages et à saper l'image d'un « Président de tous les Français ».

Le sort de MM. Fillon et Hamon, éliminés dès le premier tour de l'élection présidentielle de 2017, ne manquera pas de relancer le débat sur l'utilité des primaires.

Question 2 : Indépendance et impartialité des magistrats (7 points)

Dans un État de droit, les droits et libertés reconnus aux citoyens ne doivent pas seulement être consacrés mais également protégés de façon effective, par des magistrats indépendants et impartiaux. L'exigence d'indépendance et d'impartialité de la justice découle de sources tant constitutionnelles, notamment l'article 16 de la Déclaration des droits de l'homme et du citoyen et l'article 64 de la Constitution de 1958 que de sources conventionnelles et, plus particulièrement, de l'article 6 § 1 de la Convention européenne des droits de l'Homme (ci-après Conv. EDH).

Les magistrats peuvent se définir comme les membres professionnels des juridictions de l'ordre judiciaire, bénéficiant d'un statut constitutionnel, regroupés en un corps unique et chargés d'assurer l'application de la loi dans les litiges qui leur sont soumis. Au sens large, sont des magistrats aussi bien les membres du Parquet que ceux du siège. Il convient également de relever que la loi du 6 janvier 1986 a reconnu la qualité de magistrats aux membres des tribunaux administratifs et des cours administratives d'appel.

I - Une indépendance garantie par un statut protecteur

L'indépendance se conçoit dans le cadre de la séparation des pouvoirs. Elle peut être définie comme étant « la situation d'un organe public auquel son statut assure la possibilité de prendre ses décisions en toute liberté à l'abri de toute instruction et pression » (Cornu, « Vocabulaire juridique », PUF). Il importe que le juge soit pleinement indépendant tant du pouvoir exécutif, que du pouvoir législatif. L'indépendance de l'autorité judiciaire est consacrée par l'article 64 de la Constitution. Quant aux juridictions administratives, leur indépendance résulte d'un principe fondamental reconnu par les lois de la République (Cons. const., 22 juill. 1980, Validation d'actes administratifs).

Le Conseil constitutionnel a réaffirmé qu'appartiennent à l'« autorité judiciaire », au sens de la Constitution, les magistrats du siège et ceux du parquet (décision QPC du 30 juillet 2010 sur la garde à vue). Ces deux catégories de magistrats disposent toutefois de garanties d'indépendance différenciées. S'agissant des magistrats du siège, ils bénéficient de garanties renforcées. D'une part, leur inamovibilité est constitutionnellement consacrée, cela implique qu'ils ne peuvent faire l'objet d'aucune mesure individuelle de destitution, de déplacement, de suspension en dehors des cas prévus par la loi, ni ne peuvent recevoir, sans leur consentement, une affectation nouvelle, même en avancement. D'autre part, le Conseil supérieur de la magistrature (ci-après CSM) exerce un pouvoir décisionnel à leur égard, s'agissant de leur nomination et en matière disciplinaire. Il est à noter que les magistrats de l'ordre administratif bénéficient de garanties d'indépendance comparables. La loi du 6 janvier 1986 consacre leur inamovibilité et crée, sur le modèle du CSM, un Conseil supérieur des tribunaux administratifs et des Cours administratives d'appel, également doté d'un pouvoir décisionnel pour ce qui concerne leur carrière et le contentieux disciplinaire.

Quant aux magistrats du Ministère public, ils ne bénéficient pas de la garantie d'inamovibilité et sont « placés sous la direction et le contrôle de leurs chefs hiérarchiques et sous l'autorité du garde des Sceaux ». Le CSM ne dispose que d'un pouvoir consultatif s'agissant de leur carrière ou du contentieux disciplinaire. La Cour européenne des droits de l'Homme leur dénie par conséquent la qualité d'« autorité judiciaire » au sens de l'article 5 de la Conv. EDH (CEDH, 23 nov. 2010, Moulin c/ France). Un renforcement de l'indépendance du Parquet est aujourd'hui revendiqué. C'est dans cette finalité qu'a été adoptée la loi du 25 juillet 2013 interdisant au ministre de la Justice d'adresser aux procureurs de la République des instructions individuelles. Si le parquet a désormais le plein exercice de l'action publique, le ministre de la Justice reste toutefois responsable de la politique pénale déterminée par le Gouvernement. Pour ce faire, il peut adresser des instructions « générales » aux magistrats. Afin d'accroître les garanties d'indépendance du parquet, un projet de loi constitutionnelle avait également été présenté en Conseil des ministres le

13 mars 2013 par M. Jean-Marc Ayrault. Ajourné en raison de l'opposition du Sénat, il fut relancé par Jean-Jacques Urvoas en 2016. Edulcoré par rapport à sa version initiale, le texte permettait au CSM d'émettre un avis conforme sur la nomination des magistrats du Parquet et de statuer à leur égard en matière disciplinaire, à l'instar des magistrats du siège. Il s'est à nouveau heurté à l'opposition du Sénat. Le projet de révision constitutionnelle de 2018 initié par le Président Macron reprend toutefois ces deux propositions. En dernier lieu, il convient de remarquer que le Conseil constitutionnel a rendu une décision QPC de grande importance sur le statut des magistrats du parquet (8 déc. 2017, USM). Il a admis, à cette occasion, la constitutionnalité des dispositions de l'article 5 de la loi du 22 décembre 1958 sus-évoquées selon lesquelles les magistrats du parquet sont placés « sous la direction et le contrôle de leurs chefs hiérarchiques et sous l'autorité du garde des Sceaux, ministre de la Justice ». Le Conseil constitutionnel a considéré que ces dispositions assurent une conciliation équilibrée entre le principe d'indépendance de l'autorité judiciaire et les prérogatives que le Gouvernement tient de l'article 20 de la Constitution et qu'elles ne méconnaissent pas non plus le principe de séparation des pouvoirs.

II - Une impartialité assurée dans le cadre de la procédure juridictionnelle

L'impartialité désigne l'absence de préjugé. Elle signifie que le juge n'a pas, avant même de statuer, une idée préétablie quant au sens de la solution qu'il rendra.

Cette impartialité présente, tout d'abord, une dimension subjective. Elle concerne tout ce qui peut affecter la neutralité personnelle du juge et est garantie, devant les juridictions judiciaires et administratives, par les techniques du déport et de la récusation. D'une part, le magistrat qui estime « en conscience » devoir s'abstenir a la faculté de se déporter d'une affaire. D'autre part, les parties peuvent demander la récusation d'un magistrat. Dans cette hypothèse, soit le magistrat acquiesce à la demande, soit il reviendra à la juridiction supérieure de prononcer celle-ci hors la présence du magistrat visé par la demande (Décret 6 mai 2017).

Ensuite, l'impartialité se conçoit également de façon objective : « le tribunal doit être objectivement impartial c'est-à-dire offrir des garanties suffisantes pour exclure à cet égard tout doute légitime » (Cour EDH, 1er oct. 1982, Piersack c/ Belgique). Il s'agit là d'une impartialité « structurelle » ou « organisationnelle » tenant à la manière dont fonctionne la justice. Par exemple, le magistrat qui a déjà jugé une affaire ne peut la rejuger. Le principe de séparation des autorités de poursuite et de jugement en constitue indéniablement un corollaire (Cons. const., 2 mars 2004, loi portant adaptation de la justice aux évolutions de la criminalité). À titre d'exemple, la procédure de la comparution sur reconnaissance préalable de culpabilité n'est conforme à la Constitution que dans la mesure où la peine, proposée par un magistrat du Parquet, est homologuée par une ordonnance d'un magistrat du siège. À l'inverse, violent le principe d'impartialité les dispositions législatives qui prévoient la présidence du tribunal pour enfants par le juge des enfants ayant instruit une affaire concernant un mineur. Le Conseil constitutionnel considère qu'« en permettant au juge des enfants qui a été chargé d'accomplir les diligences utiles pour parvenir à la manifestation de la vérité et qui a renvoyé le mineur devant le tribunal pour enfants de présider cette juridiction de jugement habilitée à prononcer des peines, les dispositions contestées portent au principe d'impartialité des juridictions une atteinte contraire à la Constitution » (Cons. const., QPC 8 juill. 2011). S'agissant des membres des juridictions administratives, la Cour européenne des droits de l'Homme a jugé que la participation du Commissaire du gouvernement au délibéré de jugement était contraire au principe d'impartialité, dès lors que le Commissaire a rendu des conclusions sur l'affaire (Cour EDH, 7 juin 2001, Kress c/ France ; 12 avril 2006, Martinie c/ France). Tirant les conséquences de cette jurisprudence, le décret du 1er août 2006 interdit désormais au Commissaire du gouvernement devenu, en 2009, le rapporteur public, d'assister au délibéré, sauf devant le Conseil d'État mais sous réserve, dans cette dernière hypothèse, que les parties ne s'y opposent pas.

Question 3 : La révision constitutionnelle selon la Constitution du 4 octobre 1958 (6 points)

« Les constitutions ne sont pas des tentes dressées pour le sommeil des morts ». Cette affirmation de Royer-Collard vient rappeler la nécessité de faire évoluer les règles constitutionnelles pour tenir compte des nouvelles aspirations de la société. Pour autant, en tant que norme fondamentale, la Constitution doit être protégée contre des révisions trop fréquentes ou qui remettraient en cause ses éléments les plus importants. C'est la raison pour laquelle la plupart des constitutions sont dites « rigides », c'est-à-dire qu'elles ne peuvent être modifiées que dans le respect de règles spécifiques qu'elles définissent elles-mêmes. Tel est le cas de la Constitution du 4 octobre 1958. Cette dernière consacre son titre XVI à la révision, lequel ne comporte qu'un seul article, l'article 89. La question se pose toutefois de savoir si la procédure référendaire de l'article 11 ne pourrait pas constituer une alternative à celle définie par l'article 89.

I - La révision constitutionnelle encadrée par l'article 89 de la Constitution

La procédure de révision constitutionnelle comporte trois étapes. En premier lieu, l'initiative de la révision appartient concurremment au président de la République sur proposition du Premier ministre et aux membres du Parlement. Une seule révision d'initiative parlementaire a toutefois abouti depuis 1958, à savoir celle du 2 octobre 2000 sur le passage au quinquennat. En deuxième lieu, le projet ou la proposition de loi constitutionnelle doit être voté par les deux assemblées en termes identiques. Il y a ainsi un bicaméralisme égalitaire en matière de révision constitutionnelle. En troisième lieu, l'adoption définitive de la révision se fait en principe par la voie du référendum. Le président de la République peut néanmoins décider de faire adopter la révision par le Congrès, soit la réunion des deux chambres, à la majorité qualifiée des trois cinquièmes des suffrages exprimés. Cette faculté ne peut être exercée qu'à l'égard des projets et non des propositions de révision. Il est à noter que, depuis 1958, le référendum constituant de l'article 89 n'a été utilisé qu'une seule fois, en 2000, pour réviser la Constitution.

L'article 89 de la Constitution énonce également des interdictions quant à la révision. D'une part, aucune procédure de révision ne peut être engagée lorsqu'il est porté atteinte à l'intégrité du territoire et, par extension, lorsque sont mis en œuvre les pouvoirs exceptionnels de l'article 16 de la Constitution (Cons. const., 2 sept. 1992, « Maastricht 2 »). D'autre part, la révision ne peut porter sur la « forme républicaine du gouvernement ». L'article 7 de la Constitution prévoit une autre limite au pouvoir de révision qui ne peut s'exercer lorsque le Président du Sénat exerce à titre intérimaire les fonctions de président de la République. La portée de ces interdictions est toutefois incertaine, dans la mesure où le Conseil constitutionnel refuse de contrôler la constitutionnalité d'une loi référendaire (Cons. const., 6 nov. 1962, loi relative à l'élection du Président de la République au suffrage universel direct ; 23 sept. 1992 loi autorisant la ratification du traité sur l'Union européenne) et d'une loi adoptée par le Congrès (Cons. const., 26 mars 2003, organisation décentralisée de la République).

En définitive, la Constitution du 4 octobre 1958 présente une rigidité constitutionnelle relative, la procédure définie par l'article 89 n'ayant pas fait obstacle à la multiplication des réformes constitutionnelles (24 révisions à ce jour). La révision constitutionnelle n'est toutefois pas une simple formalité. La révision du 23 juillet 2008 a ainsi été adoptée à deux voix près (539 votes pour alors que 538 votes étaient requis) et le projet de révision proposé par F. Hollande au lendemain des attentats du 13 novembre 2015 afin d'inscrire l'état d'urgence dans la Constitution et de permettre la déchéance de nationalité des personnes condamnées pour des actes de terrorisme a échoué. Quant au projet de révision constitutionnelle de 2018 initié par le Président Macron, il pourrait se heurter à l'opposition du Sénat.

II - La procédure « concurrente » de l'article 11 de la Constitution

Le référendum législatif de l'article 11 de la Constitution a été utilisé à deux reprises par De Gaulle pour réviser la Constitution, afin d'éviter l'étape contraignante du Parlement prévue par l'article 89 de la Constitution. En 1962, De Gaulle utilise l'article 11 pour réviser le mode d'élection du président de la République. Cette révision constitutionnelle, qui avait pour objet de faire élire le président de la République non plus par un collège électoral mais au suffrage universel direct, fut adoptée à une large majorité. En 1969, De Gaulle fait de même s'agissant de la révision constitutionnelle du Sénat mais c'est un échec qui provoquera sa démission.

Le principal argument invoqué par De Gaulle pour justifier son recours à l'article 11 était de dire que « l'organisation des pouvoirs publics », sur laquelle peut porter un tel référendum, inclus leur révision. Par ailleurs, l'article 3 de la Constitution dispose que « la souveraineté appartient au peuple qui l'exerce par ses représentants et par la voie du référendum ». Ces arguments sont très contestables dans la mesure où, comme vu précédemment, la Constitution consacre un titre spécifique à la révision excluant a contrario toute autre procédure que celle déterminée à l'article 89. Par ailleurs, si cette méconnaissance de la Constitution n'a pas été sanctionnée par le Conseil constitutionnel, c'est uniquement parce que ce dernier a décliné sa compétence pour contrôler la constitutionnalité d'une loi référendaire (Cons. const., 6 nov. 1962). Ainsi, bien qu'il ait permis d'opérer l'une des révisions les plus importantes de la Ve République à travers le changement du mode d'élection du chef de l'État, le recours à l'article 11 de la Constitution apparaît contraire à la Constitution. En outre, l'échec de 1969 conduit à exclure l'idée d'une « deuxième voie de révision » qui aurait été validée par le peuple souverain.

Sujet 4 QRC : ORGANISATION DE L'ÉTAT ET DE LA JUSTICE, LIBERTÉS PUBLIQUES ET DROIT PUBLIC

(ANNALES CONCOURS ENM 2015)

SUJET

Question 1 : Le bilan de la QPC (7 points)

Question 2 : L'importance des élections locales (7 points)

Question 3 : Le Défenseur des droits (6 points)

Question 1 : Le bilan de la QPC (7 points)

La révision constitutionnelle du 23 juillet 2008 a créé une nouvelle procédure de contrôle de constitutionnalité des lois a posteriori inscrite à l'article 61-1 de la Constitution. Elle permet la transmission au Conseil constitutionnel, sur renvoi du Conseil d'État ou de la Cour de cassation, d'une question de constitutionnalité soulevée, à l'occasion d'un procès, par une partie à celui-ci. Cette réforme avait déjà été envisagée en 1989, à l'initiative de Robert Badinter puis en 1993, à l'initiative de Georges Vedel, mais ces projets avaient été abandonnés pour des raisons essentiellement politiques. Les modalités de cette nouvelle procédure ont été précisées par une loi organique du 10 décembre 2009 qui en a fait la « question prioritaire de constitutionnalité » (ci-après QPC) et fixé son entrée en vigueur au 1er mars 2010. Plusieurs années après cette entrée en vigueur, il apparaît nécessaire de dresser un premier bilan quant à son utilité et à ses effets.

I - Un succès indéniable

La QPC a permis au justiciable de se prévaloir des droits et libertés que la Constitution lui reconnaît à l'encontre de la loi et constitue, en ce sens, un progrès considérable pour l'État de droit. Son succès est indéniable, les justiciables s'étant largement emparés du mécanisme de la QPC. En 2015, le Conseil d'État et la Cour de cassation avaient déjà saisi le Conseil constitutionnel de 465 QPC, soit, respectivement, 207 décisions de renvoi du Conseil d'État et 258 décisions de renvoi de la Cour de cassation. Certes, ce succès doit être tempéré en raison du filtrage exercé par les Hautes juridictions. Ainsi, sur les 856 dossiers transmis au Conseil constitutionnel par le Conseil d'État, 24 % étaient des décisions de renvoi et sur les 1 504 dossiers transmis par la Cour de cassation, 18 % étaient des décisions de renvoi. Les questions relatives à la constitutionnalité de lois de grande importance n'ont pas été transmises au Conseil constitutionnel. À titre d'exemple, la Cour de cassation a dans un premier temps refusé de transmettre une QPC relative à la « loi Gayssot » incriminant le négationnisme (Cass. crim., 7 mai 2010) avant de revenir sur cette position (Cass. crim., 6 oct. 2015). De même, le Conseil d'État a refusé de transmettre une QPC relative aux dispositions qui lui confèrent une double fonction, à la fois consultative et contentieuse (CE, 16 avril 2010). Les Hautes juridictions ont néanmoins globalement « joué le jeu » de la QPC, en saisissant le Conseil constitutionnel de questions sensibles. Ont par exemple été renvoyées au Conseil constitutionnel des questions relatives à la constitutionnalité des dispositions législatives relatives à la garde à vue (Cass. crim., 31 mai 2010), des dispositions législatives relatives au harcèlement sexuel (Cass. crim., 29 févr. 2012) ou encore des dispositions législatives déniant aux officiers d'état civil la possibilité de refuser de célébrer un mariage entre personnes de même sexe (CE, 18 sept. 2013).

II - Une reconfiguration du système juridictionnel français

La création de la QPC a induit trois grandes modifications du système juridictionnel français.

En premier lieu, par le mécanisme du « filtrage », les juridictions, appelées à vérifier le caractère « sérieux » ou « nouveau » de la question de constitutionnalité, participent désormais, indirectement mais nécessairement, au contrôle de constitutionnalité des lois, alors même qu'elles se sont toujours refusées à exercer un tel contrôle (CE, 6 nov. 1936, Arrighi). Certaines décisions de non-renvoi ont d'ailleurs une motivation très détaillée qui confine au contrôle de constitutionnalité.

En deuxième lieu, la QPC a contribué à un mouvement de juridictionnalisation du Conseil constitutionnel. D'une part, ce dernier relève de la qualité de « Tribunal » au sens de l'article 6 § 1 de la Convention européenne des droits de l'Homme lorsqu'il statue dans le cadre d'une QPC (Cour EDH, 1993, Ruiz-Mateos c/ Espagne), de sorte que la procédure suivie devant lui doit respecter les principes du procès équitable tels que l'impartialité et le contradictoire. D'autre part, le Conseil constitutionnel s'est reconnu la possibilité d'adresser des questions préjudicielles à la Cour de justice de l'Union européenne ce qui signifie qu'il estime relever de la qualification de « juridiction » au sens de l'article 267 TFUE (décision du 4 avril 2013, Jérémy F).

En dernier lieu, la QPC confère au Conseil constitutionnel un rôle accru, au point que certains auteurs comme le professeur Bastien François le présente comme une « quasi Cour suprême ». En effet, au-delà des dispositions législatives stricto sensu, le Conseil s'est reconnu la faculté de contrôler les interprétations jurisprudentielles constantes de la loi qui donnent à cette dernière sa portée effective (décisions QPC du 6 octobre 2010 et du 14 octobre 2010). Pour autant, le Conseil a su faire preuve de réserve dans l'exercice de son contrôle afin de répondre aux craintes parfois exprimées d'un « gouvernement des juges ». Il a notamment utilisé à plusieurs reprises son pouvoir de modulation dans le temps des effets de ses décisions afin de laisser au Parlement le temps d'adopter de nouvelles règles et de préserver la sécurité juridique, comme l'illustre la décision dite « garde à vue » du 30 juillet 2010. Sur les questions les plus sensibles, il rappelle également qu'il ne dispose pas d'un pouvoir d'appréciation équivalent à celui du Parlement.

En conclusion, il est possible de souligner que la création de la QPC a conduit à renforcer les critiques relatives à la composition du Conseil constitutionnel. Celle-ci est-elle réellement adaptée au rôle que joue désormais ce dernier ? Il est à noter qu'une proposition de loi constitutionnelle a été déposée sur le bureau de l'Assemblée nationale le 17 mai 2013 afin de modifier les règles relatives à la composition du Conseil et d'en faire une véritable « juridiction constitutionnelle ». Une réforme du Conseil constitutionnel a par ailleurs été annoncée par le gouvernement en 2017.

Question 2 : L'importance des élections locales (7 points)

Si l'article 1er de la Constitution dispose que la France est une « République indivisible », il précise également, depuis la révision constitutionnelle du 28 mars 2003, que son « organisation est décentralisée ». Cette précision vient consacrer le vaste mouvement de décentralisation qu'a connu la France depuis 1982 et l'adoption des « lois Deferre ». La Constitution reconnaît l'existence de collectivités territoriales librement administrées, ce qui implique qu'elles sont gérées de façon autonome par des organes élus. Sont ainsi organisées, à intervalles réguliers, des élections locales, à savoir, les élections municipales, les élections départementales et les élections régionales. Il importe de s'interroger sur l'enjeu que présentent de telles élections dans un État centralisé, de tradition jacobine et qui a fait, par ailleurs, de l'élection présidentielle l'« élection politique reine ».

I - Des élections participant à l'avènement d'une démocratie locale

L'importance des élections locales tient à ce que les collectivités territoriales se sont vues reconnaître des compétences administratives de plus en plus importantes par les lois de décentralisation, dans des domaines qui touchent à la vie concrète des citoyens comme l'urbanisme, le développement économique, l'aménagement du territoire ou encore la formation professionnelle. L'élection locale tend ainsi à « rapprocher le pouvoir du citoyen ». Les décisions des collectivités sont en effet prises soit par l'organe délibérant, composé des élus locaux, soit par l'exécutif local qui est issu de cet organe. L'élection locale est alors l'occasion pour le citoyen de choisir un programme de politique locale mais aussi de sanctionner, positivement ou négativement, les équipes sortantes.

Il est à noter que les élections municipales ont, aujourd'hui, un rôle encore plus important car le système de « fléchage » mis en place par la loi électorale du 17 mai 2013 permet aux électeurs d'élire en même temps leurs conseillers municipaux et les membres de l'organe délibérant de l'établissement de coopération intercommunale (EPCI) auquel appartient la commune. Cette réforme confère une plus grande légitimité démocratique aux EPCI qui exercent des compétences sans cesse plus importantes, en lieu et place des communes.

La limite de l'avènement d'une véritable démocratie locale tient toutefois à la grande complexité de la répartition des compétences entre les différents niveaux de collectivités qui ne permet pas toujours au citoyen d'identifier les actions respectives des communes, EPCI, départements et régions.

II - Les enjeux nationaux des élections locales

Les élections locales ont également des incidences nationales significatives tant d'un point de vue politique que juridique.

D'une part, les élections locales apparaissent comme des consultations « intermédiaires », en ce sens qu'elles interviennent pendant l'exercice des mandats respectifs du président de la République et des députés. Elles peuvent être un moyen, pour les citoyens, de sanctionner politiquement la politique gouvernementale.

D'autre part, les élections locales ont une influence directe sur la composition du Sénat qui, en vertu des dispositions du quatrième aliéna de l'article 24 de la Constitution, « représente les collectivités territoriales ». En effet, dans chaque département, les sénateurs sont élus par un collège électoral de grands électeurs formé d'élus de cette circonscription : députés et sénateurs, conseillers régionaux, conseillers départementaux et conseillers municipaux. C'est ce qui explique que la reconnaissance du droit de vote des étrangers aux élections locales implique une révision constitutionnelle (Cons. const., 9 avril 1992, Maastricht).

Enfin, l'interdiction du cumul des mandats consacrée par la loi organique et la loi ordinaire du 14 février 2014 contribue à renforcer le poids des élections locales dès lors que les titulaires d'un mandat exécutif local, faute de pouvoir siéger dans le même temps au Parlement, doivent se consacrer à plein temps à la gestion de la collectivité qu'ils dirigent.

Question 3 : Le Défenseur des droits (6 points)

Le Comité de réflexion et de proposition sur la modernisation et le rééquilibrage des institutions de la Vᵉ République, dit Comité « Balladur », a recommandé en 2007 le changement d'appellation de l'institution du médiateur de la République, créée en 1973, en « Défenseur des droits fondamentaux » ainsi que sa constitutionnalisation. Cette proposition s'est concrétisée à l'occasion de la révision constitutionnelle du 23 juillet 2008 qui a introduit un Titre XI bis dans la Constitution consacrant un « Défenseur des droits ». L'article 71-1 de la Constitution dispose que ce dernier « veille au respect des droits et libertés par les administrations de l'État, les collectivités territoriales, les établissements publics, ainsi que tout organisme investi d'une mission de service public, ou à l'égard duquel la loi organique lui attribue des compétences ». Il peut être saisi par « toute personne s'estimant lésée par le fonctionnement d'un service public ou d'un organisme visé au premier alinéa » et peut également se saisir d'office. Le statut du défenseur des droits lui procure de solides garanties d'indépendances. Ses missions sont étendues et il dispose, pour les assumer, d'un large pouvoir de recommandation.

I - Le statut du Défenseur des droits : une autorité constitutionnelle indépendante

Afin de garantir tant son indépendance que sa légitimité, la Constitution prévoit que le Défenseur des droits est nommé par le chef de l'État pour un mandat de six ans non renouvelable après l'avis public rendu par les deux commissions permanentes de deux Chambres, le chef de l'État ne pouvant procéder à la nomination lorsque l'addition des votes négatifs dans chaque commission représente au moins trois cinquièmes des suffrages exprimés au sein des deux commissions (Const., art. 13). En vertu de la loi organique du 29 mars 2011 relative au Défenseur des droits, celui-ci est nommé par décret en Conseil des ministres. Il ne peut être mis fin à ses fonctions que sur sa demande ou en cas d'empêchement dans des conditions définies par décret en Conseil d'État. Le Défenseur des droits est donc une autorité constitutionnelle indépendante (L. org., art. 2). Le Conseil constitutionnel a considéré que le Défenseur des droits « constitue une autorité administrative dont l'indépendance trouve son fondement dans la Constitution » et qu'il ne doit donc pas être compté « au nombre des pouvoirs publics constitutionnels » (décision du 29 mars 2011). Il ne reçoit par ailleurs, dans l'exercice de ses attributions, aucune instruction. Ses adjoints et lui-même ne peuvent être poursuivis, recherchés, arrêtés, détenus ou jugés à l'occasion des opinions qu'ils émettent ou des actes qu'ils accomplissent dans l'exercice de leurs fonctions.

Pour éviter tout conflit d'intérêts, l'article 3 de la loi organique de 2011 énonce une règle d'incompatibilité entre les fonctions de Défenseur des droits et celles de ses adjoints avec celles de membre du Gouvernement, du Conseil constitutionnel, du Conseil supérieur de la magistrature et du Conseil économique, social et environnemental ainsi qu'avec tout mandat électif. Les fonctions de Défenseur des droits et celles de ses adjoints sont également incompatibles avec toute autre fonction ou emploi public et toute activité professionnelle ainsi qu'avec toute fonction de président et de membre de conseil d'administration, de président et de membre de directoire, de président et de membre de conseil de surveillance, et d'administrateur délégué dans toute société, entreprise ou établissement.

II - Les fonctions du Défenseur des droits

La création du Défenseur des droits a été l'occasion d'opérer une certaine rationalisation des autorités administratives indépendantes que le Conseil d'État avait appelée de ses vœux dans son rapport public de 2001. Les fonctions dévolues au Défenseur des droits regroupent ainsi dans une large mesure celles des quatre autorités administratives indépendantes qu'il « absorbe », à savoir le Médiateur de la République, le Défenseur des enfants, la Haute autorité de lutte contre les discriminations et pour l'égalité (HALDE) et la Commission nationale de déontologie de la sécurité. Il est chargé, en premier lieu, de défendre les droits et libertés dans le cadre des relations avec les administrations de l'État, les collectivités territoriales, les établissements publics et les organismes investis d'une mission de service public. Il lui appartient, en deuxième lieu, de défendre et de promouvoir l'intérêt supérieur et les droits de l'enfant consacrés par la loi ou par un engagement international régulièrement ratifié ou approuvé par la France. En troisième lieu, il se voit conférer une mission de lutte contre les discriminations, directes ou indirectes, prohibées par la loi ou par un engagement international régulièrement ratifié ou approuvé par la France ainsi que de promouvoir l'égalité. Il doit, en dernier lieu, veiller au respect de la déontologie par les personnes exerçant des activités de sécurité sur le territoire de la République.

L'une des principales innovations par rapport au Médiateur de la République consiste dans la possibilité de saisir directement le Défenseur des droits. Les requêtes peuvent concerner des agissements de personnes publiques ou privées chargées de missions d'intérêt général. À l'instar du Médiateur, il peut en outre se saisir d'office ou être saisi par les ayants droit de la personne dont les droits et libertés sont en cause. Par ailleurs, une réclamation peut être adressée à un député, à un sénateur ou à un représentant français au Parlement européen, qui la transmet au Défenseur des droits s'il estime qu'elle appelle son intervention. La saisine du Défenseur des droits est gratuite et est précédée de démarches préalables auprès des personnes publiques ou des organismes mis en cause. Comme la saisine du Médiateur, celle du Défenseur des droits n'interrompt ni ne suspend par elle-même les délais de prescription des actions en matière civile, administrative ou pénale, non plus que ceux relatifs à l'exercice de recours administratifs ou contentieux.

III - Un pouvoir de recommandation étendu

Afin d'accomplir ses missions, le Défenseur des droits dispose d'un pouvoir de recommandation étendu. Il peut ainsi faire toute recommandation qui lui apparaît de nature à garantir le respect des droits et libertés de la personne lésée et à régler les difficultés soulevées devant lui ou à en prévenir le renouvellement. Il peut recommander de régler en équité la situation de la personne dont il est saisi. Les autorités ou personnes intéressées informent le Défenseur des droits, dans le délai qu'il fixe, des suites données à ses recommandations. À défaut d'information dans ce délai ou s'il estime, au vu des informations reçues, qu'une recommandation n'a pas été suivie d'effet, le Défenseur des droits peut enjoindre à la personne mise en cause de prendre, dans un délai déterminé, les mesures nécessaires. Lorsqu'il n'a pas été donné suite à son injonction, le Défenseur des droits établit un rapport spécial, qui est communiqué à la personne mise en cause. Le Défenseur des droits rend publics ce rapport et, le cas échéant, la réponse de la personne mise en cause, selon des modalités qu'il détermine. Le Défenseur des droits peut aussi proposer à l'auteur de la réclamation et à la personne mise en cause de conclure une transaction dont il peut recommander les termes.

Le Défenseur des droits peut aussi recommander de procéder aux modifications législatives ou réglementaires qui lui apparaissent utiles. Il peut être consulté par le Premier ministre sur tout projet de loi intervenant dans son champ de compétence. Il peut également être consulté par le Premier ministre, le président de l'Assemblée nationale ou le président du Sénat sur toute question relevant de son champ de compétence. Il contribue, à la demande du Premier ministre, à la préparation et à la définition de la position française dans les négociations internationales dans les domaines relevant de son champ de compétence. Il présente chaque année au président de la République, au président de l'Assemblée nationale et au président du Sénat, d'une part un rapport qui rend compte de son activité générale et comprend une annexe thématique relative à chacun de ses domaines de compétences d'autre part, un rapport consacré aux droits de l'enfant à l'occasion de la journée internationale des droits de l'enfant.

Sujet
5

QRC : ORGANISATION DE L'ÉTAT ET DE LA JUSTICE, LIBERTÉS PUBLIQUES ET DROIT PUBLIC

(SUJET COMPLÉMENTAIRE)

SUJET

Question 1 : L'élection du président de la République sous la Ve République (7 points)

Question 2 : Enseignement public et principe de laïcité (7 points)

Question 3 : La réunion des deux chambres sous la Ve République (6 points)

Question 1 : L'élection du président de la République sous la Ve République (7 points)

« Le suffrage universel est un sacre bien autrement divin que l'huile de Reims ou le sang de Saint Louis. Il ne faut pas tenter Dieu, encore moins l'homme. Le président pourra dire à l'Assemblée : vous n'êtes que les neuf centièmes du peuple. Je suis à moi seul le peuple entier ». Les propos du député Piat lors des débats à l'Assemblée constituante de 1848 traduisent une méfiance à l'égard de l'élection du président de la République au suffrage universel direct. Ils devaient s'avérer prémonitoires puisque le premier chef de l'État directement élu par le peuple fut Louis Napoléon Bonaparte qui, faute d'avoir pu obtenir le droit d'exercer un second mandat, procéda à un coup d'État en 1852. Ce précédent va conduire à un rejet de l'élection populaire du président de la République. Sous la IIIe comme sous la IVe République, ce dernier sera simplement élu par le Parlement.

I - La consécration de l'élection du président au suffrage universel direct

Dans son discours de Bayeux du 16 juin 1946, Charles de Gaulle a souligné la nécessité de renforcer la fonction présidentielle. Cela implique, notamment, de conférer au chef de l'État une légitimité démocratique propre. C'est ainsi fort logiquement que les constituants de 1958 ont modifié son mode d'élection. Toutefois, en 1958, l'élection du chef de l'État au suffrage universel direct est écartée. Elle se heurte, en effet, à d'importantes difficultés théoriques et pratiques. La question se pose, tout d'abord, de l'éventuelle participation des populations des territoires d'Outre-Mer à cette élection. Par ailleurs, l'hypothèse de l'élection d'un chef de l'État communiste présente un risque important en plein contexte de « guerre froide ». Enfin, dans son discours devant le Conseil d'État du 27 août 1958, Michel Debré rejette le régime présidentiel auquel l'élection du chef de l'État par le peuple conduirait nécessairement. Par conséquent, c'est le principe d'une élection par un collège de grands électeurs (environ 80 000) qui est retenu. L'année 1962 va néanmoins marquer un tournant s'agissant de l'élection présidentielle. Soucieux de pérenniser une pratique présidentialiste qui a conduit à faire du chef de l'État un véritable gouvernant, de Gaulle souhaite donner de façon durable à ce dernier une légitimité incontestable. C'est pourquoi il fait adopter par référendum l'élection du chef de l'État au suffrage universel direct. Le principe de l'élection du président de la République au suffrage universel direct est désormais inscrit à l'article 6 de la Constitution et ses modalités sont précisées par l'article 7 ainsi que par la loi du 6 novembre 1962 modifiée à plusieurs reprises.

S'agissant des effets de l'élection présidentielle au suffrage universel direct sur le fonctionnement des institutions, ils se sont révélés considérables. Le président apparaît désormais clairement comme « l'homme de la Nation » (de Gaulle). Elu sur programme, en général avant les députés, il est devenu l'homme fort de l'Exécutif devant lequel le premier ministre et le Gouvernement sont responsables en pratique, alors même que la Constitution ne prévoit pas une telle responsabilité. Après avoir critiqué cette présidentialisation, F. Mitterrand lui-même s'y est conformé suite à son élection en 1981. Toutefois, la puissance du chef de l'État demeure subordonnée à l'existence d'une majorité présidentielle au Parlement. À l'inverse, en cas de cohabitation, le Gouvernement est en mesure de déterminer et de conduire la politique de la Nation et le Premier ministre d'en diriger l'action, conformément à la lettre de la Constitution. Le passage au quinquennat ainsi que l'inversion du calendrier électoral, qui résultent, respectivement, de la révision constitutionnelle du 2 octobre 2000 et de la loi organique du 15 mai 2001, ont néanmoins conduit à limiter les hypothèses de cohabitation et à faire de l'élection présidentielle l'« élection reine », à savoir celle qui structure le jeu politique. Les législatives apparaissant alors comme des élections de « ratification ».

II - Les modalités de l'élection présidentielle au suffrage universel direct

S'agissant des modalités de l'élection, celle-ci se déroule en deux tours, sauf si un candidat a obtenu la majorité absolue des suffrages dès le premier tour. Ne peuvent se maintenir au second tour que les deux candidats arrivés en tête au premier. Depuis la loi organique du 14 avril 2011, tout citoyen âgé de plus de 18 ans (au lieu de 23 ans auparavant) et jouissant de la totalité de ses droits civils et politiques est éligible. Cette condition nécessaire n'est cependant pas suffisante pour se porter candidat à l'élection. Un système de sélection a été instauré visant à limiter le nombre des candidatures pour éviter la multiplication des candidatures dites « fantaisistes ». Ce système repose sur la nécessité d'obtenir le parrainage d'un certain nombre d'élus. Lors des trois premières élections présidentielles faites au suffrage universel (1965, 1969 et 1974) le parrainage de 100 élus était exigé. Cette règle n'ayant pas empêché la multiplication des candidatures, la loi organique du 18 juin 1976 a porté ce nombre à 500. Les parrainages doivent émaner des parlementaires ou des élus locaux. En outre, les parrainages doivent provenir d'au moins 30 départements ou collectivités d'outre-mer différents ce qui vise à éviter les candidatures liées à la défense d'intérêts purement locaux. De plus il ne faut pas que plus d'un dixième d'entre eux provienne du même département ou de la même collectivité d'outre-mer. Enfin, la réforme de 1976 impose que les noms des élus parrainant un candidat soient rendus publics huit jours au moins avant le premier tour de scrutin, dans la limite du nombre requis pour la validité de la candidature. Cette exigence a été jugée conforme à la Constitution par le Conseil constitutionnel (décision n° 2012-233 QPC, 21 févr. 2012, M. Le Pen). La règle des 500 parrainages n'en demeure pas moins controversée : elle ne permet toujours pas d'éviter la multiplication des candidatures mais est à l'inverse susceptible de faire obstacle à la candidature de certaines personnalités. La « Commission Jospin » a proposé dans son rapport de 2012 que le parrainage des candidats par 500 élus au moins soit remplacé par « un parrainage citoyen » d'au moins 150 000 signatures. Cette proposition n'a pour le moment pas été suivie.

L'élection doit se dérouler 20 jours au moins et 35 jours au plus avant l'expiration des pouvoirs du président de la République sortant. Le déroulement de la campagne électorale est prévu par la loi organique du 6 novembre 1962 relative à l'élection du président de la République et par le décret du 8 mars 2001, également modifié par le décret du 21 avril 2006. La campagne électorale officielle s'ouvre le deuxième lundi précédant le premier tour de scrutin et s'interrompt la veille du scrutin, à zéro heure. Elle reprend le jour de la publication au Journal officiel des noms des deux candidats restants et s'achève la veille du second tour, à zéro heure. L'article 7 de la Constitution prévoit que si, dans les sept jours précédant la date limite du dépôt des présentations de candidatures, une des personnes ayant, moins de trente jours avant cette date, annoncé publiquement sa décision d'être candidate décède ou se trouve empêchée, le Conseil constitutionnel peut décider de reporter l'élection. Par ailleurs, si, avant le premier tour, un des candidats décède ou se trouve empêché, le Conseil constitutionnel prononce le report de l'élection. Enfin, en cas de décès ou d'empêchement de l'un des deux candidats les plus favorisés au premier tour avant les retraits éventuels, le Conseil constitutionnel déclare qu'il doit être procédé de nouveau à l'ensemble des opérations électorales. Il en est de même en cas de décès ou d'empêchement de l'un des deux candidats restés en présence en vue du second tour.

Afin de respecter le principe de pluralisme, les différents candidats doivent recevoir les mêmes conditions de traitement de la part des pouvoirs publics. La Commission nationale de contrôle de l'élection présidentielle (CNC) veille au respect de cette égalité de traitement entre candidats. Dans le domaine audiovisuel, il appartiendra au Conseil supérieur de l'audiovisuel (CSA) de comptabiliser les temps de paroles des différents candidats. Une stricte égalité devra être respectée pendant la durée de la campagne officielle. Il est à noter que si, initialement, les sondages d'opinion ne pouvaient plus être publiés pendant la semaine précédant chaque tour afin de préserver la liberté de choix des électeurs. La loi du 19 février 2002 a modifié ce point pour tirer les conséquences de la jurisprudence de la Cour de cassation qui avait jugé cette interdiction contraire à la liberté d'expression (Cass. crim., 4 sept. 2001, Amaury). Aux termes de la loi, les sondages peuvent désormais être publiés jusqu'à la veille de chaque tour de scrutin.

Un autre enjeu essentiel de l'élection présidentielle réside dans l'encadrement juridique du financement de la campagne électorale. Ce financement s'effectue selon deux modalités : d'une part, un financement public, organisé par la loi organique ; d'autre part, un financement privé, provenant en majorité des partis (cotisations), mais aussi de personnes privées. Les candidats doivent respecter un certain nombre de règles. Ils doivent, notamment, tenir un compte de campagne qui retrace très précisément l'origine des recettes et la nature des dépenses engagées étant précisé que le candidat ne peut pas le gérer personnellement et doit nommer un mandataire. Depuis la loi organique du 5 avril 2006, le compte doit être déposé à la Commission nationale des comptes de campagne et des financements politiques (CNCCFP) – et non plus au Conseil constitutionnel – au plus tard le neuvième vendredi suivant le second tour de scrutin, afin qu'en soit vérifiée la régularité. Un plafonnement des dépenses est prévu. Un remboursement des frais de campagne est prévu dont l'importance varie selon les résultats obtenus par le/la candidat(e). Enfin, il a été procédé à la limitation des dons des personnes privées à 4 600 euros, tout don égal ou supérieur à 150 euros ne pouvant être effectué en espèces. Depuis la loi du 19 janvier 1995, les dons et avantages en nature des entreprises privées ont été interdits. Des sanctions pécuniaires et pénales sont prévues en cas d'infraction. Ainsi, un candidat ayant dépassé le plafond des dépenses doit verser au Trésor public le montant du dépassement.

Question 2 : Enseignement public et principe de laïcité (7 points)

Consacré par les lois « Ferry » du 16 juin 1881 et du 28 mars 1882, le droit à une instruction laïque, gratuite et obligatoire, fait aujourd'hui l'objet d'une protection constitutionnelle sur le fondement du Préambule de 1946 dont le 13e alinéa dispose : « L'organisation de l'enseignement public gratuit et laïque à tous les degrés est un devoir de l'État ». Le principe de laïcité de l'enseignement public implique une neutralité religieuse de l'État qui doit se traduire tant du point de vue du contenu de l'enseignement que du comportement des agents publics. S'agissant des usagers, s'ils sont principalement les bénéficiaires de cette neutralité, ils sont également susceptibles de voir leur liberté religieuse restreinte sur le fondement de la laïcité.

I - La nécessaire neutralité du service

En premier lieu, l'État a le devoir d'organiser le service public de l'enseignement dans un souci de neutralité religieuse. Notons d'ailleurs que si cette exigence trouve ses sources dans le bloc de constitutionnalité, elle découle également de l'article 2 du Protocole n° 1 de la Convention européenne des droits de l'Homme (droit à l'instruction) combiné avec l'article 9 de ladite Convention (liberté de conscience et de religion). Il est ainsi interdit aux enseignants des écoles, collèges et lycées publics d'exprimer leurs convictions religieuses, notamment en arborant un signe religieux. Déjà, dans l'arrêt « abbé Bouteyre » le Conseil d'État avait admis le refus opposé à un prêtre de se présenter à l'agrégation de philosophie en se fondant sur les exigences du service public de l'enseignement (CE, 10 mai 1912). En second lieu, d'une façon plus générale, l'État ne saurait faire de l'enseignement un instrument de propagande religieuse en imposant, par exemple, des cours de religion obligatoire ou en apposant des signes religieux sur les bâtiments publics d'enseignement. Diverses atténuations à cette exigence de neutralité peuvent toutefois être relevées. Tout d'abord, il faut rappeler le régime dérogatoire en vigueur en Alsace-Moselle où s'applique encore le concordat de 1801. Le Conseil constitutionnel a tiré argument de l'intention des constituants de 1946 et de 1958 pour admettre que cette spécificité n'était pas contraire au principe de laïcité (décision QPC, 21 févr. 2013, Association pour la promotion et l'expansion de la laïcité). Quant à la présence de crucifix dans les écoles publiques, la Cour EDH a estimé qu'elle ne violait pas, par elle-même, l'exigence de neutralité dès lors qu'elle ne s'accompagnait pas d'une forme d'endoctrinement religieux, en soulignant que l'État dispose en la matière d'une « large marge d'appréciation » (Cour EDH, Gde. ch., 18 mars 2011, Lautsi c/ Italie). Ensuite, l'exigence de neutralité ne s'applique pas avec la même rigueur à l'enseignement supérieur dès lors que « les auditeurs sont en âge de juger » (Helbronner, conclusions sur l'arrêt Bouteyre précité).

II - La promotion relative de la neutralité dans le service

Le principe de laïcité produit certaines conséquences à l'égard des usagers du service public de l'enseignement. Dans un avis rendu le 27 novembre 1989, le Conseil d'État avait considéré que le port d'un signe religieux n'était pas « par lui-même » contraire au principe de laïcité, tout en admettant des restrictions possibles de la liberté religieuse des élèves sur le fondement de l'ordre public ou des exigences liées au bon fonctionnement du service public. La loi du 15 mars 2004 a remis en cause cette jurisprudence en insérant un article L. 141-5-1 dans le Code de l'éducation qui interdit aux élèves des écoles, collèges et lycées publics de porter des signes manifestant ostensiblement leur appartenance à une religion. Le Conseil d'État a précisé ultérieurement que cette interdiction s'appliquait également aux signes et tenues démontrant une affiliation religieuse par le simple comportement de l'élève (CE, 5 déc. 2007). En revanche, le port de signes religieux discrets reste autorisé. Il convient de préciser que la loi de 2004 a été jugée compatible avec l'article 9 de la Convention EDH (CEDH, 30 juin 2009, Aktas, Ghazal, Singh et autres).

En guise de conclusion, il sera relevé que deux débats ont trait, actuellement, à la portée du principe de laïcité à l'égard de l'enseignement public. La première porte sur une éventuelle extension du champ d'application de la loi du 15 mars 2004 à l'Université, étant rappelé que la Cour EDH a admis que l'interdiction du port du voile dans les universités turques était compatible avec l'article 9 de la Convention EDH (Cour EDH, Gde ch., 10 nov. 2005, Leyla Sahin). La seconde concerne la situation des accompagnateurs et accompagnatrices de sorties scolaires. Dans une étude rendue en décembre 2013, suite à une saisine du Défenseur des droits, le Conseil d'État a estimé que la neutralité ne leur était pas applicable puisqu'ils ne sont ni des agents de l'État, ni des collaborateurs du service public. Néanmoins, il a estimé que les directeurs d'établissements pouvaient les inviter à ne pas manifester leurs convictions religieuses au nom des exigences de bon fonctionnement du service public.

Question 3 : La réunion des deux chambres sous la Ve République (6 points)

L'article 24 de la Constitution du 4 octobre 1958 prévoit que le Parlement est composé de deux chambres : l'Assemblée nationale et le Sénat qui participent toutes deux à l'exercice de la souveraineté nationale (Cons. const., 9 avril 1992, Maastricht). Si elles siègent en principe séparément, ces deux chambres peuvent être exceptionnellement réunies pour exercer certaines attributions définies par la Constitution.

I - La réunion du Congrès

En premier lieu, les deux chambres peuvent être réunies en « Congrès » dans trois hypothèses. Tout d'abord, lorsque le chef de l'État exerce son droit de message sur le fondement de l'article 18 alinéa 2 de la Constitution. Le discours donne lieu à un débat mais non à un vote ce qui traduit le principe de l'indépendance et de l'irresponsabilité du Président devant le Parlement. Ce mécanisme largement inspiré du « discours sur l'état de l'Union » pratiqué aux États-Unis, a été introduit dans la Constitution par la révision constitutionnelle du 23 juillet 2008. Il permet ainsi d'établir un rapport direct entre le président de la République et les élus de la Nation, tirant les conséquences de la présidentialisation du régime. C'est précisément parce qu'il tendrait à exacerber le présidentialisme que le droit de message a été fortement critiqué, notamment par la gauche, en 2008. L'ironie du sort a voulu que ce soit dans le cadre de l'article 18, al. 2 de la Constitution que F. Hollande s'adresse au Congrès, au lendemain des attentats du 13 novembre 2015. Quant au Président Emmanuel Macron, il a annoncé sa volonté de réunir le Congrès chaque année pour préciser les grands axes de sa politique, sur le modèle du discours sur l'état de l'Union prononcé annuellement par le Président des États-Unis.

Ensuite, le Congrès peut être réuni à Versailles, sur le fondement de l'article 89 de la Constitution, afin d'approuver une révision constitutionnelle. En effet, si, en principe, les propositions et les projets de loi constitutionnelle doivent être soumis à référendum ; par exception, le président de la République a la faculté, pour les seuls projets de révision, de les faire approuver par le Congrès à la majorité des trois-cinquième des suffrages exprimés. En pratique, seules deux révisions sur vingt-quatre ont été approuvées par un référendum depuis 1958 : en 1962 pour l'élection du président au suffrage universel direct et en 2000 pour le quinquennat. C'est dire si la procédure, théoriquement exceptionnelle, est devenue, en pratique, la procédure de droit commun. Enfin, le Congrès peut, depuis 2008, approuver dans les mêmes conditions de majorité l'entrée d'un nouvel État dans l'Union européenne, ce qui permet là encore d'éviter l'organisation d'un référendum, lequel était systématiquement exigé depuis la révision constitutionnelle du 1er mars 2005.

II - La réunion de la Haute Cour

En second lieu, les deux chambres peuvent être réunies en « Haute Cour » afin de se prononcer sur une éventuelle destitution du chef de l'État sur le fondement de l'article 68 de la Constitution en cas de manquement grave à ses devoirs manifestement incompatible avec l'exercice du mandat. La destitution est prononcée dans le respect des règles procédurales fixées par ce même article ainsi que par la loi organique du 24 novembre 2014. La réunion de la Haute Cour résulte de l'adoption par chacune des deux chambres statuant séparément de propositions de résolutions ayant cet objet, dans un délai de quinze jours à la majorité qualifiée des deux-tiers. La Haute Cour dispose alors d'un délai de un mois pour se prononcer sur la destitution. Cette dernière ne peut être prononcée par la Haute Cour qu'à la majorité qualifiée des deux-tiers. Le vote a lieu à bulletins secrets et les votes blancs, nuls ainsi que les abstentions comptent automatiquement contre la destitution. Il est à noter qu'afin de mieux affirmer le caractère exclusivement politique de la responsabilité du chef de l'État devant la Haute Cour, la Commission de réflexion présidée par Lionel Jospin a proposé, dans son rapport remis à François Hollande en 2012, de remplacer le terme de « Haute Cour » par celui de « Congrès ».

NOTE DE SYNTHÈSE

LES ERREURS JUDICIAIRES EN MATIÈRE PÉNALE (ANNALES CONCOURS ENM 2019)

SUJET

Rédigez, à partir des documents joints, une note de synthèse de quatre pages environ sur les erreurs judiciaires en matière pénale

Liste des documents

Document n° 1 : Eléments de diagnostic de l'erreur judiciaire à la lumière de l'analyse des systèmes, par Claude Lienhardt (extraits)

Document n° 2 : Les erreurs judiciaires, mémoire de DEA présenté par Aline Ficheau (extrait)

Document n° 3 : Pour une politique active de prévention des erreurs judiciaires, Philippe Astruc

Document n° 4 : Le nouvel âge de l'erreur judiciaire, par Denis Salas (extrait)

Document n° 5 : Réflexions sur l'erreur judiciaire, Christine Lazerges

Document n° 6 : L'effet d'ancrage ou l'apport de la psychologie cognitive à l'étude de la décision judiciaire, Julien Goldszlagier

Document n° 7 : Rapport fait au nom de la commission d'enquête chargée de rechercher les causes de dysfonctionnements de la justice dans l'affaire dite d'Outreau et de formuler des propositions pour éviter leur renouvellement (extrait)

Document n° 8 : La réduction des risques d'erreurs et des dysfonctionnements dans l'organisation judiciaire : une approche européenne, Jean-Paul Jean

Document n° 9 : L'erreur judiciaire, Florence Bussy

Document n° 10 : Vous jurez de n'écouter ni la haine, ni la méchanceté… Les biais affectant les décisions de justice, Arnaud Philippe

Document n° 11 : Les erreurs judiciaires et leurs causes, par Maurice Lailler, Henri Vonoven, 1897 (extrait de la table des matières)

Document n° 1

Éléments de diagnostic de l'erreur judiciaire à la lumière de l'analyse des systèmes,

par Claude Lienhardt, avocat (extraits)
Les cahiers de la justice 2008, p. 29

[...]

Situer l'erreur dans le système

L'erreur judiciaire n'a pas de localisation préférentielle, elle peut aussi bien se nicher « dans le petit dossier » que dans des dossiers « lourds », hors norme ou exceptionnels. Ceci veut dire qu'il y a un plus petit dénominateur commun à tous les dossiers : c'est un processus qui aboutit *in fine* à un acte du juge inscrit matériellement dans un dossier. De même, au stade de l'informatisation, tout se concentre finalement dans un assemblage de papiers figurant dans les cotes. A ce stade, il peut y avoir dans la constitution même du dossier une source potentielle d'erreurs.

Il est donc essentiel d'apprendre à détecter les prémices, les signes avant-coureurs de risques d'erreurs, comme les « bulletins météo d'alerte », et en même temps d'essayer de toucher les logiques qui sous-tendent ces risques d'erreurs. Il n'est ensuite peut-être pas inutile, de rappeler, au moment du retour d'expérience, les grands principes du procès équitable.

Le diagnostic de l'erreur judiciaire sous-entend la capacité de déceler les facteurs potentiels de risques, parmi lesquels nous soulignons le pseudo-contradictoire ou «l'à peu près contradictoire », le déséquilibre entre les parties, la fixation procédurale, l'urgence, la multiplicité et la complexité d'instances, et enfin les facteurs personnels. Il revient également à s'interroger sur la manière de faire parler le doute et la complexité.

Ne pas idéaliser les vertus procédurales

En matière civile le pseudo-contradictoire ou l'« à peu près contradictoire » est exclusivement factuel (le principe du contradictoire devant irriguer l'ensemble de la procédure) tandis qu'en matière pénale il est parfois institutionnalisé. Ce type de situation se retrouve notamment dans les matières où la représentation n'est pas obligatoire mais aussi dans les matières où la représentation est obligatoire. L'à peu près contradictoire se constitue lorsque les éléments, dont on sait que du point de vue probatoire ils devraient être présents ne sont pas véritablement portés au débat. Des éléments versés au débat tardivement ou de façon incomplète, peuvent être à l'origine des discordances entre le dossier des écritures et les bordereaux. En matière de contentieux du droit de la famille l'expérience montre qu'il n'est pas rare qu'une telle discordance survienne. Le législateur, voire la juridiction suprême, semblent très peu enclins à y remettre de l'ordre et de la rigueur, alors que le contradictoire devrait être le préalable indispensable dans toute affaire à connotation économique, patrimoniale ou familiale.
Le déséquilibre qui en résulte qu'il soit structurel ou conjoncturel, est la base de l'inégalité des armes, ce qui provoque le risque d'erreur. Ce risque apparaît

lorsqu'une partie est trop faible, car elle ne pourra pas éventuellement faire valoir ses droits et ses arguments, ce qui a pour effet d'inciter le juge à venir à son secours. Ainsi, il y a effet d'inciter le juge à venir à son secours. Ainsi, il y a risque d'erreur lorsqu'une partie est trop puissante. Elle va faire peser sur le juge une pression, faisant par exemple, des recours systématiques contre tous les actes du juge d'instruction ou en multipliant les demandes, ou en laissant dans les procédures des « mines procédurales à explosion différée ». Les combinaisons sont bien entendu multiples ; les deux parties trop faibles, une partie trop faible et une trop puissante ou encore deux trop puissantes. Le déséquilibre se retrouve bien entendu dans l'accès à la connaissance juridique, doctrinale et jurisprudentielle pour venir à l'appui des argumentaires. Il y a déséquilibre également lorsqu'il y a absence d'avocat et l'absence d'avocat ce qui ne veut pas dire seulement une absence physique. L'avocat n'est pas toujours à l'abri de l'incompétence ou même de l'inconscience. Il y a déséquilibre aussi lorsque l'on connaît trop bien une matière : la connaissance parfaite n'est pas exclusive « d'accidents » ; comme sur la route, les accidents arrivent souvent sur des parcours que l'on connaît très bien.

Identifier les sources de l'erreur pour permettre un diagnostic

[...] Les difficultés personnelles que chacun peut traverser à un moment ou à un autre sont facteurs de stress et éventuellement de déstabilisation dans le travail. On sait aussi que, les situations personnelles difficiles, sont quantifiées en haut sur des échelles des risques, comme par exemple, un deuil, une situation familiale perturbée par une rupture ou un divorce. N'oublions pas non plus l'effet de fatigue : ce qui est vrai pour ceux qui travaillent « à la chaîne » dans une usine est également vrai bien entendu pour la chaîne judiciaire évaluée sur ces résultats.

Comment remédier à des facteurs aussi lourds ? Sans doute l'audit processuel devrait être considéré comme une démarche, secondée par deux autres pratiques tout aussi utiles. Il s'agit d'une part de la démarche individuelle du magistrat quel qu'il soit, mais aussi de l'avocat, afin qu'ils puissent « en parler » dans leurs moments de doute. Seul un échange de cette nature permet que le doute se manifeste. D'autre part, cette démarche individuelle doit aussi s'exprimer à un niveau plus collectif. Nous devons pouvoir en parler, parce que nous sommes des professionnels et que nous pressentons que nous sommes dans une situation à risques. Sans cela, il est possible que l'on passe de l'incident à la mise en danger judiciaire d'autrui ou même à l'accident. Il faut, à un moment donné, pouvoir élever le conflit *lato sensu*, joindre au conflit particulier dont le juge est chargé, ce qui fait « le système du conflit » malgré les éventuelles résistances.

Document n° 2

Les erreurs judiciaires
Mémoire de DEA Droit et justice
Présenté par Aline Ficheau, dirigé par M. le professeur Serge Dauchy
Université de Lille II
Faculté des sciences juridiques politiques et sociales
Année universitaire 2001 – 2002 (extraits)

§2 : La justice trompée par « les professionnels » :
[...]

A: Les experts :

Il se peut que dans un procès, tout ait été mis en œuvre pour aboutir à la manifestation de la vérité mais que malgré ces efforts, celle-ci ne soit pas mise en évidence. Si tous les moyens juridiques se sont révélés inefficaces, il se peut que l'issue du procès dépende de la science. C'est ainsi que les magistrats peuvent recourir à des experts dès lors qu'une question importante ne relève pas de leur compétence.

Les experts ne sont là que pour répondre à une question scientifique qui leur a été posée, ils ne connaissent pas les parties au procès, ils effectuent donc leur mission en toute impartialité. Ils mettent donc au profit de la justice leur compétence professionnelle.

L'indépendance et la compétence des experts ont pour conséquence d'assurer une très grande fiabilité aux travaux qu'ils effectuent. Donc, bien souvent les expertises sont fiables, ils sont honnêtes et ne sont pas là pour confondre le suspect mais pour établir la vérité. Par exemple, dans l'affaire du meurtre d'une jeune Anglaise, un SDF était suspecté, il s'agissait de Patrick Padé. Son innocence a pu être démontrée grâce à une expertise génétique qui a conclu que le sperme retrouvé sur la victime ne lui appartenait pas.

Toutefois les conclusions d'expertises sont techniques et échappent à la compétence des magistrats. Il est vrai que l'entrée de la preuve scientifique dans les prétoires pose problème aux magistrats et aux jurés qui se retrouvent face à un domaine qui leur échappe. C'est la raison pour laquelle ils auront trop tendance à ne pas discuter les résultats d'expertise, cela est bien dommage car un débat contradictoire peut être nécessaire pour comprendre ce que signifie réellement les résultats apportés.

« L'expert dit sa vérité scientifique comme l'enquêteur a dit sa vérité policière. Et pour le juge qui les a choisis et leur fait confiance, ces vérités deviennent la vérité ».

L'expert est donc suivi par les juges, or l'erreur est humaine, donc une erreur d'expertise peut aboutir à une erreur judiciaire car les magistrats remettent rarement en cause les rapports d'expertise.

Certaines erreurs d'expertises sont commises mais elles ne peuvent pas être imputées à la responsabilité des experts. En effet, les progrès de la science peuvent venir remettre en cause des techniques scientifiques considérées comme fiables. Par exemple en 1875, un scientifique nommé Selmi de Bologne découvrit que la mort entrainait la création de substances toxiques. Or avant cette découverte, on considérait que la présence de telles substances était le fait d'un empoisonnement. On peut imaginer qu'un grand nombre d'erreurs judiciaires ont été commises de ce chef.

De plus certains experts sont compétents dans des domaines de la science qui ne sont pas exacts. Ainsi des psychiatres, par exemple, peuvent être amenés à examiner des suspects pour déterminer s'ils sont ou non responsables de leurs actes. Or il est fréquent qu'en la matière les experts aient des avis divergents sur un même suspect, mais il faut relativiser car les jurés peuvent se faire un avis sur la personnalité du suspect lors du procès.

Le problème se pose vraiment dans les domaines où les juges et les jurés n'ont aucune connaissance spécifique et préfèrent se rallier à l'avis d'un professionnel comme dans le cas de la graphologie par exemple. [...]

Document n° 3

Pour une politique active de prévention des erreurs judiciaires - Le point de vue d'un procureur de la République, Philippe Astruc – Les cahiers de la justice 2008, p. 45

Un certain nombre de remarques préliminaires doivent être faites dès que l'on aborde la question de l'erreur judiciaire. Aucune définition satisfaisante de cette notion ne figure dans le corpus du droit pénal français. Cette absence, que l'on pourra ou non considérer comme signifiante, conduit généralement à se référer à la définition du Professeur Cornu, selon laquelle l'erreur judiciaire est « une erreur de fait commise par une juridiction de jugement dans son appréciation de la culpabilité d'une personne poursuivie ». Toutefois, cette définition écarte du champ de l'erreur judiciaire, l'erreur de droit, qui relève davantage du champ de la décision inappropriée dont la régulation se fait par l'appel et de la cassation. Cette exclusion qui a pu jusqu'alors être généralement admise, n'est cependant pas immuable. Une lecture extensive de la responsabilité du magistrat pourrait à terme venir modifier en ce domaine la délimitation du concept d'erreur judiciaire. Cette définition écarte également la notion d'erreur dans l'analyse des éléments de fait qui aurait pu être commise avant le jugement. Cette conception traditionnelle, qui repose sur la portée juridique et symbolique du jugement ou de l'arrêt, semble à ce jour être remise en cause.

L'erreur judiciaire - entre perceptions et attentes

La perception que les citoyens justiciables ont de l'erreur judiciaire ne prend pas en compte la notion de jugement. Plusieurs affaires judiciaires pénales graves (homicides, viols d'enfant suivis de meurtre, abus sexuels graves et répétés), qui ont défrayé la chronique durant les dernières décennies, attestent que les justiciables ne considèrent pas que les décisions prises avant le jugement soient exclues du champ de l'erreur judiciaire. La mise en examen, d'autant plus si elle est accompagnée d'une détention provisoire, constitue à leurs yeux un pré-jugement dont la force symbolique et pratique est égale au jugement. L'opprobre qui est associée à ces actes juridiques est tel que le non-lieu prononcé en fin d'instruction ou l'acquittement devant la Cour d'Assises ne vient que très partiellement effacer la mise provisoire au ban de la société.

Si l'émergence progressive d'une vérité judiciaire par le biais de l'instruction préalable, d'une audience et d'un éventuel appel peut paraître satisfaisante pour le juriste, elle ne l'est pas pour le justiciable. La notion de décision injustifiée, corrigée par une décision de la juridiction de jugement de premier ou de second degré ne saurait annihiler les conséquences de la mauvaise analyse initiale.

Le fait que les justiciables fassent entrer le processus présentenciel dans le champ de la notion d'erreur judiciaire peut s'analyser comme une illustration supplémentaire de l'attente du citoyen vers l'émergence de produits ou de procédures « zéro défaut ». Il n'est pas de ce point de vue possible d'envisager l'émergence d'une notion d'aléa judiciaire. L'attente sociale s'analyse notamment dans le cadre des procédures criminelles les plus graves comme une obligation de résultat de laquelle doit être exclue la notion d'erreur. Une vérité entière et immédiate doit pouvoir émerger du processus pénal. Le temps de la maturation, de la confrontation des arguments qui résulte essentiellement de l'audience ne peut donc être le seul processus qui permettra d'éviter l'erreur judiciaire.

La réparation de l'erreur judiciaire ou de la décision injustifiée *ante* jugement (détention provisoire notamment) ne peut donc être, aussi indispensable soit-elle, la seule réponse (institutionnelle) à cette évolution forte de l'attente sociale vis-à-vis de la justice pénale.

Cette attente sociale croissante contraste avec la faiblesse des analyses du phénomène de l'erreur judiciaire, qui se réduit dans notre pays à quelque chose d'anecdotique. Le système accusatoire anglo-saxon, quant à lui, a produit son cortège d'erreurs déjà largement objectivées dans plusieurs études. (Il suffit de se référer à l'étude du professeur E. M. Brochard, de l'université de Yale, publiée en 1932, portant sur 65 erreurs judiciaires établies aux Etats-Unis ; en Grande Bretagne, à l'étude du juge américain Jérôme Franck et de Barbara Franck « Not guilty » qui en 1957 analysent 36 condamnations injustifiées, à l'étude d'Edward Radin « The innocents » de 1964, portant sur 80 affaires, à l'étude de 1973 de Ruth Brandon et Christie Davies portant sur les conséquences de l'emprisonnement erroné, à l'étude des professeurs Bedeau et Radelet portant sur 350 condamnations à mort injustifiées, prononcées aux Etats-Unis entre 1900 et 1986, mais aussi sur les dossiers des « quatre de Guildford», des « six de Birmingham, des « sept Mc Guire » etc.).

Si l'erreur judiciaire a été et est présente dans l'ensemble des systèmes judiciaires, nous disposons de peu d'études systématiques en France alors que la littérature fourmille du récit des erreurs constatées ou supposées depuis l'affaire Calas jusqu'à aujourd'hui. Le système inquisitoire ne constitue donc pas un rempart contre l'analyse erronée des éléments soumis à l'appréciation du juge. Il faut considérer que la notion d'erreur judiciaire est consubstantielle à celle de système juridique. Si ce constat ne doit pas nous inviter à considérer que tous les systèmes se valent et produisent de manière égale des erreurs, ce qui est faux, il doit nous inviter à considérer qu'un débat portant sur la seule procédure pénale est insuffisant pour prévenir l'erreur judiciaire.

La nécessité d'une cellule d'analyse des « accidents judiciaires »

Aucune société organisée ne saurait se satisfaire du seul constat de la production d'erreurs judiciaires et de décisions injustifiées sans tenter d'y remédier. La réaction la plus classique à l'objectivation d'une erreur judiciaire qui a suscité la légitime réprobation sociale consiste en une réforme de la procédure pénale tendant à offrir davantage de garanties et de recours aux justiciables mis en cause et à assurer une meilleure réparation aux victimes de ces erreurs.

L'autre réponse consiste à développer davantage chez le magistrat une culture du doute et de la prudence dans l'analyse qu'il doit faire des éléments en sa possession. En agissant sur le système et sur l'homme le risque de nouvelles erreurs doit s'en trouver réduit. Cette affirmation sans être erronée trouve cependant des limites que l'histoire nous enseigne. Mais peut-on concevoir un système juridique ne permettant aucune erreur et recruter puis former un juge qui ne se trompe jamais ?

Le devoir absolu, qui doit être le nôtre, de rechercher tous les éléments qui peuvent concourir à une meilleure prévention des erreurs judiciaires et des décisions injustifiées conduit à explorer d'autres approches qui pourraient peut être utilement venir compléter les réponses traditionnelles. Un effort de connaissance s'impose tout d'abord. Cette approche évidente pour la science, notamment médicale, paraît quelque peu absente du domaine qui nous intéresse. Au-delà des études, essentiellement anglo-saxonnes, qui ont pu être menées par des universitaires, des juristes ou des particuliers, il n'existe pas de structure ou d'organisme en charge de l'étude systématique des erreurs judiciaires et des décisions injustifiées qui ont pu être objectivées. Ce qui a cours pour les accidents d'aéronefs ou les accidents maritimes ne paraît pouvoir s'envisager pour les « accidents judiciaires ». Sans doute la mise en place d'une telle structure constituerait-elle une sorte de reconnaissance « officielle » de l'existence de cette notion, ce qui est un pas difficile à franchir. Est posée là, l'éternelle question de la fragilisation du lien de confiance que les citoyens doivent avoir avec leur système judiciaire.

On peut pourtant penser qu'une étude clinique des dossiers ayant conduit à une décision qui s'est révélée par la suite injustifiée (notamment mais pas exclusivement des dossiers accueillis favorablement par la commission nationale prévue a l'article 149-3 du code de procédure pénale) permettrait certainement d'élaborer au fil des ans une typologie fine des mécanismes de l'erreur judiciaire et de la décision injustifiée, voire leur modélisation. Ces données pourraient naturellement alors alimenter les réflexions à la fois sur le système, la procédure, les pratiques d'enquête et la formation des hommes.

Pour être pleinement acceptée cette étude systématique devrait n'avoir pour seule visée que celle de prévention des erreurs judiciaires et des décisions injustifiées tout en étant dissociée du champ de la faute disciplinaire qui relève pour sa part de l'analyse de l'inspection générale des services judiciaires et de l'appréciation du Conseil Supérieur de la Magistrature pour ce qui concerne les magistrats, les enquêteurs, les experts et tous ceux qui concourent à la procédure ayant leurs propres organes et procédures de régulation et de sanction.

Au travers des études existantes, des enquêtes parlementaires qui ont pu faire suite à telle ou telle erreur judiciaire, les mécanismes de l'erreur judiciaire déjà mis à jour ont permis de faire le constat des plusieurs éléments causals, qu'il s'agisse de la fragilité du témoignage humain, des opinions préconçues, des circonstances du recueil de la parole de la victime ou du mis en cause ou encore des modalités de mise en œuvre des expertises, voire des manipulations.

Obligation de résultat ou culture du doute ?

Il faut ajouter l'analyse de quelques dossiers criminels français récents ayant conduit à des incarcérations avant des mises hors de cause. Ce sont des dossiers d'une exceptionnelle gravité (homicides d'enfants accompagnés ou non de violences sexuelles), auxquels le procureur de la République est confronté par l'intermédiaire du juge d'instruction et des enquêteurs. Ces affaires qui suscitent la réprobation sociale la plus forte à ce jour font naître pour ces magistrats et enquêteurs une quasi obligation de résultat en lieu et place de l'obligation de moyen et de diligence qui pèse, aux yeux des justiciables, sur l'appareil pénal dans la plupart des autres infractions qui viennen troubler l'ordre social.

Cette obligation de résultat résulte de l'impérieuse nécessité de venir restaurer l'ordre social qui ici n'est plus simplement troublé mais rompu. Il n'est en effet pas concevable qu'une société donnée ou une micro société puisse durablement penser qu'elle abrite en son sein l'auteur de tels faits perçu dès lors comme un « monstre ». Il appartient aux responsables de l'enquête d'extirper du corps social dans les délais les plus brefs l'élément responsable de cette rupture de l'équilibre social. Il peut être noté que les médias, ne faisant alors que relayer et amplifier ce sentiment de la population, mettent en lumière tout retard dans cette quête. Chacun aura pu entendre le propos radiophonique ou télévisuel rapportant deux ou trois jours après les faits que « l'enquête piétine... », alors que le travail méthodique et discret des enquêteurs doit se poursuivre.

Cette obligation d'aboutir, cette nécessité qui fait loi, conduit les enquêteurs à réduire mécaniquement la place accordée au doute (et corrélativement à l'augmentation de la place accordée aux certitudes) et peut faire le lit d'une erreur d'analyse. Cette situation devient paroxystique si un « suspect » est identifié, élément qui est généralement très vite porté d'une façon ou d'une autre sur la place publique. De quelle marge de manœuvre dispose le magistrat qui doit statuer au terme d'une garde à vue largement médiatisée après un tel crime sur les éléments à charge et à décharge réunis dans le temps assez court de l'enquête. Elle est en principe totale, elle doit l'être. L'analyse des dossiers évoqués conduit à constater qu'il est difficile dans ces situations de donner au doute toute sa place et d'en tirer toutes les conséquences.

Cette obligation de résultat s'impose surtout lorsque l'enquête demande un certain temps, alors que, sous la pression de l'opinion, il faut découvrir l'auteur des faits immédiatement ou, à défaut disculper un maximum de personnes. La pratique qui a pu se développer - le recours à des tests ADN de grande ampleur - si elle répond en premier lieu à une logique d'enquête, participe aussi à ce besoin de retisser le lien social. A défaut de trouver un auteur, on peut au moins dire celui qui ne l'est pas, ce qui est une manière de ramener la tranquillité publique.

Ce passage de l'obligation habituelle de moyen à l'obligation ponctuelle de résultat constitue le terreau de l'erreur judiciaire. Une étude fine de ces mécanismes de décision dans ce contexte particulier et des dossiers qui se sont révélés marqués par l'erreur serait pertinente. L'étude systématique tirant les leçons d'un *débriefing* ou la généralisation des meilleurs pratiques sont autant d'outils de prévention qui pourraient s'inscrire dans une politique active de prévention des erreurs judiciaires et des décisions injustifiées. On pourrait y ajouter la mise en situation, à l'instar des simulations de situations délicates faites régulièrement par les pilotes d'aéronefs. On peut ainsi imaginer, dans le cadre de leur formation initiale et continue, d'inviter des enquêteurs et magistrats à travailler sur des situations difficiles à partir de dossiers réels.

Document n° 4

Le nouvel âge de l'erreur judiciaire

Denis Salas
Magistrat, secrétaire général de l'Association française pour l'histoire de la justice, directeur scientifique des Cahiers de la Justice,
Ecole nationale d'administration « Revue française d'administration publique » 2008/1 n° 125, pages 169 à 177 (extraits)

« La machine judiciaire broie, lamine, détruit sans qu'il y ait la moindre erreur à reprocher à l'un quelconque de ses servants. Tout a été normal. Tout s'est passé régulièrement. Pas de faute. Pas de coupable » [Aydalot (Maurice), Magistrat, Robert Laffont, 1976]

« Erreur de fait qui, commise par une juridiction de jugement dans son appréciation de la culpabilité d'une personne poursuivie, peut, si elle a entraîné une condamnation définitive, être réparée sous certaines conditions au moyen d'un pourvoi en révision » [Cornu (Gérard), Vocabulaire juridique, Association Henri Capitant, PUF, Quadrige, 2003, p. 357]. Dans cette définition que le Vocabulaire juridique de Gérard Cornu donne de l'erreur judiciaire on retrouve l'idée communément admise qu'il s'agit de la condamnation d'une personne innocente à la suite d'une erreur de jugement.

[...]

UNE DÉFINITION DEVENUE INADÉQUATE

Comment est-on parvenu à cette définition selon laquelle l'erreur judiciaire est une condamnation pénale prononcée à tort ? Quelle est la généalogie de ce qui semble une évidence ? La transformation sociologique a précédé la cristallisation juridique. Il faut introduire l'opinion publique comme un puissant acteur dans la construction de ce phénomène. Le couple formé par le scandale et l'affaire est très ancien. Un scandale traduit la réaction de la société à une menace qui atteint son processus vital. L'attitude de l'état-major dans l'affaire Dreyfus, par exemple, vient de la volonté de protéger à tout prix de la calomnie l'armée française – cette « arche sainte de la nation ». Il était inconcevable de reconnaître une faute qui porte atteinte à une image sacrée. Seul un bouc émissaire désigné pouvait la préserver d'une souillure inacceptable.

Aujourd'hui encore qu'il s'agisse de victimes de leur devoir (policiers tués par le multirécidiviste Jean-Claude Bonnal), d'enfants abusés par des pédophiles (affaire d'Outreau) ou de jeunes handicapées issues de milieux défavorisés (les « disparues de l'Yonne »), la scène anthropologique est la même. Tout se passe comme s'il fallait préserver le corps social d'une contagion en désignant l'auteur du mal. Mais si le coupable désigné dans la précipitation s'avère innocent par la suite, tout bascule. Ce qui était scandale devient une affaire. Les rôles alors s'inversent : de pourfendeuse du crime, la justice devient accusée et les juges eux-mêmes sont exposés à la vindicte publique. Le thème de l'erreur judiciaire apparaît à ce stade. Ce retournement contre une décision arbitraire implique une forte mobilisation dans l'espace public qui seule permet de retourner une accusation en une cause. Cela suppose que soit crée un lieu de jugement alternatif qui fasse retentir cette indignation. La lutte de Voltaire contre le

Parlement de Toulouse pour faire innocenter Calas en est la figure inaugurale.

Le mot même d'erreur judiciaire s'imposera dans la mouvance de l'affaire Dreyfus au moment où la loi Constant de 1897 autorise la présence de l'avocat dans le bureau du juge d'instruction. Sont publiés des ouvrages comme celui de Bernard Lazare L'affaire Dreyfus une erreur judiciaire, mais aussi d'autres moins connus comme celui de Lailler et Vonoven Les erreurs judiciaires et leurs causes (1897). C'est à ce moment-là que, dans notre imaginaire politique, prend forme la dénonciation de l'erreur judiciaire par la presse et les intellectuels. Les deux mots – « intellectuel » et « erreur judiciaire » – sont tous deux contemporains d'un contexte politique précis et d'une culture intellectuelle propre à notre pays.

C'est par le biais de la réparation – ou plutôt de la révision – que la notion entre dans notre droit : déjà la campagne de presse en faveur de Lesurques (un innocent condamné à mort dans l'affaire du Courrier de Lyon en 1793) avait abouti en 1867 à une loi sur la révision post mortem des condamnations. Dans le contexte de l'affaire Dreyfus (mais aussi des affaires Vaux et Borras), la loi du 8 juin 1895 introduit la notion de « fait nouveau de nature à établir l'innocence du condamné » (article 622 du code de procédure pénale) jusqu'à la réforme de 1989 qui élargit l'ouverture au «doute sur la culpabilité du condamné» à la suite de la campagne de presse lancée par l'affaire Seznec.

Issue de cet héritage, la définition du Vocabulaire juridique est orientée par la finalité de réparation d'une erreur dans le champ pénal. Des auteurs comme René Floriot ou Jacques Vergès la reprennent à leur compte. Au fond, elle exprime la réaction indignée de la société face au scandale de l'innocent accusé, jeté en prison, parfois torturé et condamné à mort. Historiquement, le refus de la torture, l'essor des droits de la défense puis l'abolition de la peine de mort, en France du moins, lui doivent beaucoup. Il fallait crier, alerter l'opinion, dans la lignée du mot d'ordre de Voltaire dans la campagne pour Jean Calas : « Criez et qu'on crie ! ». Les réformes législatives les plus récentes se situent plutôt dans une intention réparatrice. Elles ajoutent une garantie procédurale supplémentaire au-dessus de l'appel (la révision) et aussi, en guise de réparation, une indemnisation pour faute de la justice et pour détention provisoire injustifiée. Autant de règles nouvelles qui tirent les conséquences d'une situation irréversible et visent à conforter une institution imparfaite, à en assumer la faillibilité.

Reste que la notion classique d'erreur judiciaire atteint ses limites. D'abord parce qu'elle confond la faute et l'accident, le volontaire et l'involontaire : l'affaire Dreyfus, par exemple, relève de la faute – du faux bordereau imputé à Dreyfus – alors que l'affaire Lesurques est une erreur de fait liée à un témoignage erroné. Voilà pourquoi Jean-Denis Bredin a distingué l'erreur judiciaire (accident tragique) du crime judiciaire (la faute délibérée). Au-delà de l'anomalie procédurale, nous nous interrogeons désormais sur le fonctionnement de la machine qui a permis de tels dégâts. C'est ainsi qu'on a pu analyser une décision sur la responsabilité du service public de la justice, en l'occurrence un juge aux affaires familiales, à la lumière de l'analyse systémique.

Ensuite, le champ sémantique de la définition classique, clôturé par la procédure, est trop étroit. Quand l'erreur éclate dans l'espace public, une société toute entière s'identifie aux innocents injustement frappés. Elle interroge les ressorts moraux de toute une collectivité. Elle conteste, déborde, pulvérise le cadre procédural. C'est la capacité à dire le juste qui est mise en question au profit de l'innocent ou de la victime. Le scandale d'une justice impuissante devient démesuré aujourd'hui où les victimes et leur porte-parole s'autorisent à intervenir dans l'espace public.

Ajoutons que l'idéologie combattue jadis par les avocats de l'innocence a disparu. Par exemple, quand Sartre et Foucault s'emparent dans les années 1970 de l'affaire de Bruay-en-Artois (où un notaire fut accusé du viol d'une fille d'ouvrier), c'est pour dénoncer une justice de classe. Mais les mêmes faits aujourd'hui donneraient lieu à une toute autre interprétation. Quand on regarde le traitement des affaires de mœurs, nous y voyons la victime, son traumatisme et, à travers elle, toutes les victimes et tous les traumatismes. Le sens de la dénonciation s'est déplacé : de nos jours, la jeune fille de Bruay ne serait plus un martyr de la classe ouvrière mais une victime d'un abus sexuel. Le notaire serait incriminé non comme un symbole de la bourgeoisie mais comme un prédateur pédophile.

Une ligne de rupture se dessine. De Zola à Sartre jusqu'à Pierre Vidal Naquet, la dénonciation de cette complicité de la justice avec le crime est la même. La matrice scandaleuse de l'erreur est là. Le rôle de l'intellectuel est de démasquer ses turpitudes accomplies sous le masque de la légalité. Cette posture est longtemps restée immuable. Par exemple, quand Vidal Naquet, issu d'une famille dreyfusarde comme il aimait à le dire, publie en 1958 L'affaire Audin (une dénonciation de la torture et des carences de la justice pendant la guerre d'Algérie), il place au dos de son livre une citation de Jaurés extraite des Preuves, un monument de la littérature dreyfusarde). « Dreyfus s'appelle aujourd'hui Audin, Alleg, Djamila Bouhired ! » s'exclame-il. Mais en 1983, quand il s'engage aux côtés du comité de soutien de Luc Tangorre – un étudiant condamné à quinze ans de réclusion criminelle pour viols dans les quartiers Sud de Marseille – il doit reconnaître qu'il s'est trompé. Tangorre, cette figure emblématique de l'innocent condamné par des juges sans cœur, avait en effet récidivé après sa grâce. Le témoignage de la victime (en l'occurrence, deux victimes de viol) avait eu raison du mythe dreyfusard.

TROIS CHANGEMENTS MAJEURS

Que s'est-il passé ? Comment expliquer ce basculement qui ouvre ce qu'on propose appeler un nouvel âge des affaires judiciaires ? On peut faire l'hypothèse que trois changements se sont produits.

En premier lieu, la place de la justice dans l'appareil d'État n'est plus la même. L'activité judiciaire est passée au centre de la vie démocratique alors que jadis elle n'y était que marginalement reliée. D'arme pénale, au service du pouvoir politique, elle se nourrit désormais de questions issues de la société civile. [...]

En second lieu, le scandale de l'impunité passe aujourd'hui au premier plan. La tragédie de l'innocent condamné à tort ne masque plus l'autre scandale révélé par les victimes : celui du coupable en liberté. [...]

En troisième et dernier lieu, c'est moins la faute volontaire qui domine nos interrogations sur les erreurs judiciaires que la faute involontaire, celle qui n'est imputable à personne mais à laquelle tous participent. Celle-ci ne résulte plus de la décision d'un juge abusé mais s'enracine dans un processus décisionnel défaillant. Nous ne sommes plus dans l'erreur de jugement mais dans l'erreur systémique. Le mot « affaire » ne désigne plus seulement une condamnation injuste. C'est toute une organisation qui est remise en cause tant l'opacité des processus de décision est grande dans les appareils bureaucratiques. C'est le troisième changement majeur : l'erreur n'est plus à rechercher dans le procès mais dans la pathologie d'un système. Dans l'affaire des disparues de l'Yonne, toute l'organisation du parquet d'Auxerre a été passée au crible. Comment comprendre autrement le classement de faits pourtant signalés pendant plus de vingt ans ?

[...]

En devenant des « dysfonctionnements », les erreurs judiciaires actuelles sont bien plus redoutables car elles affectent directement l'institution judiciaire. Tant qu'elles étaient subverties par des stratégies extérieures, les juges pouvaient s'en distinguer le moment venu. C'est la Cour de cassation qui a fait triompher in fine la thèse de l'innocence de Dreyfus contre le Conseil de guerre de Rennes par l'arrêt de réhabilitation de 1906. Les dysfonctionnements actuels répétés et imperturbablement médiatisés minent infiniment plus la crédibilité de l'institution car elle est frappée dans son métier. On découvre que les enquêteurs se trompent lourdement mais de bonne foi ce qui désarme leurs adversaires et nous impose d'en comprendre la causalité. Ce type d'erreur réclame moins des dénonciateurs que des spécialistes du debriefing.

Mais la frontière est fragile entre la faute et l'erreur. Le risque de voir la violence de l'opinion se retourner contre ses auteurs est sous-jacent. N'a-t-on pas cherché à tout prix la faute du juge Burgaud au cours des auditions de la commission d'enquête chargée pourtant de pointer les seuls dysfonctionnements ? Au cours du procès de Marc Dutroux, nombre de parties civiles n'ont-elles pas accusé le juge d'instruction d'écarter la thèse du réseau pédophile et donc de protéger des « notables » ? Tout se passe comme si les juges, qu'ils se trompent par excès ou par insuffisances, sont d'une certaine manière auteurs du mal commis. Un tribunal de l'opinion, perpétuellement tenté par le populisme, est placé comme un miroir face à l'activité judiciaire.

[...]

Document n° 5

Réflexions sur l'erreur judiciaire,

Christine Lazerges
Professeur à l'université de Paris 1 Panthéon-Sorbonne

RSC 2006, p. 709

(extraits)

Erreur, en latin error, de errare, acte de l'esprit qui tient pour vrai ce qui est faux et inversement. Tel est pour le dictionnaire Robert le premier sens du mot erreur. Cet acte de l'esprit est un jugement porté sur une situation avec pour seul objet un diagnostic ou au-delà une thérapeutique. L'erreur peut être de jugement et/ou de raisonnement, matérielle ou morale, de fait ou de droit. Aucun domaine ni de la science ni de l'action n'échappe à l'erreur. Est dans l'erreur simplement celui qui se trompe. L'homme est sujet à se tromper. Errare humanum est, dit-on.

L'erreur judicaire illustre parfaitement l'essence même de l'erreur. Le petit Robert clôt sa rubrique « Erreur » en définissant l'erreur judiciaire comme une erreur de fait commise par le juge et entraînant la condamnation d'un innocent. La définition retenue par le vocabulaire juridique « Cornu » est très proche : l'erreur judiciaire s'entend d'une erreur de fait, qui commise par une juridiction de jugement dans son appréciation de la culpabilité d'une personne poursuivie peut, si elle a entraîné une condamnation définitive, être réparée, sous certaines conditions, au moyen d'un pourvoi en révision.

Au sens strict le procès pénal est donc le seul qui puisse donner lieu à des erreurs judiciaires, souvent célèbres, toujours dramatiques. L'histoire de la justice en est émaillée. Les noms de Voltaire et de Zola demeurent toujours associés à la lutte contre l'erreur judiciaire. Il n'y a pas d'article ou de livre sur l'erreur judiciaire qui ne commence par relater quelques magistrales erreurs judiciaires dans des affaires criminelles.

La douloureuse affaire d'Outreau n'est pas une erreur judiciaire, ils ont tous été acquittés par une cour d'assises jugeant en appel. Mais il peut y avoir désastre judiciaire, séisme judiciaire, catastrophe judiciaire, fiasco judiciaire sans erreur judiciaire au sens strict. Serait-il exagéré d'y voir cependant des erreurs judiciaires au sens large, pudiquement pour certaines qualifiées de dysfonctionnements judiciaires ? L'erreur judiciaire ne serait-elle pas protéiforme ?

Tout doit être fait à l'évidence par le législateur puis par les juges pour prévenir, réparer et peut-être sanctionner, non seulement les erreurs judiciaires stricto sensu mais aussi les lourdes erreurs de jugement, appelons-les « le mal jugé » ou encore les dysfonctionnements dans le cours même de la procédure, qu'ils conduisent ou non à une erreur judiciaire stricto sensu.

Les auteurs, longtemps, se sont assez peu intéressés aux erreurs judiciaires lato sensu comme si le sujet créait un profond malaise, qu'il s'agisse du domaine du droit pénal, auquel nous nous limiterons, ou d'un autre domaine du droit. Les études récentes sont peu nombreuses hormis un regain d'intérêt à la suite du drame d'Outreau pour la question de la responsabilité des magistrats.

L'acte de juger revêtirait-il les caractéristiques d'un sujet tabou, serait-il difficile voire interdit de l'évaluer en raison du principe d'indépendance des juges ? Les réserves de certains, y compris du Conseil supérieur de la magistrature dans un avis de décembre 2005, suscitées par la mise en place et le fonctionnement de la commission d'enquête parlementaire sur Outreau, peuvent le laisser penser. Pourtant sans encourir les peines de l'article 434-25 du code pénal pour avoir jeté le discrédit sur une décision juridictionnelle, il y a place pour réfléchir sur l'acte de juger et les erreurs inhérentes à cet acte de juger. Il suffit pour en être convaincu de se pencher sur le sens même de l'acte de juger.

Reportons-nous à l'analyse de Paul Ricoeur sur la définition de l'acte de juger : «D'abord, au sens faible, juger c'est opiner ; une opinion est exprimée, portant sur quelque chose. En un sens un peu plus fort, juger c'est estimer ; un élément hiérarchique est ainsi introduit, exprimant préférence, appréciation, approbation. Un troisième degré de force exprime la rencontre entre le côté subjectif et le côté objectif du jugement ; côté objectif : quelqu'un tient une proposition pour vraie, bonne, juste, légale ; côté subjectif : il y adhère. Enfin à un niveau plus profond qui est celui où se tient Descartes dans la « Quatrième méditation », le jugement procède de la conjonction de l'entendement et de la volonté : l'entendement qui considère le vrai et le faux, la volonté qui décide. Nous avons ainsi atteint le sens fort du mot juger : non seulement opiner, estimer, tenir pour vrai, mais en dernier ressort prendre position. C'est de ce sens usuel que nous pouvons partir pour rejoindre le sens proprement judiciaire de l'acte de juger [...] C'est dans l'acte du procès que l'acte de juger récapitule toutes les significations usuelles : opiner, estimer, tenir pour vrai ou juste, enfin prendre position ».

Habermas apporte une précision en disant : « Juger est un agir juridictionnel ». Or il n'y a pas d'agir sans erreur, l'erreur judiciaire sous toutes ses formes est donc inéluctable, mais répétons-le, tout doit être fait pour la prévenir en premier lieu, pour la réparer en second lieu, et s'il y a faute pénale, civile ou disciplinaire pour la réprimer dans les limites compatibles avec le principe d'indépendance de l'autorité judiciaire.

La prévention des erreurs judiciaires

L'erreur judiciaire n'est pas une, mais les instruments de prévention le plus souvent ne sont pas propres à telle ou telle erreur qui pourrait être commise, ils sont communs aux erreurs judiciaires stricto sensu ou lato sensu. Le premier outil de prévention est sans contestation possible l'éthique du juge, le second est le principe de collégialité, le troisième est constitué d'un ensemble de dispositifs nommés voies de recours. Il y en a d'autres qui ne seront qu'évoqués.

La prévention par l'éthique

Dans son remarquable discours de rentrée, le 7 janvier 2006, le premier président Guy Canivet insistait sur l'indispensable culture du doute, de l'humanité et de l'humilité chez les magistrats. Il résumait en quelques lignes ce qui me paraît devoir être au cœur de l'éthique du juge : « Pour tout juge, le prochain, son prochain c'est le justiciable, la femme ou l'homme qui est devant lui, qui dépend de lui ; qu'il le veuille ou non, entre eux se tisse un lien, s'échange un regard, qui oblige le juge à être juste, à rendre justice. Attendre de lui ce comportement exige une qualité essentielle la justesse ». Et plus loin, toujours la même idée essentielle : « Pour penser le bon droit, encore convient-il de reconnaître chez le justiciable, un prochain ».

N'y a-t-il pas dans ces propos un principe directeur à même d'éclairer l'organisation et le contenu des enseignements à l'école de la magistrature ?

Un des textes dont nous disposons en droit et/ou morale positive pour parler de l'éthique des magistrats est leur serment, issu de l'article 6 de l'ordonnance du 22 décembre 1958 sur le statut de la magistrature, ainsi rédigé : « Je jure de bien et fidèlement remplir mes fonctions, de garder religieusement le secret des délibérations et de me conduire en tout comme un digne et loyal magistrat ». Ce texte me semble pauvre et quelque peu désuet dans sa rédaction. Le rapport parlementaire de la commission d'enquête sur le désastre d'Outreau se penchera-t-il sur la question ?

D'autres textes de droit positif permettent de préciser ce que devrait être l'éthique des juges. En premier lieu l'article 353 du code de procédure pénale à propos de la procédure d'assises qui dispose : « Avant que la cour d'assises se retire, le président donne lecture de l'instruction suivante, qui est, en outre affichée en gros caractères, dans le lieu le plus apparent de la chambre des délibérations : La loi ne demande pas compte aux juges des moyens par lesquels ils se sont convaincus, elle ne leur prescrit pas de règles desquelles ils doivent faire particulièrement dépendre la plénitude et la suffisance d'une preuve ; elle leur prescrit de s'interroger eux-mêmes, dans le silence et le recueillement et de chercher, dans la sincérité de leur conscience, quelle impression ont faite, sur leur raison, les preuves rapportées contre l'accusé, et les moyens de sa défense. La loi ne leur fait que cette seule question, qui renferme toute la mesure de leurs devoirs : « Avez-vous une intime conviction ? ». Cet article ancien, issu du code d'instruction criminelle de 1808, rompt avec le système des preuves légales pour lui substituer le système des preuves par intime conviction mais il ne doit pas être lu comme excluant la motivation de la décision. La motivation est en effet aussi un instrument de prévention des erreurs judiciaires. Elle n'est, aujourd'hui encore, pas imposée en matière criminelle.

En second lieu rappelons le serment des jurés, inscrit à l'article 304 du code de procédure pénale, dont on ne peut soutenir qu'il ne concerne pas aussi les juges professionnels. Le texte a subi quelques retouches avec la loi du 15 juin 2000 : « Le président adresse aux jurés, debout et découverts le discours suivant : « Vous jurez et promettez d'examiner avec l'attention la plus scrupuleuse les charges qui seront portées contre X., de ne trahir ni les intérêts de l'accusé, ni ceux de la société qui l'accuse, ni ceux de la victime ; de ne communiquer avec personne jusqu'après votre délibération ; de n'écouter ni la haine ou la méchanceté, ni la crainte ou l'affection ; de vous rappeler que l'accusé est présumé innocent et que le doute doit lui profiter ; de vous décider d'après les charges et les moyens de défense, suivant votre conscience et votre intime conviction, avec l'impartialité et la fermeté qui conviennent à un homme probe et libre, et de conserver le secret des délibérations, même après la cessation de vos fonctions. » La loi du 15 juin 2000 en cohérence avec son titre, « loi renforçant la protection de la présomption d'innocence et les droits des victimes » a inséré dans l'article 304 la victime et le rappel que l'accusé est présumé innocent.
Ces textes ont été cités pour montrer que le législateur s'est toujours soucié de tenter

de traduire en mots ce que doit être l'éthique des magistrats mais les mots ne suffisent pas.
Considérons que l'article préliminaire du code de procédure pénale fait naturellement partie de ce « bloc éthique » sur lequel on ne travaille sans doute pas suffisamment en tant que tel à l'ENM, ne mesurant pas à quel point il peut être un outil de prévention des erreurs judiciaires stricto et lato sensu.

Plus classiques sont les développements sur la collégialité et les voies de recours comme mode de prévention des erreurs judiciaires.

La prévention par la collégialité

La collégialité est en perte de vitesse flagrante en première instance et pourtant c'est un principe.
La collégialité est bien un principe mais qui n'a pas valeur constitutionnelle. Malgré les très nombreuses hypothèses où le procès pénal au premier degré autorise le face à face du présumé innocent, de la présumée victime et d'un juge unique, le principe demeure celui de la collégialité sauf pour l'exercice de certaines fonctions, comme celle de juge d'instruction ou de juge des enfants.

Précisément concernant l'absence de collégialité au stade de l'instruction, grâce au fiasco judiciaire d'Outreau, la question est très sérieusement posée de la saisine systématique de plusieurs juges d'instruction pour certaines affaires. Encore faudra-t-il que la collégialité soit réelle et non fictive, comme elle l'est dès lors qu'elle s'analyse en une simple division du travail entre des magistrats œuvrant en principe collégialement. La question est aussi sérieusement posée de la suppression des juges d'instruction dans les tribunaux où n'existe qu'un juge d'instruction, isolé, contraint au dialogue avec le seul procureur de la République, le plus souvent largement son aîné. L'enquête parlementaire sur le drame d'Outreau a bien démontré les effets pervers d'une trop grande proximité entre le parquet et l'instruction, attentatoire au principe de séparation des autorités de poursuite et de jugement.

En appel, le principe de la collégialité demeure y compris devant la chambre de l'instruction, une fois passé le pouvoir de filtre conféré au président par les articles 219 et suivants du code de procédure pénale. Il en est de même devant la Cour de cassation où un dispositif de sélection des pourvois est en place depuis la loi du 25 juin 2001 (art.1316 du code de l'organisation judiciaire), mais confié à une collégialité.

La prévention des erreurs judiciaires passe par une réhabilitation de la collégialité y compris au stade du jugement en correctionnelle où les possibilités de juger à juge unique se sont dangereusement multipliées. Un mouvement contraire impose une révision de la carte judiciaire et que d'autres moyens budgétaires soient votés pour le service public de la justice.

On ne peut traiter de la prévention des erreurs judiciaires en éludant la question des moyens.
Si la collégialité prévient les erreurs judiciaires, il en est de même des voies de recours. [...]

Document n° 6

L'effet d'ancrage ou l'apport de la psychologie cognitive à l'étude de la décision judiciaire,

Julien Goldszlagier, Les cahiers de la justice 2015, p. 507

La procédure pénale de droit français, qui tient pour un avantage le bénéfice du dernier mot, a pris soin de gratifier la défense du privilège de l'ultime parole. Cette règle, qui trouve une expression dans la loi, constitue un principe général du droit, applicable hors même les dispositions des textes, et ce à peine de nullité. « Parce que l'ordre de parole constitue l'une des applications de la présomption d'innocence devant le juge répressif, il fait non seulement partie des droits de la défense, mais il en est le cœur, le noyau dur, l'expression la plus accomplie, la moins négociable », explique Madame l'Avocat général Commaret.

Une telle règle trouve ainsi sa raison tout à la fois dans la présomption d'innocence et le principe du contradictoire. S'il appartient en effet à l'accusation d'emporter la conviction du juge, il suffit à la défense de faire naître le doute, et donc d'affaiblir l'idée qu'a pu se former le juge de la culpabilité du prévenu ou la peine qu'il devrait subir à la suite des réquisitions du ministère public. Une telle logique veut ainsi que la défense puisse répliquer à tout argument soulevé par la partie poursuivante et trouve sa raison dans le présupposé psychologique selon lequel l'esprit du juge se trouve plus sensible à l'argumentation qui lui a été présentée en dernier.

Ainsi, pour Martine Herzog-Evans, « l'idée qui fonde cette règle est que la personne s'exprimant en dernier lieu a le plus de chances de faire impression sur les juges, qui en conserveront un souvenir plus frais. Il peut aussi être invoqué *a minima* qu'elle fournit là l'espoir d'un rééquilibrage face à l'inévitable solidarité de corps qui lie les juges du siège à ceux du parquet. Il est donc particulièrement nécessaire que ces derniers s'expriment avant la défense ». Et Jean Pradel ajoute : « avoir la parole le dernier c'est un peu avoir raison aux yeux de certaines personnes. Le pénaliste, ici, s'est fait psychologue ».

La psychologie, cependant, ne confirme pas un tel présupposé. Les recherches conduites en matière de psychologie cognitive suggèrent au contraire que l'ordre de parole en matière pénale pourrait constituer, en l'état de la procédure, un handicap pour la défense. Une telle idée repose sur l'hypothèse réaliste selon laquelle la décision judiciaire est l'œuvre d'êtres humains dont l'esprit est sensible à l'environnement et le jugement susceptible de connaître des distorsions. Or, si la procédure et les pratiques judiciaires françaises font désormais une large place à la psychologie, c'est pour la contribution que celle-ci peut apporter à la connaissance du justiciable. En revanche, s'agissant du fonctionnement des acteurs de la procédure eux-mêmes, les ressources de la psychologie sociale et cognitive n'ont été à ce jour que maigrement exploitées.

Une telle connaissance permettrait cependant d'enrichir les pratiques judiciaires et de questionner la pertinence de la mise en œuvre de certains principes, notamment lorsqu'ils trouvent leur fondement dans un présupposé relatif à la psychologie du juge. La présente étude se propose ainsi d'illustrer l'intérêt d'une telle perspective en faisant état des travaux menés sur l'effet dit « d'ancrage » et son influence sur la décision judiciaire.

L'effet ou « biais d'ancrage » veut que l'esprit humain ait tendance à cheviller son jugement à la première information dont il a pu disposer (l'ancre) lorsqu'il prend une décision dans un contexte d'incertitude. Transposée à la décision judiciaire et aux principes qui la gouvernent, une telle mécanique apparaît hautement subversive. Elle contrarie en effet l'idée que l'on peut nourrir sur l'impartialité du juge, qui doit examiner d'un œil égal les arguments des parties, sur l'efficacité des garanties procédurales, telles que l'ordre de parole, et sur l'équilibre de la procédure pénale, qui ne doit pas s'établir au détriment de la personne mise en cause.

Dans une première partie sera présenté l'effet d'ancrage ; on indiquera la façon dont il peut affecter la décision du juge répressif et on en mesurera la robustesse. Dans une seconde, on s'intéressera aux conditions dans lesquelles le juge peut résister à l'effet d'ancrage, tant à l'égard des garanties de procédure qu'à celui de circonstances plus informelles.

L'ancrage de la décision du juge répressif

On doit à Daniel Kahneman et Amos Tversky les recherches séminales sur « les heuristiques de jugement » et les « biais » qui les accompagnent. Ils ont montré que face à une situation d'incertitude, dans laquelle l'information est difficile d'accès ou malaisée à traiter, l'esprit humain procède le plus souvent par un raisonnement simplifié, et ce alors même que le traitement desdites situations exigerait une démarche de réflexion plus aboutie. Or, observent Kahneman et Tversky, les opérations de simplification (ou « heuristiques ») recèlent des biais cognitifs susceptibles de provoquer la distorsion du jugement effectué et d'affecter par conséquent la qualité de la décision prise.

Parmi ces biais, L'effet « d'ancrage » veut qu'un jugement soit fortement *influencé* par l'exposition préalable de celui qui juge à une « valeur de référence », laquelle agit comme une « ancre » pour l'esprit humain. L'effet d'ancrage constitue ainsi un biais cognitif auquel sont sujets les acteurs de la procédure pénale, et particulièrement le juge. Or, ce biais se révèle particulièrement efficace et robuste.

L'effet d'ancrage dans la procédure pénale

L'idée qui préside à la mécanique de l'ancrage est que les individus, lorsqu'ils doivent procéder à une évaluation quantitative dans un contexte d'incertitude, procèdent selon une démarche « d'ajustement » à partir d'une « valeur initiale ». Cependant, soulignent Kahneman et Tversky, le plus souvent, la justement réalisé par l'individu est insuffisant, de sorte que son jugement est fortement conditionné par la valeur initiale. On désigne cette valeur initiale comme une « ancre » car elle retient - et biaise - le jugement des individus. Appliqué à la matière judiciaire, ce modèle suggère que le juge répressif, lorsqu'il se prononce sur le quantum d'une peine, est sujet a l'effet d'ancrage résultant de la proposition de peine faite par le ministère public dans ses réquisitions.

Le biais cognitif de l'ancrage

Dans leur étude originelle, Kahneman et Tversky ont observé que, lorsque l'on demande à des sujets d'évaluer le pourcentage des pays d'Afrique au sein de l'ONU, les résultats diffèrent en fonction de l'exposition de ces derniers à un nombre parfaitement arbitraire. Lors de l'expérience qu'ils ont conduite, des sujets devaient faire tourner une roue truquée de telle façon qu'elle s'arrêtât sur les seuils nombres « 10 »et « 65 », Les sujets étaient alors invités à déterminer si le pourcentage demandé était supérieur ou inférieur au nombre obtenu, puis à proposer leur propre évaluation. Très significativement, ceux qui avaient obtenu le nombre « 10 » proposèrent une évaluation moyenne de « 25 % », quand ceux qui avaient obtenu le nombre « 65 » proposaient une évaluation moyenne de « 45 % ». De tels résultats montrent tout à la fois la force de l'effet d'ancrage et celle de l'insuffisance de l'ajustement. Ils montrent également que l'effet d'ancrage ne repose pas sur la valeur informative de l'ancre. En effet, il n'existe aucun rapport entre le nombre donné par une roue de la fortune et le pourcentage de pays africains au sein de l'ONU, si ce n'est le caractère numérique des informations. L'ancrage apparaît donc comme une mécanique autonome de l'esprit humain qui utilise n'importe quelle ancre à disposition, même si celle-ci ne présente aucun lien nécessaire, ni ne donne aucune information pertinente sur l'objet de l'évaluation.

L'effet d'ancrage a fait l'objet de nombreuses expériences concluantes dans des domaines aussi variés que la perception des risques, l'estimation de la valeur d'un bien immobilier ou la négociation d'un prix. Il a ainsi été montré que le fait de formuler une offre initiale constitue un avantage décisif lors de la négociation, en raison de l'effet d'ancrage de la première offre énoncée.

Une proposition d'explication des heuristiques et biais cognitifs s'appuie sur une conception dualiste de la mécanique cognitive humaine. Selon la théorie du « double processus », l'esprit fonctionne selon deux modes. Selon le premier mode, dit « système automatique », l'esprit traite l'information de façon spontanée, immédiate et sans contrôle. Ce mode primitif est le siège de la mécanique d'association, des intuitions et des biais cognitifs. Selon un second mode, dit « système réflexif », l'esprit humain recourt à l'analyse et à la rationalité. Mû par la conscience, il s'appuie sur l'attention et le contrôle de soi. Il suppose par conséquent l'effort. Or, la répartition des tâches entre les deux systèmes repose sur une économie de moyens. Le mode automatique, qui fonctionne en tâche de fond, est mis en œuvre par défaut. Le mode réflexif, plus lent et coûteux en énergie, n'est stimulé que subsidiairement et dans les limites des ressources disponibles ; ce que Kahneman appelle la « paresse du système 2 ».

Le biais d'ancrage associe la force du système automatique et la faiblesse du système réflexif. En effet, l'ancre opère, par suggestion, comme un « amorçage positif ». Lors du processus cognitif, l'esprit utilise l'ancre à laquelle il a été exposé pour « faciliter » l'opération en cours. Ainsi, la mémoire recherche et sélectionne parmi les informations à sa disposition celles qui lui paraissent cohérentes avec la tâche qui lui est assignée. Par exemple, à la recherche d'un pourcentage (de pays africains de l'ONU), la mémoire associe une autre valeur numérique, obtenue récemment par tirage au sort. Pour établir l'offre d'achat d'une maison, la mémoire s'en réfère au prix de vente

affiché devant cette même maison.
L'ancrage ressortit donc au fonctionnement de la mémoire associative et par conséquent du système automatique de la pensée. L'ajustement, en revanche, parce qu'il s'agit d'une « tentative délibérée de trouver des raisons de s'éloigner de l'ancre » relève du système réflexif. Le principe de paresse cognitive explique ainsi que l'effet d'ancrage prime le plus souvent l'effort d'ajustement.

De l'ancrage des décisions du juge répressif par les réquisitions du ministère public

Le procès pénal constitue un contexte d'incertitude propice à la vérification des hypothèses de la psychologie cognitive, et en particulier de l'effet d'ancrage. En effet, dans les limites de la loi, le juge est souverain quant à l'appréciation de la culpabilité du mis en cause, comme de la peine qui doit lui être infligée. C'est cette souveraineté même qui fait naître l'incertitude (quelle peine prononcer ?) car, dans le cadre des prévisions de la loi, les solutions sont abondantes et les directives imprécises. Lors du prononcé de la peine, par ailleurs, le juge se détermine non seulement sur la nature de la peine mais également sur son *quantum*, lequel fait l'objet d'une évaluation. Il s'ensuit que la décision du juge sur la peine est susceptible de subir un effet d'ancrage.

Des travaux de psychologie cognitive ont confirmé cette hypothèse. Englich et Mussweiler ont ainsi constaté une proximité entre les réquisitions du ministère public et la décision finale du juge : ils ont soumis le même dossier fictif à une vingtaine de jeunes juges en les exposant, pour la moitié d'entre eux à des réquisitions de « 2 » mois d'emprisonnement et pour l'autre moitié de « 34 » mois d'emprisonnement. Invités à se prononcer sur la pertinence des réquisitions (trop basses, adéquates, trop hautes), les sujets devaient indiquer la peine qu'ils auraient prononcée. Ceux qui avaient été exposés à l'ancre basse (« 2 ») prononcèrent en moyenne une peine de «18, 78» mois contre « 28, 70 » mois pour ceux qui avaient été exposés à l'ancre haute « 34 »), soit une différence de plus de dix mois.

Pour isoler l'effet d'ancrage des réquisitions d'autres facteurs contextuels, ils ont modifié les conditions de l'expérience. S'agissant, tout d'abord, de l'influence éventuelle d'un procureur aguerri sur de jeunes magistrats, Englich et Mussweiler ont proposé à leurs sujets de statuer sur des réquisitions d'un étudiant en informatique, explicitement présenté comme dépourvu de toute expérience en matière juridique. S'agissant ensuite de l'éventuelle influençabilité des magistrats liée à leur inexpérience, les mêmes réquisitions de l'étudiant en informatique ont été soumises à un échantillon de juges bénéficiant de longues années de pratique. Dans l'un et l'autre cas, les sujets subirent l'effet d'ancrage des réquisitions, alors même qu'elles n'étaient pas jugées pertinentes du fait de l'incompétence de l'auteur des réquisitions. Outre la confirmation de la sensibilité des juges à l'effet d'ancrage, cette étude a permis de montrer que ce biais cognitif persistait indépendamment de l'expérience des juges et de la pertinence des réquisitions, à l'instar de la première expérience de Kahneman et Tversky.

En 2006, Englich, Mussweiler et Strack ont confirmé leurs expériences précédentes de façons spectaculaire et troublante. À nouveau, ils ont présenté un dossier à un échantillon de jeunes magistrats. Ces derniers étaient encore invités à se prononcer sur la pertinence des réquisitions du ministère public. Cependant, il leur était demandé de déterminer eux-mêmes *le quantum* desdites réquisitions grâce à un jet de dé. Celui-ci était truqué de façon à retourner les seules valeurs de « 3 » et « 9 ». La moyenne des décisions de ceux des magistrats qui avaient tiré le « 3 » s'établit à « 5, 28 » mois, quand la moyenne de leurs collègues qui avaient tiré le « 9 » atteignait « 7, 81 » mois. Autrement dit, l'effet d'ancrage des réquisitions joue alors même que les juges ont pu prendre conscience du caractère arbitraire du *quantum* demandé.

Si ces études permettent de montrer que la décision du juge peut subir un biais d'ancrage aux réquisitions du ministère public, elles ne suffisent cependant pas à en apprécier l'efficacité dans les conditions de l'audience correctionnelle. Il convient notamment de vérifier si l'exercice des droits par la défense ou la collégialité du délibéré n'ont pas un effet modérateur sur les biais cognitifs subis par le juge. Pour cela, elles doivent lutter contre un effet d'ancrage remarquablement robuste.

La robustesse de l'ancrage

On a vu que l'ancrage résultait du mode automatique de la pensée, alors que l'ajustement, qui constitue un exercice de résistance, suppose de mettre en œuvre de façon consciente des mécanismes mentaux qui exigent l'effort. De là, l'effet d'ancrage se révèle le plus souvent suffisamment robuste pour faire échec aux tentatives de correction qui peuvent lui être apportées.

Lors de leur étude sur la sensibilité des juges à des ancres arbitraires, Englich, Mussweiler et Strack ont proposé une dernière expérience des plus stimulantes. Selon le protocole initial de l'étude du cas suivi d'un jet de dé, ils ont soumis un échantillon de magistrats à une série d'arguments « en faveur » (responsabilité atténuée, insignifiance du préjudice, volonté de se soumettre à un traitement médical) ou « en défaveur » (condamnations précédentes, violation des obligations du sursis, fréquence des infractions commises) du mis en cause. Les résultats ont permis d'établir que ceux qui avaient été exposés au jet de dé « le plus élevé » étaient plus sensibles aux arguments défavorables au mis en cause, tandis que ceux qui avaient été exposés au jet de dé « le plus bas » demeuraient sensibles aux arguments qui lui étaient favorables.

Cette dernière étude suggère que l'ancrage conduit le juge à sélectionner les arguments qui renforcent la cohérence de l'ancre à laquelle il a été exposé, rendant d'autant plus ardu l'effort d'ajustement. Autrement dit, après avoir entendu des réquisitions, le juge oriente son esprit dans le sens de l'ancre, de telle façon qu'il se rend de lui-même plus réceptif aux arguments qui défavorisent le mis en cause, et corrélativement plus rétif aux arguments qui, comme ceux de la défense, le favorisent. Une telle étude montre non seulement combien difficile est la tâche de la défense mais surtout combien difficile est pour le juge lui-même la lutte qu'il doit mener pour l'impartialité, dès lors que son esprit le pousse dans le sens des réquisitions du ministère public.

Au reste, le combat inégal du jugement heuristique contre la rationalité consciente se double de la faiblesse de cette dernière, en raison du « coût » de la mobilisation du système réflexif. Des travaux ont ainsi établi que les juges étaient d'autant plus sensibles aux biais cognitifs qu'ils étaient sujets à la fatigue. L'étude a porté sur plus de mille décisions rendues par huit juges israéliens chargés de statuer sur des requêtes en aménagement de peine. Lors de l'audience, le juge statuait sur 14 à 35 cas dont il n'avait pas eu connaissance préalablement. De façon très significative, la tendance à faire droit à la requête diminuait à mesure qu'avançait l'audience, et ce quelle que soit la nature de la demande. Ainsi, en début d'audience, le requérant bénéficiait de 65 % de chance en moyenne de voir sa demande acceptée. En fin d'audience, ce pourcentage tombait à 0, que la demande ait fait l'objet d'un rejet ou d'un renvoi. Plus significativement encore, le pourcentage remontait à 65 % après la pause du déjeuner, pour tomber à 0 % en fin de journée.

Cette étude suggère deux choses : en premier lieu, et conformément à l'intuition ou l'expérience, la décision dépend de l'état de fatigue du juge. En second lieu, le juge privilégie le *statu quo* lorsqu'il ressent l'effet de la fatigue. Or, la préférence pour le *statu quo* constitue un biais cognitif documenté. Une telle conclusion est conforme à l'idée selon laquelle la mise en œuvre du système réflexif dépend des réserves d'énergie du sujet, et qu'à défaut c'est le système automatique qui est à l'œuvre. Il s'ensuit que la décision se trouve d'autant moins soumise aux biais cognitifs que le juge est alerte. Sans aller Jusqu'à soutenir le caractère déontologique de la pause du déjeuner, une telle étude devrait inviter les acteurs judiciaires à prêter une attention plus soutenue à ce qui peut apparaître parfois, au vu des contraintes de fonctionnement de l'institution, comme une forme de contingence futile.

À ce point, un lecteur raisonnablement avisé pourrait objecter que la seule conscience de l'effet d'ancrage devrait suffire à en prévenir l'influence, de sorte qu'un léger effort permettrait au juge diligent de s'en affranchir. Une étude conduite par Wilson, Houoston, Etling et Brekke montre cependant qu'il n'en est rien : alors même que les sujets sont avertis du fonctionnement de l'effet d'ancrage et spécifiquement sommés d'y résister, ils y succombent néanmoins, ce qui est conforme à l'idée selon laquelle l'ancrage trouve son siège dans des processus inconscients de l'esprit. De telles conclusions invitent évidemment au scepticisme quant à l'idéal d'une pratique judiciaire impartiale et respectueuse de la présomption d'innocence. Si même la meilleure volonté du juge ne suffit à lui assurer un rempart contre les biais de son esprit, l'espoir de triompher des effets de l'ancrage peut apparaître mince.

La résistance à l'effet d'ancrage

Dès lors que l'effet d'ancrage oriente la décision du juge répressif dans le sens des réquisitions du ministère public, il interroge les principes fondamentaux de la procédure pénale et de la déontologie du magistrat.

L'effet d'ancrage, en effet, met à l'épreuve la présomption d'innocence due au mis en cause, comme le devoir d'impartialité auquel est tenu le juge en application de l'article 6 de la Convention européenne de sauvegarde des droits de l'homme et des libertés fondamentales. On se propose donc d'examiner si les garanties de procédures, telles que le principe du contradictoire ou la collégialité constituent des remparts suffisants contre le biais d'ancrage, de telle façon qu'ils assurent « l'équilibre des droits des parties » au sens de l'article préliminaire du code de procédure pénale.

À défaut, l'impartialité constitue une exigence déontologique pour le juge. Comme le souligne le Conseil supérieur de la magistrature dans son recueil des obligations déontologiques des magistrats, « l'impartialité, dans l'exercice de fonctions juridictionnelles, ne s'entend pas seulement d'une absence apparente de préjugés mais aussi, plus fondamentalement, de l'absence réelle de parti pris. Elle exige que le magistrat, quelles que soient ses opinions, soit libre d'accueillir et de prendre en compte tous les points de vue débattus devant lui ». Or, les biais cognitifs affectent l'impartialité du juge. Il lui appartient donc de trouver les moyens de résister, dans ses pratiques, à la force de l'effet d'ancrage, ce qui n'est pas sans difficulté.

La résistance à l'effet d'ancrage par les garanties de la procédure

La procédure française prévoit que s'applique le principe du contradictoire au profit de la personne mise en cause, laquelle dispose du privilège de défendre sa cause en dernier. Cette faveur suffit-elle à faire échec à l'effet d'ancrage lié aux réquisitions du ministère public ? La psychologie cognitive suggère que l'ordre de parole joue, au contraire, en défaveur de la défense. Les principes de procédure pénale veulent encore que la collégialité prévienne la décision judiciaire contre les biais qui peuvent orienter l'esprit d'un juge seul. On vérifiera que les expériences menées sur les décisions de groupe ne confirment pas l'immunité du groupe contre les biais cognitifs.

L'ordre de parole, un désavantage pour la défense

Comme l'observent Englich, Mussweiler et Strack, les décisions judiciaires sont susceptibles d'être prises sous l'exposition de deux ancres. En effet, si le ministère public fait une proposition de peine, il en va de même de la défense, qui peut formuler une proposition alternative. Elle se trouve alors en mesure de contrebalancer l'effet de l'ancre jetée par le ministère public dans l'esprit du juge en lui soumettant une ancre alternative et plus récente. De fait, des études ont été conduites de façon à évaluer l'effet des ancres multiples, qui aboutissent à des résultats contrastés. Les recherches menées sur la décision judiciaire, cependant, tendent à confirmer la solidité de l'ancrage issu des réquisitions du ministère public et suggèrent que la défense joue un rôle ambigu à cet égard.

Dans une étude de 2004, Nunes et Boatwright proposèrent à des étudiants de participer à des enchères pour un dîner au restaurant. Ils étaient préalablement exposés aux ancres « 23 » (ancre basse B) et « 987 » (ancre haute H). Cependant, les nombres leur étaient présentés selon des séquences distinctes HBB, BHB, BBH. De façon notable, alors que les sujets exposés aux séquences s'achevant par l'ancre basse proposaient des résultats analogues, ceux auxquels fut présentée la séquence BBH proposèrent des enchères notablement plus élevées. Un tel résultat suggérait ainsi qu'un sujet exposé à des ancres multiples est plus sensible à la dernière ancre qui lui est soumise, accréditant ainsi la pertinence du présupposé psychologique de l'ordre de parole de droit pénal français.

L'audience pénale, cependant, ne reproduit pas les conditions de l'expérience menée par Nunes et Boatwright. En effet, lorsque l'avocat de la défense formule sa proposition de peine, il a été lui-même exposé aux réquisitions du ministère public. Or, il n'est pas de raison de penser que l'avocat serait immunisé contre l'effet d'ancrage de la peine proposée par le représentant du parquet. Pour évaluer cet effet, Englich, Mussweiler et Strack ont repris le cas qui avait été à l'origine de leurs premières études et l'ont soumis à des jeunes avocats. Ceux-ci devaient se prononcer sur les réquisitions du ministère public (« 12 » mois ou « 34 » mois), puis faire une proposition de peine adaptée à la défense de leur client. Les avocats qui avaient été exposés aux plus hautes réquisitions (« 34 »mois) proposèrent en moyenne une peine de « 16, 77 » mois contre « 9, 60 » mois pour ceux qui avaient été exposés à l'ancre basse (« 12 » mois), soit une différence de 7 mois, démontrant ainsi que si la défense se prononce dans l'intérêt de son client, elle est néanmoins influencée par la première ancre formulée par le ministère public.

Quel est l'effet, cependant, de la proposition de peine de la défense ? Contrariera-t-elle, comme le présuppose la règle de l'ordre de parole, l'effet d'ancrage résultant des réquisitions du ministère public, ou renforce-t-elle involontairement cet effet d'ancrage?

Poursuivant l'étude, Englich, Mussweiler et Strack proposèrent à un échantillon de magistrats expérimentés dans la matière répressive des combinaisons de réquisitions et plaidoiries basées sur la première expérience. Il apparut que les juges parvenaient à des condamnations moyennes plus lourdes lorsque les réquisitions étaient plus élevées. Mais surtout, l'analyse des résultats démontra que les peines prononcées par les juges étaient liées aux peines demandées par la défense, lesquelles étaient elles-mêmes liées aux réquisitions formées par le ministère public, de telle façon que « les avocats de la défense semblent ajuster leurs demandes sur celles du procureur, qui, en retour affectent la décision du juge. Plutôt que d'agir contre les demandes du procureur, les demandes de l'avocat de la défense semblent favoriser l'alignement de la décision du juge sur des demandes du procureur ».

Loin de conforter l'expérience de Nunes et Boatwright, il semble donc que l'ordre de parole prévu par la procédure pénale française soit rien moins que favorable à la défense du mis en cause. Plus troublant encore, il apparaît que la défense, subissant elle-même l'effet d'ancrage de l'accusation, s'en fasse l'auxiliaire involontaire pour en appuyer l'efficacité.

« En gratifiant l'avocat de la défense du droit de parler en dernier, la loi gratifie parallèlement le procureur du droit de parler en premier. Ce qui permet à l'accusation d'introduire une ancre qui détermine la décision finale en influençant le juge, non seulement directement, mais aussi (et de façon prédominante) indirectement grâce à l'influence de ses réquisitions sur les demandes de l'avocat de la défense. À cet égard, la procédure pénale affaiblit le principe selon lequel le doute doit profiter à l'accusé ».

Les expériences conduites par Englich, Mussweiler et Strack concluent ainsi à l'avantage du ministère public sur la défense à raison de l'ordre de parole déterminé par la loi. Ils attribuent une part importante de cette conclusion à l'influence subie par l'avocat de la défense du fait des réquisitions du ministère public, et soulignent qu'aucun des avocats sollicités pour établir une stratégie de défense n'a reconnu avoir été influencé par les réquisitions du ministère public, ce qui nourrit l'idée selon laquelle le biais d'ancrage trouve une part de sa force dans le fait que l'on n'a pas conscience d'y être soumis.

Il convient à cet égard de faire deux observations quant aux stratégies de défense employées en pratique devant les juridictions répressives. En premier lieu, les présentes études suggèrent que, lorsque l'avocat du mis en cause ne formule pas de proposition de peine alternative, il laisse l'esprit du juge sous la seule influence de l'ancre du ministère public. On peut estimer qu'il en va ainsi lorsque la relaxe ou l'acquittement sont plaidés, ou lorsqu'une peine alternative à l'emprisonnement ou un sursis est demandé. Il en va de même lorsque l'avocat de la défense se contente de contester le *quantum* proposé par le ministère public sans faire de proposition alternative : au mieux, il livre le juge à l'ancre du ministère public ; au pire, il la renforce par effet de répétition.

En second lieu, les recherches conduites sur les ancres multiples font apparaître un «effet de contraste » selon que les ancres sont jugées, ou non, plausibles par les sujets. Si, en effet, la plausibilité d'une ancre n'est pas une condition nécessaire de son efficacité - contrariant ainsi l'intuition de Talleyrand selon laquelle tout ce qui est exagéré, est insignifiant -, le « contraste » entre une ancre jugée plausible et une ancre jugée non plausible joue en faveur de la première. Ainsi, lorsqu'un sujet est exposé à la combinaison d'une ancre « extrêmement haute » et d'une ancre moyenne, il retient une valeur « plus basse que lorsque lui est présenté la combinaison d'une ancre « raisonnablement haute » et d'une ancre « moyenne ». Inversement, lorsque l'une des ancres apparaît trop basse pour être plausible, l'évaluation finale se trouve en moyenne plus élevée. Transposées à la scène judiciaire, de telles conclusions conduisent à prédire que les réquisitions du ministère public n'opéreront pas efficacement en face d'une défense raisonnable si elles apparaissent excessivement élevées au juge. À l'inverse, lorsque les réquisitions sont raisonnables, les demandes de la défense jugée excessivement faibles conduiraient, « par effet de contraste », au prononcé d'une peine plus élevée.

De fait, la psychologie cognitive dessine aujourd'hui un tableau de la décision judiciaire peu flatteur pour la défense, laquelle apparaît exercer un rôle au mieux résiduel, le plus souvent inutile, voire contre-productif. English, Mussweiler et Strack suggèrent d'ailleurs que le juge soumis à l'effet d'ancrage pourrait produire de lui-même des contre-arguments à ceux qui lui sont soumis par la défense. Les compétences non plus que le travail des avocats ne sont cependant à blâmer, car le problème principal semble résider dans l'avantage pragmatique garanti au ministère public par l'ordre de parole.

La collégialité, une condition insuffisante pour résister à l'ancrage

« Juge unique, juge inique », dit l'adage. Et parmi les raisons de l'iniquité, le risque de partialité d'une décision prise dans le for d'une conscience solitaire. Contre l'écueil de la solitude, la collégialité apparaît donc comme un remède. Si l'idée est ancienne, elle a néanmoins résisté à l'usure et l'évolution des textes ; elle a même retrouvé une forme de verdeur dans les débats récents sur la collégialité de l'instruction.

De tels présupposés sont confirmés par certaines études de psychologie sociale, qui concluent que le groupe parvient en moyenne à un jugement plus adéquat que l'individu parce que davantage de compétences, de savoirs et d'approches sont disponibles pour la décision. D'autres travaux cependant montrent que l'avantage du groupe sur la décision est limité par un échange d'informations assez pauvre, de sorte que l'effet modérateur du groupe sur les biais cognitifs serait limité. Enfin, une série d'études suggère que l'effet du groupe pourrait être d'exacerber les biais individuels dans certaines circonstances.

S'agissant spécifiquement du biais d'ancrage, Whyte et Sebenius concluent d'une étude conduite sur un scénario de négociation de prix que « les groupes sont aussi sensibles que les individus aux effets d'une ancre non pertinente, et aussi incapables que les individus de se dégager d'une telle information ». La décision du groupe, cependant, ne procède pas du même mécanisme que la décision de l'individu. En effet, au sein d'un groupe, le processus de décision repose sur un mécanisme d'approximation par consensus. Ce sont ainsi les « estimations individuelles » des membres du groupe qui forment les bases de discussion du groupe, lequel ajuste sa décision selon les principes d'une négociation interne. Il s'ensuit que la décision finale souffre du même biais d'ancrage que celui qui a été subi par chacun des membres du groupe.

Une telle explication apparaît cohérente avec les résultats obtenus par Jean-Marie Baudouin lors d'une expérience conduite au sein de l'École nationale de la magistrature. Invités à se prononcer, dans le cadre de simulations, sur un dossier dans le cadre d'une procédure de protection de l'enfance en danger, les auditeurs de justice proposèrent en général une motivation « plus riche » lorsqu'ils délibéraient collégialement que lorsqu'ils statuaient en qualité de juge unique. Cependant, les résultats s'inversaient si les sujets avaient été préalablement conduits à former leur opinion individuelle en assurant le rôle de représentant du parquet. Dans ce cas, les décisions collégiales étaient moins riches que les décisions individuelles, « phénomène de rétractation, en somme, où les individus, au lieu d'enrichir la discussion par leurs échanges, soit s'accommodaient immédiatement d'une position moyenne, soit campaient sur une position, puis acceptaient un compromis pauvre ».

Si l'étude ne portait pas à proprement parler sur un effet d'ancrage quantitatif, ses conclusions peuvent être utilement exploitées au regard des processus cognitifs à l'œuvre. Il en résulte ainsi que le seul effet de groupe lié à la collégialité est insuffisant pour améliorer la qualité de la décision. Une telle amélioration, cependant, peut résulter de l'œuvre du juge seul, dès lors qu'il est placé dans des conditions adéquates. S'agissant notamment des décisions prises en qualité de juge unique par les auditeurs de justice préalablement placés dans la situation du procureur, l'auteur observe ainsi que : « Ces élèves, mis en situation d'embarras [dans l'expérience l'embarras est provoqué par le changement de rôle], ont été confrontés à une sorte de dissonance. Ils ont sans doute eu un débat interne. Un débat avec eux-mêmes. Probablement assez intense. Cette intensité s'est même matérialisée : ils ont remis un travail écrit plus long que la moyenne et souvent surchargé de ratures. Ainsi un individu seul, pris dans une contradiction, mènerait une réflexion plus approfondie sur un problème complexe que trois personnes qui peuvent en débattre ».

La résistance à l'ancrage dépend en effet davantage des pratiques de la décision que des seules garanties procédurales.

La résistance du juge à l'effet d'ancrage

La résistance aux biais d'ancrage résultant des réquisitions du ministère public constitue pour le juge un défi exigeant. Les garanties de procédures, telles que la collégialité ou l'exercice de ses droits par l'avocat de la défense, ne suffisent pas à le libérer de l'emprise de l'effet d'ancrage. La mécanique propre de l'effet d'ancrage, liée à un système automatique de la pensée, en favorise en effet la robustesse, tandis que les instruments de résistance doivent mobiliser les ressources mentales coûteuses.

C'est pourquoi il lui appartient de trouver, en lui-même ou dans ses pratiques, les moyens d'y parvenir. Ainsi, des outils mentaux liés à des opérations de mise en perspective peuvent contribuer à lutter contre l'effet d'ancrage. D'autres travaux suggèrent que la construction d'une norme sociale telle que la jurisprudence peut efficacement limiter l'influence des réquisitions du ministère public.

Les instruments mentaux de résistance à l'ancrage

L'ancrage trouve sa source et sa force dans les processus inconscients du système automatique de l'esprit, de sorte que la stratégie consistant à recourir à un «mécanisme correctif » issu du système réflexif présente de bonnes chances d'être inefficace. Plus fructueuse, en revanche, peut apparaître l'idée d'utiliser les ressources de la raison pour affaiblir le processus d'ancrage lui-même, dans son efficacité ou sa nécessité. Cette perspective a conduit à vérifier le succès des techniques de résistance contre l'ancrage, d'une part, et de réduction de l'incertitude, d'autre part.

Dans une étude relative aux effets de l'ancrage en matière de négociation, Galinsky et Mussweiler ont étudié les moyens par lesquels les négociateurs pouvaient faire face au robuste effet d'ancrage résultant de la première offre formulée. Ils ont ainsi établi qu'une stratégie consistant à « considérer les opposés » (*« considering the opposite »*) permettait d'atténuer sensiblement le biais d'ancrage. Une telle méthode consiste à confronter l'ancre à des informations qui lui sont contradictoires ou incompatibles avec ses implications, de façon à créer une discordance.

Il était demandé à celle des parties d'une négociation qui avait été exposée à une première offre de se représenter soit le « prix espéré » par l'autre partie soit son « prix de réservation » (le prix limite qu'elle pourrait consentir). Les résultats montrèrent que la représentation du « prix espéré » par l'autre partie conduisait à renforcer l'effet d'ancrage, alors la représentation de son « prix de réservation » permettait d'y résister. L'explication apportée à ce phénomène est que le « prix espéré » par l'autre partie est cohérent avec l'offre qu'il a formulée, alors que son « prix de réservation » est associé à des idées incompatibles avec l'offre. Selon les auteurs, considérer les opposés permet donc aux sujets de limiter la force de l'ancrage en fournissant à la mémoire des éléments d'information contradictoires.

Transposée à la délibération judiciaire, la stratégie consistant à inviter le juge à considérer les opposés peut apparaître naïvement redondante avec la pure et simple application du principe d'impartialité qui exige que ce dernier considère avec la même attention et absence de préjugé les arguments du ministère public et ceux de la défense. En l'état des connaissances, il semble cependant que la procédure appliquée lors de l'audience pénale conduit, d'une part, la défense à subir l'ancrage des réquisitions du ministère public et, d'autre part, le juge à privilégier passivement les arguments qui renforcent l'effet d'ancrage. Si bien que s'en remettre à une injonction d'impartialité d'ordre général devrait être aussi inefficace que l'invitation à ignorer le biais d'ancrage. En réalité, les études suggèrent que le juge doit, pour bénéficier de l'effet de « débiaisage », s'imposer comme pratique de délibération de construire lui-même les arguments à cette fin et de rechercher activement pourquoi les réquisitions du ministère public ne devraient pas être considérées comme adéquates, ce qui suppose une pratique de la délibération particulièrement exigeante.

Aussi utile, cependant, que puisse apparaître la mise en œuvre d'une stratégie de résistance au biais d'ancrage, elle a sans doute moins d'efficacité qu'une opération de « réduction de l'incertitude ». L'esprit humain, en effet, est d'autant plus sensible aux biais cognitifs - et particulièrement au biais d'ancrage -, qu'il manque d'information pour procéder au jugement, qui lui incombe. Accroître l'information disponible réduit ainsi l'incertitude et, par conséquent, la sujétion aux biais cognitifs.

Le recours à la norme sociale de la jurisprudence

Une étude particulièrement stimulante a été conduite, qui suggère que le juge est d'autant moins sujet à l'ancrage des réquisitions du ministère public qu'il peut faire appel à une information concurrente, telle que celle qu'il peut tirer de la jurisprudence. Geyres, Hilton et Py ont ainsi étudié 184 condamnations prononcées par des tribunaux correctionnels des régions parisienne et lyonnaise entre 2005 et 2007 en matière d'outrage et de rébellion sur personnes dépositaires de l'autorité publique. Les décisions avaient été rendues selon une procédure rapide dans des contextes d'agitation sociale, telles que les émeutes urbaines de 2005, les manifestations contre le contrat première embauche en 2006 et les manifestations contre l'élection du président de la République en 2007.

Les auteurs constatent, d'abord, que la moyenne des réquisitions était passée de 5, 7 mois en 2005 à 4 mois en 2006 et 3, 5 mois en 2007, tandis que la moyenne des condamnations s'établissait à 4, 8 mois en 2005, 3 mois en 2006 et 3 mois en 2007, ce qui semblerait confirmer l'effet d'ancrage mais également la réduction de son emprise.

La richesse de l'étude résulte cependant de l'étude de la « dispersion » des peines requises et prononcées au cours du temps. Il s'agissait d'examiner quelle était l'évolution de l'écart à la moyenne des peines requises et prononcées au cours des différentes périodes de façon à vérifier si celui-ci demeurait constant ou si, au contraire, il se réduisait par un resserrement autour de la moyenne. De fait, l'analyse des résultats a montré que la dispersion des réquisitions persistait sur la période, alors que celle des condamnations s'amoindrissait. De telles observations suggèrent que la moyenne des *quantums* prononcés constitue peu à peu une norme implicite. L'effet d'une telle norme au sein de la société des juges est de réduire, par effet de contraste, l'influence des réquisitions du ministère public lorsqu'elles s'en éloignent et de renforcer l'effet d'ancrage de ces mêmes réquisitions lorsqu'elles se rapprochent de la norme, par effet d'assimilation. « À mesure que les juges se familiarisent avec la procédure, ils constituent un espace plus étroit de peines acceptables, dont il résulte un ajustement plus important face aux réquisitions qui s'en éloignent, et un ajustement moins important face à celles qui s'en rapprochent ».Si les auteurs invitent à la prudence dans l'interprétation des résultats, ils font néanmoins valoir que ceux-ci sont conformes avec les travaux mettant en lumière l'effet de « débiaisage » lié à la réduction du contexte d'incertitude du jugement, ce qui appelle quelques observations.

Tout d'abord, l'existence d'une « norme sociale » en matière judiciaire ne constitue pas une surprise pour le juriste ou praticien du droit, auquel n'est pas étranger le phénomène jurisprudentiel. De fait, la jurisprudence représente un exercice d'uniformisation de leurs décisions, à laquelle les juges se raccrochent pour réduire l'arbitraire d'une décision. Elle constitue donc, pour autant qu'elle existe, un outil mental qui opère comme une ancre et réduit l'incertitude dans l'esprit du juge.

Le recours à cette norme sociale suppose cependant que le juge puisse bénéficier d'une information suffisante à cet égard. Si celle-ci peut résulter des échanges liés aux pratiques collectives au sein de la communauté des magistrats, elle est plus difficile d'accès aux jurés d'assises, de telle façon qu'on peut les supposer moins armés que les magistrats professionnels pour se défendre contre l'effet d'ancrage des réquisitions du ministère public.

Enfin, on pourrait croire que, du fait du fonctionnement hiérarchique du parquet et de l'existence de directives de politique pénale, serait constatée une plus grande homogénéité parmi les réquisitions. Or il n'en est rien. L'étude montre au contraire que les membres du ministère public ne suivent ni ne constituent une norme au cours du temps. Cette question de l'évaluation de la peine par le représentant du parquet demeure donc, parmi d'autres, largement ouverte aux recherches de psychologie cognitive.

Au terme de cette présentation, il est possible de tirer de l'état de la recherche en psychologie sociale et cognitive certains enseignements sur la formation de la décision judiciaire en matière pénale.

Il semble ainsi que le juge subisse l'effet d'ancrage des réquisitions du ministère public, mais que cet effet dépend de la proximité des réquisitions avec la norme jurisprudentielle à laquelle se réfère le juge. Ainsi, si les réquisitions se trouvent à un niveau que le juge considère comme plausible, ou s'il n'existe pas de jurisprudence susceptible de réduire l'incertitude de son jugement, les réquisitions influenceront significativement sa décision. Pour lutter contre cet effet, il apparaît que la seule conscience du juge est insuffisante et qu'il doit mettre en œuvre des pratiques cognitives destinées à lutter contre les mécanismes automatiques et inconscients de sa pensée.

Par ailleurs, différents travaux suggèrent que les garanties de procédure ne suffisent pas à limiter l'effet du « biais » d'ancrage, voire le favorisent. Ainsi en va-t-il du rôle de la défense, qui apparaît au mieux impuissante à contrer l'effet des réquisitions sur le juge. Ainsi en va-t-il également de la collégialité, dont le bénéfice apparaît au mieux contestable. Au-delà du pessimisme cependant, les résultats obtenus à ce jour suggèrent que la défense peut retrouver une forme d'efficacité lorsqu'elle accompagne les efforts du juge pour résister à l'ancrage. En effet, dans cette circonstance, elle peut fournir à la mémoire de ce dernier des outils pour considérer les opposés et contrarier les effets de l'ancrage. De même, le principe de collégialité peut-il également permettre de lutter contre les biais cognitifs, pour peu que l'organisation de la délibération ne se limite pas à une confrontation de jugements individuels perclus de biais. Encore une fois, c'est la pratique des juges - et en particulier des présidents de tribunaux correctionnels ou de cour d'assises - qui peut permettre de soustraire la décision au biais d'ancrage.

Si, enfin les différentes études présentées proposent des contributions stimulantes, voire perturbatrices, sur le mécanisme de la décision judiciaire, le champ des investigations demeure largement ouvert. En tout état de cause, il semble que le pire ennemi du juge, comme son seul allié, demeure lui-même.

Document n° 7

Rapport fait au nom de la commission d'enquête chargée de rechercher les causes des dysfonctionnements de la justice dans l'affaire dite d'Outreau et de formuler des propositions pour éviter leur renouvellement
Président M. André Vallini,
Rapporteur M. Philippe Houillon
(extrait)

D. L'ABSENCE DE CULTURE DU CONTRÔLE

Parmi les dysfonctionnements les plus saillants relevés par la commission d'enquête, l'absence de culture de contrôle au long de la chaîne judiciaire occupe indéniablement une place importante. Me Éric Dupont-Moretti a illustré cette dispersion des responsabilités lors de son audition par la commission d'enquête : ***« c'est l'institution qui est en cause. Elle a d'autant moins d'excuses que soixante magistrats ont vu ce dossier et que personne, ni à la chambre de l'instruction, ni au parquet général ni à Boulogne, n'a tiré la sonnette d'alarme. »***

La commission a pu s'en convaincre à partir de plusieurs constatations : le défaut de transmission d'information lors du passage de témoin d'un magistrat instructeur à l'autre ; la pratique du « suivisme judiciaire » ; le manque de culture du travail d'équipe au sein de la magistrature et enfin la confusion occasionnelle des rôles.

1. Le défaut de transmission d'informations lors du passage de témoin entre magistrats

Loin d'être isolée, cette pratique semble au contraire assez fréquente. Une jeune juge d'instruction qui faisait partie de la délégation de magistrats entendue par la commission d'enquête le 29 mars 2006 n'a pas caché la surprise que lui a révélé sa première prise de fonctions : « *Après le temps de la formation vient celui de la prise de poste. Ce moment est particulièrement délicat, pour tout magistrat, car il est marqué par une absence totale d'organisation. Il n'y a aucune transmission d'information prévue entre le magistrat qui s'en va et celui qui arrive le lendemain, ni sur l'état du cabinet, ni sur les dossiers prioritaires ou problématiques. Un contact peut s'établir entre les magistrats mais il reste à leur entière discrétion. Si ce contact ne s'établit pas, le magistrat doit s'astreindre en arrivant, à un état des lieux de son cabinet, qui peut être long et fastidieux.* »

La succession du magistrat instructeur Cyril Lacombe à son prédécesseur Fabrice Burgaud est éclairante à cet égard. M. Cyril Lacombe a été nommé par décret du Président de la République du 28 juin 2002 juge d'instruction au tribunal de grande instance de Boulogne-sur-Mer. Désigné juge d'instruction par ordonnance du Président du tribunal de grande instance le 3 septembre 2002, il a rejeté le lendemain un nombre très important d'actes qui avaient été sollicités par Me Hubert Delarue, avocat de M. Alain Marécaux. Devant la commission d'enquête, M. Cyril Lacombe a fait valoir qu'il avait rencontré M. Fabrice Burgaud, alors que ce dernier était encore en fonctions mais qu'il lui avait peu parlé de l'affaire d'Outreau. Cependant, on a du mal à croire que le juge d'instruction Lacombe ait pu se pénétrer d'un dossier aussi complexe au pire entre le 3 et le 4 septembre et au mieux entre la fin août 2002 et la notification du rejet d'actes, soit le 4 septembre.

2. La pratique du « suivisme judiciaire »

Même si elle est contraire à la fois à l'impartialité et à une bonne administration de la justice, **la tentation pour l'acteur de la chaîne judiciaire, qui intervient dans la procédure de confirmer purement et simplement la position de son prédécesseur par confort intellectuel ou par manque de temps n'est manifestement pas un cas d'école dans le système judiciaire français.** Plusieurs exemples dans cette affaire illustrent la fréquence de cette pratique, qu'il s'agisse des refus d'actes de la part du juge d'instruction Cyril Lacombe ou de la retranscription du réquisitoire définitif.

Les demandes d'investigations complémentaires évoquées ci-dessus, adressées par Me Hubert Delarue et figurant sous la cote D 2757, n'étaient pas sans importance pour l'orientation ultérieure de l'instruction. L'avocat demandait la jonction des photographies des différentes personnes mises en cause de manière précise et circonstanciée par plusieurs victimes ou personnes mises en examen. À ce titre, il souhaitait qu'un album photographique exhaustif des personnes mises en cause soit montré à l'ensemble des enfants susceptibles d'avoir été victimes des faits justifiant l'instruction. La défense désirait également saisir auprès des proches, de la famille ou de la belle famille de M. Alain Marécaux, des photos représentant ce dernier entre 1997 et 2000, afin d'avoir de lui une présentation photographique plus conforme à la réalité. La saisie des agendas professionnels de l'intéressé, pour prouver qu'il avait eu à traiter comme huissier de justice un dossier sur les époux Badaoui-Delay dans les années 1995/96 et non en 1998, comme le prétendait Mme Badaoui était aussi réclamée. Il en allait de même de l'audition du lieutenant de police Franck Devulder qui avait mené l'enquête en Belgique.

Toutes ces demandes d'actes seront rejetées par le juge Lacombe. Ainsi dans son ordonnance, il considère que « *la jonction ou plus exactement l'annexion des photographies des personnes mises en cause non mises en examen et leur présentation aux enfants n'apparaissent pas à ce stade de la procédure d'information utiles à la manifestation de la vérité* ». La demande de nouvelles photographies est récusée, au motif « *qu'elle ne vise qu'à retarder l'instruction et que l'annexion de telles photographies ne présente pas d'intérêt pour la manifestation de la vérité dans la mesure où il est établi que la photographie présente au dossier est bien celle de M. Alain Marécaux* ». Quant aux agendas professionnels des années 1995-1996, « *s'ils n'ont pas été saisis à l'étude, c'est qu'ils ont été, selon toute vraisemblance, détruits ou jetés une nouvelle perquisition n'apparaît dès lors pas nécessaire* ».

Enfin il n'est pas accédé à la requête tendant à auditionner le lieutenant de police Devulder, dans la mesure où son audition « *n'apporterait pas d'éléments supplémentaires par rapport à toutes les diligences effectuées qui sont présentes dans la procédure* ». Cependant la motivation de l'ordonnance montre que le nouveau magistrat instructeur a pris connaissance du rapport de police belge, qui figure au dossier (D 1605). Or, ce document, on le sait, reflète un grand scepticisme de la police belge quant à la crédibilité des déclarations de Mme Badaoui et à l'existence réelle d'une piste belge. C'est ce même rapport qui, sans ambages, constate que « *pour le moment, l'enquête se trouve dans une impasse étant donné que les enfants commencent à inventer toutes sortes de choses vu le nombre élevé d'auditions qu'ils ont déjà dû subir* ». C'est lui qui affirme qu'« *il y a des doutes en ce qui concerne le fait que des faits se sont bien déroulés en Belgique, plus précisément dans la ferme à Zonnebeke* ». On rappellera aussi que le dossier du meurtre de la petite fille belge est disjoint depuis une ordonnance du juge d'instruction du 19 avril.

En n'accédant pas à ces demandes de la défense, le juge Cyril Lacombe inscrivait ses pas dans ceux de son prédécesseur, validant, par là même, implicitement sa démarche.

Dans le même ordre d'idées, par ordonnance du 4 septembre 2002, le juge Cyril Lacombe ne fait pas droit à une demande de Me Philippe Lescène, qui souhaite des confrontations séparées entre sa cliente, Mme Sandrine Lavier et Mme Myriam Badaoui, M. David Delplanque et Mlle Aurélie Grenon. Il fait valoir que « *la confrontation déjà intervenue a été faussée par la présence de ces trois personnes ensemble dont il a pu être constaté que Mlle Grenon et M. Delplanque s'alignent purement et simplement sur les propos de Mme Badaoui* ». Le juge Cyril Lacombe ne satisfait pas la demande de la défense car « *le 11 mars 2002, Mme Lavier avait déjà demandé de nouvelles confrontations entre Mme Lavier, Mme Badaoui, M. Delplanque et Mlle Grenon ; il avait déjà été statué sur cette demande, le magistrat instructeur ayant rendu une ordonnance de refus partiel de mesure d'instruction complémentaire* » (D 1507). Il ajoute qu'« *aucun élément nouveau n'est intervenu depuis ... justifiant l'organisation de nouvelles confrontations séparées* ». Cette motivation laisse à penser qu'il souscrivait ainsi à la méthode exclusive des confrontations collectives mises en œuvre par le juge Fabrice Burgaud.

La pratique du « copié-collé » participe également de ce suivisme judiciaire. Un exemple dans le dossier en a été fourni par la similitude prévalant entre l'ordonnance de mise en accusation du 13 mars 2003 et le réquisitoire définitif du procureur de la République du 6 mars 2003. On a déjà relevé les similitudes tant rédactionnelles que matérielles de ces deux documents. Mais l'exemple de l'affaire d'Outreau n'est malheureusement que l'illustration de pratiques courantes. Elle a été dénoncée avec force par le juge Grellier dans le livre *Les juges parlent* : « *Je trouve très choquante la pratique du réquisitoire dit " définitif ". Tous les textes prévoient qu'à la fin de l'instruction, c'est le juge qui détermine quelles charges doivent être retenues.* ***Or, ces textes ne sont absolument pas respectés et la pratique judiciaire est celle du réquisitoire dit définitif, rédigé par le parquet avec lequel il est rarissime que le juge d'instruction ne soit pas d'accord. C'est donc en fait l'une des parties au procès qui clôt l'instruction. Et j'ai vu de très nombreux jugements de tribunaux correctionnels ou de cours d'appel qui sont la copie, parfois la photocopie du réquisitoire définitif !*** »

Pour Mme Odile Mondineu-Hederer, Présidente de la cour d'assises d'appel de Paris dans l'affaire d'Outreau, il en irait ainsi dans « *95 % des cas. Pour remédier à cela, je pense qu'on devrait obliger le juge d'instruction à faire une synthèse de son travail au moment de l'application de l'article 175 du code de procédure pénale. Il ferait ainsi une évaluation de son travail en reprenant les éléments à charge et à décharge et inviterait les parties - accusation, parties civiles et défense - à se positionner par rapport à cela. Les demandes d'actes pourraient avoir lieu à ce moment-là. S'il n'y avait pas de demandes d'actes, le parquet ferait alors son réquisitoire. On verrait peut-être l'inverse : la synthèse du juge d'instruction devenir réquisition du parquet. Et ce serait, à mon sens, davantage à charge et à décharge ».*

Cette pratique du « copié-collé » s'applique d'ailleurs à d'autres étapes de la procédure. C'est ainsi que Me Eric Dupont-Moretti a évoqué pendant son audition un cas devant la chambre de l'instruction de la cour d'appel de Paris : « *Savez-vous ce qu'un avocat a découvert au greffe de la Chambre de l'instruction de Paris, alors qu'il venait consulter un dossier ? Un arrêt de renvoi devant la cour d'assises avant même que l'audience ait lieu ! On a dit que c'était la faute du greffier, âpre à la tâche et tellement consciencieux. Sauf que la décision était tamponnée " certifiée conforme " et que, dans le corporatisme judiciaire ambiant, les suites n'ont pas été celles qu'on aurait pu imaginer.* »

Le recours au « copié-collé » ne semble pas être ignoré non plus devant la chambre de l'instruction de la cour d'appel de Douai, comme l'a fait observer la défense dans l'affaire d'Outreau. C'est ainsi que Me Antoine Deguines a déclaré devant la commission d'enquête : « *Chacun sait que ses arrêts sont rédigés avant même que l'affaire soit examinée. Au point que lorsque les magistrats prennent une décision contraire, ce qui est développé dans l'arrêt ne correspond pas à la décision finalement rendue. S'ils rédigent les arrêts à l'avance, c'est parce qu'ils n'ont pas le temps matériel de statuer et de rédiger un arrêt complet une fois que l'audience est levée.* »

Ces propos n'ont été démentis ni par Me Franck Berton ni par Me Philippe Lescène : « *J'en viens à la chambre de l'instruction. Elle a confirmé chaque refus de demande de mise en liberté. Les motivations qu'elle avance sont un copié-collé de celles du juge des libertés et de la détention. On fait référence au système de défense qu'elle a adopté. Comme si le fait que quelqu'un crie son innocence justifiait qu'on le prive de liberté !* »

« *Les chambres de l'instruction sont certes composées de trois magistrats mais il y a d'autres problèmes, à commencer par un problème de culture : la plupart du temps, elles sont solidaires vis-à-vis de leurs juges d'instruction et les couvrent.* »

Sans que cette remarque ne constitue une forme de « consolation », Mme Geneviève Giudicelli-Delage, professeur de droit à l'université de Paris I a admis lors de la table ronde sur la réforme de l'instruction et le regard du droit comparé, organisée le 23 mars 2006, que les systèmes étrangers, qu'ils soient accusatoire comme en Italie ou au Royaume-Uni ou empruntant aux deux modèles comme en Allemagne, n'échappaient pas au reproche de « *suivisme* ». Elle a relevé que « *le juge de contrôle entérine quasi systématiquement les demandes du ministère public ou de la police, et ce pour deux raisons. Tout d'abord, les contrôles se font le plus souvent en légalité et non en opportunité, et il va de soi que, dans l'immense majorité des cas, la légalité est respectée. Mais ne pas apprécier en opportunité risque fort de vider le principe de la garantie de son effectivité. Si un contrôle effectif fait défaut, cela conduit à donner au ministère public ou à la police tous les pouvoirs, à confondre toutes les fonctions* ». Plus fondamentalement, « *la deuxième raison tient à la confiance mutuelle qui existe entre les différents acteurs. Celle-ci emporte une position de retrait du juge du contrôle qui, connaissant bien moins le dossier que le ministère public ou la police, s'en remet à sa vision. Cette confiance apparaît d'ailleurs d'autant plus profonde à l'égard du ministère public par l'appartenance des différents acteurs à un même corps, et quand ils appartiennent à des corps différents, par une formation intellectuelle et professionnelle similaire* ».

Pour rejoindre les observations de Mme Geneviève Giudicelli-Delage, on relève des pratiques identiques en Espagne à propos du contrôle de la détention provisoire. Le rapport 2005 de la commission de suivi de la détention provisoire s'est fait l'écho de cette tendance : « *De manière comparable à ce qui se passe en France, et sans pour autant que cela jette le discrédit sur les décisions de second degré, les juges d'appel* (espagnols) *confirment la plupart du temps, les décisions de première instance.* »

Dans l'affaire d'Outreau ce suivisme est particulièrement frappant et s'il a joué entre le magistrat instructeur et le parquet, il a, comme on l'a vu, également caractérisé les positions de la chambre de l'instruction. Si suivisme il y a, c'est aussi parce que les magistrats travaillent isolément, chacun s'inclinant devant l'appréciation de son prédécesseur tout au long de la chaîne.

3. L'absence de travail en équipe

S'il n'existe pas de véritable formation au travail en équipe à l'ENM, on constate qu'elle n'est guère encouragée au cours de la carrière des magistrats. Mlle Vanessa Lepeu, juge d'instruction au tribunal de grande instance de Senlis, déplore « *l'absence de lieu de partage et de confrontation en ce qui concerne nos pratiques. Nous sommes amenés très vite à choisir des pratiques, à nous positionner, mais si j'ai fait ces choix, je n'ai pas encore eu l'occasion de les confronter à ceux d'autres collègues* ». Cet isolement est encore plus fort dans les petites juridictions comme s'est plu à le souligner Mme Fabienne Nicolas, juge d'instruction au tribunal de grande instance de Nancy. Il est un fait que dans les petits tribunaux, le jeune juge d'instruction n'aura d'autre ressource que de se tourner vers le procureur de la République avec le risque de suivisme que l'on a précédemment dénoncé. C'est ce qu'observe Mme Odile Mondineu-Hederer : « *Dans un petit tribunal, à qui le juge d'instruction s'adresse-t-il pour demander conseil ? Au procureur, qui a plus d'expérience et qui gère le pénal. C'est une question de personnalité, mais c'est aussi une question de proximité.* »

L'individualisme serait-il plus le fait des magistrats du siège que celui du parquet ? Le statut et les méthodes de travail des premiers pourraient l'expliquer. Devant la commission d'enquête, Mme Clarisse Taron, vice-procureur près le tribunal de grande instance de Nancy, a indiqué que le travail d'équipe était répandu au parquet :« *S'il y a des magistrats qui travaillent en équipe, ce sont ceux du parquet... Je pense que le parquet est une excellente formation et une excellente école de travail en équipe. Chez nous, on travaille toutes portes ouvertes. On échange chaque heure avec les autres collègues pour savoir ce que l'on fait d'une procédure, ce que l'on pense d'une nullité.* »

Une grande diversité de pratiques prévaut manifestement en son sein car cet avis n'est pas partagé par les plus hautes autorités du parquet. Ainsi le Procureur général de Douai de l'époque, Jean-Amédée Lathoud, a regretté l'absence de travail en équipe : « *Dans les parquets, nous n'avons guère l'occasion de discussions internes collectives sur un dossier, sur une situation complexe, sur une évaluation critique. Le travail " en réseau ", le brainstorming ne font pas suffisamment partie de notre culture professionnelle. Il nous fait surmonter notre individualisme foncier. Par exemple, en janvier dernier ont été organisés par l'ENM dans le cadre de la formation continue, deux stages, l'un pour les magistrats chargés de fonctions d'instruction, l'autre pour les magistrats du parquet. Le premier ne prévoyait aucune intervention de magistrats du parquet et n'avait inscrit à son ordre du jour aucune question concernant les relations avec les avocats. Dans le second, la formation n'était assurée que par des procureurs de la République. Rien n'était prévu sur les relations avec les juges d'instruction ni avec le parquet général ni avec les avocats. Dans le respect des attributions de chacun, un dialogue plus approfondi des magistrats du parquet avec la DACG est certainement souhaitable pour permettre une analyse critique des rapports de politique pénale et une " expertise extérieure " sur les affaires individuelles avec les chefs de parquet concernés, une description des relations à recommander entre substituts et procureur, entre parquets et parquets généraux, entre parquets généraux et Chancellerie.* »

Une autre illustration de ce suivisme réside dans la répétition des rôles pour le parquet.

Document n° 8

La réduction des risques d'erreurs et des dysfonctionnements dans l'organisation judiciaire : une approche européenne,

Jean-Paul Jean

Les cahiers de la justice, 2008, p. 51
(extraits)

Qu'est-ce qu'une erreur judiciaire ? Dans son sens le plus commun, à savoir la condamnation d'un innocent, la justice peut la constater dans le cadre de la procédure spéciale de révision (articles 622 à 626 du CPP), qui aboutit rarement en matière criminelle. Mais hormis la justice - ce qui pose à l'évidence un problème d'autocritique institutionnelle avec nombre d'effets induits - qui est légitime pour décider que telle décision constitue une erreur judiciaire ?

Cette question peut être isolée ou bien reliée à une autre, à la fois plus large et plus simple à aborder : la prévention des dysfonctionnements, qui doit concourir à la prévention spécifique de l'erreur par l'amélioration de la qualité du système judiciaire, approche conduite au sein du Conseil de l'Europe. Quelques observations doivent être effectuées avant d'aborder la question de la prévention dans une approche européenne.

- L'erreur n'est pas liée au système judiciaire ou au mode procédural lui-même, selon qu'il est accusatoire ou inquisitoire. Il s'agit d'un débat récurrent au Royaume-Uni, marqué par les affaires des « Birmingham six » - militants irlandais condamnés à tort pour des attentats – ou des « Bridgewater three » - petits délinquants condamnés injustement pour meurtre. Il en est de même aux USA pour les condamnés à mort innocentés par des expertises ADN réalisées après leur condamnation.

- La notion d'erreur judiciaire est à relier à notre conception de la justice. En France, la justice est fondée sur l'idée de vérité. Mais elle peut avoir un autre fondement philosophique. Ainsi, les théories militaristes inspirent le modèle américain et, plus que l'émergence de la vérité, c'est le résultat qui compte, en fonction des intérêts respectifs des acteurs. Le système peut même assumer une certaine part de production d'erreurs judiciaires. Le système du plea-bargaining produit mécaniquement des erreurs judiciaires sinon acceptées, du moins subies par des innocents et leurs avocats, de peur de risquer une peine très lourde en cas de poursuites effectuées par l'attorney retenant un maximum de charges. Le problème fondamental n'est pas ici celui de la vérité, mais de l'économie du système et de l'intérêt de chaque acteur. Le débat se focalise alors sur la stratégie judiciaire concernant principalement le jury et l'administration de la preuve. On peut aboutir ainsi, dans l'affaire O.J. Simpson, à une vérité pénale et à une vérité civile, à un acquittement avec un jury majoritairement noir et à une condamnation avec un jury majoritairement blanc.

- La question de l'erreur judiciaire concerne tout autant les magistrats du parquet, l'accusation, que les magistrats du siège. La réflexion la plus approfondie en la matière a été réalisée par les procureurs canadiens dans un rapport intitulé « Condamnations injustifiées ». Leurs propositions s'appuient sur des constats classiques, comme la nécessité d'éviter les opinions préconçues, la distance avec le point de vue des enquêteurs, la supervision, l'établissement d'une liste de modalités techniques pour assurer la fiabilité des preuves objectives et du recueil des témoignages, ou encore la formation à partir d'études de cas. Leur approche pragmatique permet de poser des questions dérangeantes, dont deux intéressent directement les magistrats du parquet dans leur pratique à l'audience : les responsabilités du procureur lorsqu'il constate que l'avocat de la défense n'est pas efficace, la nécessité d'une remise en cause personnelle afin d'éviter de fausser le procès pour de simples raisons de susceptibilité.

Les conditions dans lesquelles une vérité est dite par un juge sont fondamentales, plus encore dans la démocratie d'émotion, qui peut aussi bien contribuer à la mise en cause d'innocents qu'à la dénonciation d'une erreur judiciaire. Un éditorialiste non-juriste présente parfaitement la problématique : « Le meilleur, dans les systèmes judiciaires européens, et plus particulièrement dans le modèle français, est l'ensemble des règles de procédure qui protègent ceux qui disent le droit contre les entraînements de la justice populaire. Ces formes sont lourdes, lentes. Elles doivent être corrigées par d'autres formes, par une meilleure organisation des contre-pouvoirs et par davantage de moyens. Elles doivent être confortées par une mise en jeu plus efficace, plus concrète de la responsabilité personnelle des acteurs du système ». La problématique de la prévention de l'erreur judiciaire, abordée dans une perspective européenne, peut s'inscrire dans la perspective ouverte par ces propos.

D'abord le principe : l'application effective des garanties de l'article 6 de la Convention européenne des droits de l'homme (CEDH) constitue le meilleur moyen de prévention des erreurs judiciaires, par le niveau exigé des standards de qualité du processus de jugement (1). Ensuite, la réalité : la question fondamentale, qui se pose partout en Europe, de la pression quantitative qui ne permet pas de respecter pour toutes les affaires ces standards de qualité (2). Enfin, tenter de passer de l'idéal au réel, par la prévention des dysfonctionnements en tant que politique publique des systèmes judicaires, du point de vue du Conseil de l'Europe (3).

L'application effective des garanties de l'article 6 CEDH conduit à définir des standards de qualité

Le respect des principes du procès équitable, constitue le meilleur moyen de prévention des erreurs et des dysfonctionnements : le contradictoire et les droits de la défense, mais au-delà, la conception générale des conditions de déroulement du procès loyal. La Convention de sauvegarde des Droits de l'Homme et des Libertés fondamentales (CESDH) et la jurisprudence de la Cour européenne des droits de l'homme permettent de définir concrètement, affaire après affaire, le système de normes et les standards de qualité du procès présentant le maximum de garanties.

On peut s'étonner parfois que la Cour européenne des droits de l'homme ait à rappeler des évidences. Des condamnations pour affaires jugées à une heure tardive, en comparution immédiate, sans respect suffisant des droits de la défense n'ayant pas encore été soumises à la Cour, on peut cependant évoquer un cas particulièrement symptomatique : l'arrêt Makhfi.

Une affaire exemplaire

Au bout de deux jours et d'une nuit d'audience, M. Makhfi a été condamné le 5 décembre 1998 par la Cour d'assises des mineurs du Maine et Loire à huit ans d'emprisonnement pour viols et vol en réunion en état de récidive. En effet, le 4 décembre, deuxième et dernier jour prévu du procès, les débats se déroulèrent de 9h15 à 13h, de 14h30 à 16h40, de 17h à 20h et de 21h à 0h30.

Lors de la reprise, à 1h du matin, en désaccord avec la volonté du président de poursuivre plus avant, alors même que le ministère public n'avait pas encore requis, l'avocat de M. Makhfi déposa des conclusions et sollicita, au nom des droits de la défense, une suspension jusqu'au lendemain matin - qui était un samedi, à 9 heures. La Cour rejeta la requête, après avoir pris l'avis des autres parties qui s'étaient prononcées en faveur de la poursuite des débats.

L'audience se poursuivit jusqu'à 4h du matin. Après 25' de suspension, la parole fut donnée aux avocats de la défense. L'avocat de M. Makhfi plaida après son confrère, vers 5h du matin. La Cour et le jury se retirèrent pour délibérer à 6h15, et rendirent leur verdict à 8h15. L'audience du deuxième jour (et de la nuit qui suivit) dura donc au total 17h15, dont 15h45 de débats.

La condamnation de la France par la Cour européenne des droits de l'homme paraissait évidente : « Il est primordial que, non seulement les accusés, mais aussi leurs défenseurs, puissent suivre les débats, répondre aux questions et plaider en n'étant pas dans un état de fatigue excessif. De même, il est crucial que les juges et les jurés bénéficient de leurs pleines capacités de concentration et d'attention pour suivre les débats et pouvoir rendre un jugement éclairé ». La Cour estime que ces conditions ne peuvent correspondre aux exigences d'un procès équitable, notamment le respect des droits de la défense et l'égalité des armes.

La position des autorités françaises peut paraître étonnante. Les conclusions du Gouvernement français exposaient qu'il y avait égalité des armes puisque - « le conseil de la partie civile, le ministère public et les conseils des accusés avaient tous plaidé et requis dans les mêmes conditions ». Tous épuisés, mais tous égaux ! La chambre criminelle de la Cour de cassation, quant à elle, suivant sa jurisprudence habituelle, avait estimé le 12 janvier 2000, dans un arrêt qui fort opportunément, n'avait pas été publié, qu'il appartenait souverainement au président ou à la Cour d'assises, sur le fondement de l'article 307 CPP, de décider si une suspension d'audience était nécessaire au repos des juges et de l'accusé.

La question soulevée par cette affaire n'est pas celle de la culpabilité ou de l'innocence de M. Makhfi. C'est la question de son traitement, qui paraît très révélatrice des mentalités des acteurs d'un procès judiciaire pris dans une logique de contrainte, acteurs qui peuvent perdre un certain sens critique par rapport au fonctionnement procédural. Le fait que la Cour de cassation, puis le Gouvernement français légitiment ensuite cette perte de repères, montre la nécessité d'un regard extérieur dans certaines situations. La référence constante aux principes du procès équitable permet ce regard critique.

Les standards de qualité

Il suffit d'énumérer les droits essentiels relatifs au processus judiciaire pour dégager les standards de qualité exigés par la Cour européenne des droits de l'homme : droit au juge (et donc pas au seul procureur dans une procédure aboutissant à une condamnation) ; droit à un tribunal établi par la loi (et donc pas une juridiction « sur mesure » pour une affaire ; droit à un tribunal indépendant (un vrai juge, présentant aussi des garanties de compétence) ; droit à un tribunal impartial, droit à être jugé dans un délai raisonnable.

La Convention de sauvegarde des Droits de l'Homme et des Libertés fondamentales peut le plus contribuer à la prévention des erreurs judiciaires dans le régime de recueil et de l'administration de la preuve : le droit à ce que sa cause soit entendue équitablement et publiquement, le principe du débat contradictoire ; la loyauté des preuves ; l'égalité des armes ; et la motivation des décisions sont, en effet des solides remparts contre l'erreur judiciaire.

Les garanties spéciales relatives aux droits de la défense sont essentielles : droit à un défenseur - avocat gratuit - information sur la nature et la cause de l'accusation, temps et facilités pour exercer sa défense, accès au dossier, droit à une défense efficace... Et, tout au long du processus pénal, le respect de la présomption d'innocence.

La jurisprudence faisant expressément référence à la prévention des erreurs est rare. Ainsi, la Cour rappelle, au nom du droit de ne pas s'auto accuser, que le droit de se taire a pour finalité « la protection de l'accusé contre une coercition abusive de la part des autorités, qui évite les erreurs judiciaires et permet d'atteindre les buts de l'article 6 ». D'où l'importance de la notification des droits dès l'interpellation. Il est regrettable que, contrairement aux engagements internationaux de la France, la notification du « droit au silence » introduit dans la loi du 15 juin 2000 ait été supprimée par la loi du 9 septembre 2002.

Les normes européennes, issues des principes édictés par la CEDH, reprises dans l'article préliminaire du code de procédure pénale, devraient théoriquement garantir un niveau de qualité évitant à la fois les dysfonctionnements et limitant les risques d'erreur. Cependant, tous les praticiens savent que la réalité du fonctionnement quotidien de la justice est bien loin de l'idéal et que souvent, au milieu des contraintes matérielles, seuls l'engagement et la conscience des professionnels limitent les « accidents judiciaires ».

Partout en Europe, la pression conjuguée de l'urgence et de la masse des affaires à traiter

C'est sans doute en matière pénale que la pression de l'urgence et du nombre des affaires à traiter se fait le plus sentir sur les juridictions. Les choix de procédure sont de plus en plus contraints dans une logique d'économie du système. La procédure pénale doit s'adapter aujourd'hui en Europe à deux injonctions contradictoires : d'une

part, le respect des garanties du procès équitable au sens de la CEDH, dont le respect complexifie les procédures et allonge nécessairement les durées ; d'autre part un besoin d'efficacité du système pénal face à un accroissement continu de la délinquance et de la masse des affaires à juger.
Pour fonctionner, le système pénal doit tout à la fois respecter le principe du délai raisonnable, mais aussi juger en mode simplifié et accéléré une grande partie des affaires élucidées. La pression productiviste de plus en plus forte sur les acteurs du système se double de la pression de l'opinion publique, particulièrement sensible aux réponses à la délinquance quotidienne. La réforme du management public vient ajouter à cela la volonté d'évaluer et de diminuer le coût des politiques publiques. En conséquence, partout en Europe se développe une politique criminelle s'inscrivant dans une logique d'efficience, renforcée en France dans le cadre de la loi organique relative aux lois de finances du 1er août 2001 (LOLF).

Dans l'histoire judiciaire récente, l'augmentation du nombre des affaires civiles nouvelles de 35 % dans les tribunaux de grande instance et de 31 % dans les cours d'appel entre 1990 et 1995 a provoqué une réelle crise malgré la forte augmentation de productivité des magistrats. Après des recrutements significatifs et une certaine stabilisation des contentieux, le mouvement est reparti à la hausse (+ 17% des affaires civiles entre 2000 et 2004). Ces tensions constantes entre productivité et qualité n'ont pu aboutir qu'à un accroissement des dysfonctionnements et des erreurs judiciaires qui ne concernent pas que le champ pénal.

« Une impression désagréable d'arrêt plus ou moins loupé »

Ces tensions entre quantité et qualité sont parfaitement illustrées par les conditions dans lesquelles a été rendu le 1er juillet 1986 un arrêt de la cour d'appel de Rennes, concernant les époux Esnault, pour lequel l'Etat a été condamné au titre de la faute lourde. Le président de la chambre ayant rendu l'arrêt, après avoir reçu les époux Esnault à la demande de son premier président, leur avait écrit le 21 septembre 1995 dans des termes inhabituels : « ... Comme vous le savez, lorsque j'ai pris la présidence de la chambre, [celle-ci] était littéralement noyée sous près de cinq ans de retard d'audiencement. J'ai reçu du premier président de l'époque la mission impérative de résorber coûte que coûte ce retard inadmissible. Cela m'a conduit à doubler le nombre des affaires enrôlées, ce nombre passant de six à douze affaires par audience... Les conséquences de cette énorme charge de travail ont été, d'une part, l'impossibilité pour mes conseillers et moi-même de prendre un seul jour de vacances entre septembre 1986 et Noël 1988 ; d'autre part, de faire vite, très vite, au risque de faire trop vite. Le réexamen des pièces du dossier de l'affaire... m'a laissé, et cet aveu me coûte, d'autant plus qu'il est tout à fait inusité pour un magistrat, une impression désagréable d'arrêt plus ou moins loupé. ... J'atteste donc, ayant conscience d'accomplir un douloureux devoir, que la décision dont il s'agit a été rendue sous l'emprise d'un encombrement intolérable, et des mesures qu'il a fallu pour résorber cet encombrement... Ces mesures témoignent, pour la période considérée, de difficultés de travail extrêmes qui ont été de nature à entraîner un dysfonctionnement dans l'administration de la justice. Ce dysfonctionnement n'a pas été sans incidence, au moins probable, sur la décision qui vous a été défavorable. Vous n'êtes donc, à mes yeux et en conscience, pas dépourvus de motifs de vous plaindre des conséquences très graves que ledit fonctionnement a peu avoir sur votre fortune ».

La croissance des procédures simplifiées

En matière pénale, comme en matière civile, le choix entre les procédures garantistes et procédures simplifiées constitue une question de fond. Favoriser les modes alternatifs de règlement des litiges, déjudiciariser ce qui peut l'être, limiter les recours dilatoires ou inutiles, favoriser les procédures simplifiées pour les affaires ne posant pas de problème majeur, sont sans doute la condition indispensable pour garantir le fonctionnement du système lui-même et l'effectivité des décisions.

La philosophie garantiste de protection des droits de l'homme en matière pénale par la Convention européenne des droits de l'homme intègre pleinement le nouveau paradigme de l'efficacité. Les travaux du Conseil de l'Europe traduisent les évolutions auxquelles ont à faire face tous les systèmes judiciaires. La Commission européenne pour l'efficacité de la justice (CEPEJ) a ainsi dans ses priorités d'action la mission d'éviter les retards injustifiés dans les procédures judiciaires, de réduire leur coût et d'augmenter leur effectivité. Pour réduire les délais de jugement, le Conseil de l'Europe avait déjà recommandé la diversification des modes de réponse de la justice pénale, le recours aux procédures simplifiées, en particulier celles fondées sur la transaction, de même qu'aux procédures de « guilty plea », la prise en compte des nullités de procédure uniquement lorsqu'elles portaient un préjudice réel aux droits de la défense ou de l'accusation, ou encore la spécialisation des juridictions.

Le Conseil de l'Europe raisonne à partir de la jurisprudence de la CEDH pour laquelle les principes du procès équitable ne s'opposent pas à une conception «raisonnée », des voies de recours, pas plus qu'à la mise en œuvre de modes de jugements simplifiés, ainsi qu'au prononcé des sanctions administratives de nature pénale. La seule réserve est que ces sanctions administratives de nature pénale respectent les principes du procès équitable ou soient susceptibles d'un recours de pleine juridiction qui les garantisse, en permettant efficacité et souplesse. Dans le respect des principes de la Convention européenne des droits de l'homme, au nom de l'efficacité et de l'effectivité du droit pénal, c'est donc tout un ensemble de procédures répressives simplifiées et négociées qui se développe au sein de l'espace judiciaire européen. Sans doute, dans ces millions de procédures rapides, nombre de dysfonctionnements et d'erreurs échappent à l'analyse des superviseurs.

La prévention des dysfonctionnements en tant que politique publique des systèmes judicaires européens

Une politique de réduction des risques d'erreurs doit tout à la fois prévenir de façon globale par l'amélioration de la qualité, intervenir en mettant en œuvre des modalités de contrôle et d'alerte, réparer par un dispositif d'indemnisation, et enfin évaluer pour améliorer le système grâce aux leçons tirées de l'erreur.

En soutenant l'application effective de l'article 6 la Convention européenne des droits de l'homme, l'objectif de la CEPEJ est d'aider à améliorer le fonctionnement des systèmes judiciaires pour les 800 millions d'habitants des 47 Etats membres du Conseil de l'Europe.

Cette effectivité dépend bien entendu du niveau des moyens attribués à la justice dans chaque pays, de la qualité des juges et du système tout entier. Même si la CEPEJ intègre parfaitement ces contraintes et notamment le niveau de développement de chaque pays, la seule insuffisance des moyens ne peut excuser des atteintes aux libertés (26). Quelques illustrations peuvent en être fournies :

[...]

Des moyens suffisants doivent être mis à disposition du système judiciaire

La Cour de cassation de Belgique, le 30 juin 2006, a confirmé une condamnation de l'Etat pour ne pas avoir fait voter la loi permettant d'assurer un nombre suffisant de magistrats francophones au tribunal de première instance de Bruxelles, les magistrats ne pouvant siéger dans une autre langue que celle de leur diplôme. La cour d'appel de Bruxelles avait fondé sa décision de condamnation du 4 juillet 2002 en estimant que « l'Etat belge commet une faute qui engage sa responsabilité à l'égard de ses nationaux lorsqu'il omet de prendre les mesures législatives susceptibles d'assurer le respect des prescriptions de l'article 6.1 de la Convention de sauvegarde des droits de l'homme et des libertés fondamentales et, en particulier, lorsque cette carence a pour effet de priver le pouvoir judiciaire - et en l'espèce les juridictions bruxelloises - des moyens suffisants pour lui (leur) permettre de traiter les causes qui lui (leur) sont soumises dans le délai raisonnable (de 6 à 8 mois) qui a été défini ;

Cette carence de l'Etat constitue une violation grave et caractérisée de l'article 6.1 de la Convention qui confère aux particuliers un droit subjectif à ce que leur cause soit entendue dans les conditions qu'elle énonce ; (...) sa méconnaissance peut être sanctionnée devant les juridictions de l'ordre judiciaire sur la base des articles 1582 et 1383 du Code civil ».

La question des moyens est nécessaire mais pas suffisante et ne peut, bien entendu, pas excuser les carences et fautes personnelles directement imputables aux magistrats. La prévention plus générale passe aussi par le niveau de formation, la compétence des juges et des fonctionnaires des greffes, les modes d'organisation et de fonctionnement. Les mécanismes d'alerte, de contrôle et d'évaluation soutenus par le Conseil de l'Europe peuvent être rapidement évoqués.

Les contrôles externes

Les informations comparées issues des travaux du Conseil de l'Europe, portant sur 16 pays, mettent en évidence des mécanismes très classiques de contrôle et d'évaluation externe. La différence essentielle tient à l'organisme en charge des contrôles qui relève : du Conseil supérieur de justice (Arménie, Espagne, Islande, Pays-Bas), de la Cour suprême (Chypre, Slovénie), du ministère ou d'un service d'inspection rattaché (France, Italie, République tchèque, Norvège), de plusieurs d'entre eux (Belgique, Pologne, Roumanie), ou bien encore d'une structure dépendant du Parlement (Royaume-Uni, avec un rôle particulier à l'ombudsman comme en Ecosse ou en Suède).

Le contrôle de qualité

Conduire une politique de la qualité dans les systèmes judicaires est devenu une préoccupation en France longtemps après d'autres pays européens, comme les Pays-Bas ou la Finlande, qui ont mis en place un mode d'organisation sur le modèle du new public management, définissant très clairement les objectifs et les moyens mis à disposition, les personnes responsables et les mécanismes d'évaluation. Depuis quelques années la littérature est abondante en France, même la mise en œuvre a bien du mal à s'imposer autrement que dans le cadre dirigiste et technocratique de la LOLF.

Mettre en œuvre le meilleur système de fonctionnement possible, par-delà l'exercice des voies de recours, c'est aussi instaurer un mode de contrôle qualité, absent dans le fonctionnement des juridictions. Sur le seul plan de la décision, on peut comparer la minutie du processus préparatoire existant au Conseil d'Etat (rapporteur, commissaire du gouvernement, comité de lecture, sous-section, réviseur) par rapport à celui appliqué dans les juridictions judiciaires, dont la Cour de cassation.

L'environnement de la décision du juge est déterminant pour la prévention des erreurs judiciaires, en limitant les dysfonctionnements tout au long du processus aboutissant à la décision. Cet environnement intègre aussi la qualité du travail des avocats et des collaborateurs du juge, et dépend du mode d'organisation de la juridiction. Ce dernier point implique de définir précisément les tâches des uns et des autres, de décider précisément qui est responsable de quoi. Ainsi, l'analyse des taux de renvois dans une juridiction permet de comprendre, puis de corriger nombre de dysfonctionnements. L'analyse de conformité des processus, inspirée des normes ISO peut parfaitement améliorer la qualité de la mise en état des affaires.

Plusieurs pays européens, comme les Pays-Bas, la Finlande ou le Danemark développent des politiques de qualité très avancées dans le domaine de la justice. Mais ces techniques impliquent un engagement et un projet collectif des acteurs, pas une vision bureaucratique. Il est essentiel, également, de comprendre comment fonctionnent les interactions au sein de l'institution judiciaire et dans le processus de décision. Pour cela, la justice a besoin d'intégrer les apports de la sociologie des organisations. Face à des décisions aussi lourdes que celles souvent prises par les juges, des techniques élémentaires sont sous-utilisées ou ignorées : le travail en équipe, l'intervision, la supervision, l'évaluation par les pairs, le debriefing...

[...]

Document n° 9

L'erreur judiciaire

Florence Bussy, professeur de droit privé à l'université de Versailles – Saint Quentin en Yvelines

Dalloz, 2005, p. 2552
(extraits)

La prévention de l'erreur judiciaire constitue évidemment la solution la plus satisfaisante (1°) ; mais, à défaut, il est possible d'en opérer la correction, notamment par l'exercice d'une voie de recours (2°).

1°) La prévention de l'erreur judiciaire

Prévenir les erreurs judiciaires, autrement dit garantir une justice de qualité, constitue l'une des raisons d'être des règles de procédure ; nombre d'entre elles concourent à cet objectif. Nous ne retiendrons que trois principes, parmi les plus importants : le principe du contradictoire, le principe de collégialité et l'obligation de motivation des décisions de justice. Le principe du contradictoire et l'exigence de motivation sont d'ailleurs considérés comme des conditions nécessaires à un procès équitable, au sens de l'article 61 de la Convention européenne ; en matière pénale, si la France est condamnée par la Cour européenne des droits de l'homme pour violation de ce droit, un réexamen de l'affaire au fond pourra être décidé par une commission composée de magistrats de la Cour de cassation, en raison du risque d'erreur judiciaire découlant du non-respect de ces garanties fondamentales de procédure.

a) Le principe du contradictoire

Explicité par les articles 14 à 17 NCPC, mais applicable aussi bien en matière pénale qu'en matière civile, le principe du contradictoire prescrit la libre discussion par les parties, en fait et en droit, des éléments figurant dans le dossier du juge, dont elles doivent avoir communication. Il est ainsi interdit au juge de statuer au vu d'un dossier secret, sur le contenu duquel les points de vue respectifs des parties n'auraient pas pu être confrontés ; l'affaire Dreyfus fournit un exemple probant des errements auxquels conduit ce type de pratique. Essentiel pour les parties en tant que garant du respect des droits de la défense, le principe du contradictoire constitue un gage de bonne justice, dans la mesure où tous les éléments sur lesquels le juge doit prendre parti dans son délibéré sont préalablement débattus devant lui ; les éléments de preuve, les moyens et les arguments de chaque partie étant passés au crible de la critique de son contradicteur, le juge se trouve ainsi à même de se forger une opinion éclairée ; par leur affrontement, les parties coopèrent en vue de la manifestation de la vérité. La «démocratie processuelle» mise en évidence par Habermas, qui repose sur un échange constant d'opinions, est incontestablement de nature à éviter au juge de commettre des erreurs.

b) Le principe de collégialité

Comme le souligne un auteur, la collégialité de la décision permet d'ajouter au débat externe entre le juge et les parties un débat interne à la formation de jugement. Ce second débat prolonge le premier, mais il est orienté vers la prise de décision ; il consiste en un délibéré collectif, c'est-à-dire en un échange de points de vue entre les juges qui étaient présents à l'audience des débats, en vue de la détermination en commun de la solution la plus convaincante. La pondération des opinions en présence et l'enrichissement du débat qui en résulte sont propices à l'élaboration d'une décision plus réfléchie. Après un développement considérable du recours au juge unique, il semble que l'on en mesure aujourd'hui les limites, tant en ce qui concerne les juridictions de jugement que la juridiction d'instruction. La commission mise en place par le garde des Sceaux pour tirer les enseignements de l'affaire d'Outreau préconise notamment la cosaisine imposée de plusieurs juges d'instruction dans les affaires complexes ou particulièrement sensibles ; et la collégialité de la décision de mise en détention provisoire, souhaitée par plusieurs syndicats de magistrats, n'est écartée que pour des raisons budgétaires.

c) L'obligation de motivation des décisions de justice

Tout jugement doit en principe être motivé, c'est-à-dire exposer les raisons qui justifient la solution retenue. Cette obligation permet de garantir l'effectivité du principe du contradictoire, car, relève la Cour européenne, « le droit des parties au procès à présenter les observations qu'elles estiment pertinentes pour leur affaire... ne peut passer pour effectif que si ces observations sont vraiment « entendues », c'est-à-dire dûment examinées par le tribunal saisi ; autrement dit, l'article 6 implique notamment, à la charge du tribunal, l'obligation de se livrer à un examen effectif des moyens, arguments et offres de preuve des parties ». Le juge doit, pour ce faire, caractériser les conditions légales de mise en œuvre de la règle de droit dont il fait application, et répondre aux moyens soulevés par les parties. Cette exigence répond à la fois à l'intérêt des parties, qui est de connaître et de comprendre les raisons qui ont conduit le juge à cette solution, et à la volonté d'assurer un meilleur contrôle de la décision par la juridiction supérieure ; lorsque le juge est dispensé de motivation, son appréciation, relevant de son pouvoir discrétionnaire, ne peut être critiquée, en sorte qu'aucune erreur de sa part n'est envisageable. L'importance de la motivation en vue de la légitimation d'une décision de justice a été mise en évidence récemment par l'affaire du sang contaminé ; la motivation de l'arrêt de non-lieu rendu par la chambre de l'instruction de la Cour d'appel de Paris le 4 juillet 2002 a été unanimement dénoncée comme très insuffisante, compte tenu de la complexité de l'affaire, ce qui a donné le sentiment d'une décision bâclée.

Document n° 10

Vous jurez de n'écouter ni la haine ni la méchanceté... - Les biais affectant les décisions de justice

Arnaud Philippe, docteur en économie, chercheur au IAST, chercheur sous convention à la sous-direction de la statistique et des études du ministère de la justice

Les cahiers de la justice, 2008
(extraits)

L'importance du contexte
Le 17 février 1976, en France, Patrick Henry était arrêté pour l'enlèvement et le meurtre d'un enfant. Cette affaire eut un retentissement considérable dans les médias et dans l'opinion française. L'ouverture du journal télévisé, de TF1 du 18 février se fit sur une déclaration restée célèbre « la France a peur ». Quelques jours plus tard, le 9 mars 1976, le procès de Christian Ranucci accusé de l'enlèvement et du meurtre d'un mineur démarra. Conscient du danger que représentait la proximité entre l'affaire qui avait ému le pays et ce qu'on reprochait à son client, Me Lombard, avocat de la défense, proclama à l'adresse des jurés : « N'écoutez pas non plus la rumeur ignoble. N'écoutez pas l'opinion publique qui frappe à la porte de cette salle. Elle est une prostituée qui tire par la manche, il faut la chasser de nos prétoires car, lorsqu'elle entre par la porte, la justice sort par l'autre ». Malgré la plaidoirie de son conseil, Christian Ranucci fut condamné à mort. Il fut l'avant-dernière personne guillotinée en France. Suite à ce verdict et à l'absence de grâce présidentielle, plusieurs personnes se sont interrogées sur l'influence que l'affaire Henry avait pu avoir sur la condamnation de Ranucci.

Dans le cadre d'une recherche menée à partir des données du casier judiciaire national et de l'Institut national de l'audiovisuel public, Aurélie Ouss et moi-même avons élargi cette interrogation à l'importance du contexte médiatique sur les décisions de justice en matière pénale. Nous avons cherché à savoir si des informations portant sur des événements indépendants des affaires traitées, mais pouvant entrer en résonance avec elles, étaient susceptibles d'influencer les verdicts.

La majeure partie de notre travail porte sur les verdicts des cours d'assises. Ces formations de jugement présentent deux caractéristiques intéressantes. Tout d'abord, les décisions sont prises par un ensemble de personnes, magistrats professionnels (trois) et jurés tirés au sort sur les listes électorales (neuf en première instance et douze en appel durant la période à laquelle nous nous sommes intéressés). L'ensemble des 12 juges (15 en appel) vote à la fois sur la culpabilité et sur la peine à infliger. La présence de juges non professionnels en grand nombre prenant part à l'ensemble des décisions rend l'hypothèse d'une influence des médias plus plausible. En l'absence de connaissance propre, il est en effet probable que les individus soient influencés par leur environnement. La seconde raison, plus technique, est que les décisions des cours d'assises sont aisément datables. Les délibérés ont lieu dans la foulée de l'audience et l'on sait donc quel jour il a eu lieu.

Les informations sur les condamnations en assises ont été croisées avec des variables décrivant le contenu des journaux télévisés de 20 h sur TF1 et France 2 (entre 2004 et 2010) au cours des jours précédant le verdict. Ces journaux ont rassemblé environ 13 millions de personnes chaque soir au cours de la période étudiée. Ils ont abondement relayé l'actualité judiciaire puisque 57 % des éditions ont consacré au moins un reportage à la criminalité, 45 % au moins un reportage à un faits divers criminel et 7, 5 % au moins un reportage à une erreur judiciaire, en particulier l'affaire d'Outreau.

Mesurer l'influence que ces reportages centrés sur la justice ont pu avoir sur les décisions des cours fait émerger un problème technique. Si, comme on va le voir, on observe une corrélation entre les thèmes des JT et les peines prononcées par les juridictions, cela peut provenir soit du fait que les médias influencent les verdicts, soit du fait que les journaux évoquent les affaires les plus importantes lorsque celles-ci sont jugées et, de ce fait, anticipent partiellement les décisions. Par exemple, le procès du « Gang des Barbares » a occasionné une forte médiatisation. Les peines prononcées ayant été extrêmement lourdes, la peine moyenne en France, le jour du verdict, a été élevée. Pour autant, la corrélation entre ces deux grandeurs ne découle pas d'un impact des médias sur les autres affaires mais simplement de la gravité des faits ayant occasionné reportages et hausse de la peine moyenne.

Afin de surmonter cette difficulté, nous nous sommes concentrés sur l'effet des faits divers criminels, c'est-à-dire des reportages traitant de crimes à l'exclusion de ceux évoquant les jugements, verdicts, lois, décrets, etc. Ces événements, imprévisibles n'ont pu être sélectionnés par les journalistes et sont donc survenus indépendamment des procès en cours ou à venir. Les dates de sessions d'assises étant déterminées des semaines ou des mois à l'avance (et longtemps après les faits), et la date exacte des faits divers étant aléatoire, la nature des faits jugés ne peut être biaisée par la médiatisation.

Par ailleurs, nous avons testé la fiabilité de nos résultats en mesurant la corrélation entre les décisions de justice et les reportages diffusés la veille, mais aussi le lendemain du verdict. Les informations postérieures au procès ne peuvent pas avoir d'influence sur celui-ci. Observer une corrélation entre ces grandeurs indiquerait donc un problème dans la méthodologie.

Dans un premier temps nous avons pu documenter le fait que les reportages sur les faits divers criminels ou sur les erreurs judiciaires ne sont pas corrélés aux décisions de culpabilité. Ni la probabilité d'acquittement (que nous avons pu documenter à partir d'un sous-échantillon), ni la probabilité de correctionnalisation, ni le nombre de condamnations rendues par jour ne sont affectés par les reportages de la veille ou du lendemain.

Dans un second temps nous avons mesuré l'effet des reportages sur les peines de prison prononcées à l'encontre des condamnés. Les effets des faits divers criminels sur le nombre d'années de prison sont présentés dans la figure 2. Les barres de gauche présentent les peines moyennes selon qu'il y a eu ou non des reportages sur les faits divers criminels la veille du verdict tandis que les barres de droite présentent la même information selon qu'il y a eu ou non ces reportages le lendemain du verdict. Les peines sont significativement plus élevées lorsqu'il y eut des reportages sur les faits divers criminels la veille. Cette différence est de 83 jours, soit presque trois mois de plus en moyenne. À l'inverse aucune corrélation n'apparaît entre les *quantums* de prison et les reportages diffusés le lendemain.

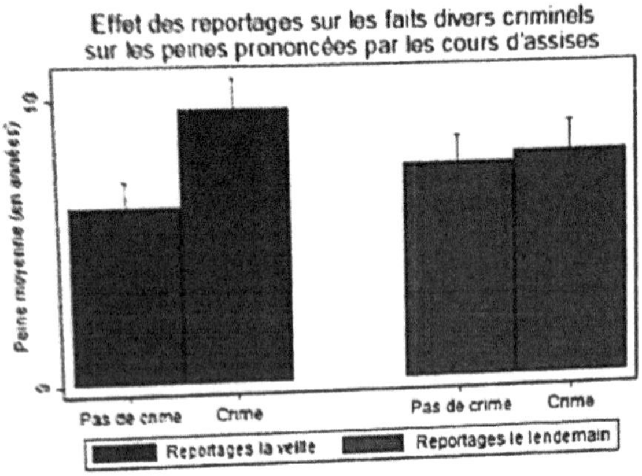

De la même manière, l'influence des reportages sur les erreurs judiciaires est présentée dans la figure 3. Les peines prononcées le lendemain de sujets sur les erreurs judiciaires sont significativement plus faibles que les autres jours. Cette différence, statistiquement significative, est de l'ordre de 80 jours. Là encore, la corrélation avec les reportages le lendemain n'est pas significative.

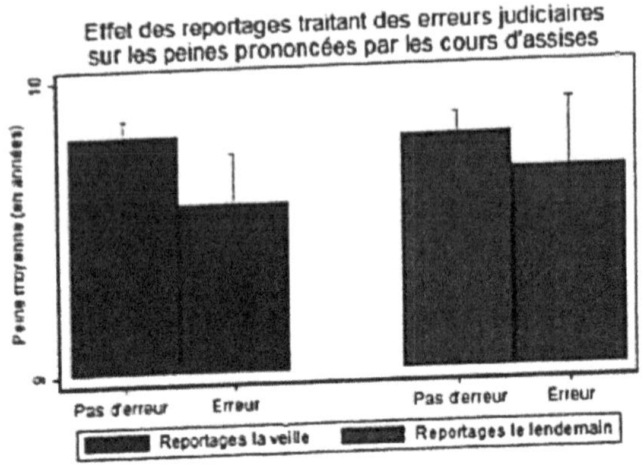

Il y a donc bien un effet significatif de l'information sur les décisions de justice prises par les cours d'assises. Les reportages sur les faits divers criminels tendent à allonger les peines, tandis que ceux sur les erreurs judiciaires biaisent les condamnations à la baisse. Ces effets sont d'autant plus grands que l'audience est forte. Par ailleurs, ce sont des effets de très court terme : pour les faits divers criminels, seuls les reportages diffusés la veille ont une influence sur le verdict.

Le même type de stratégie permet de mesurer l'effet d'autres types de reportages sur les décisions de justice. Il s'avère que seules les informations relatives à la justice ont une influence. Les autres « mauvaises nouvelles », tel que par exemple le chômage, les catastrophes naturelles, les grèves, etc. n'ont aucun impact sur les verdicts.

D'autres travaux de recherche ont également permis de mettre en évidence l'importance du contexte au sein de la juridiction. L'ordre dans lequel les affaires sont, traitées ou le niveau moyen de gravité des infractions dans le ressort de la cour sont susceptibles d'influencer les verdicts. Dans une expérience menée en laboratoire, en 1976, Pepitone et Di Nubile montrent qu'un meurtre, est jugé plus sévèrement si celui-ci arrive après une attaque à main armée qu'après un autre meurtre. Inversement, les auteurs constatent qu'une attaque à main armée est considérée comme moins grave si celle-ci arrive après un meurtre ou après une attaque à main armée.

Ces résultats ont pu être confirmés, en dehors des conditions de laboratoire, à partir de données de juridictions réelles. Leibovitch trouve par exemple que les juges généralement confrontés à des cas de faible gravité ont tendance à condamner plus sévèrement les infractions importantes. Cet effet peut même se prolonger au-delà de la période d'exposition à des délits mineurs.

L'objectif de cet article était de présenter quelques résultats récents sur les biais dans les décisions de justice. Il s'avère que les habitudes de raisonnement, les caractéristiques des protagonistes tout comme les conditions extérieures sont susceptibles d'influencer les décisions judiciaires. Il n'y a, en soi, rien d'étonnant à cela. Le même type de résultats a pu être observé sur les décisions prises dans d'autres secteurs : enseignement, investissement, etc. Cependant, eu égard à la gravité des conséquences des décisions de justice - une condamnation à une peine de prison modifie sensiblement plus la vie d'un individu qu'une mauvaise, note -, ces biais méritent qu'on s'y attarde. Leur identification rigoureuse étant assez récente, peu de programmes ont été testés afin de les combattre. On peut cependant avancer que les solutions sont diverses. Les biais cognitifs, tout comme les effets de contexte, peuvent probablement être réduits par la formation et la mise en garde contre ces erreurs. Le temps consacré à chaque affaire permet *a priori* également de moins s'en remettre à son intuition. En revanche, les biais inhérents aux caractéristiques sociodémographiques, ethniques, politiques, etc. seront *a priori* d'autant mieux combattus que les juges seront issus d'horizon divers.

Document n° 11

Les erreurs judiciaires et leurs causes,
par Maurice Lailler, Henri Vonoven, 1897, extrait de la table des matières

LES CAUSES D'ERREURS

CHAPITRE PREMIER. — **La passion publique.**

CHAPITRE II. — **Les témoins.**

CHAPITRE III. — **Les experts.**

CHAPITRE IV. — **L'instruction.**

Pages

CHAPITRE V. — **A l'audience.**

CHAPITRE VI. — **Inégalité entre l'accusation et la défense.**

CORRIGÉ

Selon Paul Ricoeur, l'acte de juger suppose d'opiner, d'estimer, de tenir pour vrai ou juste, afin de prendre position. Cette définition, précisée par Habermas qui l'envisage comme un « *agir juridictionnel* », intègre inévitablement la possibilité d'erreur (**doc. 5**).

Appréhendée comme le reflet d'un système, la question de l'erreur judiciaire en matière pénale est aujourd'hui centrale. L'intérêt qui y est porté traduit alors l'importance qu'a prise la Justice dans la société française contemporaine (**doc. 4**).

Bien que les définitions et les causes de l'erreur judiciaire soient toujours en débat (I), de nombreuses réflexions portent sur les moyens permettant d'en éviter la réalisation (II).

I - L'erreur judiciaire en matière pénale : des définitions et des causes en débat

La notion d'erreur judiciaire est évolutive et débattue tant dans sa définition (A) que dans ses causes (B).

A - LA DÉFINITION DE L'ERREUR JUDICIAIRE, TRIBUTAIRE DE L'ÉVOLUTION DE LA SOCIÉTÉ

La définition de l'erreur judiciaire se révèle aujourd'hui, en droit, insatisfaisante. En effet, la définition donnée par le Professeur Cornu, bien que constituant la référence, ne semble plus correspondre à la réalité. Celle-ci ne prenant en compte ni l'erreur de droit, ni l'erreur dans l'analyse des éléments de fait, fait naître un premier débat quant aux contours de la notion (**doc. 3**).

En outre, la notion d'erreur judiciaire a évolué en même temps que changeait la perception de la société à l'égard du système judiciaire. Longtemps envisagée comme la condamnation d'un innocent, voire comme un outil au service du pouvoir politique, l'erreur judiciaire est aujourd'hui perçue à travers les dysfonctionnements d'un système. L'erreur ne résulte plus d'un choix politique. Elle ne sert plus à dénoncer une justice de classe comme avaient pu le faire Sartre et Foucault dans les années 1970, mais constitue la manifestation d'une défaillance souvent involontaire, et, partant, d'une mauvaise protection du corps social (**doc. 4**). L'affaire d'Outreau est un exemple de cette évolution. En effet, au sens strict, aucune erreur judiciaire n'avait été commise dans ladite affaire. La voie de l'appel ayant permis d'acquitter l'ensemble des mis en cause, il s'agissait davantage d'un dysfonctionnement, ce qui n'a pourtant pas empêché de parler de « *fiasco judiciaire* » (**doc. 5**).

B - LES CAUSES DE L'ERREUR JUDICIAIRE, MULTIPLES ET DÉBATTUES ELLES AUSSI

Dès 1897, la doctrine relevait de multiples causes à l'erreur judiciaire. Ont ainsi pu être identifiés la passion publique, les témoins, les experts, le déroulement de l'instruction et de l'audience ou encore l'inégalité entre l'accusation et la défense (**doc. 11**). Les discussions autour des causes de l'erreur judiciaire persistent aujourd'hui. D'une manière générale, la pression accrue pesant sur le système judiciaire semble réduire d'autant la tolérance à l'égard de ses défaillances (**doc. 4**). Le phénomène de judiciarisation, perceptible partout en Europe, a conduit à une multiplication des affaires à traiter, laquelle influe sur la qualité de la justice rendue. D'autant plus que celle-ci ne dispose pas nécessairement des moyens adéquats. C'est notamment ce qu'a pu dénoncer un magistrat de la cour d'appel de Rennes qui, au moment de sa prise de poste, a été contraint de faire face à un retard d'audiencement de près de cinq ans (**doc. 8**).

De manière plus précise, l'absence de travail en équipe a également pu être analysée comme une cause d'erreur judiciaire. L'isolement du magistrat dans ses fonctions ne permettrait pas la remise en question de ses pratiques et, en conséquence, la prévention de certaines erreurs judiciaires. Des nuances peuvent néanmoins être apportées concernant les magistrats du parquet (**doc. 7**). Encore, le défaut de transmission d'informations lors de la succession d'un magistrat à son prédécesseur a pu être identifié comme participant aux risques d'erreurs judiciaires (**doc. 7**). Enfin, certains biais cognitifs, tel le biais d'ancrage, ont pu être analysés comme une source d'erreur judiciaire. Des études en psychologie ont ainsi pu mettre en exergue l'importance que le juge accordait aux premières informations qui lui étaient communiquées, au détriment des dernières paroles accordées à l'accusé (**doc. 6**). Certains auteurs ont même pu considérer que les informations transmises par les médias les jours précédant un verdict influaient sur la décision rendue (**doc. 10**).

II - L'erreur judiciaire en matière pénale : des moyens pour l'éviter

Face aux risques d'erreur judiciaire la procédure demeure une garantie (A), tout comme restent essentiels le rôle personnel du magistrat et son environnement (B).

A - LA PROCÉDURE COMME GARANTIE CONTRE L'ERREUR JUDICIAIRE

La prévention des erreurs judiciaires se fait au premier chef au moyen des règles procédurales, même si celles-ci ne doivent pas être surévaluées dans leur efficacité (**doc. 1 et 9**). Sont principalement concernés le principe du contradictoire, le principe de collégialité et l'obligation de motivation des décisions de justice (**doc. 9**). Bien que des études psychologiques aient estimé que la collégialité constituait une condition insuffisante pour résister au biais d'ancrage, son extension au stade de l'instruction a pu être envisagée suite à l'affaire d'Outreau (**doc. 5 et 6**). Reste que pour être efficace, celle-ci doit être réelle et non fictive (**doc. 5**). De même, si le principe du contradictoire participe à la prévention des erreurs judiciaires, il ne doit pas être idéalisé et peut être biaisé par les biais cognitifs (**doc. 6**). Enfin, les experts ont également un rôle à jouer en termes de garantie contre l'erreur judiciaire dès lors qu'ils constituent une aide impartiale et scientifique pour les magistrats. Néanmoins, cette aide ne semble pertinente qu'à la condition que l'expertise soit compréhensible par les juges et les jurés et qu'elle puisse être totalement fiable (**doc. 2**).

Au-delà, la Cour européenne des droits de l'homme a dégagé des standards de qualité à partir de l'article 6 de la Convention. Il en va ainsi du respect des principes du procès équitable qui permettent de définir des conditions de jugement. Ces standards doivent permettre aux États membres de présenter le maximum de garanties face aux risques d'erreur judiciaire. Ils doivent ainsi permettre d'éviter des situations comme celle de l'arrêt *Makhfi* où l'audience avait duré au total 17 h 15 (**doc. 8**).

B - LE RÔLE PERSONNEL DES MAGISTRATS ET L'IMPORTANCE DE LEUR ENVIRONNEMENT

Parce que le juge est avant tout un humain, l'erreur judiciaire semble inéluctable (**doc. 5**). Confronté à ses propres difficultés personnelles, tel qu'un divorce, ou à la fatigue, le magistrat peut être déstabilisé dans son travail (**doc.1**). Un moyen de prévention général peut être trouvé dans la culture du doute. Cette dernière impliquant humanité et humilité chez les magistrats, doit aboutir à l'éthique du juge tendant à toujours reconnaître chez le justiciable « *un prochain* » et à aborder les éléments présentés avec prudence (**doc. 3 et 5**). Quant au biais d'ancrage, le juge est appelé à s'en prémunir, notamment en s'obligeant à considérer les opposés (**doc. 6**).

Encore, et au-delà des moyens budgétaires et humains qui doivent être renforcés, la mise en place de structures d'analyse de risques pourrait constituer une garantie efficace. Certains auteurs ont ainsi pu suggérer de recourir à des audits processuels (**doc. 1**). D'autres ont également proposé de développer des cellules d'analyse des « accidents judiciaires ». Ces dernières conduiraient à une analyse systématique des erreurs judiciaires et auraient pour mérite de restaurer le lien de confiance que les citoyens doivent avoir avec leur système judiciaire (**doc. 3**). Enfin, l'erreur judiciaire peut être évitée grâce à l'exercice des voies de recours (**doc. 5**).

numérique
Impression & brochage - France
Numéro d'impression : N21275191101 - Achevé d'imprimer : Novembre 2019

IMPRIM'VERT®